铁道图鉴丛书 ①

# 世界高速列车图鉴

## THE WORLD ENCYCLOPEDIA OF HIGH-SPEED TRAINS

罗春晓 著

中国铁道出版社有限公司
CHINA RAILWAY PUBLISHING HOUSE CO., LTD.

图书在版编目（CIP）数据

世界高速列车图鉴 / 罗春晓著 . — 北京 : 中国铁道出版社有限公司，2020.4（2022.11重印）
（铁道图鉴丛书）
ISBN 978-7-113-26738-4

Ⅰ . ①世… Ⅱ . ①罗… Ⅲ . ①高速列车 – 世界 – 图集
Ⅳ . ① U292.91-64

中国版本图书馆 CIP 数据核字 (2020) 第 046649 号

书 名：世界高速列车图鉴
SHIJIE GAOSU LIECHE TUJIAN
作 者：罗春晓

策划编辑：许士杰
责任编辑：许士杰 编辑部电话：（010）51873204 电子信箱：syxu99@163.com
编辑助理：刘 晴
出品策划：罗春晓 罗一童
特约编辑：吕 彪
装帧设计：罗一童 崔丽芳
责任校对：王 杰
责任印制：赵星辰

出版发行：中国铁道出版社有限公司（100054，北京市西城区右安门西街 8 号）
网 址：http://www.tdpress.com
印 刷：北京盛通印刷股份有限公司
版 次：2020 年 4 月第 1 版 2022 年11月第 4 次印刷
开 本：889 mm × 1194 mm 1/16 印张：20.75 字数：656 千
书 号：ISBN 978-7-113-26738-4
定 价：168.00 元

# 前　言

1964 年 10 月 1 日，世界上第一条高速铁路——日本东海道新干线建成通车！从此时起，人类不仅踏入了高速铁路的新时代，也拉开了世界高速列车发展的全新序幕。经过近 60 年的发展，全球已有 21 个国家和地区建成高速铁路，26 个国家和地区拥有 200km/h 及以上的高速列车。源于对速度和梦想的追求，得益于科技与管理的进步，高速铁路不仅使铁路行业告别了“夕阳产业”的论断，更彻底改变了人类社会的时空距离，重塑了世界交通发展的新格局！

作为现代工业科技集成创新的产物，高速列车的每一个进步都得益于材料科学、力学结构、机械加工和电子电力等诸多领域的科技发展，堪称人类智慧的结晶。空气动力学精密计算下的流线型头型充满了工业设计的美感和魅力，车内设计则遵循人体工程学指导，辅以地域特色文化的融入。这一切，都让乘坐高速列车旅行不再只是单纯的空间位移，更有旅情的温馨和文化的共鸣。如果说高速铁路是铁路和轨道交通行业的皇冠，高速列车则当之无愧是这顶皇冠上最闪亮的明珠。

作为一本全面梳理世界高速列车技术信息与发展脉络的科普图鉴，本书以地域作为主要章节划分，涵盖除沙特阿拉伯外全球所有拥有高速列车的国家和地区。本书以 2019 年 12 月底为限，以定型并批量投入运用、最高设计速度 200km/h 及以上为原则，共计收录了 124 款高速动车组列车。部分现已退役，但在高速列车发展史上意义重大的高速列车也囊括其中。因资料及篇幅所限，试验列车、检测列车和 200km/h 机车车辆本次暂未收录。

书中每款列车均包含研发背景、主要技术特征、坐席布局和运用概况等详细信息。全部车型笔者均亲历考察，图片素材（除个别资料图片外）亦全部实地取材拍摄，以期详实、准确、精细。由于涉及的国家和车型数量巨大，各种技术细节十分繁杂，加之作者才识阅历有限，虽收集大量资料交叉比对 , 核实分析，但书中的错误和遗漏恐在所难免，在此也期待各位读者的批评与指正。

**罗春晓**

**2020 年 3 月 31 日夜**

# 目录

# Contents

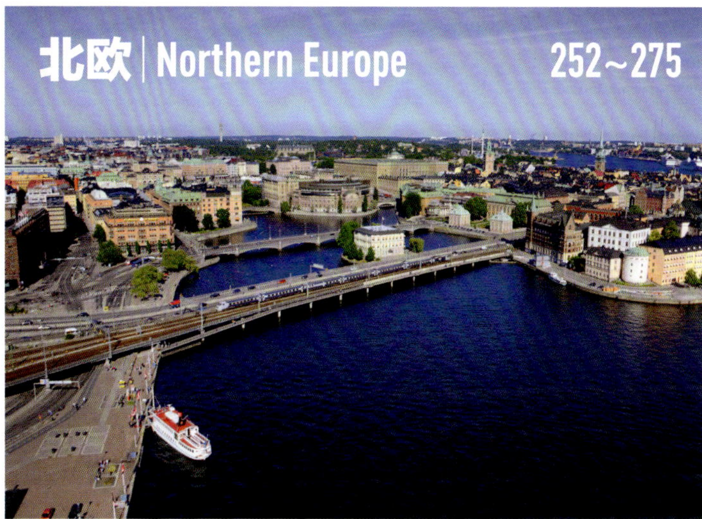

# 内容检索
Content Retrieval

## 中国



## 日本



## 韩国



## 法国



## 德国

# 中国

从早年的引进消化吸收再创新，到今天的完全自主知识产权和中国标准，中国的高速列车已打造出“复兴号”与“和谐号”两大商业品牌，包含 CRH1、CRH2、CRH3、CRH5、CRH6、CRH380A、CRH380B、CRH380C、CRH380D、CR400AF、CR400BF 在内 11 个系列的 30 个子车型（不含动检车和 200km/h 以下动车组），形成时速 200~350km、多种编组形式、座卧车齐全的高速动车组体系。截至 2019 年底，中国大陆地区已拥有高速铁路超 3.5 万 km，高速动车组 3500 列，占世界高速铁路总里程和高速列车总数量的四分之三，年运送旅客超过 20 亿人次，是当之无愧的世界高铁第一国。

除此之外，中国境内还运行有港铁“动感号”CRH380A，台湾高铁 700T 和上海磁浮高速列车，它们与“复兴号”“和谐号”高速列车共同构成了中国高速列车大家庭。

复兴号动车组整装待发

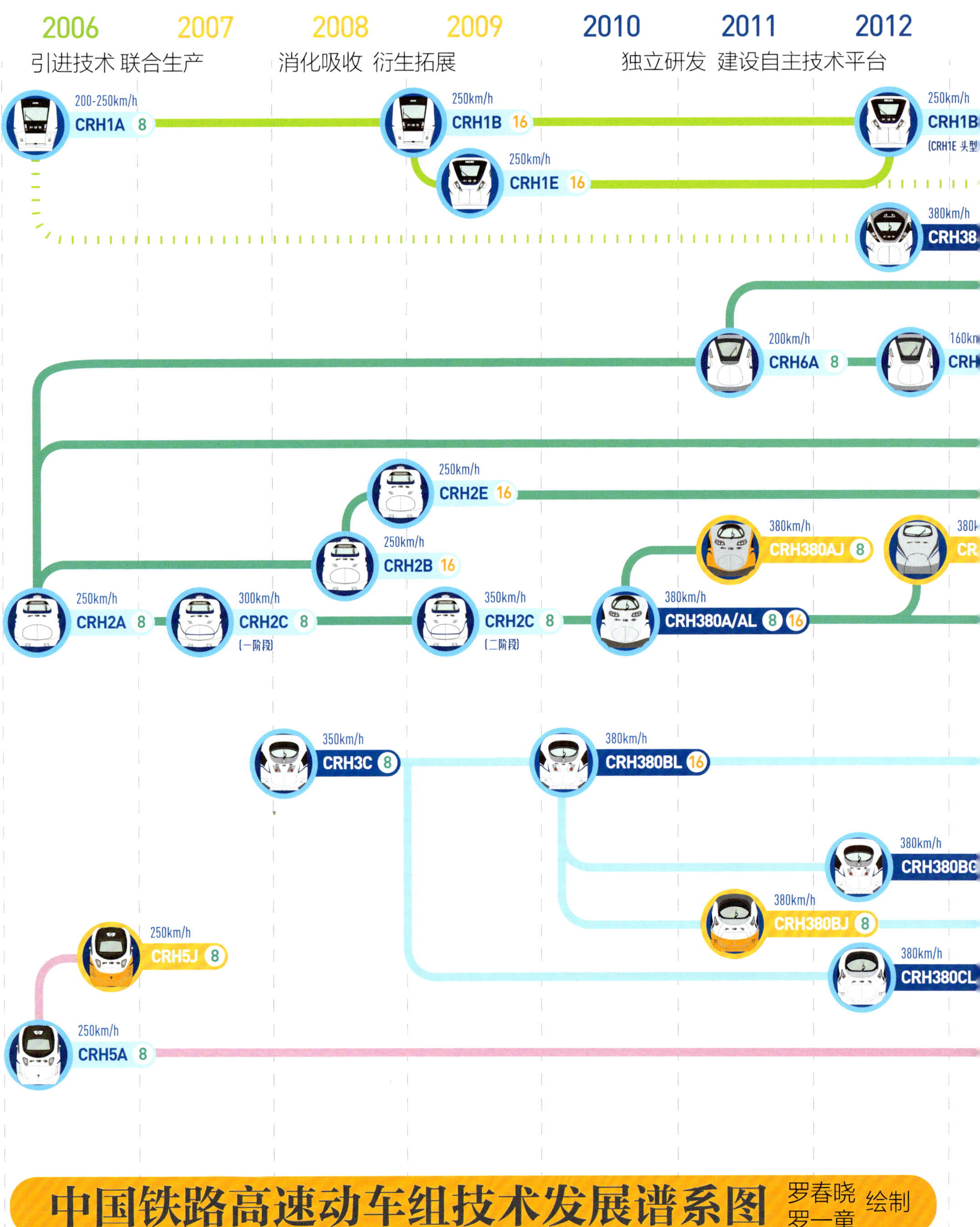
2006
2007
2008
2009
2010
2011
2012
引进技术 联合生产
消化吸收 衍生拓展
独立研发 建设自主技术平台
200-250km/h
CRH1A 8
250km/h
CRH1B 16
250km/h
CRH1E 16
250km/h
CRH1B
(CRH1E 头型
380km/h
CRH38
200km/h
CRH6A 8
160km
CRH
250km/h
CRH2E 16
250km/h
CRH2B 16
380km/h
CRH380AJ 8
380k
CR
250km/h
CRH2A 8
300km/h
CRH2C 8
(一阶段)
350km/h
CRH2C 8
(二阶段)
380km/h
CRH380A/AL 8 16
350km/h
CRH3C 8
380km/h
CRH380BL 16
380km/h
CRH380BG
380km/h
CRH380BJ 8
380km/h
CRH380CL
250km/h
CRH5J 8
250km/h
CRH5A 8
中国铁路高速动车组技术发展谱系图
罗春晓
罗一童
绘制

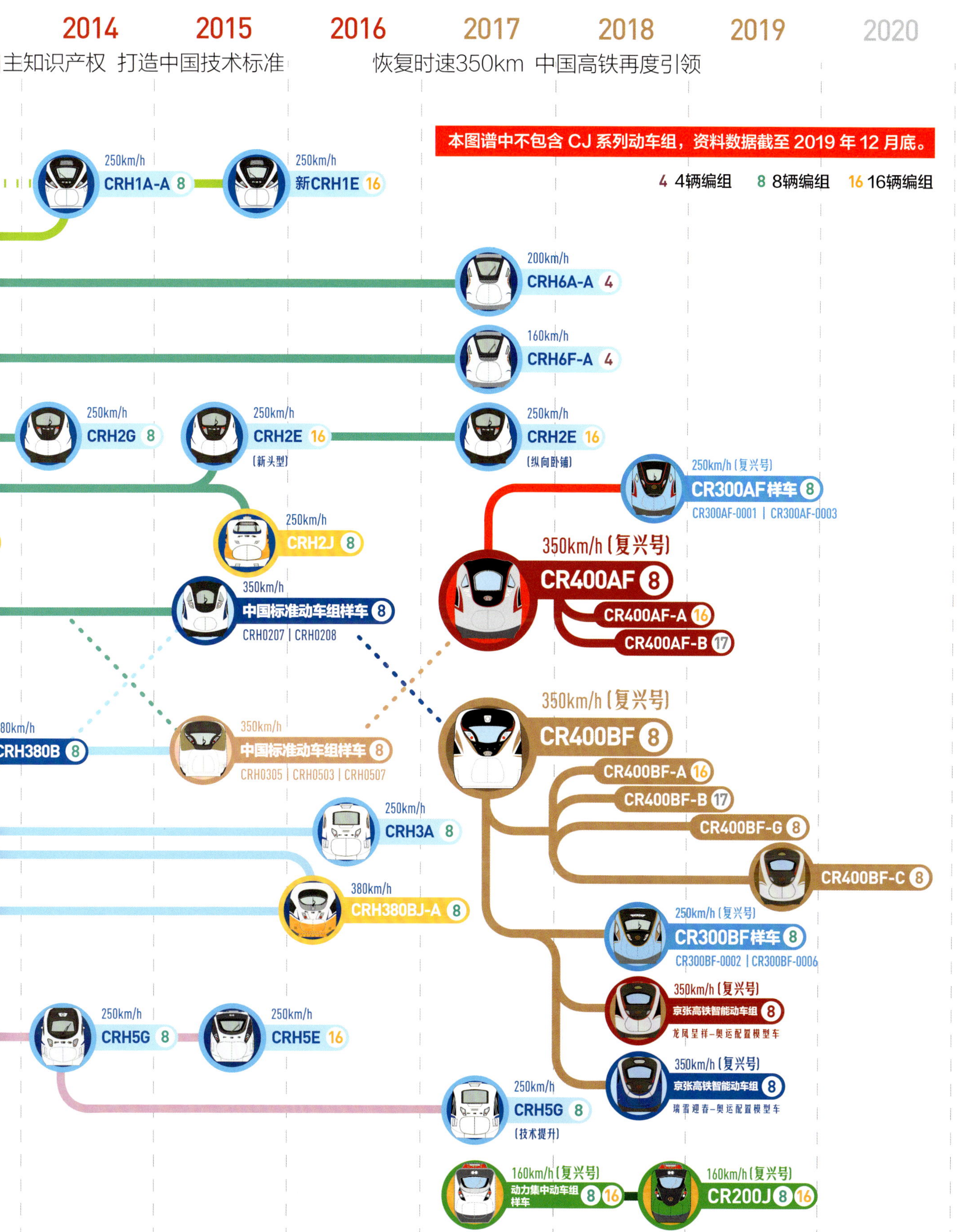
2014
2015
2016
2017
2018
2019
2020
主知识产权 打造中国技术标准
恢复时速350km 中国高铁再度引领
本图谱中不包含CJ系列动车组，资料数据截至2019年12月底。
4 4辆编组
8 8辆编组
16 16辆编组
250km/h
CRH1A-A 8
250km/h
新CRH1E 16
200km/h
CRH6A-A 4
160km/h
CRH6F-A 4
250km/h
CRH2G 8
250km/h
CRH2E 16
(新头型)
250km/h
CRH2E 16
(纵向卧铺)
250km/h (复兴号)
CR300AF样车 8
CR300AF-0001 | CR300AF-0003
250km/h
CRH2J 8
350km/h (复兴号)
CR400AF 8
CR400AF-A 16
CR400AF-B 17
350km/h
中国标准动车组样车 8
CRH0207 | CRH0208
350km/h (复兴号)
CR400BF 8
80km/h
CRH380B 8
350km/h
中国标准动车组样车 8
CRH0305 | CRH0503 | CRH0507
CR400BF-A 16
CR400BF-B 17
CR400BF-G 8
250km/h
CRH3A 8
CR400BF-C 8
380km/h
CRH380BJ-A 8
250km/h (复兴号)
CR300BF样车 8
CR300BF-0002 | CR300BF-0006
350km/h (复兴号)
京张高铁智能动车组 8
龙凤呈祥—奥运配置模型车
250km/h
CRH5G 8
250km/h
CRH5E 16
350km/h (复兴号)
京张高铁智能动车组 8
瑞雪迎春—奥运配置模型车
250km/h
CRH5G 8
(技术提升)
160km/h (复兴号)
动力集中动车组样车 8 16
160km/h (复兴号)
CR200J 8 16

## "红神龙"复兴号

# CR400AF

| 投入运用时间 | 2017 年 |
|---|---|
| 运营速度 | 350km/h |
| 列车编组 | 4M4T |
| 牵引功率 | 9750kW |
| 列车定员 | 576 人 |

CR400AF 型动车组是"中国标准动车组"项目的量产车型之一，由中车青岛四方机车车辆股份有限公司（简称中车四方股份公司）设计制造，是中国铁路"复兴号"动车组的代表车型。

■ CR400AF 停放在北京动车段

CR400AF 采用 4M4T（其中 M 为动车，T 为拖车，下同）的 8 辆编组，可重联运行。与中车四方股份公司此前生产的 8 辆编组 CRH380A 相比，CR400AF 减少了动车数量，1∶1 的动拖比与 CR400BF 统一。牵引系统方面，CR400AF 使用大功率 IGBT 元器件构成的交流传动牵引系统，全车共装有 16 台 625 kW 牵引电机，整车功率 9750kW，最高运营速度 350km/h。除个别车组加配 LKJ2000 列控装置，可在全国所有电气化铁路运行外，绝大多数 CR400AF 仅装有 CTCS-3 级列控系统，并兼容 CTCS-2 级列控系统，只可在国内各等级客运专线和高速铁路上运行。这也是中国 300km/h 级高速列车列控系统的标准配置。

外观方面，CR400AF 采用大型中空铝合金车体，流线型车头长度 12m。样车下线时曾采用白色底色加蓝色窗线的涂装方案，有着"蓝海豚"的昵称。量产车则以中国龙为创意，在银灰底色基础上配以红色腰线，头车侧面的红色线条采用类似于箭头的设计，极富冲击力，有着"红神龙"的美誉。全列 8 节车厢中包括 1 节一等 / 商务合造车，1 节二等 / 商务合造车，1 节二等 / 餐车合造车和 5 节二等座车，总定员 576 人。其中，2+1 座椅布局的商务座集中布置在司机室后方，一等车和二等车分别采用 2+2 和 2+3 座椅布局。所有座椅都可旋转，以适应行车方向。由于中国标准动车组将车体宽度和高度统一为 3360mm 和 4050mm，因此车内空间更大，乘坐也更加舒适。

■ 2017 年 3 月，样车涂装的 CR400AF-0207 驶出北京动车段

2015 年和 2016 年，编号为 CR400AF-0207 和 0208 的两列样车先后下线；2016 年 8 月 15 日，样车开始在哈大高铁载客试运行；2017 年 1 月 3 日，国家铁路局正式将其定型为 CR400AF。2017 年 6 月 25 日，中国标准动车组定名为"复兴号"，量产车涂装同日亮相，并于 6 月 26 日正式投入商业运营。2017 年 9 月 21 日，CR400AF 与 CR400BF 执行的标杆列车在京沪高铁开始按照 350km/h 速度运营，共同成为目前世界上商业运行速度最高的轮轨高速列车，"复兴号"也成为中国高铁最响亮的品牌！

截至 2019 年 12 月底，包括两组样车在内，中车四方股份公司已下线 CR400AF 型动车组 132 列，编号 0207~0208；2001~2064；2085~2094；2124~2180，先后配属北京局、广州局、济南局和武汉局集团公司。青岛四方庞巴迪铁路运输设备有限公司（简称青岛 BST 公司）也通过工业授权的方式生产了 20 列 CR400AF 型动车组，编号 1006~1025，配属广州局集团公司。CR400AF 目前在京广、京沪、广深港、徐兰、沪昆、济青、武西等高速铁路和与之衔接的客运专线上运行。未来 CR400AF 新造列车将持续生产，成为中国高速铁路的主力车型。

CR400AF 驶过北京中轴线

## 车辆设施

❶ CR400AF 商务座区；
❷ CR400AF 一等座车；
❸ CR400AF 二等座车；
❹ CR400AF 餐车吧台；
❺ CR400AF 驾驶台。

中国

## 加长版的“红巨龙”

# CR400AF-A/B

| 投入运用时间 | 2018 年；2019 年 |
| --- | --- |
| 运营速度 | 350km/h |
| 列车编组 | 8M8T；8M9T |
| 牵引功率 | 19500kW |
| 列车定员 | 1193 人；1283 人 |

CR400AF-A 和 CR400AF-B 是 CR400AF 复兴号动车组的衍生车型。其中，CR400AF-A 为 16 辆编组车型，车型代号中的“-A”表示其为 CR400AF 型动车组的第一款技术改进车型；CR400AF-B 则为 17 辆编组车型，车型代号中的“-B”表示其为 CR400AF 型动车组的第二款技术改进车型。

16 辆编组的 CR400AF-A 采用 8M8T 的动力配置，相当于两列 8 辆编组的 CR400AF 固定重联，并去掉重联端的司机室而成，车体、涂装、牵引传动和信号系统则与 CR400AF 完全相同。全列车由 4 个牵引控制单元组成，整车功率 19500kW，最高运营速度 350km/h。CR400AF-A 的 16 节车厢中，头尾车分别为 1 节商务车和 1 节一等 / 商务合造车。14 节中间车则包括 2 节一等车，1 节二等 / 餐车合造车和 11 节二等车。车内商务座、一等座和二等座分别采用 2+1、2+2 和 2+3 座椅布局，所有座椅都可旋转方向。由于 CR400AF-A 相比重联运行的 CR400AF 减少了两个司机室，因此车内载客空间扩大，全列 1193 人定员相比两列重联的 CR400AF 有所增加，特别是一等车定员由 CR400AF 的 28 人增加至 148 人，有效缓解了一等车票额紧张的状况。

CR400AF-B 停靠在北京动车段

由于京沪高铁客流持续增加，行车密度趋于饱和，为了挖掘潜力，又进一步开发了 17 辆编组的 CR400AF-B。虽然目前国内高铁车站的站台长度可容纳 18 辆车厢，但受限于动车所检修库长度，综合考虑后，加长版复兴号决定采用 17 辆编组。与 16 辆编组的 CR400AF-A 相比，CR400AF-B 并没有增加动力车和牵引功率，只是在此前 15 车与尾车 00 车之间增加了一辆拖车，全列采用 8M9T 的动力配置，利用此前的冗余性能确保 350km/h 的最高运营速度。增加的一辆拖车为定员 90 人的二等车，全车定员也在 CR400AF-A 基础上增加至 1283 人，可有效缓解京沪高铁的客流压力。

2018 年 4 月，首列 CR400AF-A 下线并抵达国家铁道试验中心开始型式试验，2018 年 7 月 1 日随着中国铁路运行图调整正式批量投入商业运营。CR400AF-B 首列车于 2018 年 9 月下线，并在 2018 年 12 月举办的中国铁路技术创新成就展上正式亮相。2019 年 1 月 5 日，CR400AF-B 首发执行北京南—上海虹桥的 G9 次列车，投入正式运营。截至 2019 年 12 月底，已有 56 列 CR400AF-A 下线并投入使用，其中中车四方股份公司生产 47 列，编号 2065~2084、2095~2115、2190~2193、2211~2212；青岛 BST 公司下线 9 列，编号 1001~1005、1026~1029。目前全部 56 列 CR400AF-A 分别配属广州局和济南局集团，主要执行京沪、京广、广深港、沪昆、贵广等干线高铁的 G 字头车次。CR400AF-B 下线 8 列，编号 2116~2123，全部配属北京局集团公司北京动车段，主要执行京沪高铁的整点标杆列车。

CR400AF-A 行驶在济青客运专线青岛枢纽段

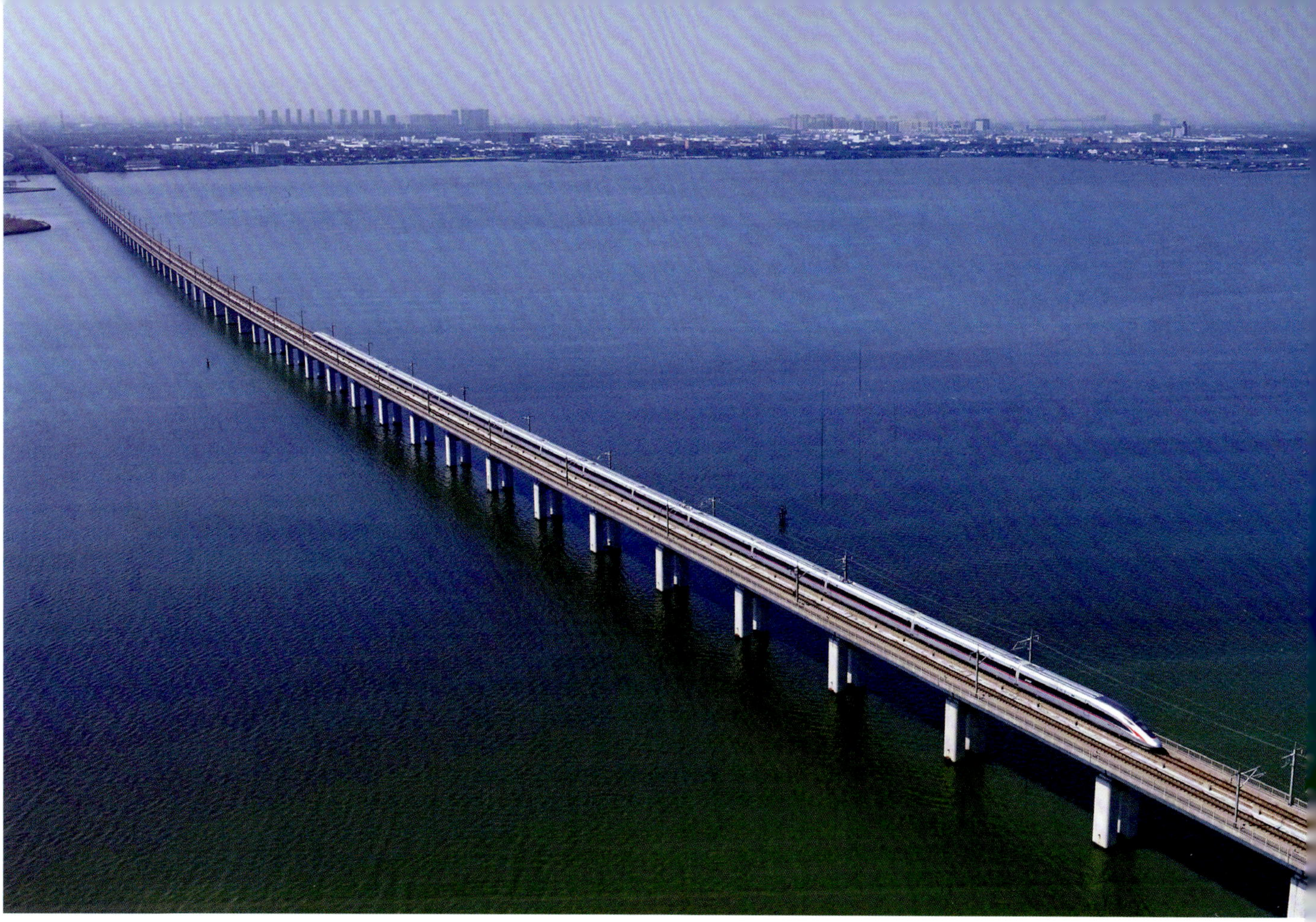

■ 17 辆编组的 CR400AF-B 驶过阳澄湖特大桥

## 车辆设施

1

2

3

4

5

6

7

8

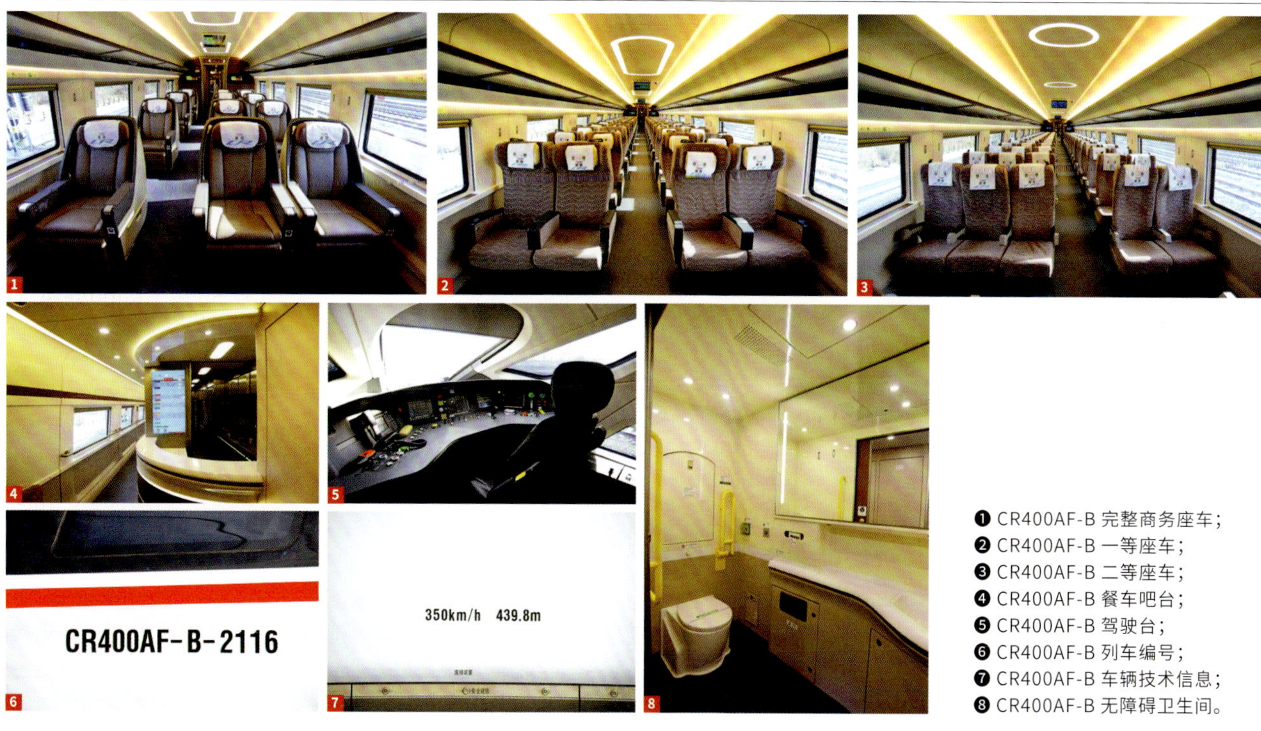

❶ CR400AF-B 完整商务座车；
❷ CR400AF-B 一等座车；
❸ CR400AF-B 二等座车；
❹ CR400AF-B 餐车吧台；
❺ CR400AF-B 驾驶台；
❻ CR400AF-B 列车编号；
❼ CR400AF-B 车辆技术信息；
❽ CR400AF-B 无障碍卫生间。

## “金凤凰”复兴号

# CR400BF/CR400BF-G

| 投入运用时间 | 2017 年；2019 年 |
| --- | --- |
| 运营速度 | 350km/h |
| 列车编组 | 4M4T |
| 牵引功率 | 10140kW |
| 列车定员 | 576 人 |

CR400BF 型动车组是“中国标准动车组”项目的第二款量产车型，由中车长春轨道客车股份有限公司（简称中车长客股份公司）设计制造，中车唐山机车车辆有限公司（简称中车唐山公司）共同生产，是中国铁路“复兴号”动车组的另一款代表车型。

CR400BF 停放在上海动车段虹桥动车所

8 辆编组的 CR400BF 采用中国标准动车组 4M4T 的统一动力配置，可重联运行。全车共装有 16 台 650 kW 牵引电机，整车功率 10140kW，最高运营速度 350km/h。车体采用大型中空铝合金，与 CRH380B 相比大幅增加了车内空间。全部 CR400BF 型动车组都配有 CTCS-3 级列控系统，并兼容 CTCS-2 级列控系统，可在国内所有高速铁路和客运专线上运行。CR400BF 流线型车头长度约 10m，整体配色方案以白色和金色为主。样车下线时车头两侧曾采用香槟色色块设计，量产车则优化涂装，采用“凤翎”造型配以金色腰线，因此有着“金凤凰”爱称。车内采用复兴号统型布局，车厢席别分布和 576 人的总定员与 CR400AF 一致，只在内装方面有所区别，以便于日常运用时的统型互换。

除此之外，在 CR400BF 技术平台上还开发了 CR400BF-G 高寒动车组。CR400BF-G 的总体技术、车内布局和定员与 CR400BF 完全相同，通过对车辆电气设备和油路管线等进行保暖处理、设置全密封防雪设备舱、优化车体隔热保温结构等方式，以适应北方地区冬季的风雪与严寒。

2015 年 6 月，中车长客股份公司制造的首列样车 CR400BF-0503 下线，并于 2016 年 8 月 15 日起与 CR400AF-0207 重联在哈大高铁载客试运行；2016 年，中车长客股份公司制造的第二列样车 CR400BF-0507 和中车唐山公司制造的首列样车 CR400BF-0305 也相继下线；2017 年 1 月 3 日，CR400BF 的正式型号由国家铁路局公布。2017 年 6 月 25 日，量产版 CR400BF 与 CR400AF 同日亮相并定名“复兴号”，于次日起投入商业运营。2017 年 9 月 21 日，CR400BF 执行的标杆列车在京沪高铁开始按照 350km/h 速度运营，与 CR400AF 共同成为中国高铁“复兴号”动车组的旗舰品牌！

样车涂装 CR400BF-0507 和 CR400BF-0305 停放在北京动车段

截至 2019 年 12 月底，包括两组样车在内，中车长客股份公司与中车唐山公司已累计有 143 列 CR400BF 下线，其中长客 70 列，除样车外编号 5001~5047、5068~5081、5106~5112；唐车 73 列，除样车外编号 3001~3023、3034~3049、3059~3091。目前 CR400BF 集中配属北京局和上海局集团，主要执行京津城际、京沪高铁、沪宁城际和京广高铁等线路上的高铁车次。CR400BF-G 则全部由中车长客股份公司生产，于 2019 年起配属沈阳局集团和北京局集团，编号 5113~5142，共计 30 列，主要执行京沈高铁沈阳局管内、沈阳至华东地区和京张—京包方向列车。未来 CR400BF/CR400BF-G 还将持续生产，与 CR400AF 系列动车组一起成为中国高铁的主力车型。

■ CR400BF-G 行驶在崇礼铁路上

## 车辆设施

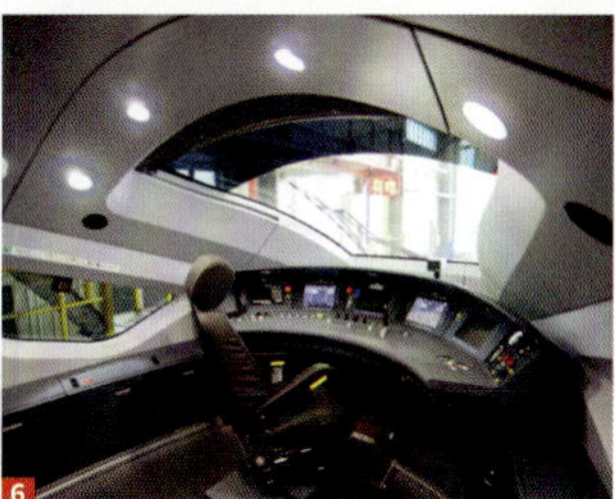

❶ CR400BF 商务座区；
❷ CR400BF 一等座车；
❸ CR400BF 二等座车；
❹ CR400BF 餐车吧台；
❺ CR400BF 量产车无障碍卫生间；
❻ CR400BF 驾驶台；
❼ CR400BF 大件行李处。

## "大长金"与"超长金"

# CR400BF-A/B

| 投入运用时间 | 2018 年；2019 年 |
| --- | --- |
| 运营速度 | 350km/h |
| 列车编组 | 8M8T；8M9T |
| 牵引功率 | 20280kW |
| 列车定员 | 1193 人；1283 人 |

CR400BF-A 和 CR400BF-B 是 CR400BF 复兴号动车组的衍生车型。CR400BF-A 为 16 辆编组动车组车型，车型代号中的"-A" 表示其为 CR400BF 型动车组的第一款技术改进车型；CR400BF-B 则为 17 辆编组动车组车型，车型代号中的"-B" 表示其为 CR400BF 型动车组的第二款技术改进车型。

CR400BF-B 停放在国家铁道试验中心

16 辆编组的 CR400BF-A 同样等同于两列 8 辆编组的 CR400BF 固定重联并去掉重联端的司机室而成，采用 8M8T 的动力配置。除编组外，CR400BF-A 的车体、涂装、牵引传动和控制系统与 CR400BF 完全相同。全列车由 4 个牵引控制单元组成，整车功率 20280kW，最高运营速度 350km/h。为了实现统型布局便于运用管理，CR400BF-A 的车辆编组与定员与 CR400AF-A 完全相同，只是内饰有所区别。16 节车厢中，头尾车各为 1 节商务车和 1 节一等 / 商务合造车；14 节中间车则包括 2 节一等车，1 节二等 / 餐车合造车和 11 节二等车，商务座、一等座和二等座分别采用 2+1、2+2 和 2+3 座椅布局，所有座椅都可旋转方向，全列定员 1193 人。

3 列 CR400BF-A 北京南站整装待发

同样，为了适应京沪高铁的大客流，CR400BF 技术平台也开发了 17 辆编组的 CR400BF-B。CR400BF-B 同样是在尾车前增加了一辆拖车，采用 8M9T 的动力配置，利用 CR400BF-A 的冗余性能确保 350km/h 的最高运营速度。通过增加一节为定员 90 人的二等车，CR400BF-B 的编组与定员也与 CR400AF-B 统一，全列定员 1283 人。值得一提的是，总长 439.9m 的 CR400BF-B 也是全世界单组长度最长的高速列车，439.8m 的 CR400AF-B 则位居第二。

2018 年 3 月，首列 CR400BF-A 下线并抵达国家铁道试验中心开始型式试验，同年 6 月 12 日投入商业运营。CR400BF-B 首列车于 2018 年 9 月下线，并在 2018 年 12 月举办的中国铁路科技创新成就展上与 CR400AF-B 共同亮相。2019 年 1 月，CR400BF-B 开始执行京沪高铁标杆车次。截至 2019 年 12 月，共有 55 列 CR400BF-A 下线，其中中车长客股份公司生产 35 列，编号 5048~5067，5082~5096；中车唐车公司下线 20 列，编号 3024~3033，3050~3058,3092。初期下线的 CR400BF-A 集中配属上海局集团，后期也开始逐步配属北京局集团，主要执行京沪、京广、沪宁、济青、沪昆等方向的 G 字头车次。CR400BF-B 现已下线 14 列，全部由中车长客股份公司生产，编号 5097~5105，5151~5155。首列车最初曾短暂配属北京局集团北京动车段，现全部配属上海局集团上海动车段，主要执行京沪高铁的标杆列车。

CR400BF-A 行驶在京沪高铁上

## 车辆设施

❶ CR400BF-A 商务座车；❷ CR400BF-A 一等座车；❸ CR400BF-A 二等座车；❹ CR400BF-A 乘务员室；❺ CR400BF-A 机械师室；❻ CR400BF-A 列车编号；❼ CR400BF-A 车辆技术信息；❽ CR400BF-B 列车编号；❾ CR400BF-B 车辆技术信息。

中国

# 京张高铁智能动车组
# CR400BF-C

| 投入运用时间 | 2019 年 |
| --- | --- |
| 运营速度 | 350km/h |
| 列车编组 | 4M4T |
| 牵引功率 | 10140kW |
| 列车定员 | 561~576 人 |

全长 174km，串联北京与张家口的京张高铁是中国“八纵八横”高铁网络中京兰通道的重要组成部分。同时建设的崇礼支线全长 53km，将京张高铁下花园北站与崇礼奥运村所在地太子城站衔接。作为 2022 年北京冬奥会重点交通配套工程，京张高铁以“智能建设”、“智能装备”和“智能运营”三个方面为核心，是中国铁路建成通车的第一条“智能高铁”。其中，CR400BF-C 型智能动车组即为京张高铁“智能装备”核心组成部分。这款为京张高铁和 2022 年北京冬奥会专门设计，以智能、耐高寒和服务奥运为最大特色的“复兴号”动车组也因此成为中国高铁历史上第一次根据线路需求特别“定制”的高速列车车型。

CR400BF-5143 停放在国家铁道试验中心

CR400BF-C 是 CR400BF 系列动车组的第三款衍生车型，4M4T 的 8 辆编组形式和 10140kW 的整车功率等都与 CR400BF 相同，并在“智能化”方面全新升级。CR400BF-C 配备了 CTCS-3+ATO 列控系统，在全球首次实现 350km/h 速度等级的自动驾驶，自动速度控制功能精度在 2km/h 以内，停车精度可控制在 0.5m 以内；通过灯光智能调节、人机工程学、车内噪声控制等方面优化，CR400BF-C 可实现智能化环境调节；利用智能点餐、Wi-Fi 增值业务服务等也可拓展乘客旅行体验空间；列车传感器数量增加 10%，监控点多达 2718 个，可综合自感知数据，根据大数据技术进行关键零部件的健康评估，提高车辆安全性和检修效率。外观方面，CR400BF-C 一改传统 CR400BF 头型样式，采用全新的低阻力流线型头型。新头型和轻量化可相应降低能耗 7%。通过采用 CRH380BG 动车组成熟的耐高寒技术，可适应 -40℃运用环境。增加的动力电池系统，可让列车在发生供电故障时以 30km/h 速度走行 20km，具备在京张高铁任何区间发生供电故障时应急走行至就近车站的能力。

为了更好地服务冬奥会，CR400BF-C 有着标准版和奥运版两种不同的编组形式和内饰布局。标准版 CR400BF-C 采用复兴号动车组 576 人定员的标准布局，全列 8 节车厢包括 1 节一等 / 商务合造车，1 节二等 / 商务合造车，1 节二等 / 餐车合造车和 5 节二等座车，与 CR400AF 和 CR400BF 完全相同。奥运版则将原本的 5 号车厢（定员 63 人的二等 / 餐车合造车）改为了定员 48 人的“多功能车”，全车定员也调整为 561 人。多功能车不仅餐车吧台大幅改进，还专门设置了媒体办公区，用于及时报道奥运赛事。

2018 年 12 月举行的中国铁路科技创新成就展上，曾展出了采用“龙凤呈祥”和“瑞雪迎春”特殊涂装的京张智能动车组模型样车，惊艳全场。2019 年 7 月，首列编号为 5143 的 CR400BF-C 运抵国家铁道试验中心开展测试，并于 2019 年 11 月起在京张高铁上开展试验。2019 年 12 月，CR400BF-C-5144 和 5145 也先后抵达北京北动车所，并于 2019 年 12 月 30 日京张高铁开通首日投入运用。目前所有 CR400BF-C 都尚未采用“龙凤呈祥”或“瑞雪迎春”的特殊涂装，依旧延续 CR400BF 系列传统凤翎涂装风格。5145 也是截至 2019 年底唯一一列奥运版 CR400BF-C。

"瑞雪迎春"涂装模型样车

"龙凤呈祥"涂装模型样车

■ CR400BF-C 行驶在京张高铁官厅水库特大桥上

## 车辆设施

❶ CR400BF-C 商务座车；
❷ CR400BF-C 一等座车；
❸ CR400BF-C 二等座车；
❹ CR400BF-C 多功能车媒体区；
❺ CR400BF-C 多功能车吧台；
❻ CR400BF-C 无障碍卫生间；
❼ CR400BF-C 司机室；
❽ CR400BF-C 非动力车转向架；
❾ CR400BF-C 液晶显示屏；
❿ CR400BF-C 滑雪器材柜。

# 中国标准动车组

## 打造中国高速动车组的全新体系

| | |
|---|---|
| 投入运用时间 | 2016 年 |
| 运营速度 | 350km/h |
| 列车编组 | 4M4T |
| 牵引功率 | 9750kW；10140kW |
| 列车定员 | 576 人 |

从 2007 年第一批 CRH 动车组上线运行开始，中国铁路依照“引进先进技术、联合设计生产、打造中国品牌”的基本原则，通过引进国外先进动车组平台并自主创新，构建了具有世界先进水平的动车组谱系。但不同技术平台之间车辆技术标准、旅客界面和控制方式不统一，不同车型无法互联互通和相互救援，给运营组织管理带来诸多不便。同时，不同型号的动车组修程修制不统一，配件种类繁杂，增加了维修的难度和成本。为解决以上问题，2012 年起，中国铁路总公司（现中国国家铁路集团公司）开始组织国内有关企业、高校和科研单位，共同打造标准化、系列化、简统化，具有完全自主知识产权的全新动车组平台，这便是中国标准动车组，也就是今天“复兴号”动车组的前身。

中国标准动车组在国家铁道试验中心亮相

2015 年 7 月，CR400BF-0503 刚刚下线时在国家铁道试验中心测试运行

中国标准动车组的研制过程，首先是在总结 CRH“和谐号”系列动车组运用经验的基础上，分析具体运用需求，采用正向设计的方式进行顶层设计。编组方面，根据总体技术框架，中国标准动车组采用 8 辆编组，由 2 个基本动力单元组成，采用 4M4T 的动力配置。通过调整电机特性，可在动力单元配置及网络控制等基本不变的情况下，满足不同速度目标值对牵引能力的需求，可通过不同动力单元的组合实现灵活编组，满足不同的客流需要。牵引方面，中国标准动车组采用大功率 IGBT 元器件构成的交直交传动牵引系统，提高中间直流环节电压，改善电机控制特性，提升单位质量下的牵引输出功率。制动方面，中国标准动车组充分利用元器件性能，显著提高电制动功率，保证再生能量的回收质量，降低总能耗。同时采用计算机控制的直通式电空制动系统及大容量基础制动装置，缩短制动距离，减少盘片磨损。网络控制方面，通过自主开发列车网络控制系统，中国标准动车组的智能化程度大幅提升，司乘人员操作界面统一、检修维护界面统一，实现了不同厂家生产的相同速度等级动车组可重联运营，不同速度等级的动车组可互相救援。转向架方面，中国标准动车组新型转向架采用统一的 920 mm 大轮径及磨耗型踏面车轮，优化转向架两系悬挂参数，列车运行稳定性、舒适性及结构安全性大大提高，且轮对等主要部件能做到统型互换。车体方面，中国标准动车组采用大型中空铝型材轻量化车体，统一车体长度为 25000 mm，车体最大宽度为 3360 mm，车辆高度为 4050 mm，空调等设备采取嵌入化设计，实现列车纵断面的平顺化，全新设计流线型车头，进一步降低高速运行时的阻力。辅助供电系统、高压系统和旅客界面也相应优化。在上述总体技术方案框架下，中国标准动车组由不同厂家研制生产，同时打造具有完备中国自主知识产权的动车组平台。

2013 年 6 月，“中国标准”动车组项目正式启动；2013 年 12 月，总体技术条件制定完成；2014 年 9 月方案设计完成。根据规划，中国标准动车组技术平台分为时速 250km 和时速 350km 两个速度等级，其中时速 350km 中国标准动车组先期推进。2015 年 6 月 30 日，中车四方股份公司与中车长客股份公司分别研制的首列中国标准动车组 CRH-0207 和 CRH-0503 共同亮相北京国家铁道试验中心，中国高速铁路装备新时代就此开启！

在国家铁道试验中心进行近四个月的环线试验后，中国标准动车组样车完成了静态和 160km/h 以下速度等级低速试验。2015 年 10 月 24 日，两列中国标准动车组样车抵达大西高铁开始高速试验，最高试验速度达到 385km/h，实现了 350km/h +10% 冗余量的设计目标。2016 年 7 月 15 日，中国标准动车组成功实现了 420km/h 两车交会及重联运行。这是世界上首次实现拟运营高铁动车组列车 420km/h 交会和重联运行。2016 年 8 月 15 日，CRH-0207 和 CRH-0503 正式以重联方式开始在哈大高铁沈阳至大连段进行载客试运行。这不仅是中国标准动

2016 年 8 月，第二列 CR400AF 样车 0208 抵达国家铁道试验中心

■ 2016 年 8 月起中国标准动车组开始在哈大高铁进行载客试运行

车组首次载客试运行，也是中国铁路首次实现不同车型重联载客运行。

2016 年 8 月，中车四方股份公司与中车长客股份公司分别制造的第二列中国标准动车组样车 CRH-0208、CRH-0507 与中车唐车公司制造的首列样车 CRH-0305 也相继下线并展开试验。2017 年 1 月 3 日，国家铁路局宣布中国标准动车组正式采用 CR400AF 与 CR400BF 定型型号，不再延续此前 CRH 的动车组车型序列。5 列样车车号也相应修改为 CR400AF-0207、CR400AF-0208、CR400BF-0503、CR400BF-0507 和 CR400BF-0305。2017 年 6 月 25 日，中国铁路总公司在北京动车段宣布中国标准动车组定名为“复兴号”，并于 6 月 26 日上午从北京南站和上海

■ 2016 年 7 月 15 日，两列中国标准动车组样车进行 420km/h 交汇试验

虹桥站同时对开首发。在使用了 10 年的 CRH 型号序列与“和谐号”运营品牌基础上，全新打造的、具有完整自主知识产权的中国标准动车组以崭新的姿态开启了中国高速列车的全新里程。

值得一提的是，这 5 列中国标准动车组样车曾采用与量产车不同的涂装方案和内饰细节，556 人的定员也与量产车不同，而“蓝海豚”与“土豪金”的外观与造型更是在复兴号量产车下线前深入人心。虽然在 2019 年初，5 列样车均在高级修过程中将车体涂装改为与量产车相同，定员也统一为量产车的 576 人，但车内装饰细节还能看出区别。作为“复兴号”动车组的前身，这 5 列中国标准动车组样车在中国高速列车发展史上做出的贡献将永远值得铭记。

CR400AF-0207+CR400BF-0503 是中国铁路首次实现不同车型重联载客运行

2016 年 8 月，CR400AF-0208 与 CR400BF-0507 在国家铁道试验中心高速机车车辆与动车组试验室进行测试作业

## CR400AF 样车车辆设施

CRH-0207

❶ CR400AF-0207 商务座区；
❷ CR400AF-0207 一等座车；
❸ CR400AF-0207 二等座车；
❹ CR400AF-0207 司机室；
❺ CRH-0207 下线初期车号；
❻ CR400AF-0207 车头造型；
❼ CR400AF-0207 转向架设有防脱线保护设施；
❽ CR400AF-0207 无障碍卫生间。

## CR400BF 样车车辆设施

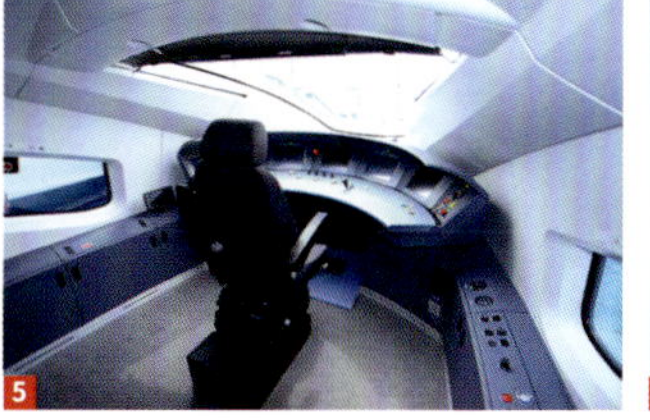

CRH-0503

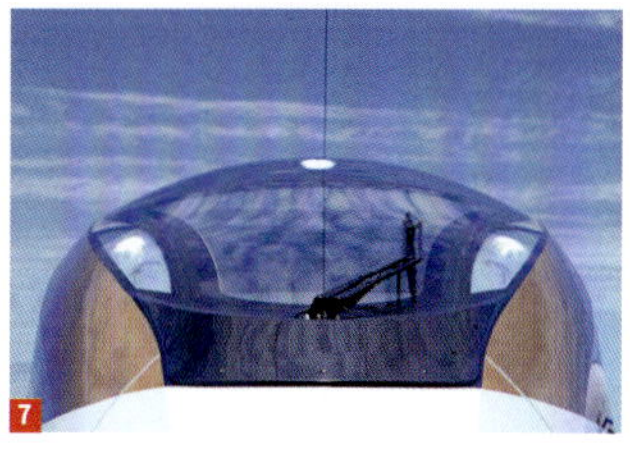

❶ CR400BF-0503 商务座区；
❷ CR400BF-0503 一等座车；
❸ CR400BF-0503 二等座车；
❹ CR400BF-0503 多功能卫生间；
❺ CR400BF-0503 司机室；
❻ CR400BF-0503 下线初期车号；
❼ CR400BF-0503 车头造型；
❽ CR400BF-0503 拖车转向架。

## “六提”时代的动车组先驱

# CRH1A

| 投入运用时间 | 2007 年 |
| --- | --- |
| 运营速度 | 200~250km/h |
| 列车编组 | 5M3T |
| 牵引功率 | 5300kW |
| 列车定员 | 611~668 人 |

CRH1A 是青岛四方庞巴迪铁路运输设备有限公司（以下简称青岛 BST 公司）生产的 CRH1 系列动车组中的首款车型，也是 CRH1 系列动车组中生产数量最多，运用范围最广的车型。

作为配合 2007年中国铁路第六次大提速而引进生产的首批三款 200~250km/h动车组之一，CRH1A 以庞巴迪公司生产的瑞典国铁 Regina 动车组为原型，由 BST 公司在中国制造生产。相比于 2~4 辆编组的原型车，CRH1A 采用 5M3T 的 8 辆编组，并具备重联功能，以适应中国铁路大运量的运输需求。列车每节动力车装有 4 台 265kW 交流异步牵引电机，采用 IGBT 交流传动，整车功率 5300kW。首批 40 列 CRH1A 最高运营速度为 200km/h，也称为 CRH1A-200；后期增购的 CRH1A 最高运营速度则调整为 250 km/h，也称为 CRH1A-250。二者各项技术指标基本相同，前者主要依靠软件限速。全部 CRH1A 都配有 LKJ2000 列控装置和 CTCS-2 级列控系统两套列控设备，在国内所有高速铁路和既有提速铁路干线上均可运行。这也是国内 200km/h 级动车组的标准配置。

与其他动车组技术平台采用铝合金车体不同，CRH1A 车体采用不锈钢材质。列车车头采用了玻璃钢制成的鼻形圆锥体流线结构，相比于其他动车组车型车头流线更短，结构也更加简单。2006 年最早下线的样车曾采用不锈钢原色加青色色带涂装，投入运用后则全部调整为白色底色和蓝色腰线的标准涂装，与其他 CRH 动车组风格统一。为了充分利用空间并增加旅客乘降速度，CRH1A 在每节车厢中部两侧各设有一扇 1100mm 大尺寸外摆式塞拉门，并在车门上方设置液晶信息屏。这种车厢中置单门设计是 CRH1A 在外观上与同期其他动车组最大的不同。短车头、大车门和初期多运用于短途城际运输之故，让 CRH1A 有了“大地铁”的昵称。

作为主要用于短途城际运输的动车组车型，CRH1A 车内布局更多以增加定员为出发点。8 节车厢中包括 2 节 2+2 座椅布局的一等车、5 节 2+3 座椅布局的二等车和 1 节二等 / 餐车合造车，部分批次列车还增加了一等包厢。早期生产的 CRH1A 座椅不可旋转，后期则增加了座椅旋转功能，但定员也因此有所减少，加之座椅布局有所调整，不同批次的 CRH1A 定员为 611~668 人不等。

2007 年 2 月 1 日 起，CRH1A 型动车组以 160km/h 的运行速度开始在广深铁路投入载客试运行。2007 年 4 月 18 日，CRH1A 开始执行“D”字头动车组车次，正式以 200km/h 的速度在广深铁路投入运用。作为中国铁路第六次大提速的主力车型之一，CRH1A 也曾在沪昆、京沪、京广等既有提速干线上运行。2008 年后，随着国内高速铁路和客运专线的相继建成，CRH1A 更多地开始执行各条高铁干线上的 D 字头车次。截至目前，CRH1A 共制造 128 列，车辆编号 1001~1040、1081~1168，主要配属广州局、南昌局和成都局集团，在广深、杭深、成遂渝、昌福线、龙厦线等客运专线和城际铁路上运行。

■ CRH1A 驶入成灌铁路青城山站

■ 2007 年第六次大提速后既有京沪线上的 CRH1A 驶过丰台站

CRH1A 行驶在杭深线福厦段

## 车辆设施

❶ CRH1A 一等座车；
❷ CRH1A 二等座车；
❸ CRH1A 餐车就餐席；
❹ CRH1A 驾驶台；
❺ CRH1A 车厢中部的大尺寸外摆车门。

中国

# 中国坐席定员最多的动车组

# CRH1B

| 投入运用时间 | 2009 年 |
| --- | --- |
| 运营速度 | 250km/h |
| 列车编组 | 10M6T |
| 牵引功率 | 10600kW |
| 列车定员 | 1299 人 |

由于第六次大提速后动车组受到市场的广泛欢迎，加之一批设计时速 200~250km 客运专线即将建成，2007 年 10 月，在第一批次 40 列 CRH1A 尚未生产完毕之际，原铁道部便开始向 BST 公司采购 16 辆大编组动车组座车，即 CRH1B 型动车组。这也是中国铁路继 CRH2B 型动车组列车后第二款 16 辆大编组高速动车组列车。

CRH1B 停靠在杭深线鳌江站

除采用 10M6T 的 16 辆编组外，CRH1B 其他主要技术设备与 CRH1A 基本相同或类似，同样采用不锈钢车体，牵引、制动和控制系统也与 CRH1A 一脉相承。全列车 20 台动力转向架各装有 2 台与 CRH1A 相同的 265kW 交流异步牵引电机，整车功率 10600kW，最高运行速度 250km/h。配有 LKJ2000 和 CTCS-2 两套列控系统的 CRH1B 在国内所有高速铁路和既有提速铁路干线上均可运行。

CRH1B 先后共制造了两个批次：第一批次列车采用了与 CRH1A 完全相同的头型和车体结构，每节车厢中部两侧各设有一扇 1100mm 大尺寸外摆式塞拉门的设计也一脉相承；第二批次 CRH1B 因当时 CRH1E 型动车组合同调整而生产，采用了与 CRH1E 完全相同的头型与外观，车门位置也比照 CRH1E 由车厢中部改至端部，头车则另设司机室门。两批次 CRH1B 均由 3 节一等座车、12 节二等座车和 1 节独立餐车组成。其中一等座车座椅采用 2+2 布置，二等座车 2+3 布置，餐车设有厨房、吧台和就餐席。虽然两批次 CRH1B 型动车组的车内布局和车厢定员因车门位置不同而有所区别，但全列定员都统一为 1299 人。这一数字也让 CRH1B 豪取中国动车组坐席定员之最。

新 CRH1B 行驶在杭深线杭甬段上

2009 年 3 月，首列 CRH1B 型动车组下线并完成测试，首批次列车则于 2009 年 4 月起开始配属上海铁路局和南昌铁路局，执行上海局管内沪宁、沪杭等客流旺盛的城际线路，以及当年开通的杭深铁路杭州至福州段。2010 年 4 月，首批次 CRH1B 交付完毕。此后，CRH1B 也曾执行过京沪、沪昆等既有提速干线的直通动车组车次。2012 年 10 月，第二批次采用 CRH1E 头型的 CRH1B 配属上海铁路局。两批次 CRH1B 共计生产 25 列，其中首批次 20 列车编号 1041~1060，第二批次 5 列车编号 1076~1080。除一列因事故退役外，其余 24 列 CRH1B 均集中配属上海铁路局南翔动车所和杭州动车所，在沪宁城际、宁杭高铁、杭深、宁蓉等城际铁路和客运专线上运行，执行客流较大的上海（杭州）—武汉—重庆—成都方向和上海（杭州）—厦门—深圳方向动车组列车车次。

■ CRH1B 行驶在沪昆高铁沪杭段上

## 车辆设施

❶ CRH1B 一等座车；
❷ CRH1B 二等座车；
❸ CRH1B 餐车就餐席；
❹ 新 CRH1B 一等座车；
❺ 新 CRH1B 二等座车；
❻ 新 CRH1B 餐车就餐席。

中国

## CRH1 平台 16 辆编组卧铺动车组

# CRH1E

| 投入运用时间 | 2009 年 |
|---|---|
| 运营速度 | 250km/h |
| 列车编组 | 10M6T |
| 牵引功率 | 10600kW |
| 列车定员 | 618~642 人 |

CRH1E 型动车组是 BST 公司在 CRH1 动车组技术平台上升级生产的 16 辆大编组卧铺动车组，共有前后两代。首批次 CRH1E 沿用了 CRH1B 型动车组 10M6T 的编组形式，不锈钢车体、IGBT 交流传动和 265kW 交流异步牵引电机等主要技术方案也完全一致，但二者在外观上却区别明显。CRH1E 采用了庞巴迪 Zefiro250 的新款流线头型，优化了 250km/h 最高速度下的空气动力学性能，车门也一改此前 CRH1A 和 CRH1B 设于车厢中部的传统，改为设在车厢端部。考虑到卧铺动车组沿途不会频繁乘降，因此每节车厢只在一端两侧各设一扇 900mm 外摆式塞拉门，并在车门上方装有液晶信息屏。

执行京沪动卧任务的 CRH1E 停放在北京动车段

首批次 CRH1E 曾计划制造 20 列，但由于当时卧铺动车组运用受限，最后 5 列车在外观不变的情况下调整内饰，改为了 CRH1B 大编组座车动车组。前期下线的 15 列 CRH1E 的内饰也有两种布局。前 12 列 CRH1E（编号 1061~1072）由 1 节高级软卧车、12 节软卧车、2 节二等座车和 1 节餐车组成。其中首尾车为 2+3 座椅布局的二等座车；普通软卧车每节车厢设有 10 个可容纳 4 人的软卧包厢，定员 40 人；高级软卧车厢则设有 8 个可容纳 2 人的高软包厢，定员 16 人。每个铺位都安装有液晶电视、阅读灯等设施，高软包厢内还设有沙发和衣柜，全车总定员 618 人。后 3 列 CRH1E（编号 1073~1075）将高级软卧车厢调整为普通软卧车厢，全车定员也增加至 642 人。

2015 年，京沪广深之间高铁动卧列车的成功开行拓展了卧铺动车组的开行范围。BST 公司也在 CRH1A-A 基础上，生产了 5 列新一代 CRH1E 卧铺动车组（编号 1229~1233）。

2015 年时在国家铁道试验中心进行测试的新 CRH1E

相比首批次 CRH1E，新 CRH1E 最大的不同在于采用了 CRH1A-A 的新头型和铝合金车体，气密性和舒适性得到大幅提升。新 CRH1E 取消了独立餐车，在保留售货区的同时，在餐车腾出的空间增设了 3 个软卧包厢和 2 个高铁快运储物区。为了方便日间套跑短途列车，新 CRH1E 车内设施也进行了针对性改进，上铺床板改为上翻式设计，下铺床位则增设了软垫靠背和活动式扶手，可方便地将 4 人软卧包厢改为 6 人软座包厢。新 CRH1E 的定员依旧为 642 人（非卧代座状态下），卧座转换和设置高铁快运储物区等设计与同时期下线的新 CRH2E 和 CRH5E 相同，可谓卧铺动车组的统型设计。

2009 年 8 月，首列 CRH1E 型动车组下线并运抵国家铁道试验中心，并于当年 11 月起开始担当来往京沪间的卧铺动车组列车。2011 年初，部分 CRH1E 调往成都铁路局，短暂执行成渝—京沪间卧铺动车组车次。目前，全部 20 列 CRH1E 均重新集中配属上海铁路局南翔动车所，其中首批次 CRH1E 主要执行上海—深圳（广州）间的高铁动卧列车，并以卧代座方式套跑相关日班动车组交路，新 CRH1E 则主要开行上海—西安（兰州）方向的动卧车次。

CRH1E 驶过杭深线温州瓯江特大桥

## 车辆设施

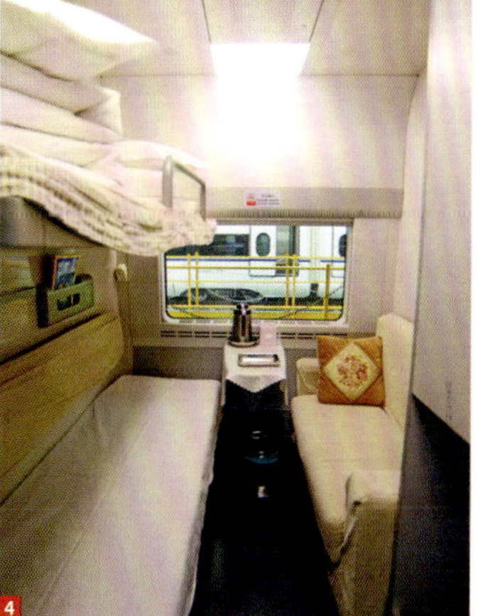

❶ CRH1E 软卧包厢；
❷ CRH1E 二等座车；
❸ CRH1E 高软公共休息区；
❹ CRH1E 高级软卧包厢；
❺ 新 CRH1E 软卧包厢；
❻ 新 CRH1E 软卧代座；
❼ 新 CRH1E 二等座车；
❽ 新 CRH1E 驾驶台；
❾ CRH1E 驾驶台。

## 基于 Zefiro250 的新一代 8 辆编组动车组

# CRH1A-A

| 投入运用时间 | 2016 年 |
|---|---|
| 运营速度 | 250km/h |
| 列车编组 | 5M3T |
| 牵引功率 | 5300kW |
| 列车定员 | 588~613 人 |

CRH1A-A 是 BST 公司生产的新一代 8 辆编组 250km/h 高速动车组，车型中的“-A”表示其为 CRH1A 型动车组的第一款技术改进车型。新头型、铝合金车体与车内统型布局是其区别于 CRH1A 的最大特征。

在国家铁道试验中心进行测试的 CRH1A-A

2012 年 9 月，因政策调整，当时原铁道部将 BST 公司部分 CRH380D 订单等价替换为 250km/h 动车组，其中包括 60 列新一代 CRH1A，即今天的 CRH1A-A 型动车组。采用新一代 Zefiro250 技术平台的 CRH1A-A 在正式定名前，曾有过 CRH1A-250NG 的非正式称谓，“NG” 是为 New Generation（英语“新一代”）的缩写。CRH1A-A 以 CRH1A 的成熟经验为基础，参考了 CRH380D 的先进设计元素，应用了节能、大容量、个性化和仿生设计等新理念，与采用 Regina 技术平台的 CRH1A 相比已是一款全新车型。虽然 CRH1A-A 依然采用 5M3T 的 8 辆编组，265kW 牵引电机和 5300kW 整车功率也保持不变，但在车体方面，CRH1A-A 一改此前 CRH1 系列动车组的不锈钢材质，转而采用铝合金型材，大幅改善了客舱气密性，车体宽度也由 CRH1A 的 3328mm 小幅增加至 3358mm，使乘客拥有更加舒适的车内空间。列车转向架也进行了优化。

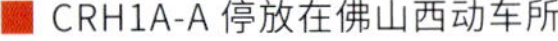

CRH1A-A 停放在佛山西动车所

在外观和内饰方面 CRH1A-A 相比 CRH1A 也有了明显改进：列车头型参考了 CRH380D 的流线结构，车头长度介于 CRH1A 与 CRH380D 之间，以实现 250km/h 速度运行时更佳的空气动力学性能和性价比；涂装则延续了 CRH1 白色底色、黑色窗线和蓝色腰线的涂装风格。为了适应客运专线长途运输需求，CRH1A-A 不再采用 CRH1A 车厢中部两侧各设有一扇大尺寸车门的设计，转而比照其他长途动车组，在车厢两端两侧各设一对小尺寸车门，保证乘降速率的同时确保车厢空间的完整性。CRH1A-A 的席位布局也采用定员 613 人的时速 250km 统型动车组布局，8 节车厢由 1 节一等座车、6 节二等座车和 1 节二等 / 餐车合造车组成，全部席位都采用可旋转座椅，餐车不再单独设置就餐席。后期为满足海南环线高铁等特定线路的运输需求，部分 CRH1A-A 将一节二等车改为一等车，因此也有部分 588 或 596 人定员的列车。

2014 年，首列 CRH1A-A 样车下线并抵达北京国家铁道试验中心开始型式试验；2015 年 8 月，首列 CRH1A-A 样车开始在沪昆高铁湖南段进行 30 万 km 运用考核；2016 年 3 月，CRH1A-A 开始在海南环岛高铁试运行，并于 2016 年 10 月正式配属广州局集团三亚动车所，成为海南东环高铁提速的主力车型。截至目前，CRH1A-A 型动车组共计生产 87 列，车辆编号 1169~1228、1234~1260，分别配属广州局集团深圳、三亚、佛山客专动车所和南昌局集团福州南动车所，在海南东西环、广深港、杭深、贵广、龙厦等高速铁路和客运专线上运行。

CRH1A-A 驶过南广铁路思贤滘特大桥

## 车辆设施

❶ CRH1A-A 一等座车；
❷ CRH1A-A 二等座车；
❸ CRH1A-A 车门及行李架；
❹ CRH1A-A 司机室；
❺ CRH1A-A 无障碍卫生间；
❻ CRH1A-A 餐车吧台；
❼ CRH1A-A 动力转向架；
❽ CRH1A-A 拖车转向架。

## 时速 250km 动车组主力车型

# CRH2A

| 投入运用时间 | 2007 年 |
| --- | --- |
| 运营速度 | 250km/h |
| 列车编组 | 4M4T |
| 牵引功率 | 4800kW |
| 列车定员 | 610~613 人 |

CRH2A 是由中车四方股份公司生产的 CRH2 系列动车组中最早生产和运用最广泛的车型，亦是中国铁路第六次大提速的主力车型。

第六次大提速后在在既有京沪铁路上运行的 CRH2A

2004 年 6 月，CRH2A 中标成为时速 200km 高速动车组技术引进招标中，首批引进的三款时速 200~250km 动车组之一。CRH2A 以新干线 E2 系 1000 番台为原型，并根据中国铁路运用需求进行了针对性改进。首批次 60 列 CRH2A 中，3 列由日本川崎重工生产后整车交付；6 列以散件形式交由中方负责组装；其余 51 列经技术转移，由中车四方股份公司在国内生产。相比于 8M2T 动力配置、最高速度 275km/h 的原型车，最高运行速度 250 km/h 的 CRH2A 将动力配置调整为4M4T的8辆编组，更加经济的同时，亦可重联运行适应大客流需求。全列 8 辆编组中每 4 辆为一个动力单元，每辆动力车装有 4 台 300kW 交流异步牵引电机，采用 IGBT 交流传动，整车功率 4800kW。车体采用大型中空铝合金，头型为纵向双曲拱面，横向五曲拱面的流线型造型，具有良好的空气动力学性能，头灯设于司机室上方。车厢高 3700mm，宽 3380mm，分别是早期 CRH 各型动车组中最低的和最宽的，在减小断面降低风阻的同时，保证了车厢内部空间的宽敞舒适。全车采用的白色底加蓝色腰线涂装也是后续 CRH“和谐号”动车组标准涂装的基调。CRH2A 车厢端头设内藏式塞拉门，与采用外摆式塞拉门的其他平台动车组相比独具一格。全部 CRH2A 都配有 LKJ2000 和 CTCS-2 两套列控系统，在国内所有高速铁路和既有提速铁路干线上均可运行。

早期 CRH2A 曾在车头喷绘 CRH 标识，后统一改为和谐号标识

早期下线的 CRH2A 全列定员 610 人，全车包括 1 节 2+2 座椅布局的一等车、6 节 2+3 座椅布局的二等车和 1 节二等 / 餐车合造车。早期动车组延续了原型车的部分特色设计：如一等车每排对应独立小窗，二等车两排共用一扇大窗但窗帘独立分享；车内盥洗室与卫生间分开，专设男士小便间等。

2013 年后，新造的 CRH2A 进行了统型化改进，在车内布局、驾驶操作和部分技术设备方面与其他平台时速 250km 动车组统一标准。如统一采用 613 人的定员席位布局、统一卫生间形制、统一车端自动车钩，优化驾驶台、增加警惕按钮、增加停放制动、增加司机逃生窗、取消专用司机门等。同时，统型 CRH2A 牵引电机功率也增加至 322kW，整车功率增加至 5152kW，优化了列车的爬坡能力并增加了冗余。

2006年 3月，首列 CRH2A运抵中国；同年 7月 31日，首列国产化 CRH2A 于青岛下线。因技术平台稳定，性价比突出，CRH2A 迄今已成为“和谐号”动车组中生产数量最多、运用范围最广的车型。中车四方股份公司在充分消化吸收 CRH2A 技术平台基础上，不仅衍生了 CRH2 系列动车组的其他车型，还升级拓展了全新的 CRH380A 高速动车组技术平台。截至目前，CRH2A 共计生产 491 列，非统型车辆编号 2001~2060、2151~2211，其中 2010 已改造为国内第一列综合检测车；统型车辆编号 2212~2416、2427~2460、2473~2499、2828、4001~4071、4082~4095、4114~4131。配属则遍布北京、武汉、上海、南昌、成都、南宁、太原、广州、济南、昆明十个铁路局集团，广泛运用于中南部地区时速 200~250km 客运专线，部分提速既有线和时速 300~350km 高速铁路也能看到它的身影。

■ 仅有的一列采用 CRH2G 头型的 CRH2A-2460 行驶在楚大铁路上

## 车辆设施

❶ CRH2A 一等座车；
❷ CRH2A 二等座车；
❸ 统型 CRH2A；
❹ CRH2A 餐车就餐席；
❺ 统型 CRH2A 驾驶台；
❻ CRH2A 驾驶台；
❼ CRH2A 男士小便间。

## 16 辆大编组 CRH2

# CRH2B

| 投入运用时间 | 2008 年 |
| --- | --- |
| 运营速度 | 250km/h |
| 列车编组 | 8M8T |
| 牵引功率 | 9600kW |
| 列车定员 | 1230 人 |

CRH2B 是中车四方股份公司在 CRH2A 技术平台上开发的衍生车型，车型代号中的“B”即表示 200~250km/h 速度等级 16 辆编组座车动车组，它也是中国铁路第一款投入运营的 16 辆大编组动车组列车。

2007 年 4 月 18 日开启的中国铁路第六次大提速初期，CRH2A 因制造进度快、平台技术稳定等优势，承担了 2/3 以上的运营车次，首批次 60 列订单也很快制造完毕。作为当时中国铁路消化吸收水平最高的动车组技术平台，中车四方股份公司很快开始在其基础上进行 300km/h 级别动车组和 250km/h 大编组动车组研发的工作。2007 年 11 月，原铁道部向中车四方股份订购了 10 列 16 辆编组座车，CRH2B 正式纳入生产计划。

除采用 8M8T 的 16 辆编组外，CRH2B 其他主要技术指标与 CRH2A 基本相同，整车功率 9600kW，最高运行速度 250km/h。硬件方面，同样采用大型中空铝合金车体、300kW 交流异步牵引电机和 IGBT 交流传动，牵引、制动和控制系统也一脉相承。此外，在 CRH2A 基础上，CRH2B 加装了半主动减振器、车端阻尼器，并对空调通风系统加以改善。因安装有 LKJ2000 和 CTCS2 两套列控系统，CRH2B 在国内在所有高速铁路和既有提速铁路干线上均可运行。

CRH2B 驶过武汉天兴洲长江大桥

在外观上，CRH2B 延续了 CRH2A 的头型和整体涂装风格。由于之前运行在既有提速线路上的 CRH2A 出现过照明不足的情况，因此首批 10 列 CRH2B 在车头前方增加了一对“丹凤眼”头灯，成为早期 CRH2B 外观方面的最大特点。2016~2017 年，中国铁路总公司又增购了 17 列 CRH2B。新批次 CRH2B 采用与统型 CRH2A 相同的头型结构，取消了“丹凤眼”车灯和司机专用车门，增加了司机室逃生窗，驾驶台布局也改为与统型 CRH2A 相同，将司机座位由原来靠左的位置改在中间位置。虽然外观有所区别，但两批次 CRH2B 均由 3 节一等座车、12 节二等座车和 1 节独立餐车组成。其中一等座车座椅采用 2+2 布局，二等座车 2+3 布局，餐车设有厨房、吧台和就餐席，全列车 1230 人的定员也保持不变。

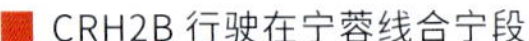

CRH2B 行驶在宁蓉线合宁段

2008 年 6 月 29 日，首列 CRH2B 交付。2008 年 8 月 1 日，国内首条时速 250km 客运专线合宁铁路正式开通动车组列车，CRH2B 亦于同日起在合宁铁路上投入运用，开始在上海—南京—合肥和上海—北京等大客流线路上执行“D”字头车次。此后，CRH2B 先后辗转宁蓉、杭深等线路。目前，两批次 CRH2B 共生产 27 列，其中首批次 10 列车编号 2111~2120，全部配属上海局集团南京动车所，主要执行南京经由沪宁城际、沪杭高铁至杭深线方向的长途列车；第二批次 17 列车编号 2466~2472、4096~4105，全部配属武汉局集团汉口动车所，主要执行沪蓉线上的长途列车和汉丹、襄渝铁路上的城际列车车次。

■ CRH2B 行驶在杭深线温福段

## 车辆设施

❶ CRH2B 一等座车；
❷ CRH2B 二等座车；
❸ CRH2B 车身技术信息；
❹ CRH2B 餐车吧台；
❺ CRH2B 餐车就餐席；
❻ CRH2B 驾驶台；
❼ CRH2B 无障碍卫生间。

## 分为两个阶段的中国首款 300km/h 动车组

# CRH2C

| 投入运用时间 | 2008 年 |
|---|---|
| 运营速度 | 300km/h |
| 列车编组 | 6M2T |
| 牵引功率 | 7200kW;8760kW |
| 列车定员 | 610 人 |

在 2004 年成功完成第一轮时速 200km 动车组招标后，原铁道部于 2005 年再次开展第二轮时速 300km 级别高速动车组招标，中车四方股份公司成功获得了其中 60 列动车组合同，即 CRH2C 型动车组，这也是中国铁路装备史上首款设计速度达到 300km/h 的高速列车。

早期 30 列编号 2061~2090 的 CRH2C 是从 CRH2A 技术平台平移升级而来，被称为 CRH2C 第一阶段。列车延续了 CRH2A 的 300kW 牵引电机，通过增加动车数量，将动力配置升级为 6M2T 的方式，整车功率达到 7200kW（充分利用牵引电机性能可达到 7728kW），以具备 300km/h 及以上高速运行的功率需求；转向架和受电弓也在 CRH2A 基础上进行了高速适应性改进。外观方面，CRH2C 将蓝色腰线在头部贯穿闭合，并安装有与 CRH2B 相同的“丹凤眼”头灯，受电弓旁则安装有挡板式导流罩，以确保高速运行时受电弓受流稳定。

■ 2008 年时行驶在京津城际铁路上的 CRH2C 一阶段

在试验与运营过程中，CRH2C 一阶段出现了高速运行时功率不足、车内噪声较大和车体共振等问题。因此编号 2091~2110 和 2141~2150 的后 30 列 CRH2C 进行了重大技术改进，称为第二阶段。CRH2C 二阶段保持了 6M2T 的动力配置，通过改用 365kW 牵引电机将整车功率提升至 8760kW，列车持续运营速度由一阶段的 330km/h 提升至 350km/h。车体铝合金结构和隔音减振降噪技术借鉴了 CRH3C 的设计经验，改善了车体在高速运行时的共振和气动变形问题；转向架两侧各增加一个抗蛇行减振器，优化了高速行车的稳定性；头尾车车顶也减少了外置天线，以降低阻力和噪声。编组方面，两个阶段的 CRH2C 均与早期 CRH2A 相同，全车包括 1 节一等车、6 节二等车和 1 节二等 / 餐车合造车，定员 610 人。一阶段 CRH2C 车内装饰与 CRH2A 接近，二阶段则参考了 CRH3C 的木纹内饰风格，并大量使用 LED 光源。CRH2C 二阶段的重大技术改进为后续 CRH380A 及其他高速列车开发研制打下了坚实的基础。

■ 武广高铁试运行时停靠在长沙南站的 CRH2C 一阶段

2007 年 12 月 22 日首列 CRH2C 出厂。2008 年 4 月 24 日，CRH2C-2061 在京津城际铁路上以 392km/h 的测试速度，打破了“中华之星”321.5km/h 的速度纪录。2008 年 8 月 1 日，CRH2C 随着我国第一条时速 350km 高速铁路——京津城际铁路的开通而正式投入运营。随着 CRH3C 的增配，2009 年起 CRH2C 逐步退出京津城际铁路运营。在短暂服务胶济客专后，CRH2C 转配武汉、西安和上海铁路局，服务于武广、郑西和沪宁城际等新建高速铁路。2010 年 2 月，首列 CRH2C 二阶段列车开始投入郑西高铁运营。在 CRH380 系列动车组下线前，CRH2C 与 CRH3C 一同成为我国早期时速 300km 级别高速铁路上的主力车型，最高运营速度曾达到 350km/h。目前，除 2061、2068 和 2150 三列车改为综合检测车外，其余 CRH2C 集中配属上海局和西安局集团，其中 CRH2C 一阶段集中配属南京动车所，主要服务沪宁城际铁路；部分 CRH2C 二阶段配属合肥动车所，主要服务合宁、沪宁城际、合蚌、合福等高速铁路，其余 CRH2C 二阶段配属西安动车所，服务大西、西宝和郑西等高速铁路和西安—延安城际动车。目前，CRH2C 一阶段车身构造速度标识已调整为 310km/h，二阶段车身构造速度标识则依然为 350km/h。实际运营中两批次 CRH2C 最高运营速度均统一为 300km/h。

■ CRH2C 二阶段列车行驶在郑西高铁郑西段。相对简单的头车车顶设备是 CRH2C 二阶段列车的明显外观特征

## 车辆设施

❶ CRH2C 一阶段一等座车；
❷ CRH2C 一阶段二等座车；
❸ CRH2C 一阶段餐车吧台；
❹ CRH2C 一阶段餐车就餐席；
❺ CRH2C 二阶段动车转向架；
❻ CRH2C 二阶段车间减振器。

# 世界首款卧铺高速列车

# CRH2E

| 投入运用时间 | 2008年 |
| --- | --- |
| 运营速度 | 250km/h |
| 列车编组 | 8M8T |
| 牵引功率 | 9600kW;10304kW |
| 列车定员 | 630~880人 |

由于中国幅员辽阔，2007年第六次大提速后，部分既有线上运行的动车组列车全程行驶时间超过10小时。因此原铁道部决定在当时动车组技术平台基础上开发16辆编组卧铺动车组，分别由中车四方股份公司和BST公司生产，前者即为CRH2E。

CRH2E 执行既有京沪铁路动卧列车

首批次生产的20列CRH2E（编号2121~2140）是在CRH2B大编组座车动车组基础上开发而成，采用与CRH2B相同的8M8T动力配置，整车功率9600kW，最高运行速度250km/h。全车16节车厢中包括13节软卧车、2节二等座车和1节餐车。其中首尾车为2+3座椅布局的二等座车；软卧车每节车厢设有10个可容纳4人的软卧包厢，每个铺位都安装有液晶电视和阅读灯等设施；餐车则设有厨房、吧台和就餐席，全车定员630人（不含就餐席）。在外观方面，CRH2E的头型、“丹凤眼”头灯和蓝色腰线与CRH2B完全相同，但考虑到卧铺动车组沿途不会频繁乘降，CRH2E每节车厢只在一端两侧各设一扇内藏式侧门，中间车车窗布局也与CRH2B不同。这两点也是CRH2E与CRH2B外观上最大的区别。首列CRH2E于2008年7月底下线，并于同年12月21日起开始执行京沪间经由既有铁路的动卧列车，成为世界上首款运行速度超过200km/h的卧铺动车组。

2015年，随着京沪广深高铁动卧的开行，卧铺动车组也有了进一步需求，中国铁路总公司向中车四方股份公司再次购买了5列CRH2E。相比首批次列车，新CRH2E在技术上进行了诸多改进，以适应高铁动卧夕发朝至、一站直达和长时间持续高速运行的要求，并兼顾高速动车组统型技术要求。新CRH2E同样采用8M8T的动力配置，整车功率小幅提升至10304kW，在旅客界面、操作界面和监控保护等方面执行动车组的统型要求，车门也由此前的内藏门改为外摆式塞拉门。外观则一改传统蓝白涂装和CRH2A头型，采用了CRH2G的“骏马”头型和黑色窗线，更加时尚现代。

内饰方面，编号2461和2462的两列新CRH2E采用了卧铺动车组统型布局，在保持头尾车二等座、中间车4人包厢软卧不变的情况下，取消独立餐车，只保留吧台和厨房，就餐席则调整为3个软卧包厢和2个高铁快运储物区，定员增加至642人。车内软卧包厢也进行了优化设计，上铺床板具备上翻功能，下铺则增设了三个独立软垫靠背和活动式扶手，可在日间套跑短途动车组改为软席座位时更加舒适。后三列编号2463~2465的新CRH2E则进行了进一步改进，车内采用中央单通道、两侧卧铺平行列车运行方向的纵向布局模式，因此也被称为纵列式CRH2E。由于车内上下铺交错布置，为保证乘车时的景观需求，全车上下两层每个铺位都单独对应一扇车窗，因此从外侧看去有双层列车的错觉。纵列式CRH2E车体尺寸也加以调整，车体高度由老CRH2E的3700mm和新CRH2E的3860mm增加到4050mm；车宽则与新CRH2E相同为3300 mm，相比老CRH2E窄了80mm；中间车体长度由此前各型CRH2E的24500mm增加到25650mm，头车车体长度则增加到26825mm，整体空间更为宽敞。纵列式CRH2E取消了二等座，将头尾车也改为纵向卧铺，餐车则在保留吧台的同时，设有5个传统4人软卧包厢，为乘客提供更多选择。得益于车内布局变化，纵列式CRH2E中间车定员由此前的40人增加至60人，全车定员则增加至880人，相比传统卧铺动车组定员增加近40%，是我国卧铺动车组的一大突破。

新 CRH2E 停放在北京国家铁道试验中心

2008 年下线初期，CRH2E 型动车组主要执行京沪间经由既有铁路的动卧列车。之后富余的 CRH2E 也曾短暂服务于 2010 年开通的杭深线福厦段。2011 年京沪高铁开通后，部分 CRH2E 转为执行日间运行的京沪高铁本线“D”字头列车和跨线列车。2015 年后，CRH2E 开始执行上海—广州（深圳）间的高铁动卧和相关套跑列车。新 CRH2E 和纵列式 CRH2E 则分别于 2016 年和 2017 年开始执行既有京沪线动卧列车。2019 年 1 月，随着既有京沪线卧铺动车替换为 CR200J 动力集中动车组，新 CRH2E 转为执行京广高铁动卧列车，纵列式 CRH2E 则转为执行北京—贵阳—昆明的动卧车次。目前，除一列因事故改造为检测车外，其余 24 列 CRH2E 均集中配属在北京局和广州局集团公司。

停放在北京动车段的纵列式 CRH2E

## 车辆设施

❶ CRH2E 软卧包厢；
❷ CRH2E 餐车就餐席；
❸ 新 CRH2E 司机室；
❹ 新 CRH2E 软卧代座；
❺ 新 CRH2E 二等座车；
❻ 新 CRH2E 包厢号码牌和走廊；
❼ 纵列式 CRH2E 车内空间；
❽ 纵列式 CRH2E 卧铺席位。

## CRH2 技术平台高寒抗风沙动车组

# CRH2G

| 投入运用时间 | 2015 年 |
| --- | --- |
| 运营速度 | 250km/h |
| 列车编组 | 4M4T |
| 牵引功率 | 4800kW |
| 列车定员 | 613 人 |

2009 年开工建设的兰新客运专线是我国首条高海拔地区高速铁路，沿途同时拥有高寒、大风沙、高温、高海拔、高紫外线辐射五大极端天气条件。为满足兰新客运专线恶劣环境下的运营需求，中车四方股份公司在 CRH2A 统型车技术平台基础上研发生产了具备防寒抗风沙能力的动车组新车型，即 CRH2G。

CRH2G 主要技术特征与 CRH2A 大致相当，采用 4M4T 的 8 辆编组，最高运营速度 250km/h。车体同样采用大型中空铝合金型材，无摇枕转向架采用转臂式轴箱定位装置，轮对材料则针对特殊环境进行了适应性改进。车体尺寸 25000mm×3300mm×3860mm，较 CRH2A 型动车组车体高度更高，但宽度有所减小。为在兰新客专连续长大坡道上实现达速运行，CRH2G 采用了 CRH2C 二阶段使用的 365kW 牵引电机，功率较 CRH2A 统型动车组的 322 kW 有所增加。但考虑到高原功率修正，实际运用按 300kW 功率输出，整车功率 4800kW。席位布局方面，CRH2G 延续了定员 613 人的 250km/h 统型动车组布局，8 节车厢由 1 节一等座车、6 节二等座车和 1 节二等 / 餐车合造车组成，餐车不再单独设置就餐席。外观方面，CRH2G 使用了全新设计的“骏马”头型，加之黑白分明的配色风格和蓝色腰线，整体风格刚柔并济，极具力量感与速度感。

■ 寒冬里 CRH2G 驶出乌鲁木齐动车所

针对兰新客运专线的特殊自然环境，CRH2G 进行了多项技术改进：为解决车下电气设备防沙问题，对冷却风量大、容沙能力高的牵引变压器和牵引变流器（也称牵引逆变器）采用传统的分散供风，其他容沙能力差的电气设备采用集中供风；通过供风，车内设备舱可形成一个从内到外的微正压，有效克服风沙对舱内设备的影响；空调设备也一改传统 CRH2 系列动车组车下吊挂的方式，改为使用制冷、制热、连续换气与紧急通风等多种功能集成一体的车顶空调机组，最大限度降低风沙对空调设备的影响；针对严寒天气，所有电气设备全部可满足 -25°C启动、-40°C长期运行的要求；车门也改为外摆式塞拉门，避免传统 CRH2 系列动车组内藏式车门因积雪造成车门开关不良；水箱和给排水管路在加大外包防寒材料厚度的同时，还适当增加了伴热功率；列车其他设备也针对极寒、高温和强紫外线选择了针对性强化材料，确保恶劣环境下的动车组寿命。

■ 刚刚下线时 CRH2H 名义涂装的 CRH2G 样车

2014 年 9 月，编号 2417 的首列 CRH2G 下线。下线之初 CRH2G 曾短暂称为 CRH2H，其中编号中的“H”代表抗风沙，但其后不久抗风沙列车统一使用代表高寒列车的字母“G”为代号。2015 年 12 月 21 日，CRH2G 型动车组首先在兰州中川城际铁路开始正式载客运营，并于 2016 年春运前开始在兰新客专执行长途动车组列车。2019 年初，初期制造的 10 列 CRH2G（编号 2417~2426）全部改配昆明局集团，用于开行昆明—丽江城际动车组。后期制造的 18 列车（编号 4072~4081、4106~4113）则配属西安局集团，主要用于徐兰客专西安—兰州段、兰新客专和大西高铁。中车浦镇公司也曾制造了一列编号 0001 的功率提升型 CRH2G 试验列车，现改车号为 4501，配属昆明局集团。

■ CRH2G 行驶在徐兰高铁宝兰段上

## 车辆设施

❶ CRH2G 一等座车；
❷ CRH2G 二等座车；
❸ CRH2G 大件行李处；
❹ CRH2G 餐车吧台；
❺ CRH2G 无障碍卫生间；
❻ CRH2G 驾驶台；
❼ CRH2G 机械师室。

## 中国唯一引进的时速 300km 动车组技术平台

# CRH3C

| 投入运用时间 | 2008 年 |
| --- | --- |
| 运营速度 | 300km/h |
| 列车编组 | 4M4T |
| 牵引功率 | 8800kW |
| 列车定员 | 556 人 |

2005 年 7 月，中国大陆地区首条设计速度 350km/h 的高速铁路——京津城际铁路开工。为了满足京津城际铁路和未来更多设计时速 350km 高速铁路的用车需求，原铁道部于 2005 年 6 月起开展了新一轮时速 300km 级高速列车的招标工作。2004 年因策略失误而在时速 200km 动车组招标中出局的德国西门子公司在这次招标中与中车唐山公司联合，成功获得了 60 列时速 300km 高速列车合同，即 CRH3C。

与 2004 年中标的首批次 CRH2A 和 CRH5A 相似，CRH3C 也采用了“引进先进技术，联合设计生产，打造中国品牌”的策略，采用 3 列原装进口，其余国内组装和国内生产的方式，通过技术转让使中国获得高水准动车组技术平台。这也是中国唯一引进的时速 300km 高速列车技术平台。

在西门子公司内部，CRH3C 项目被称为 Velaro-CN。其中 CN 代表中国，Velaro 则是西门子公司在 ICE3 基础上，为规避德国国铁拥有的 ICE 品牌制约而搭建的动力分散高速动车组技术平台。作为 Velaro 技术平台的第二款高速列车，CRH3C 以西门子公司出口西班牙的 Velaro 技术平台首款列车 S103（Velaro-E）为原型开发，同样采用 4M4T 的 8 辆编组，每节动力车装有 4 台 550kW 交流牵引电机，整车功率 8800kW，最高运营速度 350km/h。但相比于原型车 GTO 元件的交流传动系统，CRH3C 将牵引变流器元件升级为 IGBT，列车宽度也由原型车的 2950mm 加宽至 3257mm，使一等座车和二等座车可分别实现 2+2 和 2+3 座椅布局，以更大的载客量适应中国铁路的运输需求。全列 8 节车厢中包括 1 节一等座车、4 节二等座车，1 节二等 / 餐车合造车和 2 节特等 / 二等合造车，全车定员 556 人。车内除二等 / 餐车合造车的二等座椅外，其余座椅均可旋转。2+1 座椅布局的特等座集中布置在司机室后方，早年间可透过司机室玻璃幕墙观看司机驾驶列车。

停放在北京动车段的 CRH3C

CRH3C 停靠武汉站

2007 年 12 月，首列德国原产 CRH3C 下线装船，并于 2008 年 1 月运抵中国。2008 年 4 月 11 日，中车唐山公司生产的首列国产化 CRH3C-3001（当时编号 CRH3-001C）下线，并于 6 月 24 日在京津城际铁路上以 394.3km/h 的速度刷新了两个月前 CRH2C 刚刚创造的中国铁路第一速。北京奥运会开幕前夕的 2008 年 8 月 1 日，京津城际铁路正式通车，CRH3C 也于当日起投入运营，以 350km/h 的最高运行速度，与 CRH2C 一起成为当时世界商业运营速度最高的轮轨高速列车。2009 年 12 月 9 日，两列重联 CRH3C 在武广高铁进行的运行试验中最高速度达到了 394.2km/h，创下了两车重联情况下的世界高速铁路速度纪录。此后，CRH3C 在京津城际和武广高铁上以主力车型的身份运营了近 10 年。2011 年 8 月后，CRH3C 最高运行速度调整为 300km/h。从 2008 年至 2010 年，共有 80 列 CRH3C 先后下线，编号 3001~3080，除 3 列进口车外全部由中车唐山公司生产。目前随着新车型下线，CRH3C 已主要调往西部地区，集中配属广州局集团长沙动车所和成都局集团重庆西、重庆北动车所，主要在武广、沪昆、渝贵、成渝、贵广和渝万等高速铁路和客运专线上运行。

■ CRH3C 行驶在京广高铁武广段上

## 车辆设施

❶ CRH3C 头尾车司机室后的特等座区；
❷ CRH3C 一等座车；
❸ CRH3C 可旋转座椅；
❹ CRH3C 二等座车
❺ CRH3C 无障碍卫生间；
❻ CRH3C 动车转向架；
❼ CRH3C 餐车吧台。

## CRH3 技术平台的时速 250km 动车组

# CRH3A

| 投入运用时间 | 2017 年 |
| --- | --- |
| 运营速度 | 250km/h |
| 列车编组 | 4M4T |
| 牵引功率 | 5500kW |
| 列车定员 | 613 人 |

CRH3A 是由中车长客股份公司和中车唐车公司以 CRH3C 技术平台为基础联合设计生产的 250km/h 动车组，是目前中国唯一一款由时速 300km 高速列车技术平台向下开发的时速 250km 动车组，也是截至目前我国 CRH 系列动车组中最后一款定型并批量生产的动车组车型。

CRH3A 停放在成都动车段

2008 年 CRH3C 投入运用后，原隶属北车集团的中车长客股份公司和中车唐车公司在其技术平台基础上，进一步开发了 CRH380B 和 CRH380C 系列高速动车组列车。为了拓展平台适用性，实现 200~350km/h 动车组产品全覆盖，2013 年，中车长客股份公司和中车唐车公司以城际动车组的名义分别试制了一列时速 250km 动车组样车，并分别以 CJ1-0502 和 CJ1-0302 的车型编号投入测试和试运行。2015 年，《铁路动车组技术管理办法》下发，中车长客股份参考中国标准动车组的设计经验，对 CJ1 型动车组进行进一步优化，并于 2016 年 7 月 14 日从国家铁路局正式获得 CRH3A 型动车组型号合格证。

2016 年 9 月，首列改进后的量产版 CRH3A 下线。量产版 CRH3A 在外观上有着很大变化，并未采用 CJ1 参考 CRH5A 设计的两段式头型。车身侧面采用了与 CRH3C 类似的黑色窗线和蓝色腰线，司机室两侧观察窗处则绘有类似 CR400BF 的金色凤翎装饰，仿佛一对“黄金眼”。在技术方面，CRH3A 在牵引、制动和转向架等核心技术上维持了 CRH380B 的成熟方案。由于最高运营速度只有 250km/h，同样采用 4M4T 动力配置的 CRH3A 选用了更为经济的 350kW 交流牵引电机，整车功率 5500kW。车体方面，在 CRH380B 大型中空铝合金材质基础上，CRH3A 采用了 25000mm×3300mm×3900mm 的中间车尺寸，宽度和高度相比 CRH380B 都有所增加，车内空间更为舒适。

在客室布局方面，CRH3A 采用了时速 250km 动车组 613 人的统型布局，全车 8 节车厢由 1 节一等座车、6 节二等座车和 1 节二等 / 餐车合造车组成。车内装饰则参考了复兴号 CR400BF 的装饰风格，整车采用木纹材质，给人以温暖、舒适、柔和的感觉。一等座车采用暖光照明，而二等座车为普通白光照明，行李架则安装有隐光源照明结构的灯光带。车窗采用拓宽设计，并合理安排座椅位置，避免出现了此前 CRH380B 系列动车组“面壁座”状况，让乘客享受舒适旅行的同时可以更好地欣赏沿途景观。

2017 年，批量下线的 CRH3A 首先配属西安局和成都局集团，服务当年年底通车的西成高铁。截至目前，量产版 CRH3A 共生产 59 列，其中中车长客股份公司生产 28 列，编号 5230~5257；中车唐车公司生产 31 列，编号 3081~3111。由于无法在西成高铁秦岭段连续高坡路段上达速运行，2018 年底前，全部 59 列量产版 CRH3A 型动车组均集中配属成都局集团成都东动车所，执行以成都为支点，去往宁蓉、成贵和西成（成都至广元段）等多个方向的城际动车组和中长途动车组车次。此前定型 CJ1 的两台样车也重新定名为 CRH3A-0502 和 CRH3A-0302 并正式配属沈阳局集团，主要执行沈丹和丹大铁路的城际列车。

曾定名为 CJ1 的 CRH3A 样车

■ CRH3A 行驶在西成客专汉中段

## 车辆设施

❶ CRH3A 一等座车；
❷ CRH3A 二等座车；
❸ CRH3A 餐车吧台；
❹ CRH3A 驾驶台；
❺ CRH3A 拖车转向架；
❻ CRH3A 动车转向架；
❼ CRH3A 无障碍卫生间。

中国

## Pendolino 的中国化

# CRH5A

| 投入运用时间 | 2007 年 |
| --- | --- |
| 运营速度 | 250km/h |
| 列车编组 | 5M3T |
| 牵引功率 | 5500kW |
| 列车定员 | 586~622 人 |

2004 年 6 月，CRH5A 与 CRH1A、CRH2A 一起，成为首批时速 200km 高速动车组中标车型，是 2007 年第六次大提速的主力车型之一。CRH5A 采用芬兰国铁 SM3 为原型的意大利 Pendolino 动车组技术平台，采用“引进先进技术，联合设计生产，打造中国品牌”的方针，由中车长客股份公司与法国阿尔斯通公司合作生产。

行驶在既有京广铁路上的 CRH5A

相比 4M2T 的原型车，CRH5A 采用 5M3T 的 8 辆编组，最高速度由 220km/h 提升至 250km/h。列车牵引传动系统采用了典型的 Pendolino 技术特征，全列 5 节动力车均装有 2 台与原型车相同的 550kW 交流异步牵引电机，通过万向轴传动驱动列车，整车功率 5500kW。CRH5A 的牵引变流器元件由 SM3 的 GTO 升级为 IGBT，电机冷却方式也由自然风冷改为强迫风冷。转向架则因制造和维护成本等原因取消车体倾摆功能，并将原型车二系悬挂的钢弹簧升级为空气弹簧。车体方面，有着 3200mm 车宽的 SM3 在欧洲绝对算是“大块头”，但延续这一车身宽度的 CRH5A 却成为国内各型动车组中最窄的一款。采用了新一代 Pendolino 动车组两段式头型的 CRH5A 也赶在意大利本土 ETR600 之前，成为世界上首款新 Pendolino 头型的高速列车。基于多方面考虑，相比于可适应 -40°C ~+40°C环境温度的原型车，CRH5A 将环境适应温度设为 -25°C ~+40°C，但电加热挡风玻璃、头车底架防雪保护等设计还是让 CRH5A 相比于其他车型具有更强的高寒大风雪环境适应性。

2007 年时原色 CRH5A 行驶在既有京哈线上

CRH5A 的 8 辆编组中包括 2+2 座椅布局的一等座车、2+3 座椅布局二等座车和二等 / 餐车合造车。由于生产时间和内饰物料等原因，目前 CRH5A 共有两款不同的内饰布局：早期生产的少量 CRH5A（编号 5001~5012、5043~5053）采用不可旋转座椅，全列由 1 节一等车、6 节 2 等车和 1 节二等 / 餐车合造车组成，全列定员 622 人；后期制造大部分的 CRH5A（编号 5013~5042、5054~5140）则采用可旋转座椅，并将一等车增加为 2 节，全列定员减少至 586 人。

与 CRH2A 相似，首批次 60 列 CRH5A 中，3 列由阿尔斯通位于意大利的工厂生产后整车交付；6 列以散件形式交由中方组装；其余 51 列经技术转移，由中车长客股份公司在国内生产。2007 年 1 月，首列进口 CRH5A 运抵中国。2007 年 4 月初，首列国产 CRH5A 于长春下线。相比于首批引进的其他动车组车型，CRH5A 改动大，难度高，因此 2007 年 4 月 18 日中国铁路第六次大提速当天只有少数几列 CRH5A 在京哈线方向投入运营。随着后期运用趋于稳定，在首批次 60 列订单完成后，原铁道部自 2009 年至 2011 年间又先后增加多批次订单，使 CRH5A 累计生产数量达到 140 列。目前，CRH5A 除配属东北地区的沈阳、哈尔滨局集团，执行东北地区各条客运专线“D”字头动车组车次的同时，也配属在北京、太原、呼和浩特和武汉局集团，运行在京哈、津保、石太、京广、大西、汉宜、汉丹、呼张、呼包等既有提速线、高速铁路和客运专线上。

CRH5A 行驶在冬日的长珲城际线上

## 车辆设施

❶ CRH5A 固定座椅一等座车；
❷ CRH5A 固定座椅二等座车；
❸ CRH5A 可旋转座椅二等座车；
❹ CRH5A 餐车；
❺ CRH5A 采用外摆式车门，设有车门踏板，可同时适应高低站台；
❻ CRH5A 转向架。

# CRH5 技术平台统型化耐高寒抗风沙动车组

# CRH5G

| 投入运用时间 | 2014 年 |
| --- | --- |
| 运营速度 | 250km/h |
| 列车编组 | 5M3T |
| 牵引功率 | 5500kW |
| 列车定员 | 613 人 |

2013 年 4 月，原中国铁路总公司向中车长客股份公司订购了新一批 CRH5A 订单，准备在进行高寒防风沙针对性改进后用于即将开通的兰新高铁。2014 年 7 月 1 日起，所有 CRH 系列动车组的车型编号都进行了更改和统一，明确技术序列代码中“G”代表耐高寒，“H”代表耐风沙。由于同时具备耐高寒和抗风沙能力，这批动车组列车最终定型为 CRH5G 型，成为我国第一款抗风沙动车组，也是继 CRH380BG 后我国第二款耐高寒动车组列车。

运行在既有兰青线上的 CRH5G

CRH5G 延续了 CRH5A 的技术特点，同样采用 5M3T 的 8 辆编组，整车功率 5500kW，最高速度 250km/h。车体结构、牵引变流系统、体悬式牵引电机和万向轴传动也完全相同。其最大变化在于围绕高寒和多风沙环境进行的多项针对性技术改进。例如在设备舱加装密封护板；风源装置增加机油加热功能；风挡、密封条、润滑油和电子设备全部更换为可适应 -40°C 环境温度产品；水箱和污物箱增加伴热设备等。编号 5176 之后的 CRH5G 还进一步改用抗风沙油漆，并将裙板过滤网由此前的 7 层结构更换为 9 层结构，以更好地适应风沙环境。旅客界面方面 CRH5G 进行了统型化设计，采用 250km/h 动车组 613 人定员的统型布局，二等 / 餐车合造车由 CRH5A 的 6 车改为 5 车；车门则取消了 CRH5A 可适应低站台的功能，只能适应 1250mm 高站台。外观方面，CRH5G 也与 CRH5A 基本相同，除车窗分布因席位布局调整有所不同外，二者外观上最明显的差异在于 CRH5G 将此前伸出车钩罩的车钩导向杆内藏，使得车钩罩外观更加平滑。

2016 年 10 月起，中车长客股份公司开始对 CRH5G 进行进一步改进，并于 2017 年 7 月推出技术提升型 CRH5G。技术提升型 CRH5G 在牵引、制动及控制系统等方面沿用了 CRH5G 的成熟技术，编组形式、速度等级和整车功率也保持不变，但在外观和内饰方面则进行了全面改进。技术提升型 CRH5G 采用了类似 CRH3A 的“海豚”头型，阻力系数降低了 6%，减小高速运行时的空气阻力。车体宽度则增加 100mm 至 3300mm，与 CRH3A 相同。得益于此车体宽度的增加，在保持 613 人统型布局的情况下，CRH5G 的车内空间更加宽敞。列车内饰也全面升级，采用模块化、简洁化的内饰设计，改用冷色调灯光，提升了内装档次。全车还设有 2000 多个传感器和监测点，对动车组的主要系统和设备实时监控，确保动车组运行安全可靠。

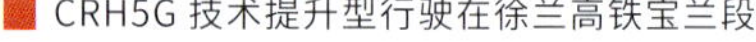

CRH5G 技术提升型行驶在徐兰高铁宝兰段

2014 年 12 月 26 日，兰新高铁全线开通，CRH5G 同日开始运营；2017 年 7 月，CRH5G 技术提升型亦投入使用。目前，CRH5G 先后共生产 84 列，其中编号 5141~5200、5206~5217 的 72 列为普通型 CRH5G；编号 5218~5229 的 12 列为技术提升型 CRH5G。全部 CRH5G 都配属在哈尔滨、沈阳、兰州、乌鲁木齐局集团和青藏公司，主要执行西北地区兰新、宝兰高铁，东北地区哈大、哈牡、哈佳、哈齐和沈丹等高速铁路和客运专线上的“D”字头动车组列车。

CRH5G 行驶在兰新客运专线上

## 车辆设施

❶ CRH5G 一等座车；
❷ CRH5G 二等座车；
❸ CRH5G 餐车吧台；
❹ CRH5G 驾驶台；
❺ CRH5G 拖车转向架；
❻ CRH5G 车辆技术信息；
❼ CRH5G 无障碍卫生间。

中国

# 高寒抗风沙卧铺动车组

# CRH5E

| 投入运用时间 | 2019 年 |
|---|---|
| 运营速度 | 250km/h |
| 列车编组 | 10M6T |
| 牵引功率 | 11000kW |
| 列车定员 | 642 人 |

2015 年 1 月，京沪—广深间高铁动卧的成功开行扩大了卧铺动车组的运用范围。针对东北和西北高寒大风沙地区潜在的卧铺动车组需求，此前拥有 CRH5G 型高寒抗风沙动车组技术储备的中车长客股份公司依托 CRH5 成熟技术平台，全新开发了具备耐高寒抗风沙能力的 CRH5E 卧铺动车组，成为中国铁路继 CRH2E 和 CRH1E 后第三款高速卧铺动车组。

CRH5E 依然采用体悬式牵引电机和万向轴传动这一 Pendolino 技术平台典型特征，编组则扩大为 10M6T 的 16 辆形式，相当于两列 CRH5G 固定重联，整车功率 11000kW，最高速度 250km/h。它不仅是 CRH5 技术平台唯一一款大编组车型，也是全球 Pendolino 系列动车组中编组最大的一款。CRH5E 延续了 CRH5G 成熟的高寒抗风沙性能，可适应 -40~+40°C 环境温度。在车体结构方面，CRH5E 参考了当时正在试验运行的 CJ1 型动车组（即 CRH3A 样车），在 CRH5A 和 CRH5G 型动车组 3200mm 车体宽度基础上增加 100mm 至 3300mm，以增加卧铺包厢空间，并成为 CRH5 技术平台中第一款采用宽车身的车型。

CRH5E 驶出北京动车所

CRH5E 的车头结构同样参考了 CJ1 的样式，车灯附近酷似黑眼圈的涂装风格则让它有了“熊猫”的爱称。

CRH5E 的 16 节车厢中，共有 13 节软卧车、2 节二等座车和 1 节软卧 / 餐车合造车。其中首尾车为 2+3 座椅布局的二等座车，采用常规设计；软卧车每节车厢设有 10 个可容纳 4 人的软卧包厢。为了便于套跑日间短途列车，软卧包厢的上铺床板为上翻式设计，下铺床位则设置了软垫靠背和活动式扶手，可方便地将 4 人软卧包厢转换为 6 人软座包厢，提高了执行套跑列车时乘客的舒适度。软卧 / 餐车合造车中，除设有厨房和吧台外，还设置了 3 个软卧包厢和 2 个高铁快运储物区。全车在卧铺形态下定员 642 人，且包厢和铺位布局的设计与同时期的新 CRH1E、新 CRH2E 一致，是新一代卧铺动车组的统型布局。此外，通过采用吸音、隔声、阻尼、减振、密封五大技术，CRH5E 对车辆内部噪声进行了严格控制，可确保列车在 250km/h 速度运行时车内的噪声不超过 65 分贝。

CRH5E 停放在北京动车所

2015 年 12 月，首列 CRH5E 抵达北京国家铁道试验中心开始型式试验。2016 年 11 月 18 日，CRH5E 获得国家铁路局颁发的型号合格证和制造许可证。虽然预留了 5 列车的编号号段（5201~5205），但截至目前，CRH5E 只生产了编号 5201、5202 的 2 列样车。编号 5203~5205 的三列车曾计划调整为纵列式铺位布局，但并未制造。2018 年底，两列 CRH5E 正式配属北京局集团北京动车所，并于 2019 年 1 月 27 日起开始执行北京—青岛的 D335/6 次，正式投入运营。

■ 清晨时分 CRH5E 驶入北京站

## 车辆设施

❶ CRH5E 二等座车；
❷ CRH5E 软卧包厢；
❸ CRH5E 车灯；
❹ CRH5E 软卧代座；
❺ CRH5E 餐车吧台；
❻ CRH5E 司机室；
❼ CRH5E 高铁快运储物区。

## 国内首款大容量城际动车组

# CRH6A/CRH6A-A

| 投入运用时间 | 2016 年；2018 年 |
| --- | --- |
| 运营速度 | 200km/h |
| 列车编组 | 4M4T；2M2T |
| 牵引功率 | 5520kW;2400kW |
| 列车定员 | 477~613 人 ;248 人 |

CRH6A 是 CRH 系列动车组中专门用于短途城际运输的车型，同时具备长途动车组与传统城轨列车的技术优势，有着载客量大、起停加速度高等特点，可充分满足城际通勤铁路站间距小、客流量大的运输要求。技术方面，CRH6A 是在 CRH2A 成熟技术平台基础上，充分借鉴 CRH380A 技术创新成果研发，采用 4M4T 的 8 辆编组，最高运行速度 200km/h。通过使用 345kW 交流异步牵引电机，CRH6A 整车功率提升至 5520kW，有效提升加减速性能。大型中空铝合金车体、轻量化转向架设计也确保了列车在超员情况下满足最大轴重 17t 的技术要求。

■ 北京城市副中心线运用的“京通号”CRH6A 驶出北京站

在车辆布局方面，由于城际铁路旅行时间短，乘降频繁，CRH6A 一改传统中长途动车组多种席别和可旋转座椅设置。全车只设 2+2 固定座椅二等车，客室中部设茶桌；车端设可翻转座椅，门区设立杆和横杆，以便站立乘客抓扶；单号车设简易卫生间；门区设置大件行李区，满足大件行李的存放需求。每车设两对或三对 1100mm 大尺寸单开塞拉门，满足乘客快速乘降需求。由于车门数量和座椅布局的差异，目前已投入使用的 CRH6A 坐席定员有 477、549 和 557 三种。若按座位外空间每平米站立 4 人计算，全列超员载客量最高可达 1488 人，能够有效满足中短途大客流需求。此外，2018 年广深铁路股份有限公司曾订购了 6 列“高配版”CRH6A，采用复兴号内饰，有一等车和二等车的席别区分，坐席定员 613 人，技术特点更接近传统中长途动车组，4132~4137 的列车编号也接续 CRH2A 而非其他 CRH6A。

在 CRH6A 基础上，原中国南车打造了名为“Cinova”的城际通勤动车组技术平台，并在此基础上开发了 160km/h 的 CRH6F、CRH6F-A 和 140~160km/h 的市域 D 型城轨列车，但三者已不属于高速列车范畴。2018 年初，依托 Cinova 技术平台，中车四方股份公司推出 4 辆编组、最高速度 200km/h 的 CRH6A-A，采用 2M2T 的编组形式，整车功率 2400kW，坐席定员 248 人，包含立席达 688 人，为运营部门采用小编组高密度的运营方式创造了条件。

2012 年 11 月，首列 CRH6A 下线并开展各项试验。2014 年 2 月，CRH6A 在成灌铁路实现首次载客试运行，并于 2015 年 8 月正式获得国家铁路局颁发的型号合格证和制造许可证。2016 年 3 月 30 日，莞惠和佛肇城际铁路开通，CRH6A 同日正式投入运营。2018 年 12 月，被命名“天府号”的 CRH6A-A 在成灌铁路投入运营。作为中国目前唯一一款城际高速动车

■ CRH6A 备选头车样车

■ 4 辆编组的 CRH6A-A 样车

组，CRH6A 和 CRH6A-A 已累计生产超过 80 列。由于城际铁路和市域通勤列车往往由地方控股公司所有，因此大部分 CRH6A编号采用“0”开头。其中编号 0401~0408、0414~0417、0420~0429、0436~0439、4132~4137 的列车由中车四方股份公司生产（个别样车改号除外）；0601~0640 则由中车浦镇公司和中车广东公司生产。CRH6A 主要配属广州、郑州、北京和上海局集团，运用于珠三角、中原城市圈城际铁路和北京城市副中心线、上海金山线等市域铁路。编号 0451~0460 的 10 列 CRH6A-A 配属成都局集团，运用于成灌、成彭、成雅等城际铁路上。在复兴号动车组大量投入运用后，CRH6A 和 CRH6A-A 也成为 CRH 系列动车组中唯一继续生产的车型。

珠三角 CRH6A 行驶在莞惠城际铁路上

## 车辆设施

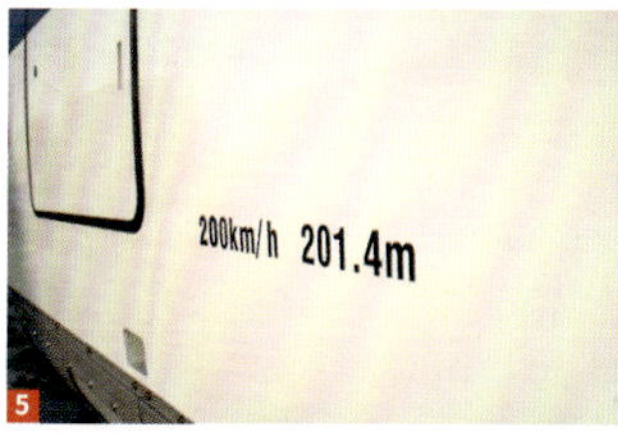

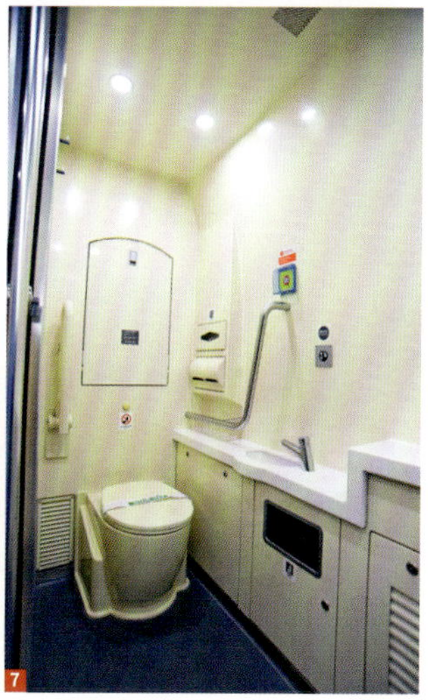

❶ CRH6A 二等座车；
❷ CRH6A 折叠座椅；
❸ CRH6A 驾驶台；
❹ CRH6A 样车喷涂的 Cinova 技术平台标识；
❺ CRH6A 车身技术数据；
❻ CRH6A 可适应站安全台门的大尺寸单开塞拉门；
❼ CRH6A 位于 1 号车的无障碍卫生间。

# 中国高速铁路

世界最大的高速铁路网

自 2008 年 8 月 1 日中国第一条 350km/h 的高速铁路——京津城际铁路开通运营以来，高速铁路在中国大陆迅猛发展。按照国家中长期铁路网规划和铁路“十二五”、“十三五”规划，中国高速铁路网规划已由“四纵四横”快速客运网扩充为“八纵八横”高速铁路网主骨架。经过十余年的高速发展，截至 2019 年底，中国高速铁路已建成通车里程超 3.5 万 km，占世界高速铁路通车总里程的四分之三，是世界上运营里程最长、在建规模最大、运营场景最丰富、商业运行速度最高的高速铁路网。

京津城际铁路复兴号列车驶出北京南站

# 中国高速铁路网及枢纽示意图

本地图素材采用中华人民共和国自然资源部监制地图，审图号：GS(2016)2923 号
京津冀地区示意图采用京津冀都市圈区域图，审图号：GS(2016)1610 号
长三角地区、武汉枢纽示意图采用长江经济带区域图，审图号：GS(2016)1605 号
珠三角地区示意图采用粤港澳大湾区区域图，审图号：GS(2019)4343 号

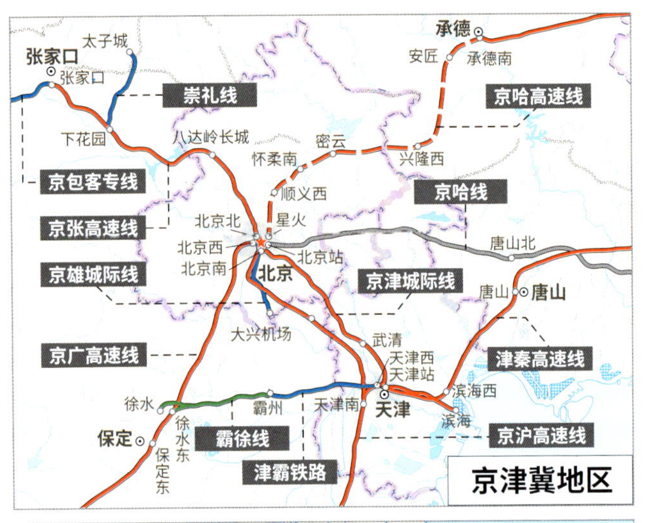


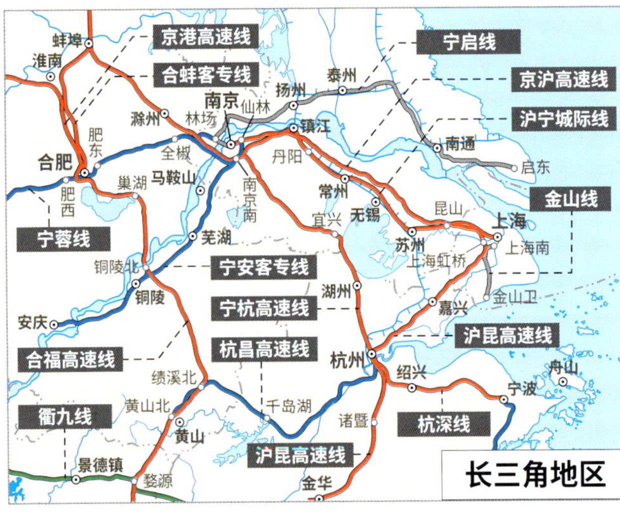


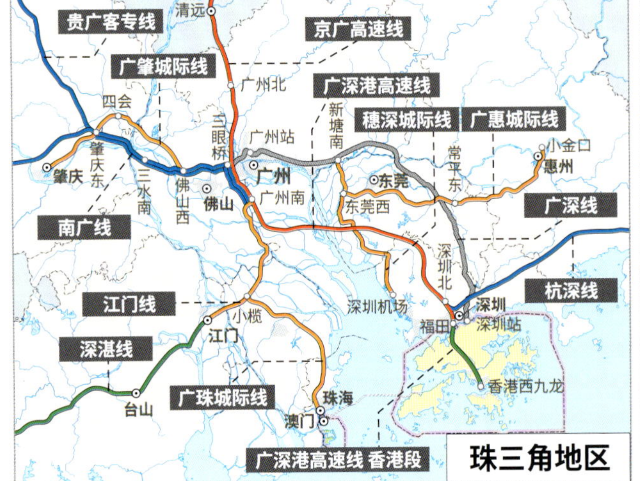

武汉枢纽

襄阳
郑渝高速线
信阳
枣阳
京广高速线
六安
随州
武西高速线
云梦东
孝感东
宁蓉线
武孝城际线
孝感
武汉站
汉口站
黄冈
宁蓉线
武汉
黄冈东
武冈城际线
荆州
武昌站
鄂州
武石城际线
武咸城际线
大冶北
咸宁北
衢九线
咸宁南
九江
咸宁
武九客专线
岳阳
京广高速线
昌九城际线
南昌

乌鲁木齐
吐鲁番
拉萨

图 例
设计速度350km/h
高速铁路和客运专线
设计速度250km/h
高速铁路和客运专线
设计速度200km/h
客运专线和干线铁路
设计速度200~250km/h
城市圈城际铁路
设计速度160~200km/h
干线铁路和既有提速铁路
京张高速线
京张高铁
线路名称
工程名称
哈齐客专线
哈齐高铁
哈佳线
哈佳铁路
哈牡客专线
哈牡客专
京哈高速线
京沈高铁
哈大高铁
长珲城际线
长吉城际铁路
吉图珲客专
京张高速线
京张高铁
京津城际线
京津城际
京津城际延伸线
沈丹客专线
沈丹高铁
沈大高速线
哈大高铁
兰新客专线
兰新第二双线
胶济客专线
胶济客专
京广高速线
京石高铁
石武高铁
武广高铁
徐盐客专线
徐宿淮盐铁路
徐兰高速线
郑西高铁
西宝高铁
郑徐高铁
京沪高速线
京沪高铁
宁蓉线
合宁客专
合武客专
汉宜铁路
宜万铁路宜昌东-利川段
渝利铁路
遂渝铁路
达成铁路遂成段
西成客专线
西成高铁
成绵乐客专
成渝高速线
成渝高铁
宁杭高速线
宁杭高铁
沪昆高速线
沪杭城际铁路
杭长高铁
沪昆高铁湖南段
沪昆高铁新晃西-贵阳北段
沪昆高铁贵昆段
金温线
金温铁路复线
渝贵线
渝黔铁路复线
合福高速线
合福高铁
成贵客专线
成绵乐客专
成贵客专
成贵客专
贵广客专线
贵广高铁
楚大线
广大铁路扩能改造工程
南昆客专线
云桂铁路
南龙线
南三龙铁路
南广线
南广铁路
杭深线
甬台温铁路
温福铁路
福厦铁路
龙厦铁路厦漳段
厦深铁路
深湛线
深茂铁路江茂段
茂湛铁路
海南环岛高铁东段
海南东环铁路
海南环岛高铁西段
海南西环铁路
齐齐哈尔
大庆
哈尔滨
佳木斯
牡丹江
吉林
长春
延吉
珲春
通辽
阜新
新民
沈阳
本溪
盘锦
锦州
承德
海城
丹东
秦皇岛
大连
呼和浩特
乌兰察布
包头
太子城
张家口
怀安
北京
下花园
大同
大兴机场
天津
滨海
徐水
保定
霸州
原平
石家庄
太原
嘉峪关
银川
吴忠
中卫
西宁
兰州
德州
烟台
威海
荣成
济南
红岛
胶州
青岛
曲阜
日照
焦作
宝鸡
郑州
开封
商丘
萧县
徐州
连云港
董集
西安
淮北
盐城
淮安
蚌埠
阜阳
南京
十堰
合肥
上海
襄阳
彭州
青城山
成都
万州
宜昌
孝感
黄冈
安庆
杭州
宁波
雅安
遂宁
武汉
大冶
九江
黄山
峨眉山
乐山
利川
恩施
金华
宜宾
重庆
黔江
常德
咸宁
婺源
衢州
台州
南昌
上饶
温州
长沙
铜仁
怀化
大宗坪
衡阳
吉安
南平
赤尾屿
钓鱼岛
三明
福州
贵阳
大理
广通
昆明
玉溪
赣州
永泰
莆田
台北
桂林
漳州
梅州
龙岩
厦门
柳州
台湾岛
百色
广州
东莞
潮汕
小金口
汕头
高雄
肇庆
福田
南宁
深圳
钦州
香港
茂名
澳门
东沙群岛
防城港
北海
江门
珠海
湛江
海口
海南岛
三亚
黄
河
长
江
南宁
广州
香港
澳门
海口
三沙
南海诸岛

京沪高速铁路是中国高铁的代表之作

中国（本文特指中国大陆地区）铁路高速化的探索始于 20 世纪 90 年代。1990 年，原铁道部完成了《京沪高速铁路线路方案构想报告》并提交全国人大会议讨论，这是中国首次正式提出兴建高速铁路。1998 年，广深铁路电气化改造竣工，通过租借瑞典 X2 高速列车，中国铁路首次实现了 200km/h 的商业运行。1999 年，中国第一条新建 200km/h 及以上客运专线——秦沈客运专线开工，并于 2003 年建成。2007 年 4 月 18 日中国铁路实施第六次大面积提速，包括秦沈客运专线在内的京哈、京沪、京广、沪昆等既有铁路干线使用动车组列车全面实现 200km/h 及以上的商业运营，200km/h 及以上线路里程达到 6003km。

根据国际铁路联盟（UIC）定义，新建铁路运营速度在 250km/h 及以上，改建铁路运营速度在 200km/h 及以上即可称为高速铁路。严格意义讲，2007 年时，中国铁路已拥有超过 6000km 高速铁路。然而，除秦沈客运专线外，这一数字几乎从未纳入中国高速铁路里程统计。2008 年 8 月 1 日，在北京奥运会开幕前夕，中国第一条设计速度 350km/h 的高速铁路——京津城际铁路开通运营，自开通之时起便以 350km/h 的最高运行速度刷新了世界轮轨高速铁路商业运营的速度纪录，中国高速铁路的建设和发展也自此开启了新的篇章。

京津城际铁路开通当年，宁蓉线合宁段与胶济客运专线亦建成通车；2009 年，宁蓉线合武段、石太客运专线、杭深线甬温—温福段、京广高铁武广段通车；2010 年，徐兰高铁郑西段、沪宁城际铁路、沪昆高铁沪杭段、杭深线福厦段等线路建成通车；2011年，中国高速铁路的扛鼎之作——京沪高速铁路建成；2012年京广高速铁路全线通车……直到 2019年底，北京 2022 年冬奥会配套工程京张高铁建成通车，短短 11年间，中国先后建成 300~350km/h高速铁路 24条，合计 13511km；200~250km/h 客运专线和干线铁路 61条，合计 21028km； 200~250km/h城市圈城际铁路合计 851km，总计通车里程 35390km，占世界全部新建高铁总里程的 75%，是当之无愧的世界第一高速铁路网。

在十余年的高速铁路建设过程中，中国高铁建设了京广高铁武汉天兴洲长江大桥、郑州黄河特大桥、京沪高铁南京大胜关长江大桥、济南黄河大桥、宁安客专安庆长江大桥、大西高铁晋陕黄河特大桥、沪昆高铁北盘江特大桥、南昆客专南盘江特大桥、南广铁路西江特大桥等为代表的一大批桥梁工程；贯通了石太客专太行山隧道、京张高铁新八达岭隧道、广深港高铁狮子洋隧道等为代表的一大批桥隧工程。与此同时，包括直辖市、省会和自治区首府在内的大型城市建设了大批高铁新客站，北京南、上海虹桥、广州南、武汉、南京南、杭州东、郑州东、西安北、成都东、（深圳）福田、贵阳北、昆明南等车站不

京广高铁武汉天兴洲长江大桥

■ 穿越大别山区的宁蓉线合武段是中国最早开通的 250km/h 高速铁路之一

■ 傍海而行的海南环线高铁东段

仅成为重要的交通枢纽，也成为城市全新的靓丽名片。

中国幅员辽阔，环境复杂，京哈、哈齐、哈牡、长珲等高速铁路地处高寒地带，需克服极寒、暴雪和冻涨带来的建设运营难题；京沪、沪宁、沪昆等高速铁路穿越软土路段；杭深、青盐和海南环线高铁傍海而行，在防止台风侵扰的同时，还需克服海相性环境带来的腐蚀影响；西成高铁穿越秦岭、沪昆高铁云贵段攀上云贵高原，逢山开路，遇水架桥；兰新客专翻越祁连山脉，海拔 3607m 的祁连山隧道是世界高速铁路的最高点，穿越河西走廊和新疆沙漠路段则需克服风沙与大风的侵扰。贵广高铁的喀斯特地貌、徐兰高铁郑西段湿陷性黄土地貌给高速铁路建设带来的难题也被逐一攻克。中国高铁也因此无愧为世界环境最复杂、运营场景最丰富的高速铁路。

除大陆地区外，我国台湾地区和香港特别行政区已先后建成高速铁路系统。2018 年 9 月 23 日，全长 30km 的广深港高铁香港段（含福田站—深港边境 4km）正式通车，成为我国第一条跨境高速铁路，通过一地两检方式将香港特别行政区纳入全国高速铁路网便捷的运输体系。位于台湾省的台湾高铁则于 2007 年 1 月 3 日首段通车，并陆续延长，目前自（台北）南港站至（高雄）左营站间共计 349km，最高运营速度 300km/h。

## 中国时速 300~350km 高速铁路列表

| 线路名称 | 工程名称 | 起止站点 | 运营里程(km) | 通车时间 | 运营速度(km/h) |
|---|---|---|---|---|---|
| 京津城际线 | 京津城际 | 北京南—天津 | 120 | 2008/08/01 | 350 |
| | 京津城际延伸线 | 天津—滨海 | 45 | 2015/09/20 | 300 |
| 京沪高速线 | 京沪高铁 | 北京南—上海虹桥 | 1318 | 2011/06/30 | 350 |
| 京张高速线 | 京张高铁 | 北京北—张家口 | 172 | 2019/12/30 | 350 |
| 京广高速线 | 京石高铁、石武高铁石郑段 | 北京西—郑州东 | 693 | 2012/12/26 | 300 |
| | 石武高铁郑武段 | 郑州东—武汉 | 536 | 2012/09/28 | |
| | 武广高铁 | 武汉—广州南 | 1069 | 2009/12/26 | 300 |

| 线路名称 | 工程名称 | 起止站点 | 运营里程（km） | 通车时间 | 运营速度（km/h） |
|---|---|---|---|---|---|
| 广深港高速线 | 广深港高铁 | 广州南—福田 | 111 | 2011/12/26 | 300 |
| 京哈高速线 | 京沈高铁 | 承德南—沈阳 | 504 | 2018/12/29 | 300 |
| | 哈大高铁 | 沈阳北—哈尔滨 | 538 | 2012/12/01 | |
| 沈大高速线 | 哈大高铁 | 沈阳北—大连北 | 383 | 2012/12/01 | 300 |
| 徐兰高速线 | 郑西高铁 | 郑州东—西安北 | 523 | 2010/02/06 | 300 |
| | 西宝高铁 | 西安北—宝鸡南 | 167 | 2013/12/28 | 250 |
| | 郑徐高铁 | 郑州东—徐州东 | 360 | 2016/09/10 | 300 |
| 沪昆高速线 | 沪杭城际铁路 | 上海虹桥—杭州东 | 159 | 2010/10/26 | 300 |
| | 杭长高铁 | 杭州东—长沙南 | 924 | 2014/12/10 | |
| | 沪昆高铁湖南段 | 长沙南—新晃西 | 420 | 2014/12/16 | |
| | 沪昆高铁新晃西—贵阳北段 | 新晃西—贵阳北 | 286 | 2015/06/18 | |
| | 沪昆高铁贵昆段 | 贵阳北—昆明南 | 463 | 2016/12/28 | |
| 沪宁城际线 | 沪宁城际铁路 | 上海—南京 | 301 | 2010/07/01 | 300 |
| 合蚌客专线 | 合蚌高铁 | 合肥—蚌埠南 | 132 | 2012/10/16 | 300 |
| 宁杭高速线 | 宁杭高铁 | 南京南—杭州东 | 254 | 2013/07/01 | 300 |
| 杭深线杭甬段 | 杭甬高铁 | 杭州东—宁波 | 155 | 2013/07/01 | 300 |
| 盘营高速线 | 盘营高铁 | 盘锦北—海城 | 90 | 2013/09/12 | 300 |
| 津秦高速线 | 津秦高铁 | 天津—秦皇岛 | 287 | 2013/12/01 | 300 |
| 合福高速线 | 合福高铁 | 合肥北城—福州 | 850 | 2015/06/28 | 300 |
| 成渝高速线 | 成渝高铁 | 成都东—沙坪坝 | 299 | 2015/12/26 | 300 |
| 济青高速线 | 济青高铁 | 济南东—红岛 | 305 | 2018/12/26 | 300 |
| 日兰高铁日照至曲阜段 | 鲁南城际铁路 | 曲阜东—日照西 | 225 | 2019/11/26 | 300 |
| 武西高速线孝感至十堰段 | 汉十城际铁路 | 云梦东—十堰东 | 377 | 2019/11/29 | 300 |
| 郑渝高速线郑州至襄阳段 | 郑万高铁 | 郑州东—襄阳东 | 389 | 2019/12/01 | 300 |
| 郑阜高速线 | 郑阜高铁 | 郑州南—阜阳西 | 276 | 2019/12/01 | 300 |
| 京港高速线商丘至合肥段 | 商合杭高铁 | 商丘—合肥北城 | 378 | 2019/12/01 | 300 |
| 京港高速线南昌至赣州段 | 昌吉赣高铁 | 横岗—赣州西 | 402 | 2019/12/26 | 300 |
| 合计 | | | 13511 | | |

注：本表格包括设计速度 350km/h，当前最高运行速度 250km/h 的徐兰高速线西宝段；部分路段设计速度 350km/h 的京张高铁全部里程纳入统计。不包含全长 349km，运营速度 300km/h 的中国台湾高速铁路。

# 中国时速 200~250km 高速铁路列表

| 线路名称 | 工程名称 | 起止站点 | 运营里程（km） | 通车时间 | 运营速度（km/h） |
|---|---|---|---|---|---|
| 京哈线秦沈段 | 秦沈客运专线 | 秦皇岛—沈阳北 | 405 | 2003/10/12 | 200 |
| 宁蓉线 | 合宁客专 | 南京南—合肥南 | 157 | 2008/04/18 | 250 |
| | 合武客专 | 合肥南—汉口 | 359 | 2009/04/01 | 250 |
| | 汉宜铁路 | 汉口—宜昌东 | 292 | 2012/07/01 | 200 |
| | 宜万铁路宜昌东—利川段 | 宜昌东—利川 | 275 | 2010/12/22 | 160 |
| | 渝利铁路 | 利川—重庆北 | 278 | 2013/12/28 | 200 |
| | 遂渝铁路二线 | 重庆北—遂宁 | 158 | 2012/12/30 | 160 |
| | 达成铁路遂成段 | 遂宁—成都东 | 146 | 2009/07/07 | 200 |
| 杭深线 | 甬台温铁路 | 宁波—温州南 | 275 | 2009/09/28 | 200 |
| | 温福铁路 | 温州南—福州南 | 294 | 2009/09/28 | |
| | 福厦铁路 | 福州南—厦门北 | 226 | 2009/12/31 | |
| | 龙厦铁路厦漳段 | 厦门北—漳州 | 42 | 2012/06/29 | |
| | 厦深铁路 | 漳州—深圳北 | 472 | 2013/12/28 | |
| 哈佳线 | 哈佳铁路 | 哈尔滨—佳木斯 | 343 | 2018/09/30 | 200 |
| 哈牡客专线 | 哈牡客专 | 哈尔滨—牡丹江 | 300 | 2018/12/25 | 250 |
| 长珲城际线 | 长吉城际铁路 | 长春—吉林 | 111 | 2010/12/30 | 200 |
| | 吉图珲客专 | 吉林—珲春 | 361 | 2015/09/20 | 200 |
| 哈齐客专线 | 哈齐高铁 | 哈尔滨—齐齐哈尔 | 286 | 2015/08/17 | 250 |
| 沈丹客专线 | 沈丹高铁 | 沈阳南—丹东 | 208 | 2015/09/01 | 250 |
| 新通客专线 | 新通客专 | 新民北—通辽 | 197 | 2018/12/29 | 250 |
| 丹大线 | 丹大铁路 | 丹东—大连北 | 292 | 2015/12/17 | 200 |
| 石太客专线 | 石太客专 | 石家庄—太原南 | 232 | 2009/04/01 | 200 |
| 石济客专线 | 石济客专 | 石家庄—济南东 | 307 | 2017/12/28 | 250 |
| 胶济客专线 | 胶济客专 | 大明湖—青岛 | 357 | 2008/12/21 | 200 |
| 青荣城际线 | 青荣城际铁路 | 青岛北—荣成 | 320 | 2014/12/28 | 200 |
| 海南环岛高铁东段 | 海南东环铁路 | 海口—三亚 | 308 | 2010/12/30 | 250 |
| 海南环岛高铁西段 | 海南西环铁路 | 海口—三亚 | 345 | 2015/12/30 | 200 |
| 昌九城际线 | 昌九城际铁路 | 九江—南昌西 | 138 | 2010/09/20 | 200 |
| 昌福线 | 向莆铁路 | 南昌西—福州 | 546 | 2013/09/26 | 200 |
| 永莆线 | | 永泰—莆田 | 57 | | |
| 柳南客专线 | 柳南客专 | 南宁—柳州 | 223 | 2013/12/28 | 250 |
| 衡柳线 | 衡柳铁路 | 衡阳东—柳州 | 498 | 2013/12/28 | 200 |
| 邕北线 | 广西沿海铁路 | 南宁东—北海 | 197 | 2013/12/28 | 200 |
| 钦防线 | | 钦州北—防城港 | 62 | 2013/12/28 | 200 |
| 深湛线 | 深茂铁路江茂段 | 江门 - 茂名 | 265 | 2018/07/01 | 200 |
| | 茂湛铁路 | 茂名—湛江西 | 92 | 2013/12/28 | |

| 线路名称 | 工程名称 | 起止站点 | 运营里程（km） | 通车时间 | 运营速度（km/h） |
|---|---|---|---|---|---|
| 贵广客专线 | 贵广高铁 | 贵阳东—广州南 | 857 | 2014/12/26 | 250 |
| 南广线 | 南广铁路 | 南宁—广州南 | 574 | 2014/12/26 | 250 |
| 南昆客专线 | 云桂铁路 | 南宁—百色 | 223 | 2015/12/11 | 250 |
| | | 百色—昆明南 | 486 | 2016/12/28 | |
| 京包客专线 | 呼张客运专线 | 张家口—乌兰察布 | 161 | 2019/12/30 | 250 |
| | | 乌兰察布—呼和浩特东 | 126 | 2017/08/03 | |
| | 集包第二双线呼包段 | 呼和浩特东—包头 | 173 | 2012/12/03 | 200 |
| 崇礼线 | 京张高铁崇礼支线 | 下花园北—太子城 | 52 | 2019/12/30 | 250 |
| 张大客专线 | 张大高铁 | 怀安—大同南 | 121 | 2019/12/30 | 250 |
| 大西高速线 | 大西高铁太原原平段 | 原平西—太原南 | 111 | 2018/09/28 | 250 |
| | 大西高铁 | 太原南—西安北 | 571 | 2014/07/01 | |
| 津霸客专线 | 津保铁路 | 天津西—霸州西 | 73 | 2015/12/28 | 250 |
| 霸徐线 | | 霸州西—徐水 | 65 | 2015/12/28 | 200 |
| 京雄城际线 | 京雄城际 | 李营—大兴机场 | 34 | 2019/09/26 | 250 |
| 西成客专线 | 西成高铁 | 西安北—江油 | 506 | 2017/12/06 | 250 |
| | 成绵乐客专 | 江油—成都东 | 152 | 2014/12/20 | |
| 成贵客专线 | 成绵乐客专 | 成都东—乐山 | 135 | 2014/12/20 | 250 |
| | 成贵客专 | 乐山—宜宾西 | 141 | 2019/06/15 | |
| | 成贵客专 | 宜宾西—贵阳东 | 372 | 2019/12/16 | |
| 峨眉山线 | 成绵乐客专 | 乐山—峨眉山 | 27 | 2014/12/20 | 200 |
| 渝贵线 | 渝黔铁路复线 | 重庆西—贵阳 | 380 | 2018/01/25 | 200 |
| 郑渝高速线万州至重庆段 | 渝万城际铁路 | 万州北—重庆北 | 246 | 2016/11/28 | 200 |
| 成雅线 | 成蒲铁路、川藏线朝雅段 | 成都西—雅安 | 140 | 2018/12/28 | 200 |
| 徐兰高速线 | 宝兰客专 | 宝鸡南—兰州西 | 401 | 2017/07/09 | 250 |
| 兰新客专线 | 兰新第二双线 | 兰州西—乌鲁木齐 | 1786 | 2014/12/26 | 250 |
| 青盐线 | 青连铁路、连盐铁路 | 青岛北—盐城北 | 428 | 2018/12/26 | 200 |
| 宁安客专线 | 宁安城际 | 南京南—安庆 | 257 | 2015/12/06 | 200 |
| 武九客专线 | 武九客专 | 大冶北—庐山 | 115 | 2017/09/21 | 250 |
| 淮萧联络线 | 萧淮客专 | 萧县北—淮北北 | 25 | 2017/12/28 | 250 |
| 杭昌高速线杭州至黄山段 | 杭黄高铁 | 杭州南—黄山北 | 272 | 2018/12/25 | 250 |
| 怀衡线 | 怀邵衡铁路 | 怀化南—衡阳东 | 319 | 2018/12/26 | 200 |
| 吉玉线铜仁至玉屏段 | 铜玉铁路 | 铜仁—大宗坪 | 48 | 2018/12/26 | 200 |
| 赣瑞龙线 | 赣龙铁路复线 | 赣县—龙岩 | 248 | 2015/12/26 | 200 |
| 龙漳线 | 龙厦铁路 | 龙岩—漳州 | 114 | 2012/06/29 | 200 |

| 线路名称 | 工程名称 | 起止站点 | 运营里程（km） | 通车时间 | 运营速度（km/h） |
| --- | --- | --- | --- | --- | --- |
| 金温线 | 金温铁路复线 | 金华—温州南 | 190 | 2015/12/26 | 200 |
| 衢九线 | 九景衢铁路 | 衢州—九江 | 334 | 2017/12/28 | 200 |
| 南龙线 | 南三龙铁路 | 南平北—龙岩 | 247 | 2018/12/29 | 200 |
| 梅汕线 | 梅汕客专 | 梅州西—汕头 | 149 | 2019/10/11 | 250 |
| 徐盐客专线 | 徐宿淮盐铁路 | 徐州东—盐城 | 313 | 2019/12/16 | 250 |
| 连镇客专线连云港至淮安段 | 连镇高铁 | 董集—淮安东 | 105 | 2019/12/16 | 250 |
| 黔常线 | 黔张常铁路 | 黔江—常德 | 339 | 2019/12/26 | 200 |
| 银兰客专线银川至中卫段 | 银西客专银吴段吴中城际线 | 银川—中卫南 | 207 | 2019/12/29 | 250 |
| 昆玉河线 | 昆玉城际铁路 | 昆明南—玉溪 | 86 | 2016/12/28 | 200 |
| 广昆线 | 成昆铁路扩能改造工程 | 广通北—昆明 | 153 | 2013/12/27 | 200 |
| 楚大线 | 广大铁路扩能改造工程 | 广通北—大理 | 175 | 2018/07/01 | 200 |
| 广深港高速线 | 广深港高铁香港段 | 福田—香港西九龙 | 30 | 2018/09/23 | 200 |
| 合计 | | | 21491 | | |

注：为保证通道完整性，本表包含最高运行速度 160km/h 的宁蓉线宜昌东—利川段和遂渝段；包含广深港高铁香港段。

## 城市圈城际铁路

| 城市圈名 | 线路名称 | 工程名称 | 起止站点 | 运营里程（km） | 通车时间 | 运营速度（km/h） |
| --- | --- | --- | --- | --- | --- | --- |
| 中原 | 郑开城际线 | 郑开城际铁路 | 郑州东—宋城路 | 50 | 2014/12/28 | 200 |
| | 郑焦城际线 | 郑焦城际铁路 | 南阳寨—焦作 | 70 | 2015/06/26 | 200 |
| | 郑机城际线 | 郑机城际铁路 | 郑州东—新郑机场 | 27 | 2015/12/31 | 200 |
| 武汉 | 武咸城际线 | 武咸城际铁路 | 南湖东—咸宁南 | 76 | 2013/12/28 | 250 |
| | 武石城际线 | 武黄城际铁路 | 武汉—大冶北 | 95 | 2014/06/18 | 250 |
| | 武冈城际线 | 武冈城际铁路 | 葛店南—黄冈东 | 36 | 2014/06/18 | 200 |
| | 武孝城际线 | 汉孝城际铁路 | 汉口—云梦东 | 83 | 2016/12/01 | 200 |
| 珠三角 | 广珠城际线 | 广珠城际铁路 | 广州南—珠海北 | 93 | 2011/01/07 | 200 |
| | | | 珠海北—珠海 | 23 | 2012/12/31 | 200 |
| | 江门线 | | 小榄—江门 | 30 | 2011/01/07 | 200 |
| | 广惠城际线 | 莞惠城际铁路 | 常平东—小金口 | 53 | 2016/03/30 | 200 |
| | | | 常平东—道滘 | 44 | 2017/12/28 | 200 |
| | | | 道滘—东莞西 | 4 | 2019/12/15 | 200 |
| | 广肇城际线 | 佛肇城际铁路 | 佛山西—肇庆 | 81 | 2016/03/30 | 200 |
| 成都 | 成灌线 | 成灌城际铁路 | 成都—青城山 | 65 | 2010/05/12 | 200 |
| | 郫彭线 | 成灌铁路彭州支线 | 郫县西—彭州 | 21 | 2014/04/30 | 200 |
| 合计 | | | | 851 | | |

■ 穿行荷塘的宁蓉铁路汉宜段

■ 跨越鄱阳湖口的衢九铁路

南昆客专南盘江特大桥

夕阳下的合蚌客专高塘湖特大桥

港铁动感号 CRH380A 行驶在穿越深圳市区的广深港高铁上

南广铁路西江特大桥是世界跨度最大的提篮拱桥

穿越百里风区的兰新客专

济青高速铁路穿越寿光蔬菜基地

中国

## 中国第二代高速列车代表车型

# CRH380A

| 投入运用时间 | 2010 年 |
| --- | --- |
| 运营速度 | 300km/h |
| 列车编组 | 6M2T |
| 牵引功率 | 9600kW |
| 列车定员 | 480~556 人 |

2008 年 2 月 26 日，原铁道部与科技部共同签署了《中国高速列车自主创新联合行动计划》，提出建立并完善具有自主知识产权、并具有国际竞争力的时速 350km 及以上中国高速铁路技术体系，该体系中高速列车部分便是 CRH380 系列动车组。中车四方股份公司研发生产的 CRH380A 作为 CRH380 系列动车组的首款车型，不仅成为中国第二代高速列车的代表，亦是复兴号动车组诞生前中国高速列车的象征。

CRH380A 驶出北京南站

技术方面，CRH380A 在 CRH2C 二阶段基础上进行了进一步改进和提升。编组形式上采用与 CRH2C 相同的 6M2T 的 8 辆编组，通过使用 400kW 牵引电机，整车功率提升至 9600kW，设计最高运行速度 380km/h，持续运行速度 350km/h。CRH380A 设计之初，在进行了气动阻力、气动升力、侧向力和隧道效应等大量空气动力学仿真计算和风洞试验后，于 20 种头型方案中选择了以“长征火箭”为蓝本的设计方案。新头型采用纵断面双拱形，横断面长扁梭型的楔形结构，头型长度由 CRH2C 的 9.4m 延长至 12m，细长比增加 30%，有效降低了风阻。采用改良后的 CRH2C 二阶段转向架，提高了稳定性和减振效果，满足转向架临界失稳速度达到 550 km/h 的指标要求。车体进一步增加了气密性，可满足 380km/h 情况下隧道内两车会车时的气密需求。通过新型吸声和阻隔材料，CRH380A 在 350km/h 情况下的车内噪声与 250km/h 速度运行的 CRH2A 接近。

首批制造的 CRH380A 在头尾两车司机室后方区域比照 CRH3C 各设置了 6 个采用 2+1 座椅布局，具有观光功能（现已取消）的特等座，其余空间为二等座区；6 节中间车包括 1 节特等 / 一等合造车、1 节一等座车，3 节二等座车和 1 节带有就餐席的二等 / 餐车合造车，其中设在 3 号车厢的特等 / 一等合造车中设有一个可容纳 6 人的特等包厢，全车定员 480 人。这一批次的 CRH380A 也是目前国内唯一保留包厢的车型。2013 年后，新批次 CRH380A 在车厢布局方面采用 300km/h 动车组统型布局，首尾车分别为商务 / 一等合造车和商务 / 二等合造车，商务座区设于司机室后方；中间车包括 5 节二等座车和 1 节不带就餐席的二等 / 餐车合造车。由于取消了包厢和就餐席，定员也增加至 556 人。

2010 年 5 月，CRH380A 模型样车亮相上海世博会中国铁路馆。9 月 28 日，CRH380A 在沪杭高铁创造了 416.6km/h 的速度纪录，一举突破 400km/h 速度大关，并刷新了当时“正常营运编组列车试验速度”的世界纪录。9 月 30 日，CRH380A 在沪宁城际担当十一黄金周临时动车组，首次载客运营，并在 10 月 26 日随沪杭高铁开通正式投入运用。同年 12 月 3 日，CRH380A 开始在武广客运专线投入运营。在运用初期，CRH380A 在沪杭和武广高铁曾以 350km/h 的最高速度运行，至 2011 年 8 月后全部调整为 300km/h。目前，非统型 CRH380A 共有 40 列，编号 2501~2540，配属南昌和昆明局集团，主要在合福、沪昆、渝贵等高速铁路上运行；统型 CRH380A 共有 279 列，编号 2641~2807、2809~2817、2819~2827、2829~2912、2921~2925、2931~2935，配属太原、广州、南昌、武汉、郑州、南宁、成都和昆明局集团，南方地区大部分高速铁路上都能看到他们的身影。

2010 年上海世博会中国铁路馆展出的 CRH380A 模型样车

CRH380A 行驶在沪昆高铁云贵段上

## 车辆设施

❶ CRH380A 特等包厢；
❷ CRH380A 特等座区；
❸ CRH380A 一等座车；
❹ CRH380A 二等座车；
❺ CRH380A 餐车吧台与就餐席；
❻ CRH380A 大件行李存放处；
❼ CRH380A 无障碍卫生间。

## 亚洲轮轨高速列车速度纪录保持者

# CRH380AL

| 投入运用时间 | 2011 年 |
| --- | --- |
| 运营速度 | 300km/h |
| 列车编组 | 14M2T |
| 牵引功率 | 21560kW |
| 列车定员 | 1028~1061 人 |

2010 年 12 月 3 日，一列崭新的 CRH380A-6041L 号动车组（现 CRH380AL-2501）停靠在京沪高铁枣庄站。11 时 6 分列车启动，仅用 9 分钟速度便飙升至 420km/h。11 时 28 分，列车在宿州东站附近达到了 486.1km/h，一项新的速度纪录就此诞生！它不仅刷新了 CRH380A 两个月前刚刚创造的中国轮轨高速列车的速度纪录，也再次创造了“正常营运编组列车最高试验速度”的世界纪录，并保持至今。这一速度也同时打破了日本 1996 年由 300X 动车组创下的 443 km/h 的亚洲轮轨高速列车速度纪录，成为当年中国高铁最为振奋人心的时刻！

CRH380AL 行驶在京沪高铁上

16 辆编组的 CRH380AL 动车组是 CRH380A 动车组的长编组版，编号中的“L”是 Long（英语“长”）的首字母。采用 14M2T 编组形式的 CRH380AL 全列动拖比达 7:1，并不等同于两列短编组 CRH380A 固定重联。CRH380AL 使用 385kW 牵引电机，单电机功率比使用 400kW 牵引电机的 CRH380A 略低，但动拖比的增加使整车功率达到惊人的 21560kW，是迄今为止国内整车功率最大、比功率（总功率 / 列车总重）最高的车型。除此之外，CRH380AL 的头型、转向架和涂装都与 CRH380A 一致；受电弓两侧也延续了 CRH2C 通过设置挡板式导流罩，优化高速运行时受电弓受流条件的设计。

朝阳下停放在北京动车段的 CRH380AL

CRH380AL 共有两种不同的内饰布局。早期生产的车组（编号 2541~2570）头尾车厢均为商务 / 一等合造车，司机室后方区域设有 2 个商务座和 3 个一等座，其余空间为一等座区；14 节中间车包括 1 节 2+1 座椅布局商务座车、2 节 2+2 座椅布局一等座车，10 节 2+3 座椅布局二等座车和 1 节带有就餐席的完整餐车，全车定员 1028 人。为了减少商务座区被穿行旅客影响，后期生产的 CRH380AL 调整了车厢布局，将此前头尾车的一等座区调整为商务座区。14 节中间车调整为 2 节一等座车，11 节二等座车和 1 节带有就餐席的餐车，全车定员增加至 1061 人。

2010年10月底，首列CRH380AL 在青岛下线，并于同年 11 月 8 日抵达北京国家铁道试验中心展开测试。2010 年 11 月 20 日，CRH380AL 开赴京沪高速铁路先导试验段（枣庄至蚌埠）开始进行正式线路联调联试和综合试验，并于 12 月 3 日创造了 486.1km/h 的速度纪录。2011 年 6 月 30 日，京沪高速铁路正式通车，CRH380AL 也随之成为京沪高速铁路的主力车型之一。2012 年后，随着京广高铁的分段开通，CRH380AL 主要转而主要执行京广高铁及衔接线路车次，并随运输需求多次改配。目前，共有113 列CRH380AL 下线并投入运用，编号2541~2640、2913~2920、2926~2930，主要配属北京、郑州、武汉、西安、南昌、广州和成都局集团，在京广、广深港、徐兰、宁蓉、西成、合福等高速铁路和客运专线上，是我国 300km/h 级别高速铁路的主力车型。

CRH380AL 行驶在京广高铁上

## 车辆设施

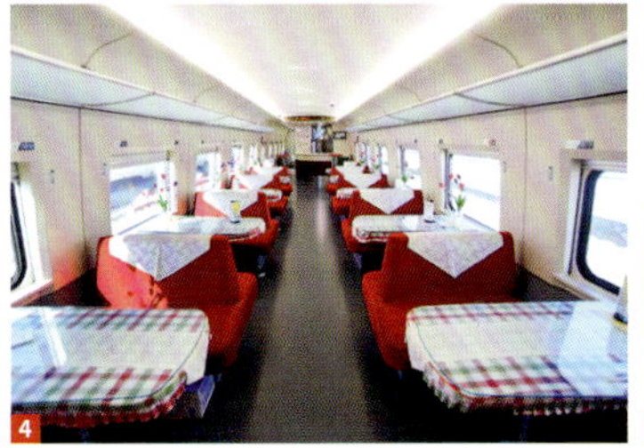

❶ CRH380AL 商务座车；
❷ CRH380AL 一等座车；
❸ CRH380AL 二等座车；
❹ CRH380AL 餐车就餐席；
❺ CRH380AL 盥洗区；
❻ CRH380AL 无障碍卫生间；
❼ CRH380AL 坐式卫生间。

## CRH3C 平台长编组改进版

# CRH380BL

| 投入运用时间 | 2011 年 |
| --- | --- |
| 运营速度 | 300km/h |
| 列车编组 | 8M8T |
| 牵引功率 | 18400kW |
| 列车定员 | 1005~1015 人 |

在 CRH380A 项目推进的同时，中车唐车公司和中车长客股份公司也在 CRH3C 技术平台基础上，共同开发面向京沪高速铁路的新一代高速列车，即 CRH380BL。

由于京沪高铁预期客流大，且 CRH3C 技术平台相对成熟，因此与 CRH380A 由短编组向长编组发展不同，CRH380BL 型动车组直接按照 16 辆长编组形式研发，成为我国首款 16 辆长编组时速 300km 级别高速动车组。采用 8M8T 编组形式的 CRH380BL 在总体技术方案上与两列 CRH3C 重联相若，通过将牵引电机功率从 550kW 提升至 575kW（额定功率 587kW），整车功率提升至 18400kW，并调整齿轮传动比，满足最高运行速度 380km/h，持续运行速度 350km/h 的技术要求。列车的再生制动功率也同步提升，降低制动闸片磨耗的同时确保制动能力。外观方面，CRH380BL 延续了 CRH3C 的外观风格，并在设备舱、导流罩及车厢间风挡等处小幅优化，降低运行阻力。特别是车头部分，CRH380BL 将此前 CRH3C 伸出车钩罩的车钩导向杆内藏，并取消了车灯旁的风笛栏栅，在不改变车头造型的情况下有效降低了风阻和噪声。这也是 CRH380B 系列动车组和 CRH3C 外观上最明显的区别。

京沪高铁开通前北京动车段内整装待发的 CRH380BL

与 CRH380AL 类似，CRH380BL 同样因商务座区调整而有两种不同的内饰布局。早期下线的车组（编号 3501~3542、5501~5540）头尾车厢为商务 / 一等合造车，其中司机室后方区域设有 2 个商务座和 3 个一等座，其余空间为一等座区；14 节中间车包括 1 节商务座车、2 节一等座车，10 节二等座车和 1 节带有就餐席的餐车，全车定员 1005 人。后期制造的其他 CRH380BL 则将此前头尾车的一等座区调整为商务座区，14 节中间车调整为 2 节一等座车，11 节二等座车和 1 节带有就餐席的餐车，全车定员 1015 人。

2010 年 9 月，首列 CRH380BL 在中车唐山公司下线，并于同年 11 月前往京沪高铁先导试验段展开综合试验。12 月 5 日，CRH380BL 最高试验速度达 457km/h，成为仅次于 CRH380AL 的中国铁路第二速。据原中国北车发布的新闻，2011 年 1 月 9 日，在减少四辆拖车后，采用 8M4T 特殊试验编组的 CRH380BL 动车组曾达到 487.3km/h 的试验速度。但这一速度纪录并未得到当时铁道部的官方认可，也没有成为官方记录在案的新的“中国铁路第一速”。

2011年 1月，配属上海铁路局的首批 CRH380BL在春运前夕投入沪杭高铁商业运营。2011年 6月 30日，CRH380BL承担了京沪高铁北京端的首发列车任务。截至目前，共有 149 组 CRH380BL先后下线，其中中车唐山公司生产 88组，编号 3501~3570、3732~3737、3775~3786，中车长客股份公司生产 61 组，编号 5501~5545、5823~5828、5889~5898，主要配属上海、北京、济南、郑州和西安局集团，执行京沪、徐兰、沪昆、京广等高铁干线和周边辐射线路上的高速列车车次。

京沪高铁上行驶的 CRH380BL

■ CRH380BL 行驶在宁杭高铁上

## 车辆设施

❶ CRH380BL 商务座车；
❷ CRH380BL 一等座车；
❸ CRH380BL 二等座车；
❹ CRH380BL 餐车就餐席；
❺ CRH380BL 监控室；
❻ CRH380BL 无障碍卫生间。

## CRH380B 技术平台短编统型 / 高寒动车组

# CRH380B/CRH380BG

| | |
|---|---|
| 投入运用时间 | 2014 年；2012 年 |
| 运营速度 | 300km/h |
| 列车编组 | 4M4T |
| 牵引功率 | 9200kW |
| 列车定员 | 551~556 人 |

2012 年 12 月，中国高寒地区第一条时速 350km 高速铁路——哈大高速铁路建成。为了确保冬季严寒多风雪地区高速动车组运营安全，中车长客股份在 CRH380BL 基础上研制生产了 8 辆编组的 CRH380BG 高寒动车组，其型号中的“G”是为高寒列车的字母代号。CRH380BG 采用 4M4T 的 8 辆编组，整车功率 9200kW，从编组到功率均为 CRH380BL 的一半，牵引、制动和外观等方面则与 CRH380BL 无异。针对高寒地区特殊环境，CRH380BG 进行了诸如通过优化车体隔热保温结构和采用新型密封技术，可在不增加取暖功率的前提下，满足高寒环境客室温度要求；通过增加灰水箱收集洗手盆和开水炉的灰水，防止直接排出车外的灰水冻结车外设备；在车底设置自然通风全密封防雪设备舱，阻止积雪进入车下设备造成损害等多项针对性改进，使之成为世界上首款可适用于 -40°C高寒地区的 300km/h 级高速列车。

CRH380BG 行驶在冬日里的京沈高铁沈哈段上

早期生产的 CRH380BG 头尾车分别为一等 / 特等合造车和二等 / 特等合造车，两端司机室后方均比照 CRH3C，各设置了 8 个 2+1 座椅布局的特等观光座，头尾车其他区域则分别为一等座区或二等座区。6 节中间车分别为 5 节二等座车和 1 节二等 / 餐车合造车，定员 551 人。2014 年后制造 的 CRH380BG 改为 556 人定员的 300km/h 级动车组统型布局，首尾车司机室后方的特等座改为 5 个 2+1 座椅布局商务座，中间车的 5 节二等座车和 1 节二等 / 餐车合造车布局也与统型 CRH380A 一致，因此也有“CRH380BG 统”的非正式称谓。

2013 年起，中车长客股份公司和中车唐山公司开始共同制造 8 辆编组的非高寒版 CRH380B。由于全部非高寒版 CRH380B 均采用 556 人定员的 300km/h 级动车组统型布局，因此非正式场合常被称为“CRH380B 统”。在下线初期，中车唐车公司也曾在部分官方文件中称之为 CRH380BK。

CRH380B 停放在北京动车段

与 CRH380BG 相比，CRH380B 只是去掉了针对高寒和风雪天气进行的特殊设置，其他诸如主要技术特征、动力配置和总功率等方面则完全相同。为了在司机室后方区域设置可平躺的商务座，CRH380B 与采用统型布局的 CRH380BG 一样，将头尾车车门向车厢中部有适当挪动，全列车长度也由非统型的 199.25m 小幅增加至 201.525m。

CRH380BG共生产 157列，全部由中车长客生产，其中非统型 66列，编号 5546~5600、5626~5636；统型 91 列，编号 5684~5729、5762~5786、5803~ 5822。CRH380BG大部分配属沈阳和哈尔滨局集团，少量配属北京局集团，主要执行东北地区内部和全国其他地区往来东北地区的高速列车。CRH380B共生产 353列，其中中车唐车生产 198列，编号 3571~3731、3738~3774；中车长客生产 155列，编号 5637~5683、5730~5761、5787~5802、5829~5888，分别配属北京、郑州、西安、济南、上海、广州和兰州局集团，是目前国内制造数量最多、运用范围最广的时速 300km 级别高速列车。

CRH380BG 行驶在秋日里长珲城际线上的五色山间

## 车辆设施

❶ 统型 CRH380B 商务区；
❷ 统型 CRH380B 一等座车；
❸ 统型 CRH380B 二等座车；
❹ 非统型 CRH380BG 二等 / 餐车合造车采用固定座椅布局；
❺ 统型 CRH380B 餐车吧台；
❻ 非统型 CRH380BG 特等座区；
❼ 统型 CRH380B 无障碍卫生间；
❽ CRH380B 司机室。

# 全新头型与牵引系统的长编组 CRH380

# CRH380CL

| 投入运用时间 | 2013年 |
| --- | --- |
| 运营速度 | 300km/h |
| 列车编组 | 8M8T |
| 牵引功率 | 19200kW |
| 列车定员 | 1015人 |

在《中国高速列车自主创新联合行动计划》指导下，2008年起原中国南车和中国北车分别在CRH2C和CRH3C基础上进行新一代高速动车组开发。2009年3月和6月，原铁道部与原北车长客分别签订了30和40列新一代长编组350km/h高速动车组订单，其中除了45列采用原有CRH3C头型的列车外，还包括25列新头型列车。2010年12月，原铁道部正式下发文件，将25列新头型长编组列车命名为CRH380CL，成为CRH380系列动车组中的第三款车型。

CRH380CL 驶出北京动车段

相比于CRH380BL，CRH380CL最显著的不同便是头型的变化。以“猎豹”为设计原型的新头型比CRH380BL长2.6m，长细比更大，可在高速运行时降低9%的空气阻力和10%的尾车升力，气动噪声则降低1.2分贝。由于车头长度增加，全列车长度也由CRH380BL的399.27m增加至400.47m。CRH380CL的另一项重大改进在于采用了日立授权、中车永济电机有限公司生产的全新牵引系统，在同样采用8M8T动力配置的情况下，牵引功率由CRH380BL的18400kW提升至19200kW，具有更强的起动能力和持续高速运行能力。由于牵引控制系统的变化，CRH380CL的驾驶台也与CRH380BL存在差异。除此之外，中间车24825mm×3257mm×3890mm的铝合金车体断面、转向架及受电弓等附属设备，CRH380CL与CRH380BL完全相同。虽然设计最高运行速度380km/h，持续运行速度350km/h，但CRH380CL下线后一直以300km/h的最高速度运营。

中车长客动调库内 CRH380CL 正在做出厂前的调试作业，可以看出和 CRH380B 头型的差异和变化

在坐席分布方面，CRH380CL与后期生产的CRH380BL相同，全列16节车厢中，首尾车为商务/一等合造车，因司机室后方观光区空间有限，除设有2个商务座外还设有3个一等座，车厢内其余空间全部为2+1座椅布局商务座；14节中间车包括2节2+2座椅布局一等座车，11节2+1座椅布局二等座车和1节带有就餐席的完整餐车，全车定员1015人。同时，车内优化了空调供风，乘坐更舒适；LED照明设备的大量使用在提升照度的同时有效降低了能耗。这些都属于CRH380CL的细节改进。

2011年5月，首列CRH380CL下线并开展各项试验。2013年4月3日，CRH380CL正式开始载客运营。直至2014年上半年，CRH380CL才全部交付完毕，分别配属北京、济南和上海铁路局。由于具有一定试验和创新性质，CRH380CL仅生产了首批25列（编号5601~5625），成为CRH380系列动车组中唯一只拥有长编组的车型，亦是产量最少的车型。目前，原配属济南局的CRH380CL已全部转配北京局和上海局集团，集中配属北京动车段北京南动车所和南京动车段徐州东动车所，主要运行在京沪、济青、宁杭、杭深等高速铁路和客运专线上。

CRH380CL 行驶在京沪高铁上

## 车辆设施

❶ CRH380CL 商务座车；
❷ CRH380CL 一等座车；
❸ CRH380CL 二等座车；
❹ CRH380CL 餐车就餐席；
❺ CRH380CL 无障碍卫生间；
❻ CRH380CL 司机室；
❼ CRH380CL 监控室。

## 基于 Zefiro380 的 8 辆编组高速动车

# CRH380D

| 投入运用时间 | 2015 年 |
| --- | --- |
| 运营速度 | 300km/h |
| 列车编组 | 4M4T |
| 牵引功率 | 10080kW |
| 列车定员 | 554~556 人 |

CRH380D 是基于庞巴迪 Zefiro 技术平台生产的 300km/h 级高速列车，由青岛 BST 公司在中国生产，是 CRH380 系列动车组的最后一名成员。

与 CRH380 系列其他动车组相同，CRH380D 设计运营速度 350 km/h，最高运营速度 380km/h，最高试验速度 420km/h。列车采用 4M4T 的 8 辆编组，每 4 辆车为一个动力单元，最大轮周功率 10080 kW。CRH380D 采用基于 IGBT 元件的交流传动技术，具备足够的牵引能力并配备完善的牵引控制系统，以实现在故障情况下最大限度发挥列车的牵引性能；大型中空铝合金车体采用开放型管状设计，使车内乘客可用空间最大化。

CRH380D 停放在上海动车段南翔动车所

在外观上，CRH380D 的整体设计十分酷炫，列车整个设计风格以雄鹰翱翔为创意：车头细长的前鼻犹如锋利的鹰喙，车身侧面飘逸的鹰眉与车窗黑带连成一体，氙气大灯则仿佛犀利的鹰眼。除了美观，列车的头型设计和诸多车身细节都侧重降阻减噪。流线型车头合理的细长比使得车头扁平、光顺，可以有效降低气动噪音及风阻；车辆之间采用全密封式外风挡设计，将两车间裸露的高压跳线、车钩等全部封闭，减少了车间断面突变造成的气动噪音；采用沉仓式设计的受电弓在降弓时，外表面完全位于车顶轮廓之内，避免空气扰流造成的气动噪音；空调和集成式高压箱与车顶齐平，保证整个车体外形的平滑过渡，达到降低风阻与噪声的目的。诸多 CRH380D 的优秀理念在此后复兴号的整体设计中被加以借鉴，为中国高速动车组技术发展提供了宝贵的经验与创意。

CRH380D 驶出北京南站

CRH380D先后有两种不同的内饰布局：先期制造的 10列车组（编号 1501~1510）首尾车分别为特等 /一等合造车和特等 /二等合造车，其中在司机室后方区域设有 6个 2+1座椅布局的特等座，6节中间车包括 5节二等座车和 1节带有就餐席的二等 /餐车合造车，全车定员 554人（不含就餐席 14人）。其余车组（编号 1511~1585）全部采用 300km/h级动车组 556人统型布局，设有商务、一等和二等三个席别，与统型 CRH380A、CRH380B 完全一致。后期制造的 CRH380D还为高铁快运设置了行包柜，是最早采用这一设置的车型之一。

2009 年，原铁道部与青岛 BST 公司签订了 20 列 8 辆编组和 60 列 16 辆编组 CRH380D 订单。因铁路形势变化，2012 年 9 月，相关合同被调整为 70 列短编组 CRH380D 和若干时速 250kmCRH1A 与 CRH1A-A。CRH380D 也因此成为 CRH380 系列动车组中唯一没有长编组的车型。2012 年 6 月首列 CRH380D 下线，并于 2012 年 7 月至 2014 年 11 月间完成各项试验和 60 万 km 运用考核。2015 年 3 月 21 日，首列 CRH380D 型高速动车组交付上海铁路局，并于 2015 年 4 月 29 日起在沪宁城际铁路上正式载客运行，实际最高运行速度 300km/h。目前 CRH380D 共制造 85 列，编号 1501~1585，全部配属上海局和成都局集团，主要在沪宁城际、沪昆、成渝、渝贵等高速铁路和客运专线上运行。

重联 CRH380D 行驶在金温铁路上

## 车辆设施

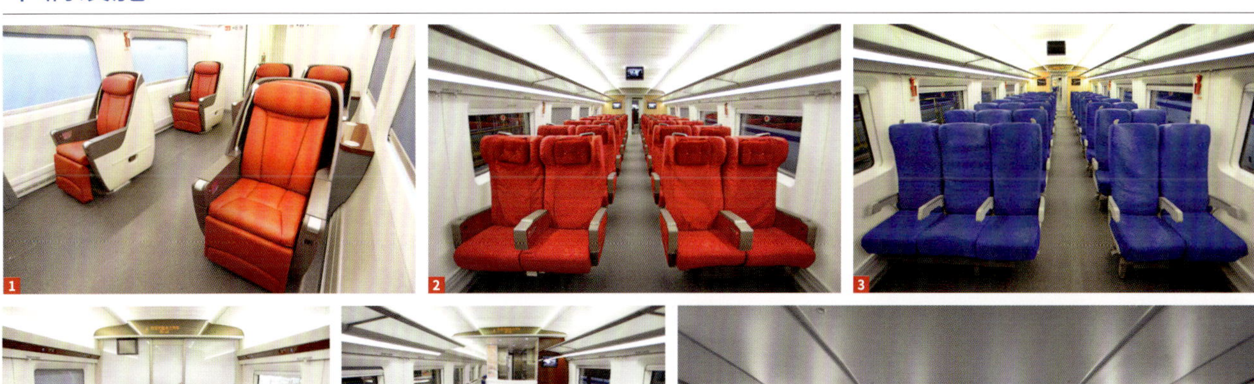

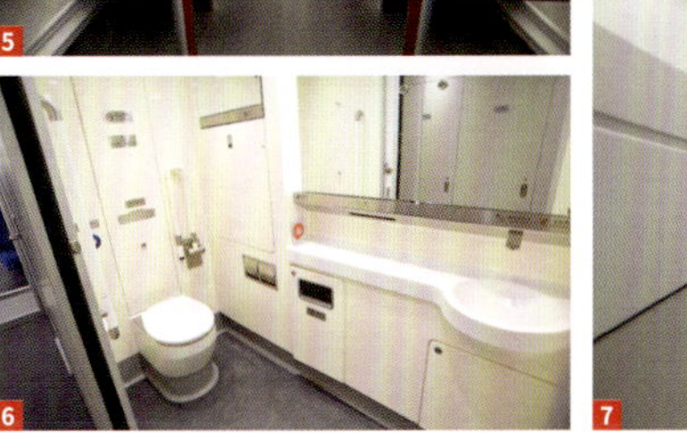

❶ CRH380D 商务座区；
❷ CRH380D 一等座车；
❸ CRH380D 二等座车；
❹ 非统型 CRH380D 特等座区；
❺ 非统型 CRH380D 餐车吧台和就餐席；
❻ CRH380D 无障碍卫生间；
❼ CRH380D 司机室。

## 港铁公司广深港专用高速列车

# 港铁动感号 CRH380A

| 投入运用时间 | 2018 年 |
| --- | --- |
| 运营速度 | 300km/h |
| 列车编组 | 6M2T |
| 牵引功率 | 9600kW |
| 列车定员 | 579 人 |

港铁动感号 CRH380A 是香港特别行政区政府委托港铁公司招标采购，专门用于广深港高铁跨境运输的 300km/h 级高速列车。列车由中车四方股份公司在青岛生产，以中国铁路 CRH380A 为原型，在保持技术特色的基础上，进一步在碰撞、防火和电磁兼容性等方面提升了性能，是中国第一款出口型高速列车。

■ 港铁动感号 CRH380A 驶出香港石岗车厂检修库

起自广州南站，经虎门、深圳北、福田，终至香港西九龙站的广深港高铁全长 142km。其中内地段广州南至深圳北间于 2011 年 12 月 26 日通车，深圳北至福田 2015 年 12 月 30 日通车，设计最高速度 350km/h，初期最高运营速度 300km/h。自深港边境至香港西九龙站间的广深港高铁香港段则于 2010 年开工，全长 26km，全线除存放列车的石岗车厂外均为地下线路，设计速度 200km/h。2018 年 9 月 23 日，广深港高铁香港段正式通车，成为中国第一条跨境高速铁路，通过一地两检方式将香港纳入全国高速铁路网便捷的运输体系。

经国际招标，2012 年 3 月，港铁确认中车四方股份公司中标 9 列广深港高铁专用高速列车，总造价约 17.44 亿港元。2018 年 3 月 23 日，通过命名比赛公开征集，香港高速列车被正式定名为“动感号”，英文则名为“Vibrant Express”。港铁动感号 CRH380A 采用与原型车相同的 6M2T 编组形式，整车功率 9600kW，最高设计速度 350km/h，车体尺寸和头型也别无二致，唯将受电弓设于 3 车和 5 车上方，与设于 4 车和 6 车的原型车有所区别。涂装方面，港铁动感号 CRH380A 外观选用银灰色作为底色，红白两色组成的波浪形腰线贯穿列车，头车和尾车则绘有象征中国飞龙的橙色弧形纹饰，寓意传承中华传统。列车驰骋时，似飘带舞动，又似飞龙在天，极具动感与活力！

由于仅执行香港西九龙与深圳北（福田）、广州南间的广深港高铁本线列车，港铁动感号 CRH380A 未设置餐吧区和商务座。车辆内饰由法国 MBD 公司设计，其中头尾车为以 2+2 座布局为主的一等座车，座椅采用银灰色与玫瑰红搭配，靠背设有阅读灯，座椅和地面则绘有玫瑰花纹。6 节中间车厢全部为 2+3 座椅布局的二等座车，座椅采用深浅不同的橙色配搭浅灰色，地板和行李架采用波浪纹饰及造型，整体感觉轻快明亮。此外，列车还设有无障碍卫生间、车内 WIFI 和大件行李存放处等基本设施。

■ 港铁动感号 CRH380A 停靠在深圳北站站台

2013 年 11 月 7 日，首列港铁动感号 CRH380A 下线，并于 2014 年 3 月起开展型式试验和运行试验。为配合进度，2016 年 9 月，首列车才经海路运抵香港。目前，全部 9 列港铁动感号 CRH380A 均已投入使用，车辆编号 0251~0259，通过独立号段与国铁配属的 CRH380A 加以区分。目前港铁动感号 CRH380A 全部在广深港高铁本线运行，除每日 4 对往返香港西九龙与广州南外，其余均执行香港西九龙—深圳北和福田站间的列车。所有列车在香港段最高运行速度为 200km/h，在广深间最高运行速度为 300km/h。

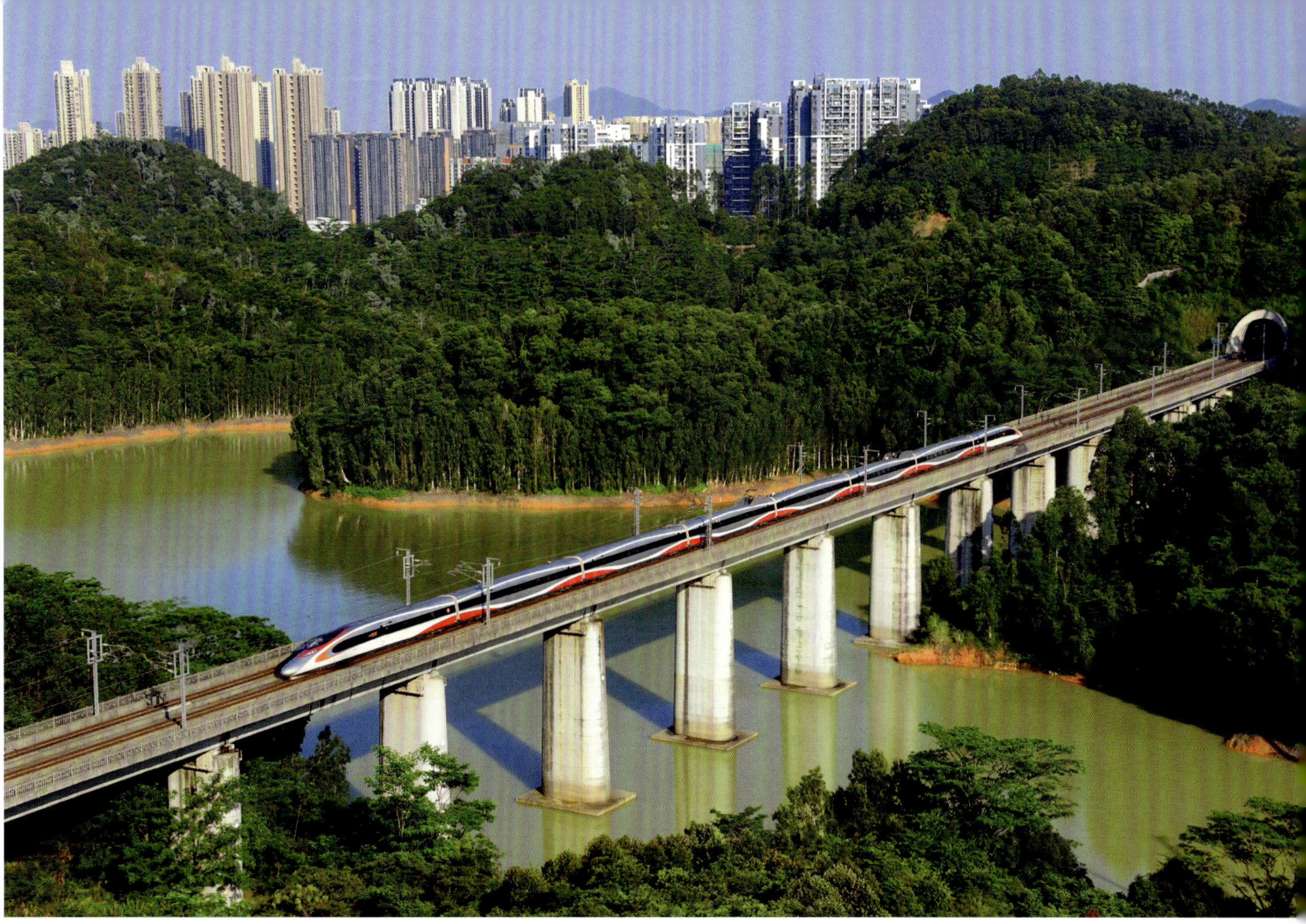

港铁动感号 CRH380A 行驶在广深港高铁上

## 车辆设施

1

2

3

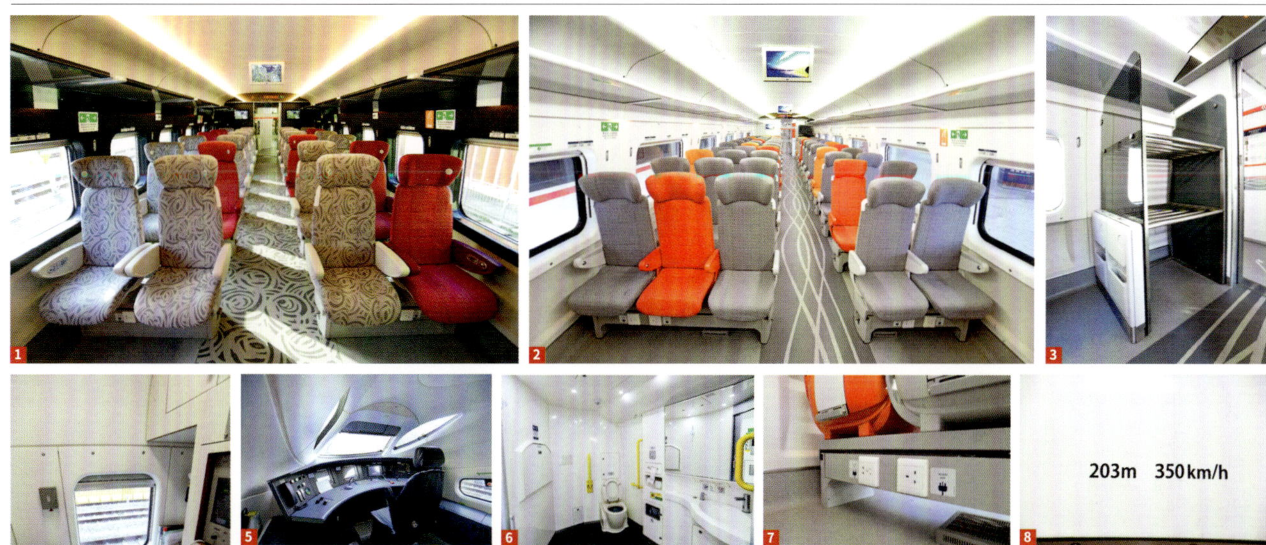

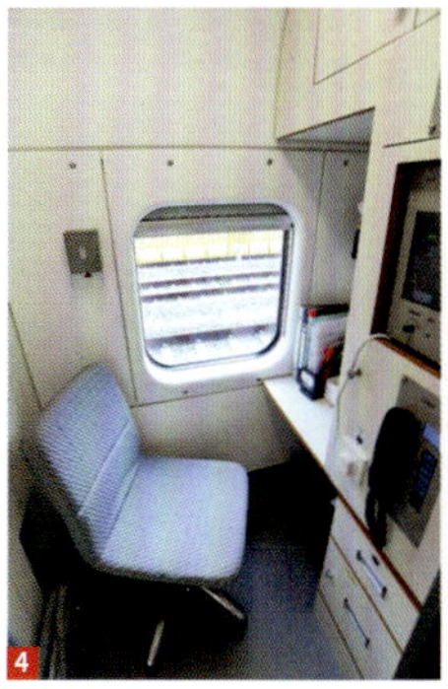
4

5

6

7

8

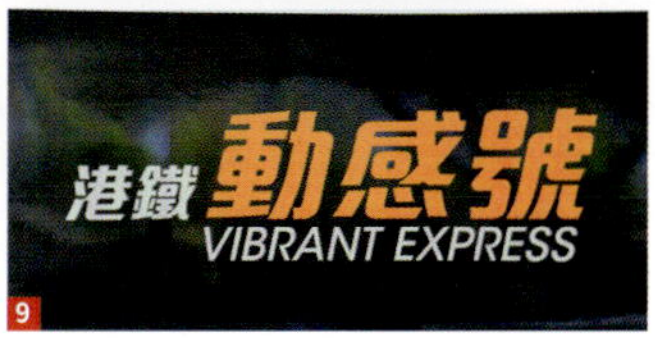

9

❶ 港铁动感号 CRH380A 一等座车；
❷ 港铁动感号 CRH380A 二等座车；
❸ 港铁动感号 CRH380A 大件行李处；
❹ 港铁动感号 CRH380A 乘务员室；
❺ 港铁动感号 CRH380A 司机室；
❻ 港铁动感号 CRH380A 无障碍卫生间；
❼ 港铁动感号 CRH380A 车内插头可同时适应内地和香港两种制式；
❽ 港铁动感号 CRH380A 车身技术信息；
❾ 港铁动感号 CRH380A 车身标识。

宝岛台湾的高速列车

# 台湾高铁 700T

| 投入运用时间 | 2007 年 |
| --- | --- |
| 运营速度 | 300km/h |
| 列车编组 | 9M3T |
| 牵引功率 | 10260kW |
| 列车定员 | 989 人 |

起自台北市南港站，终至高雄市左营站的台湾高速铁路全长349km，是中国台湾地区唯一的高速铁路系统。台湾高铁开工于1999年，曾是世界上唯一一条采用BOT（Build-Operate-Transfer，建设—运营—移交）方式运作的民营高速铁路。台湾高铁曾计划全盘引进欧洲高铁技术，其中土建使用德国标准，采用1435mm准轨轨距（台湾既有铁路为1067mm窄轨轨距），最小曲线半径6250m，设计运行速度300km/h；高速列车则计划选用ICE1动力车和TGV-D双层中间车结合的Eurotrain。后由于日本政府介入并提供低息贷款，台湾高铁于1999年6月重新招标列车与机电系统合同，最终选用以新干线700系为原型的700T作为台湾高铁用车。这也是日本新干线首次成功向海外输出。

700T 驶入左营高铁站

700T从型号命名上就可以看出与原型车700系的渊源，车型中的“T”则是台湾地区英文名称的首字母，由JR东海与JR西日本共同研发，川崎重工、日本车辆和日立制作所三家承造。由于车站到发线长度限制，700T没有采用原型车的16辆编组设计，缩减为9M3T的12辆编组，但保持了与700系相同的3∶1动拖比。由于最高运营速度由700系的285km/h提升至300km/h，在沿用700系采用IGBT元件交流传动系统的同时，700T使用的三相异步牵引电机功率也由原型车的275kW提高至285kW，整车功率10260 kW。信号系统选用了当时九州新干线使用的数字ATC系统，并比照欧洲标准增加了单线双向行驶和自动定速功能。

在700T的12节车厢中，包括11节2+3座椅布局的标准车厢和1节2+2座椅布局的商务车厢，全车定员989人。车内设施也参考了700系的设置，如不设餐吧车，以自动售货机替代；盥洗设施包括传统卫生间、无障碍卫生间和男士小便间等。部分车厢参考原车型设计的公共电话亭因手机普及，自开通后就改为手机充电室。由于台湾高铁线路选用了欧洲的高标准，特别是90m$^2$的隧道断面远大于新干线的64m$^2$，基本不存在隧道微气压波造成的噪声问题，因此700T虽保留了原车型的大致头型，但去掉了鸭嘴设计，并将车头长度由9.2m缩短至8m，亦取消了司机专用车门。车身涂装方面700T参考了700系7000番台“光号铁路之星”的涂装，以白色为底色，车头与车窗下方贯穿台湾高铁标识色的橙色腰线，并辅以灰色线条，整体视觉效果相比原型车更加明艳。

左营高铁站整装待发的 700T

首列700T于2004年1月30日在日本神户的川崎车辆工厂举行了出厂仪式，并于同年5月运抵台湾。2005年1月27日，700T首次进入正线展开试车，并在同年10月的试车中跑出了315km/h的试验速度。2006年，首批30列700T（编号TR01~TR30）交付完毕。2007年1月5日，700T随台湾高铁开通正式投入运营。随着客流增加，2008年11月，台湾高铁增购了四列700T列车（编号TR31~TR34），并于2012年至2015年交付。

■ 700T 疾驰在台湾高铁上

## 车辆设施

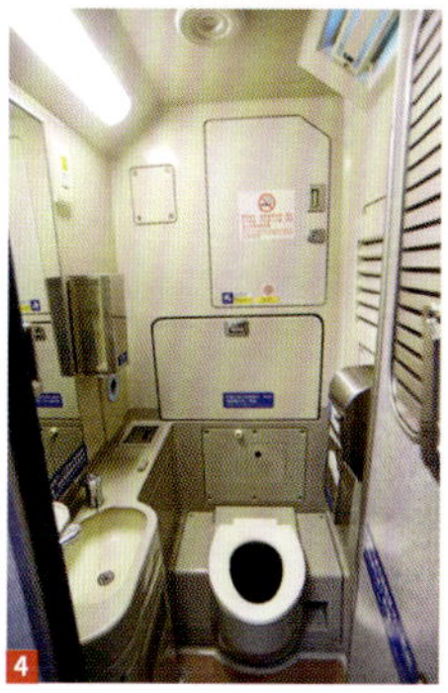

❶ 700T 商务车厢；
❷ 700T 标准车厢；
❸ 700T 男士小便间；
❹ 700T 坐式卫生间；
❺ 700T 无障碍卫生间；
❻ 700T 自动售货机；
❼ 700T 改为手机充电室的电话亭。

## 世界唯一商业运营磁浮高速列车

# 上海磁浮列车

| 投入运用时间 | 2003 年 |
| --- | --- |
| 运营速度 | 431km/h |
| 列车编组 | 5M |
| 牵引功率 | - |
| 列车定员 | 464 人 |

上海磁浮示范线（SMT=Shanghai Meglev Train）位于上海浦东新区，线路西起龙阳路站，东至浦东机场站，全长 30.5km，采用德国 Transrapid（简称 TR）磁浮技术。作为世界上第一条商业运营的高速磁浮线路，上海磁浮示范线列车最高运行速度可达 431km/h，不仅是世界上商业运营速度最高的轨道交通系统，更以“商业运营中最快的列车”被纳入吉尼斯世界纪录。

■ 上海磁浮列车驶入龙阳路站

20 世纪末，在京沪高铁预可行性论证过程中，有专家提出高速磁浮交通系统具有速度快、无接触运行等优点，且德国已开发出成熟样车，建议京沪高铁采用高速磁浮技术；反对意见则认为高速轮轨技术已完全成熟，高速磁浮却依然停留在试验阶段，缺乏商业化运行实践，盲目上马风险很大。2000 年 6 月，为验证高速磁浮技术的可行性和经济性，国家决定在上海建设高速磁浮示范线。2001 年 3 月 1 日，上海磁浮示范线工程开工。2002 年 12 月 31 日，时任中德两国总理的朱镕基与施罗德共同为上海磁浮示范线通车剪彩，全线于次日载客试运行。2006 年 4 月 27 日，经国家验收，上海磁浮示范线正式开始商业运营。

上海磁浮示范线采用的德国 TR技术为常温常导电磁悬浮型，列车由 TR08型改进而来，亦称 TR-SMT。车体采用大型中空铝合金结构和流线型外形，头车尺寸 27500mm×3700mm×4660 mm（含天线），中间车尺寸 24500mm×3700mm×4160 mm。全列由 5节车厢组成，包含 2 节端车和 3 节中间车。下线时首车为 2+2 座椅布局贵宾席，其余空间则为 3+3 座椅布局普通席，全车定员 464 人。由于线路运行时间较短，因此不设卫生间。每节车均安装有 4 个悬浮架，用于传递悬浮、导向、牵引与制动力。列车通过悬浮架两侧的悬浮电磁铁与轨道下面长定子铁芯相互吸引从而提升车体，实现悬浮。悬浮电磁铁线圈电流根据传感器测量的悬浮气隙大小随时调节，使提升力与车体重力保持动态平衡，始终实现车体距离轨道 10mm 左右的悬浮状态。列车悬浮架两侧的导向电磁铁则对轨道侧面产生吸力以引导车辆沿轨道运行。列车采用长定子直线同步电机驱动，定子沿线路轨道铺设，转子即悬浮磁铁则安装在车体下方，直接在线路上实现牵引能量的转换。列车低速时依靠受流器从供电轨取电，高速时则采用谐波发电，行车时车体与线路之间始终无机械接触。由于电磁力实现了传统铁路中支承、导向和牵引功能，磁浮列车从根本上突破了传统铁路的轮轨和弓网关系约束，可更加经济地实现高速运行。

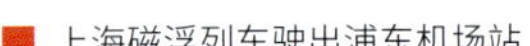

■ 上海磁浮列车驶出浦东机场站

目前，上海磁浮示范线共拥有 4 列磁浮列车，日常上线 2 列。除德国原产 3 列 5 节编组高速列车外，还有 1 列 2010 年下线，由中航工业与中车长客股份公司合造的 4 节编组国产列车，其外观内饰均与进口列车有细微差异。作为高速商业磁浮的示范线路，上海磁浮示范线在以 431km/h 最高速度运行时，只需 7 分 20 秒便可跑完全程 30km。由于线路较短，为了响应国家绿色节能要求，近年来，上海磁浮示范线只在上午 9:00~10:45、下午 15:00~15:45 时段以 431km/h 的最高速度运行，而其余时段则以 300km/h 的最高速度运行，全程运行时间也仅需 8 分 10 秒。

■ 上海磁浮与上海地铁 16 号线并行驶出龙阳路站

## 车辆设施

❶ 上海磁浮贵宾席；
❷ 上海磁浮贵宾席座椅；
❸ 上海磁浮普通席；
❹ 上海磁浮车身标识；
❺ 上海磁浮列车乘务员；
❻ 上海磁浮阅读灯；
❼ 上海磁浮车内速度显示。

# 中国动车组大数据

数字解读中国动车组配属与车型

北京动车段

截至2020年1月1日，中国铁路共配属动车组3057列，折合标准组（中国铁路以8辆编组为一个标准组）3556.5组，全路实际配属动车组数量首次突破3000列大关！其中300~350km/h动车组1809列，约占全国动车组总数的59.2%；200~250km/h动车组共计1201列，约占全国动车组总数的39.3%；160km/h动车组47列，约占全国动车组总数的1.5%。复兴号动车组已累计配属460列，折合595.75标准组，约占全国动车组总数的15%。放眼全球，中国高速动车组数量比全世界其他国家所有高速列车的总和还要多出一倍，占世界高速列车总数的四分之三以上，是当之无愧的世界高速铁路第一大国。

上海动车段

目前，全路在籍配属动车组共40个型号。其中客运动车组共计34个款。按速度划分，300~350km/h级动车组包括CR400AF、CR400AF-A、CR400AF-B、CR400BF、CR400BF-A、CR400BF-B、CR400BF-C、CR400BF-G、CRH2C、CRH3C、CRH380A、CRH380AL、CRH380B、CRH380BG、CRH380BL、CRH380CL和CRH380D，共计17款；200~250km/h级动车组包括CRH1A、CRH1A-A、CRH1B、CRH1E、CRH2A、CRH2B、CRH2E、CRH2G、CRH3A、CRH5A、CRH5E、CRH5G、CRH6A和CRH6A-A，共计14款；160km/h动车组包括CRH6F、CRH6F-A和CJ6，共计三款。其中2019年起投入运用的CJ6型动车组也是全路唯一一款正式定型并配属的CJ系列动车组列车。

武汉动车段

除客运动车组外，中国铁路还拥有6款高速综合检测车。其中CRH2J和CRH5J为250k/h级；CRH380AJ、CRH380AM、CRH380BJ、CRH380BJ-A为300km/h级。

广州动车段

全部40款动车组中，共有2款17辆编组车型、10款16辆编组车型、24款8辆编组车型、1款7辆编组车型和3款4辆编组车型。具体到车型数量上，CRH2A以491列名列200~250km/h级动车组中生产数量最多的车型；CRH380B以353列成为300~350km/h级动车组中生产数量最多的一款，若包含高寒版的

CRH380BG，510 列的总数也是全路动车组中截至目前配属数量最多的一款。截至 2019 年底，刚刚投入京张高铁运营的 CR400BF-C 仅生产 3 列，配属 2 列，是 300~350km/h 级动车组中配属数量最少的一款；仅生产 2 列的 CRH5E 则是 200~250km/h 级动车组中生产配属数量最少的车型。

截至 2019 年底，全路 18 个铁路局集团全部配属有动车组列车，全国各省、自治区和直辖市中，除西藏自治区外，也全部有动车组列车运行。其中上海局共配属动车组 725.25 标准组，占全路 20%，是动车组配属第一大局；广州局以 510.5 标准组紧随其后；北京局则以 358 组位列第三。动车组配属数量排行 4~6 位的分别是南昌、成都和武汉局集团。呼和局和青藏公司分别以 8 组和 6 组的配数量成为全路配属动车组数量最少的铁路局集团。动车组配属数量和各路局管辖范围内高铁运用里程与动车组开行强度直接相关。

❶ CJ6 型动车组；
❷ CRH6F-A 型动车组；
❸ CRH2J 型高速综合检测列车；
❹ CRH5J 型高速综合检测列车。

*：本节统计数字不含动力集中动车组，不含香港、台湾地区统计数据。
**：本书正文未收录国内 160km/h 级动力分散动车组和综合检测车。

CRH6F 型动车组行驶在长株潭城际铁路上

CRH380AJ 高速综合检测列车

CRH380BJ 高速综合检测列车

CRH380BJ-A 高速综合检测列车

CRH380AM 高速综合检测列车

# 中国动车组配属列表

| 速度等级 | 车型 | 哈尔滨 | 沈阳 | 北京 | 太原 | 呼和浩特 | 郑州 | 武汉 | 西安 | 济南 | 上海 |
|---|---|---|---|---|---|---|---|---|---|---|---|
| 300km/h ~ 350km/h | CRH2C | | | | | | | | 11 | | 46 |
| | CRH3C | | | | | | | | | | |
| | CRH380A | | | | 36 | | 12 | 17 | | | |
| | CRH380AL | | | 16 | | | 17 | 33 | 15 | | |
| | CRH380B | | | 25 | | | 47 | | 58 | 59 | 82 |
| | CRH380BG | 50 | 99 | 8 | | | | | | | |
| | CRH380BL | | | 12 | | | 15 | | 10 | 34 | 78 |
| | CRH380CL | | | 13 | | | | | | | 12 |
| | CRH380D | | | | | | | | | | 44 |
| | CR400AF | | | 50 | | | | 30 | | 20 | |
| | CR400AF-A | | | | | | | 3 | | 14 | |
| | CR400AF-B | | | 8 | | | | | | | |
| | CR400BF | | 1 | 49 | | | | | | | 93 |
| | CR400BF-A | | | 22 | | | | | | | 33 |
| | CR400BF-B | | | | | | | | | | 14 |
| | CR400BF-C | | | 2 | | | | | | | |
| | CR400BF-G | | 18 | 12 | | | | | | | |
| | CRH380AJ | | | | | | | | | | |
| | CRH380AM | | | | | | | | | | |
| | CRH380BJ | | | | | | | | | | |
| | CRH380BJ-A | | | | | | | | | | |
| | 小计 | 50 | 118 | 217 | 36 | | 91 | 83 | 94 | 127 | 402 |
| 200km/h ~ 250km/h | CRH1A | | | | | | | | | | |
| | CRH1A-A | | | | | | | | | | |
| | CRH1B | | | | | | | | | | 24 |
| | CRH1E | | | | | | | | | | 20 |
| | CRH2A | | | 1 | 20 | | | 48 | | 33 | 65 |
| | CRH2B | | | | | | | 17 | | | 10 |
| | CRH2E | | | 18 | | | | | | | |
| | CRH2G | | | | | | | | 18 | | |
| | CRH3A | | 2 | | | | | | | | |
| | CRH5A | 24 | 51 | 23 | 6 | 8 | | 28 | | | |
| | CRH5E | | | 2 | | | | | | | |
| | CRH5G | 12 | 24 | | | | | | | | |
| | CRH6A | | | 5 | | | 8 | | | | 2 |
| | CRH6A-A | | | | | | | | | | |
| | CRH2J | | | | | | | | | | |
| | CRH5J | | | | | | | | | | |
| | 小计 | 36 | 77 | 49 | 26 | 8 | 8 | 93 | 18 | 33 | 121 |
| 160 km/h | CRH6F | | | | | | | | | | 6 |
| | CRH6F-A | | | | | | | | | | 7 |
| | CJ6 | | | | | | | | | | |
| | 小计 | | | | | | | | | | 13 |
| 总计 | | 86 | 195 | 266 | 62 | 8 | 99 | 176 | 112 | 160 | 536 |

注：配属数据截至 2020 年 1 月 1 日。

| 速度等级 | 车型 | 南昌 | 广州 | 南宁 | 成都 | 昆明 | 兰州 | 乌鲁木齐 | 青藏公司 | 路用 | 总计 |
|---|---|---|---|---|---|---|---|---|---|---|---|
| 300km/h ~ 350km/h | CRH2C | | | | | | | | | 3 | 60 |
| | CRH3C | | 33 | | 47 | | | | | | 80 |
| | CRH380A | 110 | 1 | 40 | 52 | 51 | | | | | 319 |
| | CRH380AL | 14 | 13 | | 5 | | | | | | 113 |
| | CRH380B | | 52 | | | | 30 | | | | 353 |
| | CRH380BG | | | | | | | | | | 157 |
| | CRH380BL | | | | | | | | | | 149 |
| | CRH380CL | | | | | | | | | | 25 |
| | CRH380D | | | | 41 | | | | | | 85 |
| | CR400AF | | 52 | | | | | | | | 152 |
| | CR400AF-A | | 39 | | | | | | | | 56 |
| | CR400AF-B | | | | | | | | | | 8 |
| | CR400BF | | | | | | | | | | 143 |
| | CR400BF-A | | | | | | | | | | 55 |
| | CR400BF-B | | | | | | | | | | 14 |
| | CR400BF-C | | | | | | | | | | 2 |
| | CR400BF-G | | | | | | | | | | 30 |
| | CRH380AJ | | | | | | | | | 5 | 5 |
| | CRH380AM | | | | | | | | | 1 | 1 |
| | CRH380BJ | | | | | | | | | 1 | 1 |
| | CRH380BJ-A | | | | | | | | | 1 | 1 |
| | 小计 | 124 | 190 | 40 | 145 | 51 | 30 | | | 11 | 1809 |
| 200km/h ~ 250km/h | CRH1A | 55 | 53 | | 20 | | | | | | 128 |
| | CRH1A-A | 24 | 63 | | | | | | | | 87 |
| | CRH1B | | | | | | | | | | 24 |
| | CRH1E | | | | | | | | | | 20 |
| | CRH2A | 86 | 61 | 94 | 53 | 30 | | | | | 491 |
| | CRH2B | | | | | | | | | | 27 |
| | CRH2E | | 6 | | | | | | | | 24 |
| | CRH2G | | | | | 11 | | | | | 29 |
| | CRH3A | | | | 59 | | | | | | 61 |
| | CRH5A | | | | | | | | | | 140 |
| | CRH5E | | | | | | | | | | 2 |
| | CRH5G | | | | | | 28 | 14 | 6 | | 84 |
| | CRH6A | | 57 | | | | | | | | 72 |
| | CRH6A-A | | | | 10 | | | | | | 10 |
| | CRH2J | | | | | | | | | 1 | 1 |
| | CRH5J | | | | | | | | | 1 | 1 |
| | 小计 | 165 | 240 | 94 | 142 | 41 | 28 | 14 | 6 | 2 | 1201 |
| 160 km/h | CRH6F | | 11 | | | | | | | | 17 |
| | CRH6F-A | | 13 | | | | | | | | 20 |
| | CJ6 | | 10 | | | | | | | | 10 |
| | 小计 | | 34 | | | | | | | | 47 |
| 总计 | | 289 | 464 | 134 | 287 | 92 | 58 | 14 | 6 | 13 | 3057 |

# 中国动车组车型车号编排规则

中国铁路动车组目前主要由"CR"和"CRH"两大型号体系组成。车型车号具体命名规则如下。

## 一、"复兴号"中国标准动车组车型车号规则

CR XXX X X - XX - XXXX
❶ ❷ ❸ ❹ ❺ ❻

**①中国铁路标识;**
**②速度等级,以三位阿拉伯数字表示;**
**③企业识别代码,以一位大写英文字母表示;**
**④技术类型代码,以一位大写英文字母表示;**
**⑤技术配置代码,缺省或以一至两位大写英文字母表示;**
**⑥车组号,以四位阿拉伯数字表示。**

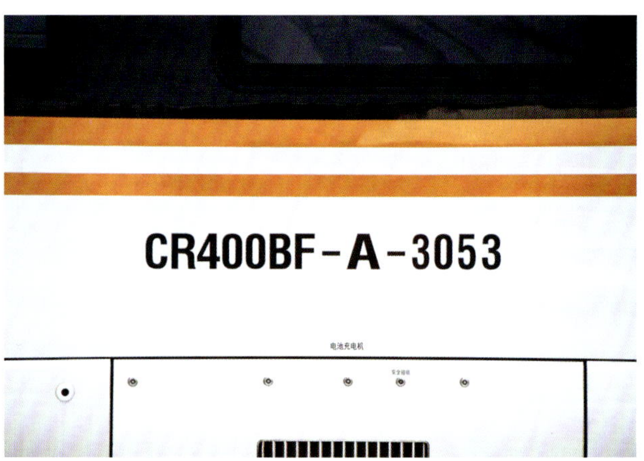


CR400BF-A-3053 车组号

①车型代码中的"CR"为中国铁路"China Railway"的英文缩写。

②速度等级以三位阿拉伯数字表示:
400——代表车辆设计速度为 300~400(含)km/h
300——代表车辆设计速度为 200~300(含)km/h
200——代表车辆设计速度为 100~200(含)km/h

③企业识别代码以一位大写英文字母表示:
A——中车四方股份公司申请定型的动车组
B——中车长客股份公司申请定型的动车组

④技术类型代码以一位大写英文字母表示:
F——动力分散电力动车组
J——动力集中电力动车组
N——动力集中内燃动车组
P——动力分散内燃动车组
其余字母预留。

复兴号动车组上的"CR"中国铁路标识

⑤技术配置代码以一至两位大写英文字母表示,每个型号的基本车型不设技术配置代码(如 CR400AF),衍生车型技术代码由"A"开始排列(如 CR400AF-A),用以区分同型号下不同编组型式、不同定员、不同车种、不同运用环境适应性和综合检测用途等不同技术配置的改进型产品,基础车型技术配置代码缺省。

⑥车组号以四位阿拉伯数字表示,按主机厂分配号段。同一主机厂不同衍生车型车组号根据制造顺序排列。

**青岛 BST 公司**制造的动车组号段为 1001~1999;
**中车四方股份公司**制造的动车组号段为 2001~2999;
**中车唐山公司**制造的动车组号段为 3001~3999;
**中车长客股份公司**制造的动车组号段为 5001~5999。
**检测、试验等特殊用途动车组**车组号在 0001~0099 范围内排列,由国铁集团运输局分配。

## 二、既有 CRH 系列动车组车型车号规则

既有 CRH 系列动车组型号分为技术序列代码命名和速度等级命名两种方式。

### (一)技术序列代码命名方式

CRH X X - XX - XXXX
❶ ❷❸ ❹ ❺

**①中国铁路高速动车组表示;**
**②技术序列代码,以一位阿拉伯数字表示;**
**③子型号,以一位大写英文字母表示;**
**④技术配置代码,缺省或以一至两位大写英文字母表示;**
**⑤车组号,以四位阿拉伯数字表示。**

①车型代码中的"CRH"为中国铁路高速动车组标识,是"China Railway High-speed"的英文缩写。

■ 和谐号动车组上的“CRH”中国铁路高速动车组标识

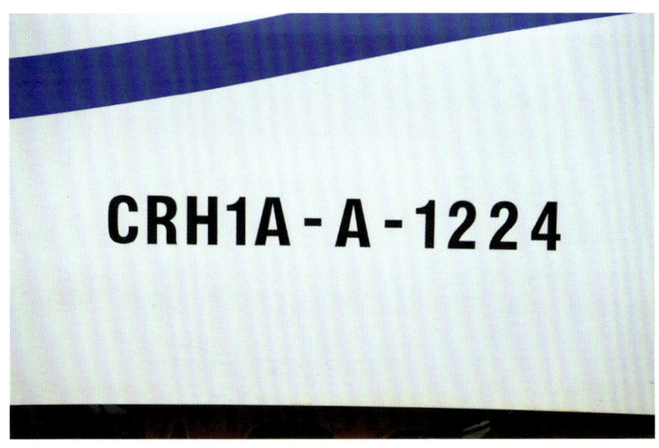


■ CRH1A-A-1224 车组号

②技术序列代码以一位阿拉伯数字表示：

1——青岛 BST 公司申请定型的动车组技术序列
2——中车四方股份公司申请定型的动车组技术序列
3——中车唐山公司申请定型的动车组技术序列
5——中车长客股份公司申请定型的动车组技术序列
6——中车四方股份公司 / 中车浦镇公司申请定型的城际动车组技术序列
7 及后续数字——预留的动车组技术序列代码。

③子型号以一位大写英文字母表示：

A——200~250km/h 的 8 辆编组座车
B——200~250km/h 的 16 辆编组座车
C——300~350km/h 的 8 辆编组座车
D——300~350km/h 的 16 辆编组座车
E——200~250km/h 的 16 辆编组卧车
F——设计速度 160km/h 的 8 辆编组城际动车组
G——设计速度 200~250km/h 的 8 辆编组耐高寒座车动车组
J——综合检测动车组
H、J、K 及后续字母——预留的动车组子型号

④技术配置代码以一至两位大写英文字母表示，由“A”开始排列，用以区分统一基本型号下不同技术配置的衍生车型（如 4 辆编组的 CRH6F-A），基础车型技术配置代码缺省。

### （二）速度等级命名方式

①车型代码中的“CRH”为中国铁路高速动车组标志，是“China Railway High-speed”的英文缩写。

②速度目标值以动车组最高运行速度目标值的三位数字组成。目前 CRH380 是唯一采用这种方式命名的动车组系列，代表设计最高运行速度目标值为 380km/h。

③技术平台代码以一位大写英文字母表示：

A——中车四方股份公司申请定型的 8 辆编组座车
B——中车长客股份公司和中车唐山公司申请定型的 8 辆编组座车
C——中车长客股份公司申请定型的 8 辆编组座车（与“B”采用不同的牵引及控制系统）
D——青岛 BST 公司申请定型的 8 辆编组座车

④子型号以一位大写英文字母表示（不标注时为基本车型）：

G——耐高寒动车组
J——综合检测动车组
L——基本型的 16 辆编组动车组
M——更高速度等级试验列车改装制造的综合检测动车组
其余字母为预留。

⑤技术配置代码以一至两位大写英文字母表示，由“A”开始排列，用以区分统一基本型号下不同技术配置的衍生车型。基础车型技术配置代码缺省。

**CRH XXX X X - X - XXXX**
❶ ❷ ❸ ❹ ❺ ❻

**①中国铁路高速动车组表示；**
**②速度目标值，以三位阿拉伯数字表示；**
**③技术平台代码，以一位大写英文字母表示；**
**④子型号，缺省或以一位大写英文字母表示；**
**⑤技术配置代码，缺省或以一至两位大写英文字母表示；**
**⑥车组号，以四位阿拉伯数字表示。**

CRH380AL-2554

■ CRH380AL-2554 车组号

### （三）既有 CRH 系列动车组车组号设置

CRH 系列动车组车组号由四位阿拉伯数字组成，按照国铁集团采购的动车组和非国铁集团控股企业采购的动车组两类分别进行号段分配。

1. 国铁集团采购的动车组按主机厂分配号段，依照 250km/h 及以下和 350km/h 及以上速度等级分别排序，第一位数字体现制造工厂。

**青岛 BST 公司：** 250km/h 及以下动车组由 1001~1499 顺序排列；350km/h 及以上动车组由 1501~1999 顺序排列。检测、试验等特殊用途动车组由 0101~0110 顺序排列；

**中车四方股份公司：** 250km/h 及以下动车组（含 CRH2C 及城际动车组）由 2001~2499，4001~4499 顺序排列；350km/h 及以上动车组由 2501~2999 顺序排列。检测、试验等特殊用途动车组由 0201~0210 顺序排列。

**中车唐山公司：** 250km/h 及以下动车组（含 CRH3C）由 3001~3499 顺序排列；350km/h 及以上动车组由 3501~3999 顺序排列。检测、试验等特殊用途动车组由 0301~0310 顺序排列。

**中车长客股份公司：** 250km/h 及以下动车组由 5001~5499 顺序排列；350km/h 及以上动车组由 5501~5999 顺序排列。检测、试验等特殊用途动车组由 0501~0510 顺序排列。

**中车浦镇公司 / 中车广东公司**生产动车组由 4501~4999 顺序排列。

CRH1E-1231

■ CRH1A-A-1231 车组号

CRH3A-3099

■ CRH3A-3099 车组号

2. 非国铁集团控股企业采购的动车组按主机厂分配号段。青岛 BST 公司由 0111~0199 顺序排列；中车四方股份公司由 0401~0499 或 0211~0299 顺序排列；中车唐山公司由 0311~0399 顺序排列；中车长客股份公司由 0511~0599 顺序排列，中车浦镇公司 / 中车广东公司由 0601~0699 顺序排列，中车株机公司由 0701~0799。

## 三、动车组中车辆的车种及车辆号

1. 动车组中车辆车种代码是车种汉语拼音的缩写，车种代号、车种名称和英文对应如右表（P93）：

2. 车厢车组号为本列车的车组号，由四位数字组成。

3. 车厢编组顺位代码以两位阿拉伯数字表示，自头车开始，由 01 开始顺序排列，尾车标注为 00 车。

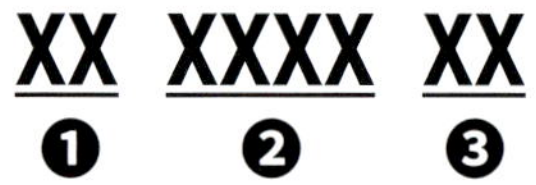


**①车种代码，以两位或三位大写英文字母表示；**
**②动车组车组号；**
**③编组顺位代码，以两位阿拉伯数字表示，由1位头车至2位头车的代码为01、02……00。**

二等座车 ZE 122400
Second Class Coach

■ CRH1A-A-1224 号车 00 车（尾车）的车种代号、车种名称、对应英文及车辆号

二等座车／餐车 ZEC 122405
Second Class / Dining Coach

■ CRH1A-A-1224 号车 05 车的车种代号、车种名称、对应英文及车辆号

多功能车 DGN 514505
Multi-function Coach

■ CR400BF-C-5145 号车的多功能车的车种代号、车种名称、对应英文及车辆号

**车种代号、车种名称及英文对应表**

| 序号 | 车种代号 | 车种名称 | 英文 |
|---|---|---|---|
| 1 | ZY | 一等座车 | First Class Coach |
| 2 | ZE | 二等座车 | Second Class Coach |
| 3 | WR | 软卧车 | Soft Sleeper Coach |
| 4 | WY | 硬卧车 | Hard Sleeper Coach |
| 5 | CA | 餐车 | Dining Coach |
| 6 | SW | 商务座车 | Business Coach |
| 7 | ZEC | 二等座车 / 餐车 | Second Class/Dining Coach |
| 8 | ZYS | 一等 / 商务座车 | First Class/ Business Coach |
| 9 | ZES | 二等 / 商务座车 | Second Class / Business Coach |
| 10 | ZYT | 一等 / 特等座车 | First Class/ Premier Coach |
| 11 | ZET | 二等 / 特等座车 | Second Class/ Premier Coach |
| 12 | JC | 检测车 | Detection Car |
| 13 | WRC | 软卧车 / 餐车 | Soft Sleeper/ Dining Coach |
| 14 | WG | 高级软卧车 | Luxury Sleeper Coach |
| 15 | DGN | 多功能车 | Multi-function Coach |

## 四、2014 年前动车组车号编号规则及对应调整

2014 年以前，既有 CRH 动车组同样分为技术序列代码命名和速度等级命名两种方式，其车型车组号排列方式与现有排列方式有所不同。

### （一）技术序列代码命名方式

①车型代码中的"CRH"为中国铁路高速动车组标识，是"China Railway High-speed" 的英文缩写。

②技术序列代码以一位阿拉伯数字表示：
1——青岛 BST 公司研制生产的动车组
2——中车四方股份公司研制生产的动车组
3——中车唐山公司研制生产的动车组
5——中车长客股份公司研制生产的动车组
③车组号以三位阿拉伯数字表示。各技术平台不同车型均由 001 号根据制造顺序排列。

④子型号以一位大写英文字母表示：
A——200~250km/h 的 8 辆编组座车
B——200~250km/h 的 16 辆编组座车
C——300~350km/h 的 8 辆编组座车
D——300~350km/h 的 16 辆编组座车
E——200~250km/h 的 16 辆编组卧车

**CRH X - XXX X**
**❶ ❷ ❸ ❹**

**①中国铁路高速动车组表示；**
**②技术序列代码，以一位阿拉伯数字表示；**
**③车组号，以三位阿拉伯数字表示；**
**④子型号，以一位大写英文字母表示。**



原 CRH2-028A 车组号

### （二）速度等级命名方式

原有速度等级命名方式是针对 2010 年下线的 CRH380 系列“新一代”动车组。这也是唯一采用这一命名方式的 CRH 系列动车组车型。

**CRH 380 X - XXXX X**
**❶ ❷ ❸ ❹ ❺**

**①中国铁路高速动车组表示；**
**②速度特征代码，以三位阿拉伯数字表示；**
**③技术平台代码，以一位大写英文字母表示**
**④车组号，以四位阿拉伯数字表示；**
**⑤编组数量代码，缺省或以一位大写英文字母表示。**

原 CRH380C-6304L 车组号

①车型代码中的“CRH”为中国铁路高速动车组标志，是“China Railway High-speed”的英文缩写。

②速度特征代码为 380，代表具备 380km/h 运行能力。

③技术平台代码以一位大写英文字母表示：
A——中车四方股份公司制造的 380 系列动车组
B——中车长客股份公司和中车唐山公司制造的 380 系列动车组
C——中车长客股份公司制造的 380 系列动车组，采用不同的头型及牵引控制系统
D——青岛 BST 公司制造的 380 系列动车组

④车组号以四位阿拉伯数字表示，不同技术平台动车组车组号统一编号，以 6 字打头。四大主机厂各号段分配如下：
6001~6200——中车四方股份公司
6201~6400——中车长客股份公司
6401~6600——中车唐山公司
6601~6700——青岛 BST 公司

⑤编组数量代码，缺省为 8 辆编组，标“L”为 16 辆编组。

### （三）新旧车型车号的对应调整

根据新的 CRH 系列动车组车组号设置原则，国铁集团采购的动车组按主机厂分配号段，依照 250km/h 及以下和 350km/h 及以上速度等级分别排序，第一位数字体现制造工厂（具体原则参见上文）。旧命名规则中 CRH5-000、CRH380A-001 和 CRH380B-002 三列综合检测车也根据新命名规则加以调整。对应调整示例如下：

CRH1A-1001：对应原 CRH1-001A
CRH2B-2120：对应原 CRH2-120B
CRH3C-3080：对应原 CRH3-080C
CRH5A-5030：对应原 CRH5-030A
CRH380A-2501：对应原 CRH380A-6001
CRH380AL-2640：对应原 CRH380A-6140L
CRH380BL-5501：对应原 CRH380B-6201L
CRH380BG-5546：对应原 CRH380B-6246
CRH380BL-3570：对应原 CRH380B-6470L
CRH380CL-5601：对应原 CRH380C-6301L
CRH5J-0501：对应原 CRH5-000 综合检测车
CRH380AJ-0201：对应原 CRH380A-001 综合检测车
CRH380BJ-0301：对应原 CRH380B-002 综合检测车

更新后的 CRH380AJ-0201 综合检测车车组号

CRH380BG-5563 的车号刚刚由 CRH380B-6263 更改而来，还可看出痕迹

## 五、现有各型动车组车型车号全梳理（截至 2020 年 1 月 1 日）

**1. 青岛 BST 公司 CR 系列动车组编号**
1001~1005（CR400AF-A）、1006~1025（CR400AF）、1026~1029（CR400AF-A）、0003（CR300AF）。

**2. 中车四方股份公司 CR 系列动车组编号**
2001~2064（CR400AF）、2065~2084（CR400AF-A）、2085~2094（CR400AF）、2095~2115（CR400AF-A）、2116~2123（CR400AF-B）、2124~2180（CR400AF）、2190~2193（CR400AF-A）、2211~2212（CR400AF-A）；
0001（CR300AF）、0004（CR300AF 浦镇造）。

**3. 中车唐山公司 CR 系列动车组编号**
3001~3023（CR400BF）、3024~3033（CR400BF-A）、3034~3049（CR400BF）、3050~3058（CR400BF-A）、3059~3091（CR400BF）、3092（CR400BF-A）；
0006（CR300BF）。

**4. 中车长客股份公司 CR 系列动车组编号**
5001~5047（CR400BF）、5048~5067（CR400BF-A）、5068~5081（CR400BF）、5082~5096（CR400BF-A）、5097~5105（CR400BF-B）、5106~5112（CR400BF）、5113~5142（CR400BF-G）、5143~5145（CR400BF-C）、5151~5155（CR400BF-B）；
0002、0005（CR300BF）。

**5. 青岛 BST 公司 CRH 系列动车组编号**
1001~1040（CRH1A）、1041~1060（CRH1B）、1061~1075（CRH1E）、1076~1080（1E 头型 CRH1B）、1081~1168（CRH1A）、1169~1228（CRH1A-A）、1229~1233（ 新 CRH1E）、1234~1260（CRH1A-A）、1501~1585（CRH380D）。

**6. 中车四方股份公司 CRH 系列动车组编号**
2001~2060（CRH2A）、2061~2090（CRH2C 一阶段）、2091~2110（CRH2C 二阶段）、2111~2120（CRH2B）、2121~2140（CRH2E）、2141~2150（CRH2C 二阶段）、2151~~2416（CRH2A）、2417~2426（CRH2G）、2427~2460（CRH2A）、2461~2462（新 CRH2E）、2463~2465（纵向卧铺 CRH2E）、2466~2472（CRH2B）、2473~2499（CRH2A）、2828（CRH2A）、4001~4071（CRH2A）、4072~4081（CRH2G）、4082~4095（CRH2A）、4096~4105（CRH2B）、4106~4113（CRH2G）、4114~4131（CRH2A）、4132~4137（CRH6A）；

2501~2540（CRH380A）、2541~2640（CRH380AL）、2641~2807（CRH380A）、2809~2817（CRH380A）、2818（CRH380AJ）、2819~2827（CRH380A）、2829~2912（CRH380A）、2913~2920（CRH380AL）、2921~2925（CRH380A）、2926~2930（CRH380AL）、2931~2935（CRH380A）；

0401~0408（CRH6A）、0409~0413（CRH6F）、0414~0417（CRH6A）、0418~0419（CRH6F）、0420~0429（CRH6A）、

CR300BF-0006 采用测试用车组号

0430~0435（CRH6F）、0436~0439（CRH6A）、0440~0443（CRH6F-A）、0445~0450（CRH6F-A）、0451~0460（CRH6A-A）、0461~0470（CRH6F-A）。（注：0402~0408 为中车浦镇 / 广东公司生产）；

0201~0204（CRH380AJ）、0205（CRH2J）、0206（CRH380AN，永磁试验车）、0207~0208（CR400AF 样车）。

**7. 中车唐山公司 CRH 系列动车组编号**
3001~3080（CRH3C）、3081~3111（CRH3A）、3501~3570（CRH380BL）、3571~3731（CRH380B）、3732~3737（CRH380BL）、3738~3774（CRH380B）、3775~3786（CRH380BL）；

0301（CRH380BJ）、0302（CRH3A 样车，原 CJ1）、0303（CJ2 样车）、0304（CJ3 样车）、0305（CR400BF 样车）、0306（纵向卧铺动车组试验车）、0307（可变编组动车组样车）。

**8. 中车长客股份公司 CRH 系列动车组编号**
5001~5140（CRH5A）、5141~5200（CRH5G）、5201~5202（CRH5E）、5206~5217（CRH5G）、5218~5229（CRH5G 技术提升型）、5230~5257（CRH3A）、5501~5545（CRH380BL）、5546~5600（CRH380BG）、5601~5625（CRH380CL）、5626~5636（CRH380BG）、5637~5683（CRH380B）、5684~5729（CRH380BG）、5730~5761（CRH380B）、5762~5786（CRH380BG）、5787~5802（CRH380B）、5803~ 5822（CRH380BG）、5823~5828（CRH380BL）、5829~5888（CRH380B）、5889~5898（CRH380BL）；

0501（CRH5J）、0502（CRH3A 样车，原 CJ1）、0503（CR400BF 样车）、0504（CRH380BJ-A）、0505~0506（CJ5）、0507（CR400BF 样车）、0508（CJ5）。

**9. 中车浦镇公司 / 中车广东公司 CRH 系列动车组编号**
0601~0640（CRH6A）；4501（CRH2G）。

**10. 中车株机公司 CJ 动车组编号**
0701~0710（CJ6）

注：CJ 系列动车组为未纳入 CR、CRH 动车组序列城际动车组。

CJ2 型动车组样车

CJ3 型动车组样车

CJ5 型动车组样车

纵向卧铺高速动车组试验车样车

可变编组动车组样车

CR300AF 样车

CR300BF 样车

# 日本

作为世界上最早开通的高速铁路系统，新干线已成为日本高速铁路的名片。自1964年东海道新干线通车算起，历经大半个世纪的风霜雪雨，新干线高速列车虽经多代技术更迭，却始终保持着交流供电与动力分散的基本技术特点，成为世界高速铁路大家庭中极具特色的家族。

目前，新干线已逐步发展为东海道和东北两大派系，拥有共计16款高速列车的庞大家庭。其中东海道家族面向东海道、山阳和九州新干线，拥有0系、100系、300系、500系、700系、800系和N700系7款列车，以大编组高容量，极端轻量化和25kV 60Hz交流供电为特点。而东北家族则面向东北、北海道、上越、北陆新干线和山形、秋田迷你新干线，拥有200系、400系、E1、E2系、E3系、E4系、E5/H5系、E6系和E7/W7系9款列车，以高寒耐风雪、编组灵活、组合运行和25kV 50Hz交流供电为基础，部分线路兼有多电源切换功能为特点。

N700 系行驶在富士山下

# 日本高速铁路概况

新干线是日本新建高速铁路的代称，与日语“在来线（既有线）”的概念相对应。经过多年发展，新干线的概念已跳出线路本身，扩大到包含高速列车在内的整个系统。

日本既有铁路采用 1067mm 窄轨轨距，列车运行速度和线路输送能力都受到很大限制。早在 1941 年，日本军国主义者便制定了“弹丸列车”计划，准备在东京和下关间修建全新的准轨铁路。1959 年，为了提振战后经济，缓解既有铁路日益凸显的运输压力，东京—新大阪间的东海道新干线开工建设。1964 年 10 月 1 日，东海道新干线通车建成通车，以 210km/h 的运行速度成为世界上第一条高速铁路，带领世界迈入了高速铁路的新时代！

东海道新干线开通后取得了巨大成功，日本也在其基础上逐步修建贯穿日本列岛的新干线网络。1972 年，东海道新干线的延长线——山阳新干线新大阪—冈山段通车，并于 1975 年延长至终点博多；1982 年 6 月和 11 月，东北新干线大宫—盛冈和上越新干线大宫—新潟段分别建成，其中东北新干线往东京方向在 1985 年和 1991 年先后延长至上野和东京，往青森方向于 2002 年和 2010 年先后延长至八户和新青森；1997 年，时称长野新干线的北陆新干线高崎—长野段通车，2015 年延长至金泽；2004 年，九州新干线鹿儿岛中央—新八代通车，2011 年延伸至博多，与山阳新干线贯通；2016 年，新青森—新函馆北斗的北海道新干线首段工程完工，新干线首次进入北海道。目前，除四国外，新干线已串联本州、九州和北海道，构成了总长 2765km、纵贯日本的交通动脉。

除标准新干线外，日本还改造了部分既有线，在保持既有铁路平纵断面和限界不变的前提下，将轨距拓宽至 1435mm，实现新干线列车下线运行。这些改造后的既有线被称为“迷你新干线”。目前，日本已开通了山形新干线与秋田新干线两条“迷你新干线”。其中山形新干线由奥羽本线改造而成，福岛—山形段于 1992 年开通，1999 年延长至新庄；盛冈—秋田的秋田新干线由奥羽本线、田泽湖线改造而成，于 1997 年开通。

由于东西日本供电频率不同，东海道、山阳、九州新干线采用 25kV 60Hz 交流供电；东北、上越、北海道新干线采用 25kV 50Hz 交流供电；北陆新干线则根据路段不同在两种供电频率间切换。两条迷你新干线延续日本既有线 20kV 50Hz 交流供电。信号系统方面，新干线早年使用基于模拟电路的 ATC（列车自动控制系统），近年来则升级为基于数字电路的新一代 ATC 系统，实现效率和安全的升级。

| 路线名 | 区间 | 开业年 | 最高运营速度 (km/h) | 路线长度 (km) |
|---|---|---|---|---|
| 标准新干线 | | | | |
| 东海道新干线 | 东京—新大阪 | 1964 年 | 285 | 515 |
| 山阳新干线 | 新大阪—博多 | 1972~1975 年 | 300 | 554 |
| 东北新干线 | 东京—新青森 | 1982~2010 年 | 320 | 675 |
| 上越新干线 | 大宫—新潟 | 1982 年 | 240 | 270 |
| 北陆新干线 | 高崎—金泽 | 1997~2015 年 | 260 | 345 |
| 九州新干线 | 博多—鹿儿岛中央 | 2004~2011 年 | 260 | 257 |
| 北海道新干线 | 新青森—新函馆北斗 | 2016 年 | 260 | 149 |
| 标准新干线合计 | | | | 2765 |
| 迷你新干线 | | | | |
| 山形（迷你）新干线 | 福岛—新庄 | 1992 年 ~1999 年 | 130 | 149 |
| 秋田（迷你）新干线 | 盛冈—秋田 | 1997 年 | 130 | 127 |
| 迷你新干线合计 | | | | 276 |

日本新干线示意图
注：本图仅作为铁路线路的示意之用，不可作为行政区域与边界等参考。
东北·上越新干线
E2系
北陆新干线
E7/W7系
秋田新干线
E6系
北海道新干线
E5系/H5系
九州新干线
800系
东海道新干线
N700系
山阳新干线
500系
山形新干线
E3系
北海道新干线
札幌
新函馆北斗
青函海底隧道
新青森
八户
秋田新干线
秋田
盛冈
本
山形新干线
新庄
山形
福岛
上越新干线
新潟
上越妙高
长野
金泽
高崎
大宫
东北新干线
北陆新干线
敦贺
东京
山阳新干线
名古屋
静冈
京都
新大阪
日
东海道新干线
广岛
新下关
小仓
博多
新乌栖
熊本
长崎
九州新干线
鹿儿岛中央

# 世界高速列车的鼻祖

# 0 系

| 投入运用时间 | 1964 年 |
| --- | --- |
| 运营速度 | 初期 210 km/h；后期 220km/h |
| 列车编组 | 12M；16M；6M；4M |
| 牵引功率 | 11840kW（最大） |
| 列车定员 | 307~1401 人 |

1964 年 10 月 1 日，世界上第一条高速铁路——日本东海道新干线建成通车。同步诞生的新干线 0 系高速列车也成为日本乃至世界高速列车的鼻祖。

20 世纪 50 年代，“二战”战败后的日本迎来复苏后的快速发展，铁路客货运量飙升。特别是串联了东京、名古屋、大阪和神户等特大城市的东海道线，以不到 3% 运营里程承担了全国四分之一的客货运量，不堪重负。时任日本国铁总裁十河信二和总工程师岛秀雄力排众议，暗度陈仓，在东京与大阪间建成了最高时速 210km 的东海道新干线，实现了世界高速铁路零的突破。由于日本 1067mm 窄轨轨距既有铁路运输能力差、运行速度慢，因此东海道新干线选择了 1435mm 准轨轨距，并采用先进的交流 25kV 供电技术，奠定了日本乃至世界高速铁路的发展基调。

新干线诞生之初，世界范围尚无 200km/h 高速列车设计经验。结合日本实际情况，0 系一改传统机车车辆的动力集中布局，采用动力分散设计，降低轴重和转向架簧下质量，适应日本松软的地质特征和频繁起停需求。动力分散自此成为新干线高速列车最显著的技术特点。

名古屋铁道•磁浮馆中收藏的 0 系头车

由于时代限制，0 系选用 185kW 直流牵引电机，通过全动车设计保证 200km/h 以上运行能力。1964 年东海道新干线开通时 0 系为 12 辆编组；为应对 1970 年大阪世博会客流，从 1969 年开始逐步扩编为 16 辆编组。作为当年唯一的新干线车型，东海道•山阳新干线大站快车光号（ひかり，Hikari）和各站停车回声号（こだま，Kodama）都由 0 系运营。伴随 100 系的投入，0 系最高运行速度由早期的 210km/h 提升到 220km/h。在最后的岁月里，0 系退出东海道新干线运营，转而执行山阳新干线上各站停车的回声号班次，编组也调整为 6 辆或 4 辆。

英国约克郡大英铁路博物馆收藏的 0 系头车

在外观上，0 系选用了类似飞机的流线型头型，头车前端圆形车钩罩两侧各有一盏椭圆形头灯。这一造型不仅是 0 系的象征，在很长时间里也是新干线的代表形象。碳钢结构车体外侧刷有白色的底漆，车窗附近则涂有蓝色色带，分别代表白云和蓝天。这一涂装风格成为日后东海道新干线的标志色，在后续各型东海道新干线列车上得以延续。由于编组不同，不同批次的 0 系定员在 307 人至 1401 人间不等，其中部分编组带有独立餐车，以提高旅行服务质量。

从 1963 年新干线建成前夕到 1986 年，23 年时间里日本先后制造了 3216 辆 0 系车厢，总列数超过 200 列，至今没有其他新干线车型可以匹敌。2008 年，在经历了长达 44 年的运营历史后，0 系光荣退役，荣升为全世界的铁道遗产。目前，日本国内名古屋、大宫和京都三大铁道博物馆均将 0 系作为馆藏重器，英国约克郡大英铁路博物馆也收藏有一节 0 系头车。回首近半个世纪的光辉岁月，0 系新干线不仅首开 200km/h 以上铁路运营之先河，更在“铁路已是夕阳产业”论调盛行的年代，让世人重新认识到了铁路运输的价值与潜力，带领世界走进了高新铁时代，为世界铁路乃至全人类的发展做出了不可磨灭的贡献。

以 0 系为基础设计的新干线第一代黄医生检测车 922 型

## 车辆设施

❶名古屋磁浮·铁道馆中 0 系普通车厢内饰；
❷ 0 系驾驶台；
❸大英铁路博物馆中 0 系普通车厢内饰；
❹ 0 系餐车厨房；
❺ 0 系餐车。

## 东海道山阳新干线改进车型

# 100系/300系

| 列车型号 | 100 系 | 300 系 |
|---|---|---|
| 投入运用时间 | 1985 年 | 1992 年 |
| 运营速度 | 230km/h | 270km/h |
| 列车编组 | 12M4T | 10M6T |
| 牵引功率 | 11040kW | 12000 kW |

从 1964 年到 1980 年代初，0 系作为日本唯一的高速列车孤独地运行了近 20 年。这主要是因为当时日本国铁赤字严重，对新车型的开发心有余而力不足。1981 年，法国第一条高速铁路 LGV 东南线建成通车，结束了日本世界唯一高速铁路拥有国的历史。TGV-PSE 更以 270km/h 的最高运行速度和奢华现代的内部装饰将 20 年未曾改变的 0 系远远抛在身后。此时，1975 年山阳新干线延长至博多时增配的 0 系也逐步临近淘汰期。至此日本国铁下定决心开发新车。1985 年，100 系正式开始在东海道・山阳新干线投入运营，执行光号列车，成为日本继 0 系和 200 系后第三款高速列车。1987 年，日本国铁正式进行民营化改革，100 系也成为日本旧国铁时代开发的最后一款新干线车型。

存放在名古屋磁浮・铁道馆中的 100 系

在外观上，100 系采用了车头更长的“鲨鱼”头型，优化了空气动力学性能，头灯也由 0 系的椭圆形改为细长型。技术上 100 系仍采用钢制车体和直流牵引电机，但牵引回路转而采用可控硅相位控制调压器，实现了无触点化和无级调速。牵引电机功率则由 0 系的 185kW 提升至 230kW。16 辆编组的 100 系没有采用全动车设计，而是选择了 12M4T 动拖结合的编组方式，提升经济性。为了改善旅行舒适度，100 系引入双层车厢，包括一节上层为绿色车厢的座车和一节上层为就餐席下层为厨房的专用餐车。在二层餐车一边用餐一边欣赏富士山美景成为当时 100 系的一大卖点。通过增加座椅间距，100 系的 3 人座位也能旋转方向；车厢端门上方的液晶显示屏可滚动显示新闻和列车运行信息。这些都是当时新干线服务设施的突破。

从 1985 年到 1992 年，100 系先后新造了 66 列 16 辆编组列车，最大定员 1321 人。由于车外噪声限制，虽然设计速度为 270km/h，但除后期制造的 V 编组在山阳区间可实现 230km/h 最高速度运行外，其余最高速度仍被限制为 220km/h，与 0 系持平。随着 300 系和 700 系等新车型投入运用，100 系于 2003 年退出东海道新干线，部分列车缩短为 6 辆或 4 辆全动车编组，在山阳新干线上执行各站停车的回声号车次。2012 年 3 月，100 系全部退役。

存放在京都铁道博物馆中的 100 系

民营化改革后的日本铁路加快了新车型和新技术开发。1992 年，JR 东海主导研制了东海道山阳新干线上堪称革命性的新车型——300 系。相较此前的 0 系和 100 系，300 系首次采用了交流牵引电机和 GTO 变流器，带领新干线家族走进交流传动时代。铝合金车体、无摇枕转向架和交流牵引电机大幅降低了车身重量，最大轴重仅 11.4t。免维护的交流电机将动力分散维修量大的缺点显著降低，再生制动的运用则在减轻机械制动负担的同时还能降低牵引能耗。为降低车辆重心并减小运行阻力，此前放置于车顶的空调设备被请到车下，车体高度也比 100 系降低了约 40mm。这些都成为日后新干线新车型的技术基础。

量产版的 300 系采用 10M6T 编组，牵引电机功率 300kW，整车功率 12000kW。值得一提的是，300 系取消了餐车，改以自动售货机和车内售货服务，全列定员因此达到 1323 人。

无餐车和 1323 人定员设计日后也成为东海道·山阳新干线列车的标准配置。在大幅提高技术性能和优化曲线超高后，300 系以 270km/h 最高速度投入运营，相比于 0 系和 100 系大幅压缩了旅行时间。在此前光号和回声号基础上，东海道·山阳新干线专为 300 系推出了更快速度等级的希望号（のぞみ，Nozomi）列车，成为迄今为止新干线上最响亮的品牌。从 1992 年到 1998 年，先后共制造了 70 列 300 系，其中 61 列配属 JR 东海，9 列配属 JR 西日本。随着 700 系、N700 系等更新车型的推出，300 系逐渐改为执行光号和回声号等低等级列车，并最终在 2012 年 3 月与 100 系同步退役。目前 300 系仅剩一节样车头车保存在名古屋磁浮·铁道馆。量产车则全部拆毁，颇为遗憾。

存放在名古屋磁浮·铁道馆中的 300 系样车头车

## 车辆设施

❶ 100 系二等座；
❷ 100 系餐车；
❸ 100 系厨房；
❹ 100 系座位编号；
❺ 300 系车标；
❻ 300 系转向架；
❼ 300 系二等座。

## 日本首款时速 300km 新干线列车

# 500系

| 投入运用时间 | 1997 年 |
| --- | --- |
| 运营速度 | 300km/h |
| 列车编组 | 初期 16M；后期 8M |
| 牵引功率 | 17600kW（量产车） |
| 列车定员 | 608~1324 人 |

500系是日本第一款实现 300km/h 最高运营速度的新干线列车，是日系动力分散动车组发展的标志车型，在日本具有里程碑式的意义。

1989 年 9 月，法国 TGV-A 在全球首次实现 300km/h 速度运营；1990 年 5 月，TGV-A 以 515.3km/h 的试验速度再次刷新了轮轨试验速度的世界纪录。作为世界高速铁路诞生地的日本此时已经远远落后于欧洲。加之航空与公路的快速发展，东京去往山阳新干线方向的长途列车受到很大冲击。因此在 1992 年，即 300 系投入运营的同年，山阳新干线的经营者 JR 西日本便联合川崎、日立、近畿和日车等公司，在 300 系成功经验基础上共同研发 500 系，以期追平世界高速铁路最高商业运营速度，进一步提升新干线的竞争力。

500 系运行在山阳新干线上

500 系采用与 300 系相同的 GTO 变流器交流传动，采用全动车方式实现 300km/h 的最高速度。试制的 W1 号列车选用了 285kW 交流电机，整车功率 18240kW；量产车则选用 275kW 交流电机，整车功率 17600kW。为减轻阻力，500 系的铝合金车体一改 300 系的方形结构，转而采用类似飞机机舱的圆筒状结构，车体断面相比 300 系减小约 10%；长达 15m 的火箭式圆锥车头和模仿 F16 战斗机的司机室结构在降噪减阻的同时，视觉效果亦极为酷炫。500 系的涂装以深灰色为基调，车顶呈浅蓝色，车窗贯穿黑色色带，下方附有蓝色腰线。后现代的酷炫造型与个性涂装，让 500 系在日本铁道爱好者中深受好评。2015 年 11 月，为纪念《新世纪福音战士》开播 20 周年，500 系 V2 编组被喷绘成 EVA 主题涂装，深受动漫爱好者喜爱；2018 年 6 月，V2 编组则再次改为 Hello Kitty 主题列车，受到了女性和孩子们的追捧。

2015 年 11 月 7 日，EVA 涂装 500 系上线首日停靠新大阪站

1997 年 3 月，500 系开始在山阳新干线博多—新大阪间首次实现最高速度 300km/h 运行。同年 11 月，由 500 系执行的希望号延伸至东京站，东京至博多间 1069km 的旅程只需 4 小时 49 分，首次压缩至 5 小时之内。彼时，500 系在广岛至小仓间 261.8km/h 的旅行速度超越德法，入选吉尼斯世界纪录。遗憾的是，由于过度强调车辆高速运行性能，500 系成本高昂，先后只制造了 9 列。过长的车头和圆形车辆断面压缩了车内空间，长途旅行时略感压抑。全列 1324 人的定员与当时共同执行希望号的 300 系和 700 系相差 1 人，座位布局也有所差异，当车辆故障等异常发生时难于和其他列车互换。2007 年起，随着具备车体倾摆功能的 N700 系开始批量投入使用，500 系于 2010 年彻底退出东海道新干线运营。除 1 号车废车并将头车入藏京都铁道博物馆永久保存外，其余 8 列 500 系被缩编为 8 辆编组，以 V 编组的名义改为执行山阳新干线上各站停车的回声号，最高速度也降为 285km/h，定员亦减少为 608 人。当年叱咤风云的“速度之星”只以最高速度运行了 13 年，让人颇感唏嘘。

■ Hellokitty 涂装 500 系运行在山阳新干线上

## 车辆设施

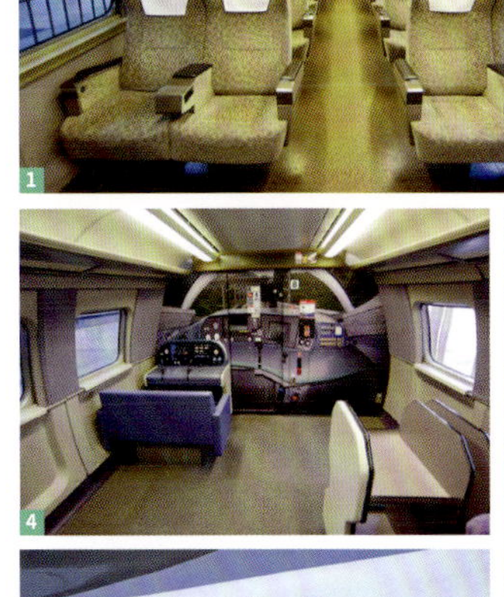

❶ 500 系普通车厢指定席；
❷ 500 系普通车厢指定席；
❸ 500 系普通车厢自由席；
❹ 500 系 V 编成所有列车在 8 车（大阪方向）设有模拟驾驶台；
❺ EVA500 系展示车；
❻ Hellokitty500 系 1 号展示车；
❼ 500 系列车标识；
❽ 500 系吸烟室；
❾ 500 系转向架。

## 追求舒适性与性价比的新干线列车

# 700系

| 投入运用时间 | 1999 年 |
| --- | --- |
| 运营速度 | 285km/h |
| 列车编组 | 12M4T |
| 牵引功率 | 13200kW |
| 列车定员 | 571~1323 人 |

500 系的诞生让新干线的商业运营速度追平了欧洲，但也带来了成本过高和旅行舒适度下降等负面问题。为此，JR 东海与 JR 西日本在 300 系和 500 系基础上，研制开发了舒适性更高、性价比更合理的 700 系新干线，并成为 N700 系诞生前东海道·山阳新干线上的主力车型。

相较于此前 300 系和 500 系由 JR 东海和 JR 西日本分别研发，700 系是第一款由 JR 东海和 JR 西日本联合开发的新干线车型。与 500 系相同，700 系也由川崎、日立、近畿和日车四家制造商联合生产。为了寻求最佳性价比，700 系很多技术方案介于 300 系与 500 系之间。在编组方面，700 系基本番台（JR 东海 C 编组，JR 西日本 B 编组）采用 12M4T 编组，每节动车设有 4 台 275kW 交流牵引电机，整车功率 13200kW，最高运营速度 285km/h。在牵引控制方面，700 系牵引变流器电子元件由 300 系和 500 系的 GTO 升级为 IGBT。在车体与外观方面，700 系基本番台延续了 0 系以来的传统白底蓝腰线涂装；其独特的鸭嘴型头型可更好地减弱进入隧道时微气压波效应和会车冲击。16 辆编组 700 系共设有 3 节 2+2 座椅布局绿色车厢和 13 节 2+3 座椅布局普通车厢，总定员 1323 人。由于车头由 500 系的 15m 缩短为 9.2m，700 系可在头车放置更多座椅，不仅全列坐席布局和定员与 300 系统一，可在运营时灵活调整车辆，还在保证定员的情况下增加了座位间距，避免了 500 系定员不同和空间局促的缺陷。

700 系行驶在东海道新干线上

除基本番台外，JR 西日本还配属有 8 辆编组 700 系 7000 番台 E 编组，采用 6M2T 动力配置。与标准编组蓝白涂装不同，7000 番台采用深灰色底色，车窗贯穿黑色色带，下方附橙色腰线。在下线初期，700 系 7000 番台以“光号铁路之星”（Hikari Rail Star）的名义执行山阳新干线运行的快速列车，因此车身上喷有“Rail Star”的列车标识。700 系 7000 番台不设绿色车厢，虽自由席保持 2+3 座椅布局，但全部指定席皆为 2+2 座椅布局，定员仅为 571 人，乘客只需普通车厢的费用便可享受绿色车厢的舒适。

1999 年秋，配属 JR 东海的 16 辆编组 700 系 C 编组首次投入商业运营；2000 年，配属 JR 西日本的 8 辆编组 700 系 7000 番台 E 编组投入运用；2002 年，配属 JR 西日本的 16 辆编组 700 系 B 编组上线运行。在上线初期，长编组的 B 编组和 C 编组主要执行东海道山阳新干线上高等级的希望号和光号；短编组 E 编组则执行只在山阳新干线运行的光号列车。全盛期 JR 东海共配属有 60 列 C 编组，JR 西日本共配属有 15 列 B 编组和 16 列 E 编组，共计 91 列 700 系列车。随着具备摆式功能的 N700 系增配，后期 700 系 B 编组和 C 编组逐渐转为执行光号和回声号，并于 2012 年起开始逐步废车。山阳新干线专用 E 编组则随着九州新干线开通后 8 辆编组 N700 系 7000 番台的增配，转而执行山阳新干线上各站停车的回声号列车。根据计划，2019 年度 700 系新干线将全部撤出东海道新干线定期运营，长编组于 2020 年 3 月 8 日最终运行后全部废车，短编组则会在山阳新干线上继续服役。

700 系 7000 番台运行在山阳新干线上

700 系驶入名古屋站

## 车辆设施

❶ 700 系绿色车厢；
❷ 700 系普通车厢；
❸ 700 系 7000 番台普通车厢指定席；
❹ 700 系 7000 番台普通车厢自由席；
❺ 700 系标识；
❻ 配属 JR 西日本的 700 系司机室下方有 JR700 的特殊标识；
❼ 700 系无障碍卫生间。

## 九州新干线专用 6 辆编组新干线

# 800系

| 投入运用时间 | 2004 年 |
| --- | --- |
| 运营速度 | 260km/h |
| 列车编组 | 6M |
| 牵引功率 | 6600kW |
| 列车定员 | 384~392 人 |

2004 年 3 月 13 日，九州新干线一期工程鹿儿岛中央—新八代段建成通车。为此，在 700 系基础上，开发了极具九州特色的 800 系新干线，成为唯一专属 JR 九州的新干线车型。

800 系停靠鹿儿岛中央站

800 系新干线由日立制作所在 JR 西日本 700 系 7000 番台“光号铁路之星”基础上研发生产，在车体、转向架结构和牵引控制等方面延续了 700 的主要技术特点。但由于九州新干线运量相对较小，且有连续 35‰ 的长大坡道，因此 800 系在 6M2T 动力配置的 8 辆编组 700 系 7000 番台基础上取消了两节拖车，改为 6M 全动车的 6 辆编组形式。列车采用与 700 系相同的 275kW 交流牵引电机，IGBT 变流器，整车功率 6600kW。动力车比例的增加，让 800 系拥有比 700 系 7000 番台更强的爬坡能力和更高的启动加速度。由于九州新干线设计速度限制，虽然车辆设计最高车速为 285km/h，但 800 系在日常运用时最高速度被限制为 260km/h。

800 系整体外观与内饰均由著名设计师水户冈锐治主持设计。头型方面，800 系没有采用 700 系特有的鸭嘴造型，转而采用更加浑圆的外观结构，车头长度也有所延长。车身涂装在白色底色基础上，辅以象征 JR 九州的红色腰线。红线前端、车头挡风玻璃下方和部分车门旁的侧墙上，都绘有九州象征物之一的燕子形象，这同时也是 800 系主要执行新干线列车种类的名称。深紫色车顶贯穿列车，只在司机室前后改为深蓝色。丰富的色彩与设计元素，让 800 系与设计及配色单调的 700 系和 N700 系区别明显，深受好评。

在列车内饰方面，800 系同样采用了很多极具地方特色的设计元素。与 700 系 7000 番台类似，800 系没有单独设置绿色车厢，全车皆为 2+2 座椅布局的普通车厢，乘客只需花费普通车厢票价即可享受其他车型绿色车厢的宽敞空间。与一般铁路车辆车内普遍采用金属与塑胶等材料不同，800 系车内的座椅椅背、扶手和折叠小桌等皆取材自九州地方樟木，配合九州特色西阵织布艺的靠背和坐垫。窗帘则采用日本传统的竹帘形式，整体布局给人强烈的和式风格，与科技感强烈的高速列车形成鲜明对比，是世界上内饰风格最有特点的高速列车之一。

大雨中疾驰的 800 系列车

2003~2005 年，JR 九州首批采购了 6 列 800 系用于九州新干线一期工程。2011 年 3 月 12 日，九州新干线博多—新八代段通车，全线建成。为此，JR 九州在 2009~2010 年间又增配了 3 列 800 系，共计 9 列。首批 6 列 800 系定员 392 人，后期增配的新 800 系增加了多功能室，定员略减至 384 人，外观腰线和内饰也略有调整。由于编组等原因，800 系原则上只在 JR 九州管辖的博多—鹿儿岛中央间运行，执行各站停车的燕子号（つばめ，Tsubame）和少量只停靠主要车站的樱花号（さくら，Sakura）列车。

800 系行驶在不知火海海岸线旁的九州新干线上

## 车辆设施

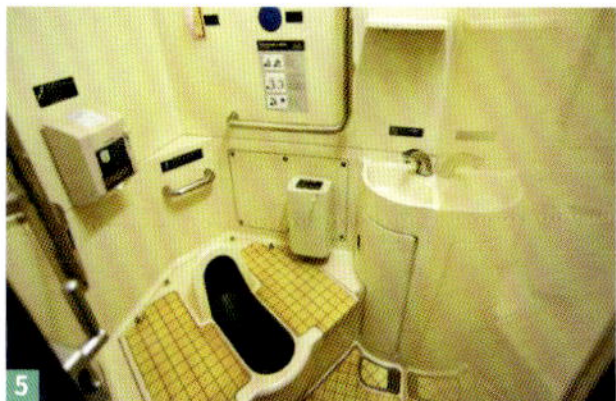

❶ 采用红色座椅的 800 系普通车；
❷ 采用青色座椅的 800 系普通车；
❸ 800 系普通车厢可旋转座椅；
❹ 800 系普通车扶手中可打开的小桌板和竹质窗帘；
❺ 800 系蹲式卫生间；
❻ 800 系九州特色燕子 LOGO；
❼ 九州新干线车头信息；
❽ 采用竹帘设计的 800 系盥洗室。

## 具备车体倾摆功能的东海道山阳新干线主力车型

# N700系

| 投入运用时间 | 2007 年 |
|---|---|
| 运营速度 | 300km/h |
| 列车编组 | 14M2T |
| 牵引功率 | 17080kW |
| 列车定员 | 1323 人 |

由于建设年代早，日本最繁忙的东海道新干线最小曲线半径仅有 2500m，最初只为满足 210km/h 的运行需要。即使通过调整曲线超高，并牺牲舒适度增加欠超高，500 系和 700 系在半径 2500m 的曲线上也只能以 255km/h 的速度运行，进出小半径曲线时频繁的加减速也增加了列车能耗。为了在小半径曲线众多的东海道新干线上实现提速，JR 东海和 JR 西日本在 700 系基础上，于 2002 年开始共同开发新一代具备摆式功能的新干线列车，并在 2004 年最终定名为 N700 系。代号中的 N 字带有崭新（New）和下一代（Next）的含义，预示列车全新的技术与理念。

在涂装风格、车厢布局和定员等方面，N700 系与 700 系完全相同，其最大特征在于具备车体倾斜功能。与意大利 Pendolino 等摆式列车采用机械液压设备实现车体 6°~8° 的摆动不同，N700 系依靠控制车体两侧转向架上空气弹簧高度实现车体倾斜，但摆动角度仅为 1°。恰是这 1° 的摆动幅度，可让 N700 系以 270km/h 的速度通过东海道新干线 2500m 的小半径曲线，相比其他新干线列车提高 15km/h。东海道新干线上由 N700 系执行的希望号列车据此可压缩运行时间 5 分钟。

N700 系通过东海道新干线米原站

在编组方面，N700 系采用 14M2T 形式，相比 700 系增加 2 辆动车，牵引电机功率也增加至 305kW，整车功率 17080kW，可在山阳新干线上以最高 300km/h 的速度运行。N700 系同时提高了起动加速度，从静止到 270km/h 所需时间由 700 系的 300 秒压缩至 180 秒。在外观上，N700 系的车头部分由 700 系的 9.2m 延长至 10.7m，采用了被称为“气动双翼”的独特空气动力造型。改良过的车头造型不仅可进一步降低阻力，还能减少高速行驶时的空气噪声和会车冲击，缓解小断面隧道的微压气波问题。通过头型优化、车间平滑处理和增加动车提升再生制动效率等手段，N700 系虽然运行速度相比 700 系更高，但运行阻力却减少了 20%，综合能耗降低了 10%。客舱内，N700 系增加了无线上网服务，且每排座椅都装有插座，以满足移动设备充电需求。

从 2011 年 5 月起，JR 东海发布 N700 系改良型 N700A，“A”是英语 Advanced 的简称。N700A 在 N700 基础上强化了制动系统，增加了定速巡航设置，车内设施也以节能和可回收等绿色理念加以改进。2012 年后，此前生产的 N700 系均比照 N700A 进行改造，目前已全部改造完毕。改造后的 N700A 与新造 N700A 可通过车身标识加以区别，前者只在 N700 的标识后方增加一个小 A，后者标识中则绘有醒目的大 A 造型。由于升级为 N700A 后车辆性能提升，2015 年 3 月起，东海道新干线最高限速由 270km/h 提高到 285km/h，2500m 小半径曲线限速亦提升至 275km/h，进一步压缩 3 分钟运行时间。

2007 年 7 月 1 日，N700 系正式投入东海·山阳新干线运营，并迅速成为这条日本最繁忙高速铁路的主力车型。截至 2019 年底，JR 东海已配属 127 列 N700 系，JR 西日本则配属 33 列（不含九州直通 N700 系 7000 番台）。700 系全部退出东海道新干线后，N700 系将在下一代 N700S 投入运用前成为东海道新干线上运用的唯一车型。

JR 西日本博多综合车辆所内的 N700 系

N700 系行驶在东京市区

## 车辆设施

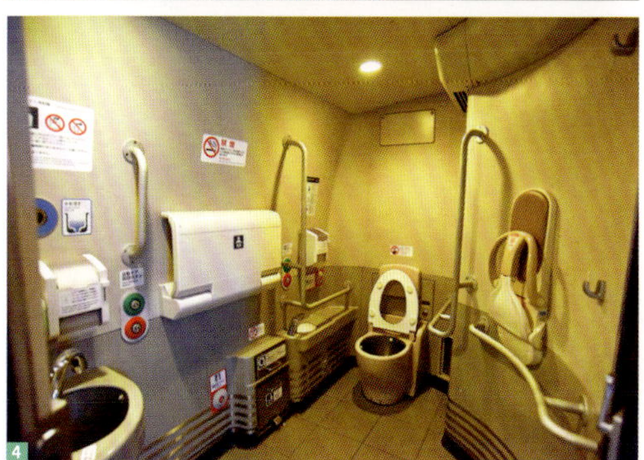

❶ N700 系绿色车厢；
❷ N700 系普通车厢；
❸ N700 系吸烟室；
❹ N700 系无障碍卫生间；
❺ N700 系男士小便间；
❻ 改造 N700A 车身标志；
❼ 新造 N700A 车身标志。

## 8 辆编组九州·山阳新干线直通用 N700 系

# N700系7000/8000番台

| 投入运用时间 | 2011 年 |
|---|---|
| 运营速度 | 300km/h |
| 列车编组 | 8M |
| 牵引功率 | 9760kW |
| 列车定员 | 546 人 |

2011 年 3 月 12 日，九州新干线博多—新八代段通车，加之 2004 年建成的新八代—鹿儿岛中央段，九州新干线全线通车。九州新干线也在博多站与山阳新干线衔接，不再独立于整个新干线路网之外。此前，九州新干线专用的 800 系已于 2004 年开始运行，但最高速度仅为 260km/h，编组也只有 6 辆，不仅无法满足山阳新干线上较大的客流需求，也会对山阳新干线上 300km/h 的列车造成干扰。受制于站台长度和区间连续陡坡，JR 西日本 16 辆编组的 N700 系亦无法驶入九州新干线。因此在 N700 系基础上，JR 九州与 JR 西日本联合开发了新干线 N700 系 7000/8000 番台，以实现九州新干线与山阳新干线的直通运行。

N700 系 7000 番台驶入山阳新干线小仓站

为满足九州新干线站台长度要求，N700 系 7000/8000 番台只采用了 8 辆编组。此前 JR 西日本将 8 辆编组的 500 系和 700 系都命名为 7000 番台，因此 8 辆编组的 N700 系也习惯性地命名为 7000 番台，车辆编组代号为 S；JR 九州配属的列车外观和构造完全相同，仅因配属不同而改称 8000 番台，车辆编组代号为 R，和 JR 西日本配属列车区分。在技术方面，N700 系 7000/8000 番台的头型与主要技术特征与 N700 系完全相同，但由于无需进入小半径曲线众多的东海道新干线，因此取消了车体倾摆功能。为了适应九州新干线连续 35‰的长大坡道，N700 系 7000/8000 番台取消了拖车，采用 8M 全动车形式。在山阳新干线上，N700 系 7000/8000 番台可实现 300km/h 运行，在九州新干线则因线路条件限速 260km/h。

相比于全列都是普通车厢的 800 系，N700 系 7000 番台设置了一节 2+2 座椅布局的绿色车厢 / 普通车厢合造车。其他 7 节车厢中，有 3 节 3+2 座椅布局的自由席普通车厢，4 节 2+2 座椅布局的指定席普通车厢。N700 系 7000/8000 番台共制造了 30 列，其中 19 列配属 JR 西日本，11 列配属 JR 九州，执行全部九州新干线与山阳新干线直通运行的新干线车次。其中包括比照希望号，旅速最高的瑞穗号（みずほ，Mizuho）和旅速比照此前“光号铁路之星”的樱花号。由于车底周转原因，少量只在九州新干线内运行，各站停车的燕子号也由 N700 系 7000/8000 番台执行。不过，由于仅有 8 辆编组且无法重联运行，N700 系 7000/8000 番台最远只能运行至新大阪站，无法继续驶入东海道新干线去往名古屋和东京方向。这也造成九州新干线博多以南的路段成为全日本新干线系统中唯一无法不经换乘直达东京的区段。

N700 系 7000 番台（右）和 8000 番台（左）并排停靠在鹿儿岛中央站

N700 系 7000 番台驶入熊本站

N700 系 7000 番台行驶在山阳新干线上

## 车辆设施

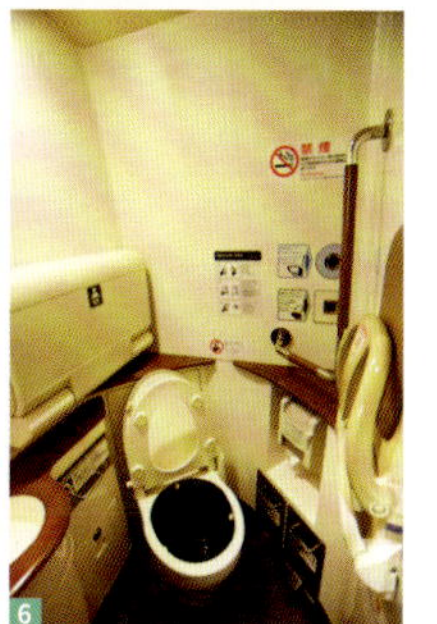

❶ N700 系 7000 番台绿色车厢；
❷ N700 系 7000 番台普通车厢指定席；
❸ N700 系 7000 番台普通车厢自由席；
❹ N700 系 7000 番台车身标识，将 JR 西日本和 JR 九州全部体现；
❺ N700 系 7000 番台吸烟室；
❻ N700 系 7000 番台坐式卫生间。

## 雪国急先锋

# 200系

| 投入运用时间 | 1982 年 |
|---|---|
| 运营速度 | 初期 210 km/h；后期 240km/h；最高 275km/h |
| 列车编组 | 8M；10M；12M；12M1T；14M2T |
| 牵引功率 | 12880kW（最大） |
| 列车定员 | 577~1235 人 |

保存在大宫铁道博物馆中的 200 系头车

由于东海道新干线建成后取得了巨大成功，除继续延伸修建山阳新干线外，日本也开始向东北方向扩张新干线网。1971 年，东京去往仙台、盛冈方向的东北新干线与东京去往高崎、新潟方向的上越新干线同时开工，并于 1982 年同步建成东北新干线大宫—盛冈段和上越新干线大宫—新潟段。东北·上越新干线专用的 200 系列车也同期投入使用，成为日本继 0 系后第二款新干线高速列车。

日本东北地区冬季降雪量特别大，气候恶劣。为了能在大雪纷飞的雪国大地高速运行，200 系针对这里的气候特点进行了特殊设计。例如，200系头车的排障器可兼做除雪翼，在行驶时能把线路上的积雪快速清除。机电设备密闭于车体内部，冷却电气设备的空气通过专门设计的雪·空气分离装置利用离心力将比空气重的雪抛到外侧，实现空气与雪的分离，避免吸入雪花造成绝缘劣化。在控制系统方面，200 系没有采用 0 系的低压可变触点控制方式，转而采用可控硅相位控制调压器，避免冬季触点冻结无法切换引发故障。这一技术也应用在了后续出现的东海道新干线 100 系列车上。除此之外，为克服上越新干线上的长大坡道，200 系配备了 230kW 的直流牵引电机，电机功率相比 0 系增加了 25%。由于增加了太多防雪设备，虽然采用了更轻的铝合金车体，200 系的最大轴重还是达到了 17t，是单层新干线中轴重最大的列车。因地方供电系统的差异，200 系（除 F80 编组外）和后续大部分东北家族的新干线列车都采用 25kV 50Hz 供电，与东海道·山阳新干线上 25kV 60Hz 不同。

外观方面，大多数 200 系采用了 0 系类似的头型，也有部分列车采用过 100 系头型。早期车身涂装采用白底绿色带，与 0 系加以区别；后期则以“飞云白”和“紫苑蓝”为基调，中间线配以 200 系传统的绿色腰线。在山形和秋田两条迷你新干线开通后，部分 200 系增加了自动车钩，以满足与迷你新干线上运行的 400 系和 E3 系拼接运行的需求。编组方面，200 系不仅制造了多个批次，不同时期的列车还经历多次改造，先后有 12、13、16、8 和 10 辆 5 种编组形式。其中 12 辆及以下编组为全动车设计，13 辆编组采用 12M1T 动力配置，16 辆编组采用 14M2T 动力配置。16 辆编组列车最大功率达 12880kW,最大定员则达到1235人。在最高运行速度方面，开通初期 200 系为 210km/h，1985 年上野站开通后提升至 240km/h，编号 F90~F93 的四列 200 系经过特殊改造可实现 275km/h 速度运行。

从 1980年至 1991年，200系先后制造了超过 700节车厢，折合超过 50 列车。经过延寿作业，部分 200 系运行时间甚至达到 30 年，是日本运用时间最长的新干线车型。在退役前，200 系在东北新干线上执行东京至盛冈间的山彦号（やまびこ，Yamabiko）和东京至那须盐原间的那须野号（なすの，Nasuno）；在上越新干线执行东京至新潟间的朱鹭号（とき，Toki）和东京至高崎、越后汤泽间的谷川号（たにがわ，Tanigawa）。2013 年 3 月，随着 E5 系的批量投入运营，200 系正式退役，东北新干线也告别了一代传奇。

采用 100 系头型的 H 编组 200 系列车，拍摄于 2002 年（资料图，摘自维基百科）

## 车辆设施

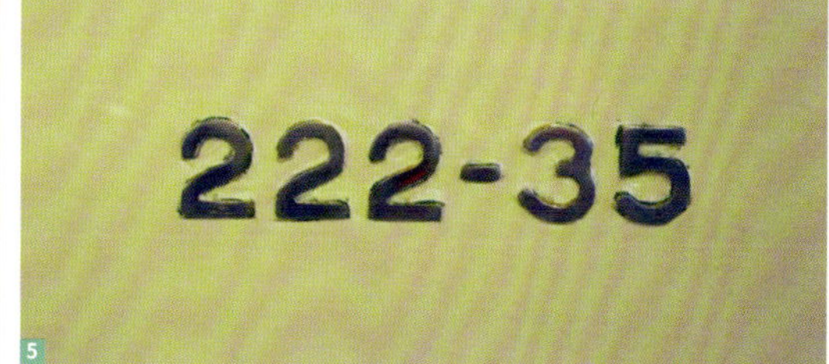

❶ 200 系普通车箱；
❷ 200 系机电设备与转向架；
❸ 200 系可伸出的自动车钩；
❹ 200 系配属与技术信息；
❺ 大宫铁道博物馆中存放的 200 系车厢编号；
❻ 200 系车灯；
❼ 200 系座位编号。

## 迷你新干线与双层新干线的先驱

# 400系/E1系

| 列车型号 | 400 系 | E1 系 |
| --- | --- | --- |
| 投入运用时间 | 1992 年 | 1994 年 |
| 运营速度 | 240km/h | 240 km/h |
| 列车编组 | 6M1T | 6M6T |
| 牵引功率 | 5040kW | 9840kW |

由于新建新干线成本过于高昂，日本将部分既有 1067mm 窄轨铁路轨距调整为 1435mm，通过新干线列车驶下高速线直通运行的方式扩大新干线的服务范围。虽然改造后的既有线轨距与传统新干线一致，但线路平纵断面、建筑限界和站台规格还保持了既有窄轨铁路的标准，必须研制“小一号”的新干线列车才能驶入，因此被称为“迷你新干线”。1992 年，奥羽本线福岛至山形段改造完成，以山形新干线的名义纳入新干线路网。具备驶入既有铁路条件的 400 系新干线因此诞生。

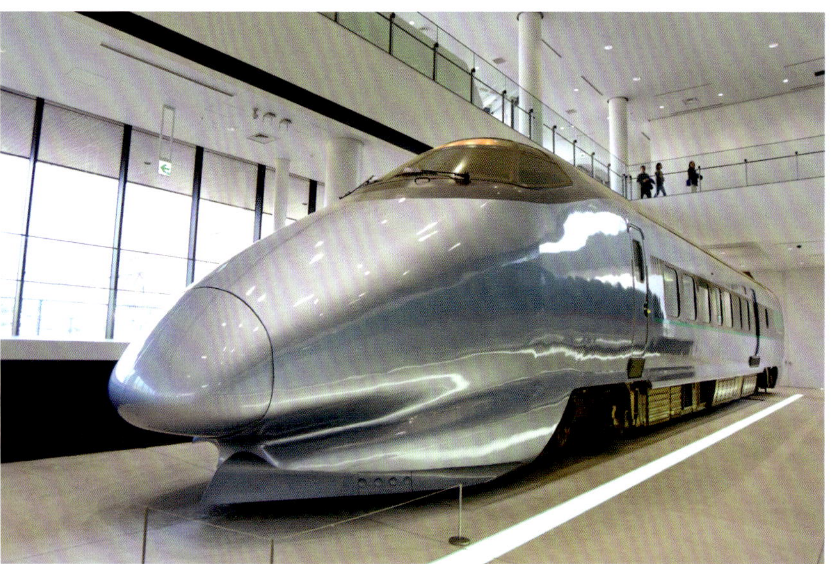
存放在大宫铁道博物馆中的 400 系头车

作为继 200 系后第二款东北新干线家族成员，400 系在车型编号上延续了旧日本国铁东海道新干线系统车型首位数字选择单数、东北新干线系统车型首位数字选择双数的传统。为了适应既有铁路限界，400 系车身宽度由标准新干线的 3380mm 减少为 2947mm，车厢长度也由 25m 缩短为 20.5m。由于身材小巧，400 系特别在车门下方设置了踏板，在标准新干线车站停车时会自动伸出，防止乘客掉入列车和站台之间的空隙。最初，400 系采用 6M 全动车编组。随着客流增加，1995 年起在编组中增加一节拖车，改为 6M1T 的 7 辆编组形式，全车定员调整为 399 人。由于车身较窄，400 系普通车厢采用 2+2 座椅布局，绿色车厢采用 2+1 座椅布局和 AB-D 的座位编号。这也是新干线历史上唯一一款采用一排 3 座椅绿色车厢的车型。由于新干线和既有线接触网电压不同，400 系可同时适应交流 25kV 50Hz 和 20kV 50Hz 两种电压。考虑成本问题，虽然和 300 系同年诞生，但 400 系并未采用交流传动，而是采用 210kW 直流牵引电机，整车功率 5040kW，控制系统则选用与 200 系相同的可控硅相位控制调压器。随着交流传动技术的日臻成熟，400 系也成为最后一款使用直流传动的新干线车型。

400 系头车造型

1992 年投入运营后，共有 12 列 400 系以翼号（つばさ，Tsubasa）的名义往返于东京与山形站间。其中在东北新干线东京至福岛间通常与 200 系执行的山彦号拼接运行，最高运行速度 240km/h，在既有铁路改建的山形新干线上最高速度则限制为 130km/h。2010年，400系全部退役。作为日本第一款“迷你新干线”列车，400 系 L3 编组的头车被 JR 东日本作为铁路遗产加以保护，现存放于位于大宫的铁道博物馆中。

1994 年，东北 • 上越新干线上的第三款新干线列车 E1 系投入运用。在设计之初，E1 系曾计划按规律命名为 600 系。但此时 JR 东日本公司采用了全新的车辆命名规则，将所有新造车型前冠以代表 JR 东日本（East Japan Railway Company）的字母 E。相比于 400 系的“小”，E1 系的最大特点便是“大”。由于东京都市圈的发展，乘坐新干线通勤的乘客数量快速增加。因此，E1 系采用全双层车体设计，是日本乃至世界第一款全双层结构的高速动车组。

为了应对新干线日渐增长的通勤和通学的输送需求，除采用双层车辆设计外，E1 系自由席取消座位间的扶手，采用 3+3 座位排列，12 辆编组列车载客量达 1235 人。E1 系还同时设有座位电动转向系统，缩短列车的整备时间。为了容纳双层车厢，其他车型安装在车体底部的电气设备被安装在了车体两端的连接处。虽然采用 GTO 变流器的 E1 系是 JR 东日本第一款交流传动新干线列车，但双层的钢制车体还是让列车轴重达到了 17t，是 JR 东日本的新干线车队中车辆净重最高的车型。虽然采用 6M6T 的低动拖比设计，但 E1 系安装了 410kW 大功率交流电机，依然可实现与 200 系相同的起动加速度，最高运行速度也可达到 240km/h。

从 1993 年至 1995 年，共有 6 列 E1 系下线并投入运营。为了凸显与众不同，E1 系被赋予“Max”的昵称，由“多层舒适快车”的英文（**M**ulti **A**menity e**X**press）缩写而来，凸显了大容量的特点。在下线初期，E1 系同时服务于东北新干线和上越新干线。但由于 12 辆编组的 E1 系无法在东北新干线上与其他车辆拼接运行，因此后期调整至上越新干线服务。2012 年 9 月，服役 18 年的 E1 系全部退出运营，并于年底前退役。钢制车体的新干线也自此从日本消失。

存放在大宫铁道博物馆中的 E1 系头车

## 车辆设施

❶ 400 系绿色车厢；
❷ 400 系绿色车厢座位编号；
❸ 400 系车身标识；
❹ 400 系方向幕牌；
❺ E1 系车身标识；
❻ 400 系转向架；
❼ E1 系转向架。

## JR 东日本曾经的"全网通"

# E2系

| 投入运用时间 | 1997 年 |
|---|---|
| 运营速度 | 275km/h |
| 列车编组 | 6M2T；8M2T |
| 牵引功率 | 7200kW;9600kW |
| 列车定员 | 630~814 人 |

1997 年 10 月 1 日，为配合长野冬奥会，北陆新干线高崎至长野段（时称长野新干线）建成通车。由于历史原因，日本东西部地区分别有 50Hz 与 60Hz 两种交流供电频率。东海道新干线通过频率转换站，将东部电网的 50Hz 交流电转换成 60Hz 后再向列车供电，但北陆新干线并未设置频率转换站。同时，北陆新干线高崎至轻井泽站间有近 30km30‰的长大坡道。加之同年 3 月秋田新干线开通，东北新干线有进一步提速需求，因此 JR 东日本于 1995 年开始生产具备双电源运行能力、高坡对应和提速能力的 E2 系列车，并于 1997 年正式投入载客运营。

E2 系 0 番台驶入大宫站

早期投入运用的 E2 系被称为 0 番台，全部采用 6M2T 的 8 辆编组，其中包括 1 节绿色车厢和 7 节普通车厢，总定员 630 人。用于长野新干线和东北新干线的列车分别为以 N 和 J 的编组代号加以区别。二者均可适应 50Hz 与 60Hz 两种供电频率，技术设备方面唯一的区别在于 J 编组在盛冈端车头设有自动钩，以便在东北新干线上与 E3 系拼接运行。由于线路限速不同，虽然车辆构造速度同为 315km/h，但 J 编组在东北新干线限速 275km/h，N 编组在长野新干线上则限速 260km/h。E2 系 0 番台在采用铝合金车体降低车身重量的同时，每辆动力车都装有 4 台 300kW 大功率交流牵引电机，整车功率 7200kW，以适应高坡运行需求。通过提升基础制动性能，设置抑速制动和牵引限流增加功能，在 30‰长大坡道上也可实现高速运行。

2002 年 12 月，东北新干线盛冈至八户段通车。在 0 番台基础上，JR 东日本推出了改进型的 E2 系 1000 番台。1000 番台在 0 番台基础上增加了 2 辆动车，改为 8M2T 的 10 辆编组，整车功率提升至 9600kW，定员也在加挂两辆普通车厢后增加至 814 人，以适应东北新干线延长后客流的提升。为与 1000 番台的动力和定员保持一致，运用于东北新干线的 E2 系 0 番台 J 编组也同步增加 2 辆动车。E2 系 1000 番台虽在外观上与 0 番台基本相同，但在技术上进行了多项改进——牵引变流器元件由 GTO 升级为 IGBT，车体铝合金结构也由此前的部分双层蒙皮结构改为全部双层蒙皮，增强了隔音性与气密性。由于无须驶入长野新干线，1000 番台取消了双源设备。在两端头车和绿色车厢，1000 番台首次设置了主动悬挂系统，以提高稳定性和舒适性。普通车厢由一排一扇的小窗改为两排一扇大窗的设计则成为 E2 系 1000 番台与 0 番台最明显的外观区别。

1997 年 3 月，E2 系 0 番台 J 编组率先在东北新干线上投入使用，执行与 E3 系拼接运行的山彦号。同年 10 月 1 日，N 编组开始在刚刚开通的长野新干线上执行浅间号（あさま，Asama）。E2 系 1000 番台则于 2002 年 12 月起执行为东北新干线延长八户后新开行的最高等级列车疾风号（はやて，Hayate）。2014 年至 2017 年，随着北陆新干线 E7 系投入运用，14 组 E2 系 0 番台 N 编组已全部退役，随着东北新干线 E5 系的增配，14 组 E2 系 0 番台 J 编组从 2013 年起逐渐转移至上越新干线使用，并于 2019 年全部废车。25 组 E2 系 1000 番台已于 2019 年开始废车，但未来一段时间仍将作为东北·上越新干线的主力车型继续服役。

东北新干线上的 E2 系 1000 番台

■ E2 系 0 番台运行在北陆（长野）新干线上

## 车辆设施

❶ E2 系 0 番台绿色车厢；
❷ E2 系 0 番台普通车厢，采用每排一扇的小窗；
❸ E2 系 1000 番台绿色车厢；
❹ E2 系 1000 番台普通车厢，采用每两排一扇的大窗；
❺ E2 系无障碍卫生间；
❻ 长野新干线用 E2 系 0 番台标识；
❼ 东北新干线用 E2 系 0 番台和 1000 番台标识。

## 北方有佳人

# E3系0番台

| 投入运用时间 | 1997年 |
| --- | --- |
| 运营速度 | 275km/h |
| 列车编组 | 4M2T |
| 牵引功率 | 4800kW |
| 列车定员 | 338人 |

1997年3月22日，秋田至盛冈的秋田新干线通车。这是日本继山形新干线后建成的第二条迷你新干线。鉴于改造后的既有铁路最高运行速度只有130km/h，只有将当时最高运行速度240km/h的东北新干线进一步提速至275km/h，才能将秋田与东京间新干线运行时间压缩至4小时之内，与航空运输竞争市场。由于此前的迷你新干线400系最高速度仅为240km/h，JR东日本因此着手开发最高速度275km/h的第二代迷你新干线E3系0番台，在秋田新干线开通时与E2系同步投入运营。

E3系0番台运行在东北新干线上

相比于400系，E3系在尺寸和外观上延续了传统。为了适应既有铁路限界需求，E3系保持了400系20.5m的车厢长度，车宽则略微放宽至2950mm。车门下方同样设有可自动升起的踏板，保证列车停靠限界较大的标准新干线站台时，乘客不会掉入车体与站台间的缝隙。为了满足在新干线和既有线间的直通运行，E3系也和400系一样可同时适应交流25kV和20kV两种供电电压。随着技术进步，E3系摒弃了400系落后的直流传动技术，采用了基于GTO元件的交流传动变流器技术和300kW的异步牵引电机，与E2系0番台完全相同。铝合金车体则进一步实现了轻量化。E3系还采用了单臂式低噪声受电弓，车下设备也进行了有效保护以克服秋田地区冬日的暴雪气候。可以说，E3系在体格上保持了400系的基本特征，但内在技术方面则与同时期的E2系0番台完全一致，是第二代迷你新干线的代表车型。

下线初期，E3系0番台采用4M1T的5辆编组。由于客流快速增加，开通一年后的1998年便增加一节拖车改为4M2T的6辆编组，整车功率保持4800kW不变。在6节车厢中，有5节2+2座椅布局的普通车厢和1节2+2座椅布局绿色车厢，总定员338人。E3系的绿色车厢没有采用400系的2+1座椅布局，仅在内装和座椅前后距离上与普通车厢区别。这也成为日后迷你新干线列车的标准配置。

从1995年到2005年，先后有26列E3系0番台投入运用，以小町号（こまち，Komachi）之名执行秋田至东京间的新干线车次，与E2系或200系执行的山彦号和疾风号重联运行。秋田地区历来盛产美女，而“小町”更是一位日本传说中从秋田走出的绝世美人。在现实中，E3系身姿纤细，面孔秀美，加之洁白底色与粉红腰线，在秋田新干线上蜿蜒驰骋时分明就像一位仙女在山间舞动。北方佳人的形象成为E3系留给人们最深刻的印象。这让E3系在在日本有着极高的人气，JR东日本也借此吸引了不少客流。

2013年后，随着E6系的逐步上线，早期E3系0番台相继废车。

E3系700番台「とれいゆ」新干线驶入新庄站

E3系700番台“现美新干线”编组停靠在新潟站

2002 年后制造的列车中，部分调整编组更换涂装后，改为 E3 系 1000 番台并转至山形新干线服役。R18 和 R19 编组则改造为 700 番台观光列车。前者以とれいゆ（Toreiyu）之名，每周末在山形新干线福岛至新庄间运行，车内设置了专门的“足汤”区域，可以一边泡脚一边欣赏沿途风景。后者则取名“现美新干线”，将车内部分空间改为艺术品展示长廊，以“世界最速艺术鉴赏”为亮点，每周末在上越新干线运行。2014 年起，全部 E3 系退出秋田新干线，最后的两组原涂装 0 番台与 E5 系重联，执行只在东北新干线运行的山彦号和那须野号。玉殒香消，倍感遗憾。

E3 系 0 番台驶入那须盐原

## 车辆设施

❶ E3 系 0 番台绿色车厢；
❷ E3 系 0 番台普通车厢旧自由席；
❸ E3 系 0 番台普通车厢旧指定席；
❹ E3 系 700 番台“Toreiyu”列车休息区；
❺ E3 系 700 番台“Toreiyu”列车足汤体验；
❻ E3 系 700 番台“现美新干线”展览车厢；
❼ E3 系 0 番台转向架。

山形新干线的二代列车

# E3系1000/2000番台

| 投入运用时间 | 1999年；2008年 |
|---|---|
| 运营速度 | 275km/h |
| 列车编组 | 5M2T |
| 牵引功率 | 6000kW |
| 列车定员 | 394~402人 |

1999年，山形新干线山形至新庄站延伸工程建成通车。此前只有12组的400系在数量上已无法满足山形新干线延长后运用的需求。此时交流传动的E3系0番台已在秋田新干线投入运用，没有必要再增配落后的400系。因此在E3系0番台基础上，采用完全相同的技术特点，生产了2列与此前山形新干线400系统一的7辆编组E3系，称为E3系1000番台。和秋田新干线运用的早期0番台相比，1000番台技术设备几乎完全相同，同样使用铝合金车体，同样采用基于GTO元件的交流传动变流器技术和300kW的异步牵引电机，同样可适应20kV和25kV双电压供电。唯一的变化是1000番台在0番台基础上增加了一节动力车，将编组扩大为5M2T，在整车功率增加至6000kW的同时，总定员也增加至402人。在头型和外观结构上，E3系1000番台也与0番台完全相同，但涂装采用了400系银灰底色和绿色色带，与0番台区别明显。

东北新干线上运行的E3系2000番台

1999年生产的E3系1000番台编号延续了400系字母L开头的编组序列，编为L51和L52编组。2005年，L53编组也投入运用。随着技术进步，L53编组改用了基于IGBT元件的交流传动变流器技术，与2002年后增配的秋田新干线用E3系0番台R18~R26编组相同。2015年，JR东日本又将因E6系增配而退出秋田新干线运营的4列6辆编组E3系0番台（编号R24~26）重新组合，改为L54和L55两组7辆编组列车，取代了早年生产的L51和L52编组。至此采用GTO元件的E3系全部退役。从当年的0系、100系和200系开始，将部分新干线列车的几节车厢拿出，再和其他同型号列车的部分车厢重新编组，以新列车编号重新上线运行的情况屡见不鲜，这也给新干线列车总数的统计带来了很大麻烦。

E3系2000番台旧涂装

2008年起，为取代退役的400系，JR东日本在东北•山形新干线先后投入了12列全新的E3系2000番台，编号L61到L72。相比于2005年增配的1000番台，2000番台在技术上没有特别改进，同样采用了基于IGBT的交流传动技术，但在部分车厢增加了E2系1000番台采用的主动悬挂系统，“斗鸡眼”样式的列车头灯则成为2000番台外观上的最大不同。内饰方面，2000番台增加了普通车厢座椅前后距离，虽然定员相比1000番台减少8人至394人，但乘坐更加舒适。座椅下方电源插座、全彩LED信息表示器、车内监控设备和除菌净化器等也强化了列车的现代化风格。在下线初期，2000番台延续了400系灰绿色调涂装，2014年后又与1000番台一同改为著名设计师奥山清行设计的藏蓝色车头和桔色顶线风格。目前，3列E3系1000番台和12列E3系2000番台共同执行东京与新庄站间的全部翼号列车，在福岛与东京站间则与E2系1000番台执行的山彦号拼接运行。

E3 系 2000 番台行驶在山形新干线上

## 车辆设施

❶ E3 系 2000 番台绿色车厢；
❷ E3 系 2000 番台普通车厢；
❸ E3 系 2000 番台车载电话；
❹ E3 系 2000 番台车身装饰；
❺ E3 系 2000 番台男士小便间；
❻ E3 系 2000 番台阅读灯。

## 双层新干线二代车型

# E4系

| | |
|---|---|
| 投入运用时间 | 1997 年 |
| 运营速度 | 240km/h |
| 列车编组 | 4M4T |
| 牵引功率 | 6720kW |
| 列车定员 | 817 人 |

E4 系是继 E1 系之后开发的第二代双层新干线，以超大容量为最大特点。单组定员 817 人的 E4 系列车，在两列重联运行时总定员达到 1634 人，是目前世界上单列运量最大的高速列车。

在 E4 系之前，日本第一款全双层新干线 E1 系已于 1994 年投入运营。虽然通过双层结构有效缓解了运量压力，但 12 辆编组的 E1 系不仅无法充分利用站台长度，也无法与其他列车拼接组合运行，运用范围颇为受限。在吸取 E1 系的经验教训后，JR 东日本对 E4 系进行了多项针对性改进。在编组方面，E4 系采用了 4M4T 的 8 辆编组形式。如此一来，不仅在高峰时间双组重联的 E4 系可充分利用站台长度，在东北新干线上还可与 400 系或 E3 系重联运行。为了降低隧道微气压波噪声，E4 系采用了类似“鸭嘴兽”的特殊头型，车头长度由 E1 系的 9.4m 增加至 11.5m。技术设备方面，在变流器元件由 GTO 升级为 IGBT 后，E4 系的牵引电机功率由 E1 系的 410kW 小幅提升至 420kW，全车功率 6720kW，轴重则在采用铝合金车体后降低至 16t。虽然比功率提升，但 E4 系依然维持了和 E1 系相同的 240km/h 最高速度，将容量而非速度作为主打方向。

新涂装 E4 系驶入大宫站

E4 系的 8 辆编组由 6 节普通车厢和 2 节普通车厢与绿色车厢合造车组成。除了 2+2 座椅布局的绿色车厢全部位于列车上层以保持最佳视野外，E4 系普通车厢的最大特点是延续了 E1 系的风格，在作为自由席车厢的 1~3 车上层客室内采用 3+3 的座椅布局，并配备了座椅电动旋转装置以加快折返整备速度。下层客室和指定席普通车厢则依然采用 3+2 座椅布局。在 E1 系退役后，E4 系也成为世界上唯一拥有 3+3 座椅布局的高速列车。

从 1997 年到 2001 年，共有 26 列 E4 系先后下线。1997 年 12 月 20 日，E4 系正式投入东北新干线运营；1999 年 4 月，E4 系开始与去往山形新干线的“翼号”列车拼接运行；2001 年 5 月 7 日，E4 系开始在上越新干线营运；同年 7 月 22 日于长野新干线以临时列车方式营运。E4 系沿袭了 E1 系由“多层舒适快车”的英文（**M**ulti **A**menity e**X**press）缩写而来的“Max”昵称，凡由 E4 系执行的列车均通过在车次前加“Max”的方式与其他列车加以区分。作为重联运行时总定员数量世界第一的高速列车，此时的“Max”，相信更有着“最大值”的特殊意义。

2012 年 9 月起，随着 E5 系的增配，E4 系除少量退役外，其余全部退出东北新干线运营，只承担上越新干线车次至今。目前，E4 系已投入服务近 20 年，不仅车体出现老化，240km/h 的最高速度也对其他列车的运行造成影响。加之因经济发展缓慢造成新干线通勤客流下降，2016 年，JR 东日本正式宣布上越新干线上的 E4 系将由 E7 系逐步取代，并于 2020 年全部退役。届时日本的双层新干线也将告别历史的舞台。

旧涂装 E4 系与 E5 系并行

■ 重联 E4 系驶过东京市区

## 车辆设施

❶ E4 系绿色车厢；
❷ E4 系普通车厢 3+3 自由席；
❸ E4 系普通车厢上层；
❹ E4 系普通车厢下层；
❺ E4 系楼梯结构；
❻ E4 系旧涂装标识；
❼ E4 系新涂装标识。

## 320km/h 东北·北海道新干线新一代主力车型

# E5系/H5系

| 投入运用时间 | 2011 年 |
| --- | --- |
| 运营速度 | 320km/h |
| 列车编组 | 8M2T |
| 牵引功率 | 9600kW |
| 列车定员 | 731 人 |

E5 系（左）与 H5 系（右）停靠在北海道新干线终点新函馆北斗站

20世纪末，基于“构建世界第一铁道系统”的愿景，JR东日本提出将东北新干线提速至360km/h，实现世界高速铁路运营第一速的目标，并于2002年4月设立了“新干线高速化推进项目”。2005年6月，FASTECH360S与FASTECH360Z两款试验列车面世。前者编号中的“S”是日语“新干线”的首字母，为新干线专用试验列车；后者编号中的“Z”是日语“在来线”的首字母，是具备新干线与既有线的直通功能的试验列车。经过3年试验，JR东日本确认在东北新干线以360km/h的速度运行技术可行，但会超过日本政府对新干线车外75db（A）的噪声限制。因此最终将新车型的最高运行速度限制在320km/h，并以E5系的名称全新登场。

2009年6月，E5系首列样车开始在东北新干线试验运行。E5系采用了与FASTECH360S一端相似的“箭”型头型，通过15m长的车头降低通过隧道时的微气压波噪声，常盘绿，飞云白和粉红腰线的涂装配色也非常吸睛。加之“源自梦想”和“21世纪梦的超特急”等全新宣传口号，让E5系下线初期便备受期待。2011年3月5日，E5系首次上线，在东京至新青森站间，执行为其新增设的东北新干线最高等级列车——隼号（はやぶさ，Hayabusa），并首次实现300km/h运行。2013年3月，单独行驶的E5系隼号提速至320km/h；2014年3月，E5系与E6系拼接运行的列车也开始以320km/h的速度运营。在2017年9月京沪高铁复兴号动车组提速至350km/h前，东北新干线与法国东线高铁同为当时世界运营速度最快的高速铁路。

E5系主要技术特征与E2系1000番台接近，同样采用8M2T的10辆编组，牵引电机300kW功率和9600kW整车功率也完全相同。为了在最小曲线半径4000m，线间距仅有4.3m的东北新干线实现320km/h高速运行，E5系采用了N700系控制转向架空气弹簧高度实现车体倾斜的摆式技术，摆动角度扩大为1.5°，全部车厢亦设置了主动悬挂系统，提升高速运行和会车时的稳定性。转向架在E2系基础上对制动进行了强化，并全部包裹以降低风阻。10辆编组中，除8节传统2+3座椅布局普通车厢，1节2+2布局绿色车厢外，还比照飞机头等舱增加了一节2+1布局特等车厢，称为Gran Class。全列车还增设了电源插座和阅读灯等人性化设施。由于车头长度增加、无障碍卫生间空间加大和增加高等级车厢等原因，E5系定员相比E2系有所减少，全车定员731人。

2016年3月26日，新青森经青函海底隧道至新函馆北斗站的北海道新干线首期工程通车，JR北海道所属的H5系同日投入运营，与JR东日本所属的E5系共同执行东京至新函馆北斗的隼号车次。H5系遵循了E5系的命名规律，字母“H”是JR北海道（Hokkaido Railway Company）英文名称的首字母。H5系在技术上与E5系完全相同，车内装饰则增加了北海道的雪花元素。外观上，H5系将E5系的粉红色色带改为北海道特色薰衣草的淡紫色，列车标识则由E5系的游隼改为雄伟北海道与海东青结合的样式。截至2019年末，共有4列H5系和43列E5系投入运营，执行全部隼号和部分山彦号、那须野号的列车车次，是东北·北海道新干线的主力车型。

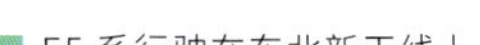

E5 系行驶在东北新干线上

E5 系驶出青函海底隧道

## 车辆设施

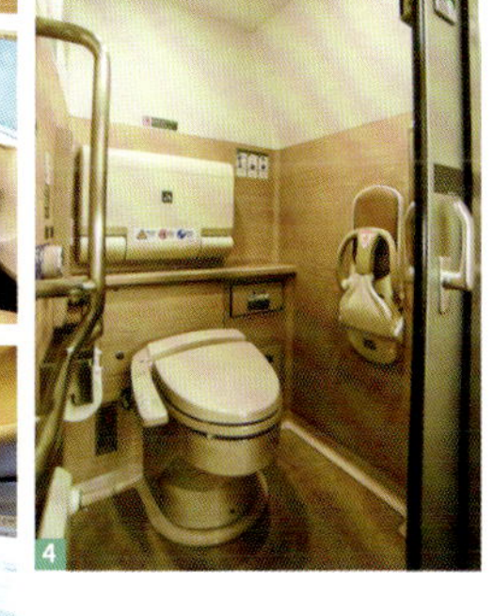

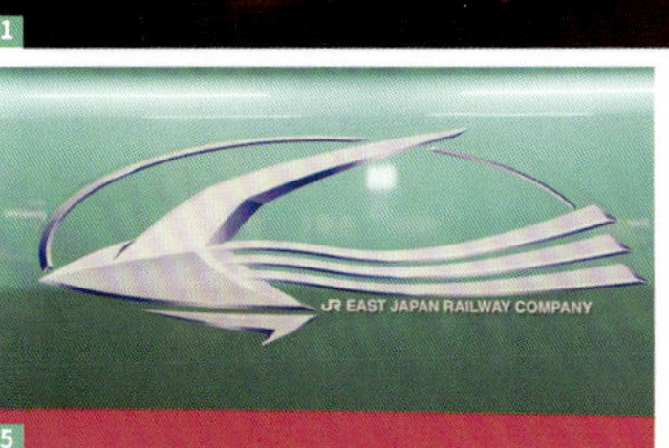


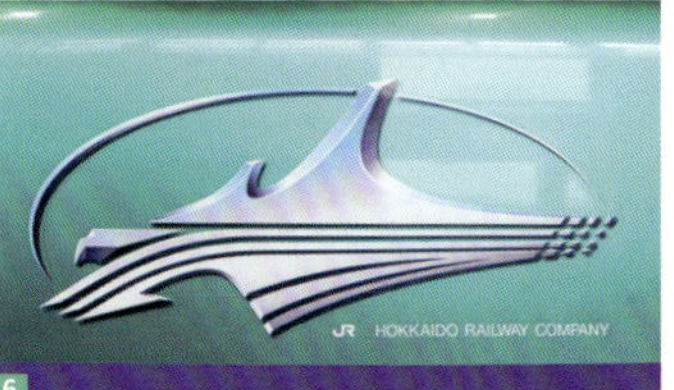


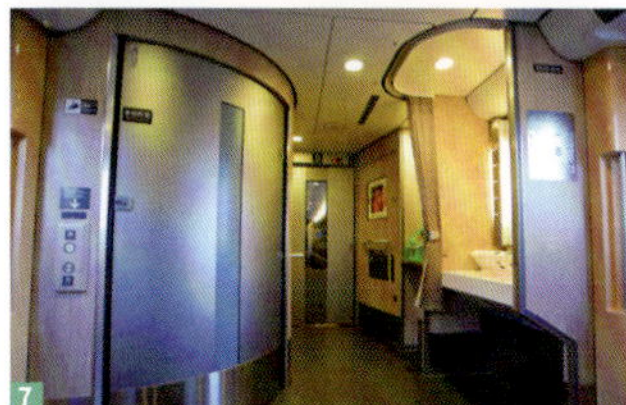

❶ E5系高级车厢（Gran Glass）；
❷ E5系绿色车厢；
❸ E5系普通车厢；
❹ E5系坐式卫生间；
❺ E5系车身标识；
❻ H5系车身标识；
❼ E5系盥洗室及无障碍卫生间。

## 秋田新干线升级版“二代美女”

# E6系

| 投入运用时间 | 2013年 |
| --- | --- |
| 运营速度 | 320km/h |
| 列车编组 | 5M2T |
| 牵引功率 | 6000kW |
| 列车定员 | 332人 |

在JR东日本“新干线高速化推进项目”中推出的两列试验列车，FASTECH360S对应研发了新干线专用的E5系，FASTECH360Z则对应研制了可实现新干线与既有线直通运行的E6系。作为最新一代迷你新干线，E6系通常与E5系重联，以320km/h的最高速度驰骋在东北新干线上。而E6系纤细的身躯和艳丽的色彩，也成为继E3系后秋田新干线上第二代的美女小町。

E6系行驶在冬日的秋田新干线上

为了实现新干线与既有线贯通运行，E6系保持了20.5m车厢长、2945mm车宽、车门下方自动升起踏板和兼容25kV和20kV供电电压等迷你新干线车型的基本技术特征。为实现与E5系相同的320km/h最高运行速度，E6系采用与E5系完全相同的300kW交流牵引电机和控制转向架空气弹簧高度实现车体倾斜的技术，倾摆角度也同为1.5°，整车功率6000kW。车辆外观上，E6系车头结构采用了与E5系相似的“箭”型头型，13m的车头长度相比E3系延长了6m，可有效降低通过隧道时的微气压波噪声。由于车头延长而造成端车定员减少，E6系相比6辆编组的E3系0番台增加了一节载客车辆，采用了5M2T的7辆编组，包括1节绿色车厢和6节普通车厢，以舒畅和温馨作为内装主题，全部采用2+2座椅布局，总定员332人。涂装方面，E6系车头和车顶以“日本红”为主色调，配以“飞云白”车身，窗下则贯穿银灰色腰线。在初代“美女”E3系0番台退出后，二代“美女”E6系也给秋田新干线带来一抹新的亮色。在东北新干线上，红色的E6系与绿色的E5系色彩对比强烈，却每每牵手疾行，给乘客留下极为深刻的视觉冲击。

E6系与E5系在东北新干线上以320km/h的速度重联运行

2013年3月16日，E6系取代部分E3系0番台，开始执行秋田至东京站间的小町号车次，并在盛冈站与E5系拼接后以300km/h的速度在东北新干线上运行。当时，为了区分依然由E3系0番台执行，最高运行速度只有275km/h的小町号，E6系执行的车次被称为“超级小町”。一年后的2014年3月15日，在新一轮调图后，E3系0番台彻底退出秋田新干线，全部秋田至东京的车次均改由E6系执行，列车爱称也再次统一为小町号。同日，E6系与E5系以小町号和隼号名义在东北新干线重联运行时，最高运行速度亦提升至320km/h。

截至目前，已有24列E6系下线运行，承担全部东京至秋田站间小町号的运行车次，并在盛冈站与E5/H5系执行的隼号拼接分合。每天E6系和E5/H5系在盛冈站重联作业的过程，总是吸引无数乘客驻足观看和拍摄留念。此外部分E6系还与E5系重联执行东北新干线上的山彦号和那须野号。目前，原则上E6系在东北新干线上只与E5/H5系重联，不会与E2系重联或单独运行。2018年秋，E6系在山形新干线上进行了试运行，未来可能取代山形新干线上运行的E3系1000番台和2000番台，成为JR东日本唯一的迷你新干线车型。

■ E6 系穿行在秋田新干线的漫山秋色间

## 车辆设施

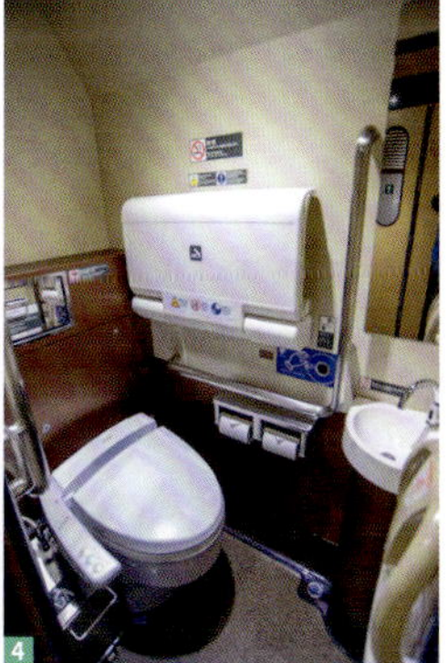

❶ E6系绿色车厢；
❷ E6系普通车厢；
❸ E6系无障碍卫生间；
❹ E6普通卫生间；
❺ E6系车身标识；
❻ E6系列车车灯；
❼ E6系与E5系重联运行。

## 北陆新干线全新主力车型

# E7系/W7系

| 投入运用时间 | 2014 年 |
| --- | --- |
| 运营速度 | 260km/h |
| 列车编组 | 10M2T |
| 牵引功率 | 12000kW |
| 列车定员 | 924 人 |

1997年，时称长野新干线的北陆新干线高崎至长野段通车。2006年，北陆新干线长野至金泽站间的修筑方案确定，并分属JR东日本与JR西日本管理。2012年，两家公司联合公布了全新的E7/W7系，作为北陆新干线延伸至金泽后的主力车型。

E7 系行驶在北陆新干线上

与东北新干线上的E5/H5系类似，E7系与W7系列车在技术、外观与内饰上完全相同，可视为同一型号列车，只因所属公司不同而加以区分。列车延续了JR东日本自E1系开始的命名规则，字母“W”是JR西日本（West Japan Railway Company）英文名称的首字母。E7/W7系完全延续了东北家族新干线的技术体系：车体采用了自E2系1000番台后成熟的双层中空铝合金结构,300kW交流牵引电机与E5、E6系完全相同，便于维修与管理。由于北陆新干线最高速度只有260km/h，没有采用车体倾摆技术的E7/W7系车体宽度维持了新干线3380mm的标准宽度，比E5系因倾摆需要而略微缩窄的车厢加宽了30mm。12辆编组的E7 /W7系采用了10M2T的高动拖比设计，整车功率12000kW，以克服高崎至轻井泽间近30km30‰的长大坡道。由于北陆新干线须在轻井泽与佐久平站间转换供电频率，E7/W7系也成为继E2系0番台后第二款可同时适应25kV 50/60Hz双频供电的新干线车型（不计入个别200系与E4系）。

E7/W7系在外观和内饰方面均由著名工业设计师奥山清行设计。车头长度与E2系同为9.1m，但线条更加柔和自然,相对凸起的司机室玻璃穹顶源于500系风格，彰显JR西日本设计风格。车身涂装揉合了未来主义风格与日本传统设计元素，车顶与车头前端涂有靓眼的天蓝色，象牙白车身则配有古铜色和天蓝色腰线。列车内饰同样将日本的传统理念和最新技术融合，以“优雅”和“宽裕”为设计理念。除10节普通车厢和1节绿色车厢外，E7/W7系也和E5系一样设有1节2+1座椅布局的特等车厢Gran Class。全车包括普通车厢在内的所有座椅都配有电源插座，车内全部使用LED照明提升亮度的同时亦更加绿色环保。

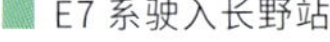

E7 系驶入长野站

2013年11月，E7系正式亮相，并于2014年3月调图后在东京至长野间取代部分E2系0番台，执行浅间号列车。2015年3月14日，北陆新干线长野至金泽段正式开通，W7系同日投入运营。除此前东京至长野间的浅间号外，北陆新干线还在东京至金泽间，增加了比照希望号只停靠少数大站的光辉号（かがやき，Kagayaki）和相对停站较多的白鹰号（はくたか，Hakutaka）。JR西日本管辖的金泽与富山间则开行了站站停车的剑号（つるぎ，Tsurugi）。随着2017年E2系0番台N编组全部退役，E7/W7系已成为北陆新干线上的唯一车型。2019年3月起，E7系也将投入上越新干线运营，取代逐步退役的E4系。远期，JR东日本将逐渐形成北陆、上越新干线由E7系运营，东北、北海道新干线由E5系运营，秋田、山形新干线由E6系运营的基本格局。

W7 系驶过富山市，远处是积雪的立峰连山

## 车辆设施

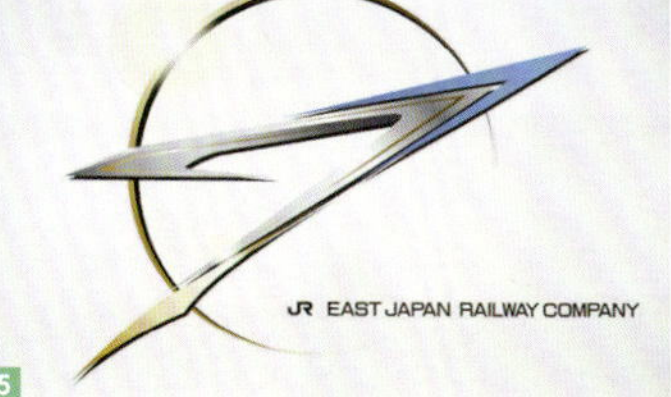


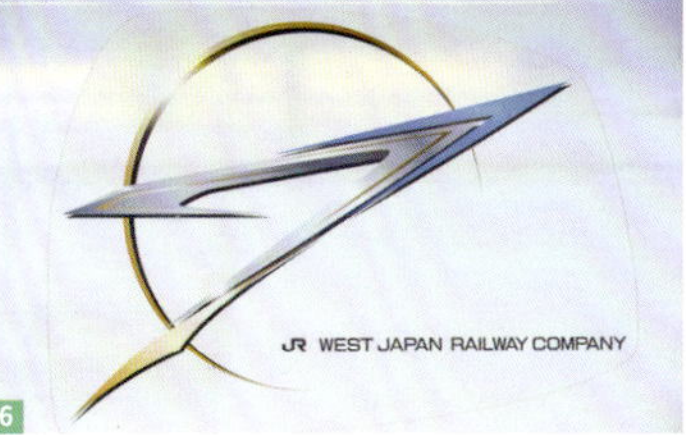


❶ E7系特等车厢（Gran Glass）；
❷ E7系绿色车厢；
❸ E7系普通车厢；
❹ E7系盥洗室和无障碍卫生间；
❺ E7系车身标识；
❻ W7系车身标识，只在公司名称处有所区别。

# 韩国

由 Korea Train eXpress 缩写而成的 KTX 是韩国高速铁路和高速列车的双重品牌。从 2004 年至今，韩国已开通京釜高速线、湖南高速线和江陵线等新建高速铁路，总长超过 700km，通过改造后的既有线，KTX 高速列车的总服务里程超过 1500km，是亚洲仅次于中国与日本的第三大高铁网络。

韩国目前投入运用了 KTX-I 和 KTX- 山川两代高速列车，全部沿用法国 TGV 动力集中和铰接式转向架的技术体系。民营化管理的 SR 公司在 KTX- 山川基础优化涂装和内饰，以 SRT 品牌运营目前亚洲唯一民营高速列车，成为韩国高速列车的全新品牌。

KTX-I 停靠釜山站

KTX-I 停靠釜山站

# 韩国高速铁路概况

以 KTX 为品牌的韩国高速铁路是亚洲第二个建成通车的高速铁路系统。除新建高速铁路新线外，广泛利用改造后的既有铁路扩大高速列车服务范围也是韩国高铁的一大特征。

KTX- 山川行驶在江陵高速线上

首尔—大邱—釜山的既有京釜线串联了韩国最重要的经济据点，也是韩国最繁忙的既有铁路。上世纪 90 年代起，连接首尔与釜山的京釜高速线也率先动工，成为韩国第一条开工建设的高速铁路。韩国铁路在充分考虑国际关系、技术特点和技术转让条件等因素后，选择全盘引进法国高速铁路的技术、设备和运营理念。京釜高速线全面采用高标准建设，设计速度达 350km/h，最小曲线半径 7000m，线间距 5.0m，最大坡度 25‰，实际最高运营速度 305km/h。韩国高速铁路与既有铁路采用相同的 25kV 60Hz 交流供电，信号则采用法国 TVM430 系统。与法国 TGV 高速列车相似，韩国 KTX 高速列车除本线运行外，也可通过联络线下至电气化提速改造后的既有铁路，扩大服务范围。

2004 年 4 月 1 日，京釜高速线一期工程首尔—大邱段建成；2010 年 11 月，大邱—釜山段的二期工程通车；2015 年 8 月，大田和大邱枢纽内高速铁路贯通，京釜高速线全线完成；2015 年 4 月 2 日，韩国第二条高速铁路——湖南高速线建成通车，这条起自京釜高速线五松站，经公州、益山至光州松汀站的高速铁路采用与京釜高速线相同的技术标准，并与京釜高速线共同构成韩国“Y”字形的高铁主干网络；2016 年 12 月，自京釜高速线平泽附近出岔，终至首尔江南区水西站的水西平泽高速线建成，这条几乎全部为地下隧道的高速铁路由韩国民营高铁公司 SRT 专营；2017 年 12 月，重点服务 2018 年平昌冬奥会的江陵线通车。这条设计时速 250km，最高运营速度 200km/h 的高速铁路与改造后的中央线直通，实现首尔—江陵间 KTX 高速列车的直通运行。

除新建高速铁路外，韩国还对全罗线益山—丽水世博段、东海线牟梁信号场—浦项段和中央线清凉里—万钟段进行了提速改造，KTX 的最高运行速度可达 200km/h。既有京釜线永登浦—西大田和东大邱—釜山、湖南线西大田—益山、庆全线三浪津—晋州段和岭东线江陵—东海段也开行经由既有线运行的 KTX 高速列车。以上线路共同构成了 KTX 高速列车的服务网络。

| 线路名称 | 营业区间 | 开业时间 | 最高运营速度 (km/h) | 路线长度 (km) |
|---|---|---|---|---|
| 新建高速铁路 | | | | |
| 京釜高速线 | 衿川区厅—釜山 | 2004~2015 年 | 300 | 398 |
| 湖南高速线 | 五松—光州松汀 | 2015 年 | 300 | 183 |
| 水西平泽高速线 | 水西—平泽 | 2016 年 | 300 | 61 |
| 江陵线 | 万钟—江陵 | 2017 年 | 200 | 120 |
| 新建高速铁路合计 | | | | 762 |
| 既有铁路提速改造 | | | | |
| 全罗线 | 益山—丽水世博 | 2011 年 | 200 | 180 |
| 东海线 | 牟梁—浦项 | 2015 年 | 200 | 35 |
| 中央线 | 清凉里—万钟 | 2017 年 | 200 | 93 |
| 既有铁路提速改造合计 | | | | 308 |

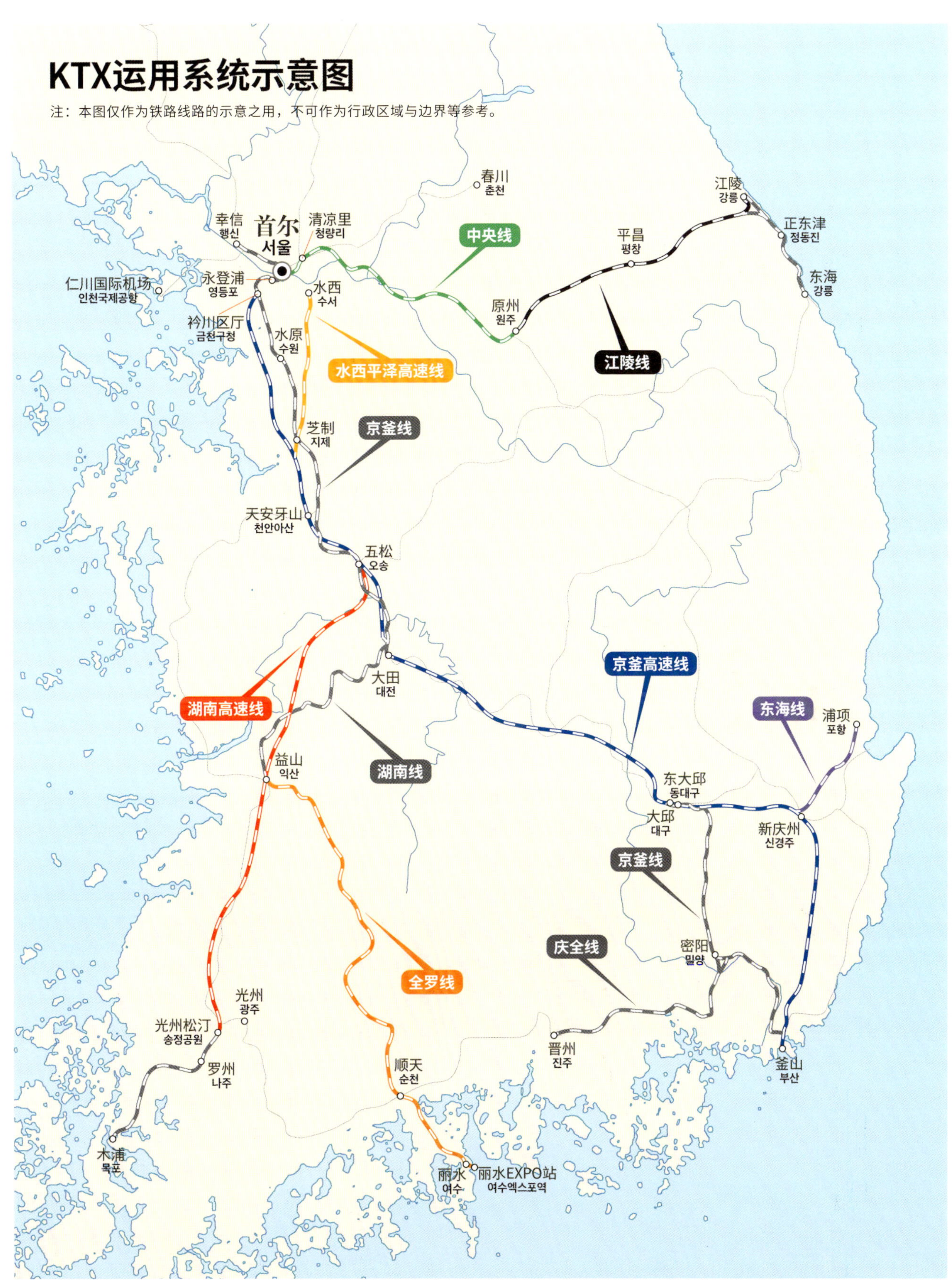

KTX运用系统示意图
注：本图仅作为铁路线路的示意之用，不可作为行政区域与边界等参考。
春川
춘천
江陵
강릉
幸信
행신
首尔
서울
清凉里
청량리
中央线
平昌
평창
正东津
정동진
东海
강릉
仁川国际机场
인천국제공항
永登浦
영등포
水西
수서
原州
원주
衿川区厅
금천구청
水原
수원
水西平泽高速线
江陵线
芝制
지제
京釜线
天安牙山
천안아산
五松
오송
大田
대전
京釜高速线
湖南高速线
东海线
浦项
포항
益山
익산
湖南线
东大邱
동대구
大邱
대구
新庆州
신경주
京釜线
密阳
밀양
庆全线
全罗线
光州
광주
光州松汀
송정공원
晋州
진주
罗州
나주
釜山
부산
顺天
순천
木浦
목포
丽水
여수
丽水EXPO站
여수엑스포역

## 20 辆大编组的韩国版 TGV

# KTX-I

| 投入运用时间 | 2004 年 |
| --- | --- |
| 运营速度 | 305km/h |
| 列车编组 | 2L18T |
| 牵引功率 | 13560kW |
| 列车定员 | 935 人 |

20 世纪 70 年代起，连接首尔与釜山的京釜铁路走廊随着韩国经济腾飞变得日益拥挤。经过多年讨论，韩国于 1992 年 6 月起开始建设天安至大田间的高速铁路试验段，并着手引进高速列车技术。日本由于历史原因被首先排除。在 1993 年进行的国际招标中，法国因拥有当时世界上唯一 300km/h 商业运行的高速铁路并同意进行技术转让，从而在与德国的竞争中获得了胜利。1994 年，韩国与法国阿尔斯通公司正式签订协议，引进法国 TGV 高速列车和 TVM430 信号系统，制造韩国初代高速列车 KTX-I。

KTX-I 行驶在既有京釜线上

作为法国高速列车的第二次整体技术输出，KTX-I 采用了与西班牙 AVE S100 类似的技术转让与授权生产模式。根据合同，46 列 KTX-I 中的 12 列在法国制造，其余 34 列则由阿尔斯通公司转让技术后由现代 Rotem 公司于韩国生产。1997 年，第一列 KTX-I 于法国下线，并于 1998 年运抵韩国进行测试，2002 年，韩国生产的首列 KTX-I 交付，全部列车则于 2003 年 12 月交付完毕。通过技术转让与授权生产，KTX-I 也成为韩国高速列车技术本地化的基础。

在韩国铁道公社内部，KTX-I 就以 KTX 为车型正式代号，列车形式名称为 100000 型。由于 KTX 同为韩国高速铁路的品牌名称，加之 2009 年韩国第二代高速列车 KTX- 山川下线，为了加以区分，KTX-I 成为其对外最常用的车型代号。 KTX-I 以当时法国最新型的 TGV-R 为原型，拥有动力集中 + 铰接式转向架这一 TGV 最典型的技术特征；交流同步牵引电机和 GTO 交流传动变流器也与 TGV-R 完全相同，电气设备则调整为适应韩国 25kV 60Hz 的供电要求。为了适应韩国高速铁路预期的大客流，KTX-I 采用了 L+18T+L 的 20 辆超大编组形式。为了实现大编组条件下 330km/h 的最高设计速度和 300km/h 的最高运营速度，KTX-I 除首尾两台机车的 4 个动力转向架外，在靠近机车的两节拖车端部也各设有 1 个动力转向架；全车 6 个动力转向架都分别装有两台 1130kW 牵引电机，整车功率高达 13560kW，是 TGV 大家族中功率最高的车型。

两列 KTX-I 停靠在釜山站

KTX-I 的动力车与拖车全部采用钢制车体，18 节车厢中共有 3 节一等车和 15 节二等车。由于延续了 TGV-R 的 2904mm 狭窄车身设计，KTX-I 的一等车和二等车只能分别采用 2+1 和 2+2 的座椅布局；在优化车内布局和不设餐吧车的情况下，全列定员达到 935 人，同样是 TGV 大家族中定员最高的车型。在车门处，KTX-I 延续了 TGV 的翻板座椅设计，以缓解高峰期的超员问题。

2004 年 4 月 1 日，首尔至大邱的京釜高速铁路一期工程通车，KTX-I 于同日正式投入商业运营。为配合高速铁路开通，韩国铁路对京釜、湖南等既有线等进行了电气化改造，方便 KTX-I 高速列车下线运行，扩大服务范围。目前，除因江陵线站台长度限制无法驶入外，KTX-I 在京釜高速线、湖南高速线和与之衔接的京釜线、湖南线、全罗线、庆全线等既有线上都有运行，是韩国高速铁路的主力车型。

KTX-I 驶出釜山站

## 车辆设施

❶ KTX-I 一等车改造后的可旋转座椅；
❷ KTX-I 二等车采用中央对称的不可旋转座椅；
❸ KTX-I 机后一位的动力间和动力转向架；
❹ KTX-I 车厢间铰接式转向架；
❺ KTX-I 车身标识。

# 韩国自主生产的二代高速列车

# KTX- 山川

| 投入运用时间 | 2010 年 |
|---|---|
| 运营速度 | 300km/h |
| 列车编组 | 2L8T |
| 牵引功率 | 8800kW |
| 列车定员 | 363~410 人 |

为了全面掌握自主高速列车制造技术，韩国在引进 KTX-I 的同时便开始在其基础上进行进一步开发。2002 年，7 辆编组、速度目标值 350km/h 的 HSR-350x 试验列车下线。沿用 KTX-I 动力集中和铰接式转向架技术体系的 HSR-350x 将中间车改为铝合金材质，并在世界上首次采用 IGCT 变流器技术。2004 年 12 月 16 日，HSR-350x 试验速度达到 352.4km/h，实现设计目标的同时刷新了当时的韩国铁路第一速。

随着大邱至釜山间京釜高速线二期工程以及五松至光州间湖南高速线的推进，韩国铁路着手在 HSR-350x 基础上批量生产新一代高速列车，以 KTX-II 作为暂定名。2008 年 11 月，第一列 KTX-II 于现代 Rotem 工厂下线并开始运行试验，并在 2010 年 2 月公开招募名称后正式定名为 KTX- 山川。2010 年 3 月 2 日，KTX- 山川开始在京釜高速线和湖南线上正式投入运营。

KTX- 山川延续了动力集中与铰接式转向架这一 TGV 系列高速列车的基本构架，330km/h 的最高设计速度与 300km/h 的最高运营速度也保持不变。但与法国引进的第一代 KTX-I 相比，KTX- 山川结合铁路科技发展和韩国铁路实际需求进行了多项改进。列车采用了模仿鳟鱼头型的流线型结构以降低风阻。针对湖南线方向相对较小的客运需求，KTX- 山川摒弃了 KTX-I 的大编组设计，改为 L+8T+L 的 10 辆编组，在客流较大或方向不同时可重联运行。同时，KTX- 山川不再采用 KTX-I 的同步牵引电机和 GTO 变流器，两端动力车各安装有 4 台 1100kW 交流异步牵引电机，牵引变流器元件也升级为 IGBT，与国际先进水平接轨。

■ KTX- 山川行驶在首尔市区

KTX- 山川动力车依然采用钢结构，但拖车改用铝合金材质以减轻重量。不同批次的 KTX 山川全部由 1 节一等车和 7 节二等车组成，定员从早期的 363 人通过优化车内布局增加至 410 人。KTX- 山川将 KTX-I 广受诟病的固定座椅全部改为可旋转座椅，车体宽度也由 KTX-I 的 2904mm 增加至 2970mm。虽然一等车和二等车依然维持 2+1 与 2+2 的座椅布局，但车内空间更加舒适。早期的 KTX- 山川曾设有售货吧台，但现已全部取消改为自动售货机。

■ HSR-350x 于 2008 年退役，现存放在义王铁道园内展示

截至目前，KTX- 山川已先后制造了 4 个批次，列车形式名称分别为 110000 型 ~140000 型。其中编号 101~124 的首批次 24 列车为增加京釜高速线运力于 2008~2012 年制造；编号 201~222 的第二批次 22 列车为湖南高速线开通于 2014~2015 年制造，现已全部转配民营 SR 公司成为 SRT 车队的一部分；编号 301~310 的第三批次 10 列车全部为 SRT 车队于 2016 年新造，采用了全新的内饰风格；编号 401~415 的第四批次 15 列车于 2016~2017 年制造，主要服务于为平昌冬奥会举办而修建的江陵线上。4 批次 KTX- 山川共计制造 71 列，在韩国各条高速铁路上都能看到他们的身影。每天首尔去往木浦和丽水世博站方向的 KTX- 山川都在益山站进行载客拼接分合作业，这也成为韩国铁路旅行不可错过的体验之一。

KTX- 山川驶入首尔站

## 车辆设施

❶ KTX- 山川一等座；
❷ KTX- 山川二等座；
❸ KTX- 山川自动售货机和车门边座；
❹ KTX- 山川中间车铰接式转向架；
❺ KTX- 山川可重联运行；
❻ KTX- 山川车身标识。

韩国

# 基于 KTX- 山川的民营品牌高速列车

# SRT

| 投入运用时间 | 2016 年 |
| --- | --- |
| 运营速度 | 300km/h |
| 列车编组 | 2L8T |
| 牵引功率 | 8800kW |
| 列车定员 | 410 人 |

2004 年通车的京釜高速线的真正起点是位于首尔南郊既有京釜线上的小站衿川区厅。由于线位空间限制，从首尔站经龙山、永登浦至衿川区厅站的 20km 线路上，KTX 高速列车需要与既有线上的 ITX- 新村号、无穷花号等普速列车共线运行，限制了 KTX 的发车密度。2015 年五松至光州的湖南高速线通车后，首尔市区段线路运输能力严重饱和的问题更加凸显。此外，首尔枢纽 KTX 高速列车的两座始发终到站首尔站与龙山站均位于汉江北侧，汉江南岸新兴发展区——江南区的乘客出行多有不便。为此，韩国于 2011 年 6 月起开工修建以水西站为起点，从江南区直抵京釜高速线的水西平泽高速铁路，以缓解首尔市区的线路压力并填补江南地区的高铁空白。值得一提的是，全长仅有 61km 的水西平泽高速线有 86% 的线路位于 50m 深的地下，其中水西站至芝制站间，全长 50.32km 的栗岘隧道不仅是韩国最长的铁路隧道，在世界范围也仅次于瑞士圣哥达基线隧道、日本青函海底隧道和英法海底隧道，排名第四。

韩国高速铁路的建设维护与日常运营相对独立，此前分别由韩国铁道设施公团和韩国铁道公社负责。由于韩国铁道公社（Korail）支付的 KTX 线路使用费还不及偿还贷款利息，加之长期处于强势的垄断位置，Korail 被指责运营低效且事故多发，因此韩国政府认为确立竞争体制才是解决之道，希望将水西平泽高速线的运营权转让给除 Korail 外的民间运营商，以期获得更高的线路使用费。然而 Korail 以收益、安全和调度管理等理由强烈反对，最终政府同意水西平泽线的运营权交给 Korail 的子公司 SR（Supreme Railways）管理。在 SR 公司中，作为母公司的 Korail 以 41% 的股比成为最大股东，其他股份则由社会基金和银行持有。

SRT 驶出益山站

2013 年 12 月，SR 公司正式成立。2016 年 12 月 9 日，水西平泽高速铁路通车，由 SR 公司运营的 SRT（Super Rapid Train)高速列车正式上线运行，以全新品牌运营水西站去往釜山和木浦方向的高速列车。目前，SRT 车队共有 32 列高速列车，其中编号 201~222 的 22 列车租借自母公司的 KTX- 山川车队，编号 301~315 的 10 列车则为 SR 公司自购。两批次列车在技术方面与 Korail 运营的 KTX- 山川基本无异，但外观则一改 KTX 蓝白底色，采用奶白底色加紫色窗线，亦不再体现 KTX 品牌。同时，列车内饰也不再延续 KTX- 山川灰棕色的素雅风格，转而使用年轻人偏爱的鲜艳色彩。特别是 SR 公司自购的 10 列新车，二等车的粉红色座椅与一等车的航空式行李架都让人印象深刻。由于引入民营管理高效灵活，虽然线路使用费相比 KTX 增加了 50%，但 SRT 的票价反而降低了 10%。加之引入商业发达的江南高铁空白区域，SRT 取得了良好的经营效益。在韩国之前，世界范围仅有意大利成立私营高铁公司与国有高铁公司竞争。韩国的“民营”高铁虽然不是那么彻底，但依然是亚洲第一个“吃螃蟹”的国家。

SRT 驶出釜山站

■ SRT 行驶在京釜高速线天安牙山站附近

## 车辆设施

❶ 旧批次 SRT 一等座；
❷ 旧批次 SRT 二等座；
❸ 新批次 SRT 一等座；
❹ 新批次 SRT 二等座；
❺ 新批次 SRT 一等座采用航空式行李架；
❻ SRT 车身品牌标识；
❼ SRT 自动售货机和车门边座。

TGV-R 驶过蓝色海岸

# 法国

法国是继日本之后世界上第二个拥有高速铁路的国家，也是欧洲高速铁路的先驱。法国高速列车 TGV 的法语全称 Train à Grande Vitesse 即为高速列车之意。由于其在技术和运营方面的巨大成功，如今 TGV 已成为整个法国高速铁路系统的代名词。

目前，TGV 大家族中共拥有 TGV-PSE、TGV-A、TGV-R、TGV-D、TGV-POS、TGV-Euroduplex 六款车型，并衍生出 Thalys 和 Eurostar 两款基于 TGV 技术体系的国际高速列车。同时，法国基于 TGV 技术还先后向西班牙、韩国和摩洛哥输出高速列车及相关技术，成为高铁跨国输出的先行者。

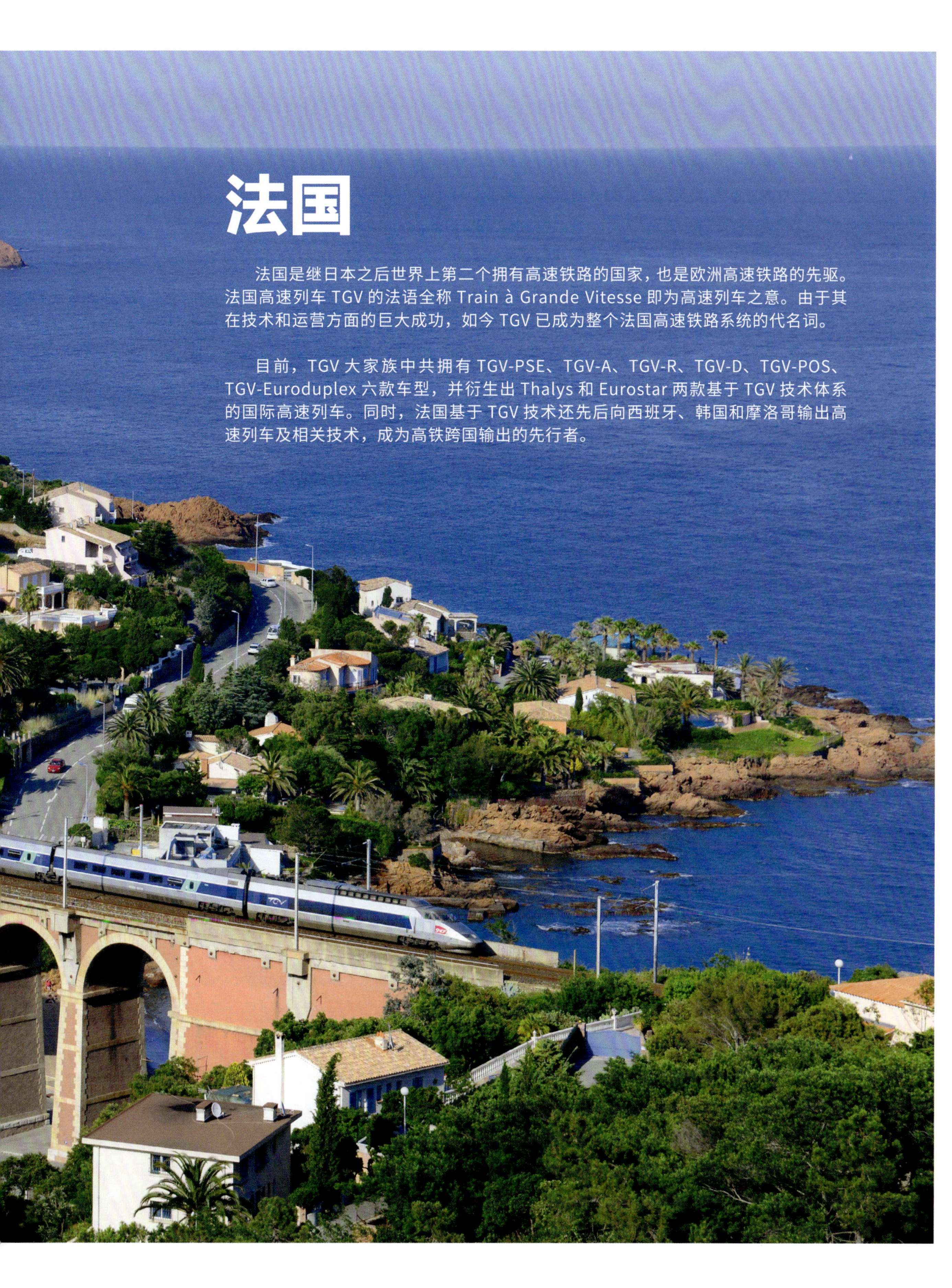

# 法国高速铁路概况

相较于传统的既有铁路，法国高速铁路新线被称为 LGV（法语 Ligne à Grande Vitesse，意为高速线）。1976 年，连接巴黎和里昂间的高速新线——LGV 东南线开工建设，并于 1981 年 9 月 27 日正式（部分）投入运营。法国也因此成为继日本后世界上第二个拥有高速铁路的国家，开启了欧洲大陆的高铁新时代。

LGV 东南线开通后运量快速上升，取得了意想不到的良好社会效益与经济效益。法国也就此开启了大规模的高铁建设。1990 年，法国第二条高速铁路——巴黎—勒芒 / 图尔方向的 LGV 大西洋线全线开通；1993 年，巴黎去往法国北部里尔方向、沟通英法海底隧道和比利时高铁的 LGV 北线开通；1994 年，里昂—瓦朗斯的 LGV 罗纳河—阿尔卑斯线开通，并与 2001 年开通的 LGV 地中海线一起，将地中海沿岸的马赛与尼姆纳入高速铁路网；1994 年至 1996 年分段开通的 LGV 巴黎地区联络线，则将以巴黎为中心的放射型高速铁路网相互连通；2007 年和 2016 年，巴黎向东至法德边境斯特拉斯堡的 LGV 东线分段开通；2010 年，穿越法国与西班牙边境的 LGV 佩皮尼昂—菲格拉斯线开通；2011 年，第戎—米卢斯的 LGV 莱茵河—罗纳河线开通，成为截至目前唯一一条不以巴黎为中心向外放射的高铁线路；2017 年，大西洋线的两条延长线 LGV 南欧大西洋线和 LGV 布列塔尼—卢瓦尔河地区线同时开通，将高速新线延长至波尔多和雷恩；2018 年，LGV 尼姆—蒙彼利埃线通车，未来将继续延长至西法边境的佩皮尼昂。

技术方面，法国新建 LGV 高速铁路全部采用 25kV 50Hz 交流供电和 1435mm 标准轨距。信号系统早年采用 TVM300，后已全部升级为 TVM430。近年来，新建高速铁路已全部采用 ETCS 列控系统，以实现泛欧高速铁路系统的统一。

目前，法国 11 条 LGV 高速铁路组成的高铁路网总里程已超过 2500 km，形成以巴黎为中心、辐射法国各城市及周边国家的高速铁路骨干网络，并继续建设拓展。新建线路最高运营速度也从东南线的 260km/h 逐步提高到 320km/h，是欧洲运营速度最快的高速铁路。与此同时，TGV 高速列车还可通过联络线与既有铁路直通运行，服务线路里程超过 6000km，极大的扩展了高铁路网的辐射范围。

作为泛欧高速铁路网最重要的组成部分之一，法国高铁路网和 TGV 高速列车服务业已延伸至周边所有国家。其中，LGV 北线通过英法海底隧道和国际联络线分别与英国和比利时高铁路网衔接，LGV 西法国际线将法国与西班牙高铁网相互联通。TGV 高速列车也可通过既有铁路，进入德国、瑞士、意大利、卢森堡和西班牙，将巴黎与法兰克福、慕尼黑、苏黎世、日内瓦、米兰、卢森堡城等衔接，成为欧洲覆盖国家最多的高速列车网络，并衍生了 Eurostar、Thalys、Lyira 等知名国际列车品牌。

| 路线名 | 区间 | 开业年 | 最高运营速度 (km/h) | 路线长度 (km) |
|---|---|---|---|---|
| LGV 东南线 | 巴黎—里昂 | 1981~1983 年 | 300 | 417 |
| LGV 大西洋线 | 巴黎—图尔 / 勒芒 | 1989~1990 年 | 300 | 284 |
| LGV 罗纳河—阿尔卑斯线 | 里昂—瓦朗斯 | 1992~1994 年 | 300 | 115 |
| LGV 北线 | 巴黎—英法海底隧道 / 法比边境 | 1993~1996 年 | 300 | 333 |
| LGV 巴黎地区联络线 | | 1994~1996 年 | 300 | 57 |
| LGV 地中海线 | 瓦朗斯—马赛 / 尼姆 | 2001 年 | 300 | 244 |
| LGV 东线 | 巴黎—斯特拉斯堡 | 2007~2016 年 | 320 | 406 |
| LGV 佩皮尼昂—菲格拉斯线 | 佩皮尼昂—西法边境 | 2010 年 | 300 | 25 |
| LGV 莱茵河—罗纳河线 | 第戎—米卢斯 | 2011 年 | 320 | 140 |
| LGV 南欧大西洋线 | 图尔—波尔多 | 2017 年 | 320 | 302 |
| LGV 布列塔尼—卢瓦尔河地区线 | 勒芒—雷恩 | 2017 年 | 320 | 182 |
| LGV 尼姆—蒙彼利埃 | 尼姆—蒙彼利埃 | 2018 年 | 300 | 60 |
| 合计 | | | | 2565 |

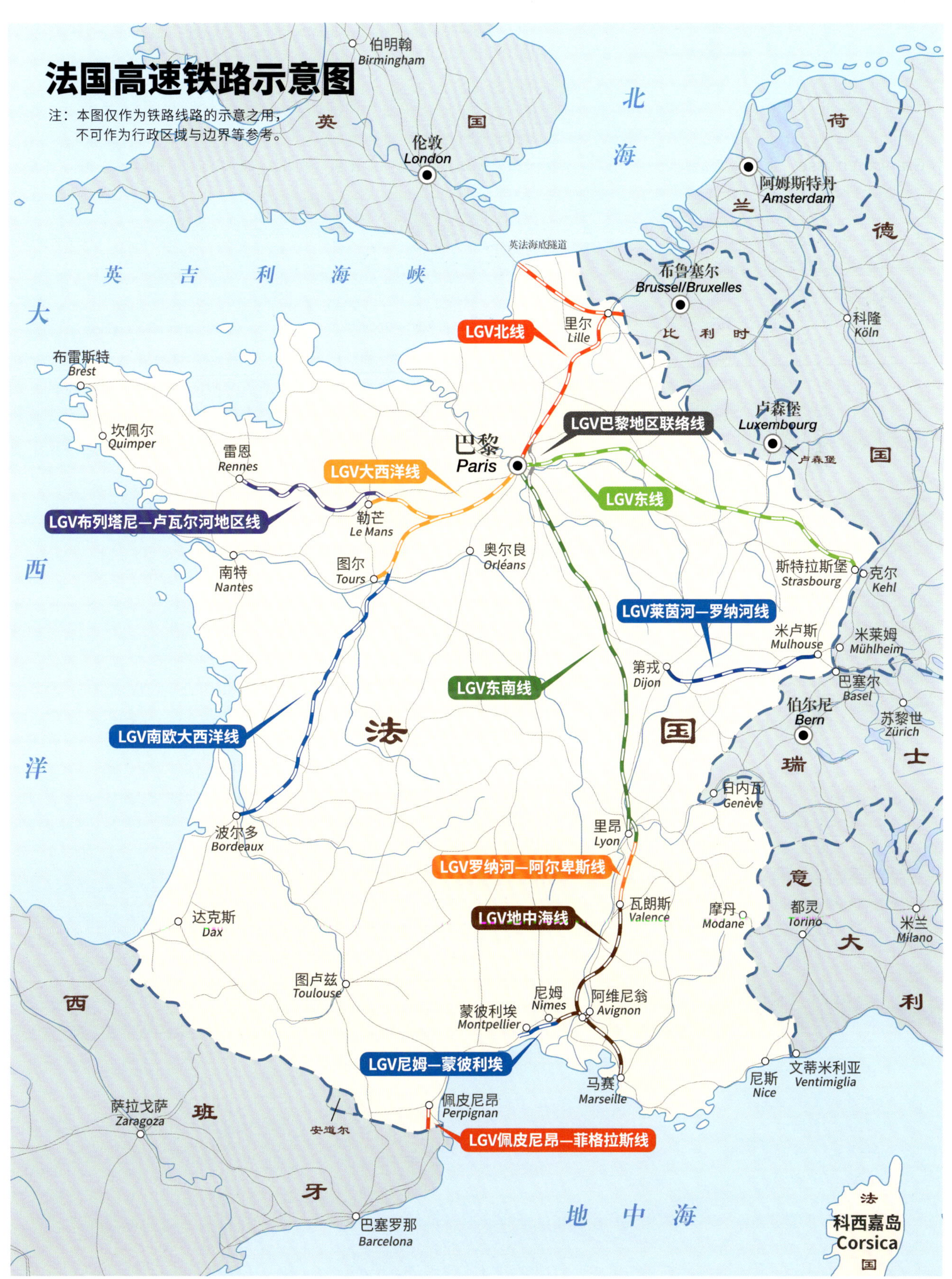

法国高速铁路示意图
注：本图仅作为铁路线路的示意之用，
不可作为行政区域与边界等参考。
伯明翰
Birmingham
英
国
伦敦
London
北
海
荷
阿姆斯特丹
Amsterdam
兰
德
英法海底隧道
英
吉
利
海
峡
布鲁塞尔
Brussel/Bruxelles
比
利
时
科隆
Köln
大
西
洋
LGV北线
里尔
Lille
布雷斯特
Brest
坎佩尔
Quimper
雷恩
Rennes
LGV巴黎地区联络线
卢森堡
Luxembourg
卢森堡
国
巴黎
Paris
LGV大西洋线
LGV东线
LGV布列塔尼—卢瓦尔河地区线
勒芒
Le Mans
奥尔良
Orléans
南特
Nantes
图尔
Tours
斯特拉斯堡
Strasbourg
克尔
Kehl
LGV莱茵河—罗纳河线
米卢斯
Mulhouse
米莱姆
Mühlheim
第戎
Dijon
巴塞尔
Basel
LGV东南线
伯尔尼
Bern
苏黎世
Zürich
LGV南欧大西洋线
法
国
瑞
士
日内瓦
Genève
波尔多
Bordeaux
里昂
Lyon
LGV罗纳河—阿尔卑斯线
意
瓦朗斯
Valence
摩丹
Modane
都灵
Torino
米兰
Milano
达克斯
Dax
LGV地中海线
大
图卢兹
Toulouse
利
西
尼姆
Nîmes
阿维尼翁
Avignon
蒙彼利埃
Montpellier
LGV尼姆—蒙彼利埃
马赛
Marseille
尼斯
Nice
文蒂米利亚
Ventimiglia
萨拉戈萨
Zaragoza
班
佩皮尼昂
Perpignan
安道尔
LGV佩皮尼昂—菲格拉斯线
牙
巴塞罗那
Barcelona
地
中
海
法
科西嘉岛
Corsica
国

## 法国高速列车的先驱

# TGV-PSE

| 投入运用时间 | 1981 年 |
| --- | --- |
| 运营速度 | 300km/h |
| 列车编组 | 2L8T |
| 牵引功率 | 6450kW |
| 列车定员 | 368 人 |

TGV-PSE 是配合法国高速铁路东南线（LGV 东南线）开通而研制生产的第一代 TGV 高速列车，其代号中的 PSE 是法语“巴黎—东南”（Paris-Sud Est）的缩写。自 1981 年 9 月 27 日，TGV-PSE 随着 LGV 东南线的开通，以 260 km/h 的最高速度正式投入商业运营，一举打破日本新干线在 20 世纪 60 年代创造的铁路商业运营速度纪录，是法国乃至欧洲第一款真正意义的高速列车，具有划时代的意义！

TGV-PSE 动车组采用动力集中方式，编组形式为 L+8T+L（其中 L 为机车，T 为拖车，下同）10 辆编组形式，可两列重联运行。整车长 200m，下线时 8 节车厢中包括 3 节 2+1 座椅布局的一等车、4 节 2+2 座椅二等车和 1 节酒吧车，全车定员 368 人。列车采用钢制车体和直流牵引电机，整车功率 6450kW。全列车共有 13 台转向架。受直流电机牵引功率限制，TGV-PSE 全车共设有 6 台动力转向架和 12 台牵引电机。除首尾两台机车的 4 台动力转向架外，两节靠近机车的拖车在端部也各设有 1 台动力转向架。其余 7 台转向架则采用铰接方式设在 8 节无动力车厢间。自此动力集中 + 铰接式转向架成为法国 TVG 高速列车的标志性特征！

TGV-PSE 行驶在北线高铁上

由于法国新建高速铁路采用交流 25kV 50Hz 供电，而部分既有铁路采用 1.5kV 直流供电，为了实现高普跨线运行，全部 TGV-PSE 均可适应上述两种牵引供电制式。除此之外，少量 TGV-PSE 还可适应瑞士交流 15kV 16.7Hz 牵引网压，以开行去往瑞士的国际高速列车。

从 1978 年至 1986 年，TGV-PSE 共生产了 110 列。其中编号 1~102 为法国国内使用的双电压制列车，110~118 为法瑞两国国际列车使用的三电压制列车。在 1981 年投入运行初期，TGV-PSE 曾使用亮丽的橙色涂装，最高运行速度为 260km/h，两年后 LGV 东南线全线开通，最高运行速度提升为 270km/h。2001 年，为配合东南线提速和地中海线开通，TGV-PSE 通过调整齿轮比和优化散热，将最高速度提升至 300km/h，与其他东南线上的 TGV 高速列车保持一致。TGV-PSE 的涂装也改为与 TGV-A 和 TGV-R 相同的金属灰底色和蓝色腰带样式，告别了最初的橙色涂装。

截至目前为止，TGV-PSE 的早期车组已服役 40 年，是世界上现存服役时间最长的高速动车组之一。从 2012 年起，TGV-PSE 开始逐步退役。服务法瑞跨境运输的 9 列三电压制 TGV-PSE 已于 2013 年先期退役。双电压制 TGV-PSE 除部分退役外，其余进行了再次翻新改造，除更新内饰外，外观也改为黑白红三色组成的 TGV 标准新涂装。由于运量增加，LGV 东南线上的 TGV-PSE 逐步被更多定员的双层 TGV-D 取代，TGV-PSE 目前已主要转向服务于巴黎至里尔、加莱和敦刻尔克方向的 LGV 北线。法国国铁预计，2022 年所有 TGV-PSE 列车将被新型高速列车取代而退役。

TGV-PSE 更新后涂装

TGV-PSE 运行在法国与瑞士边境既有铁路上

## 车辆设施

❶ TGV-PSE 一等车（改造后）；
❷ TGV-PSE 二等车（改造后）；
❸ TGV-PSE 酒吧车（改造后）；
❹ TGV-PSE 机械师室；
❺ TGV-PSE 无障碍卫生间（改造后）；
❻ TGV-PSE 03 号车。

## 大西洋线专用 12 辆编组 TGV

# TGV-A

| 投入运用时间 | 1989 年 |
| --- | --- |
| 运营速度 | 320km/h |
| 列车编组 | 2L10T |
| 牵引功率 | 8800kW |
| 列车定员 | 485 人 |

LGV 东南线和 TGV-PSE 开通运营后获得了空前成功，大大激发了法国修建高速铁路和研发高速列车的热情。1989 年 9 月，巴黎去往西南方向勒芒与图尔方向的 LGV 大西洋线首段开通，专为大西洋线研制的第二代高速列车 TGV-A 也同步投入使用，其代号中的 A 便是法语“大西洋”（Atlantique）的缩写。

作为法国第二代高速列车，TGV-A 最大的亮点当属在世界上第一次采用交流传动与交流牵引，并成为世界上第一款实现 300km/h 商业运行的高速列车。相比于 TGV-PSE，TGV-A 延续了其主要技术特点，如动力集中、铰接式转向架、牵引电机体悬，车体外观也基本保持不变。但由于采用了交流传动新技术，TGV-A 的技术性能得到了大幅提升。1990 年 5 月 18 日，TGV-A 325 号高速列车曾在大西洋线上创造了 515.3km/h 的速度纪录，以人类铁路史上首次突破时速 500km 大关而载入史册！

由于预期的客流增长，虽然同样采用动力集中，但 TGV-A 增加了两节车厢，采用了 L+10T+L 的 12 辆编组形式，整车长 237m，亦可两列重联运行。12 节车厢中包括 3 节 2+1 座椅布局的一等车、6 节 2+2 座椅布局的二等车和 1 节酒吧车，全车定员 485 人。

在车辆技术方面，TGV-A 仍然采用钢制车体，但牵引方面采用了交流传动系统和交流同步牵引电机。这一主要技术特征在此后数代 TGV 高速列车中都有所延续，和铰接式转向架一度成为 TGV 高速列车的最大特色。由于交流电机的性能提升，TGV-A 单台牵引电机功率由 TVG-PSE 的 537.5kW 大幅提升至 1100kW，因此 TGV-A 取消了靠近机车的两节拖车端部所设的动力转向架，将动力转向架全部集中在两端机车上，4 台动力转向架可提供 8800kW 的牵引功率。TGV-A 同样可适应交流 25kV 50Hz 与直流 1.5kV 两种供电制式，以便于在高速线和既有线间直通运行。

在外观方面，TGV-A 基本延续了 TGV-PSE 的设计风格，棱角分明而刚劲有力。在车头细节方面，TGV-A 由 TGV-PSE 的两阶段式头型改为一阶段式，可降低 10% 的空气阻力。车身涂装也一改 TGV-PSE 初期鲜艳的橙色涂装，采用低调的金

TGV-A 停靠在巴黎蒙帕纳斯车站

属灰底色与蓝色腰带。这一涂装风格也成为日后各型 TGV 的标准涂装。

从 1989 至 1992 年，TGV-A 共生产制造 105 列，编号 301~405。列车初期最高速度为 300km/h，2014 年起法国国铁宣布所有 TGV-A 运营速度提升至 320km/h 。全部列车均在以巴黎蒙帕纳斯车站为起点的大西洋线上运行，去往法国西（南）部的勒芒、图尔、雷恩、南特和波尔多等城市。值得一提的是，由于大西洋线呈 Y 字形布局，很多列车都是从巴黎去往不同目的地，因此巴黎始发时多采用 TGV-A+TGV-A 双组重联方式运行，中途分开去往不同目的地。然而这样的重联 TGV-A 总长达到 474m，是目前为全球编组最长的高铁列车之一。在尽头式的巴黎蒙帕纳斯车站，乘客从候车大厅可能要走上半公里路才能走到自己的车厢呢。

依然在大西洋线正常运用中的 TGV-A 325 号

## 车辆设施

❶ TGV-A 敞开式一等车；
❷ TGV-A 二等车；
❸ TGV-A 端车客室；
❹ TGV-A 酒吧车；
❺ TGV-A 带包厢一等座；
❻ TGV-A 一等包厢；
❼ TGV-A 铰接式转向架。

## 路网通用型 TGV

# TGV-R

| 投入运用时间 | 1992 年 |
| --- | --- |
| 运营速度 | 320km/h |
| 列车编组 | 2L8T |
| 牵引功率 | 8800kW |
| 列车定员 | 361~377 人 |

1993~1994 年，随着巴黎与加莱间的北线高铁和巴黎地区高铁联络线的开通，法国高速铁路初步成网，法国国铁需要一款适用于各条高铁线路的“通用型”高速列车。同时，LGV 北线的建成使 TGV 高速列车有了更多走出国门的需求，法国同样需要研发一款可以运行于邻国比利时、荷兰与意大利的高速列车，TGV-R 就此诞生。车辆代号中的 R 即为法语“网络”（Réseau）的缩写，有着兼顾法国高铁网和泛欧高铁网的双重意义。

三电压制 TGV-R 高速列车运行在马赛至尼斯间的既有铁路上

无论外观、性能还是技术特征，TGV-R 与 TGV-A 几乎完全相同。TGV-R 动力车同样采用同步交流牵引电机，两台机车总功率 8800kW，列车最高运行速度 300km/h。二者的最大区别，在于 TGV-R 将编组调整为 L+8T+L 的 10 辆编组形式，减少了两节拖车。8 节拖车中包括 3 节 2+1 座椅布局的一等车、4 节 2+2 座椅布局的二等车和 1 节酒吧车，全车定员 377 人。减少拖车数量一方面因为 LGV 东南线站台长度只有 400m，无法容纳两列 12 辆编组重联列车的停靠，另一方面在于 TGV-R 需要在保持总牵引功率 8800kW 不变的情况下，确保列车在东南线 35‰的最大坡度上启动和运行。同时，TGV-R 加强了车辆气密性，改善了此前 TGV-A 在经过隧道时由于车内压力变化而造成乘客不适的现象。

1992 年至 1994 年，第一批 50 列 TGV-R 下线。这批 TGV-R 与 TGV-A 一样，可以适应法国国内铁路交流 25kV 50Hz 与直流 1.5kV 两种供电电压，编号 501~550。1994 至 1996 年，第二批 40 列三电压制 TGV-R 下线，除可适应此前的两种电压外，还可适应比利时与意大利既有铁路的直流 3kV 网压，并加装了适应比利时和意大利铁路的信号系统。三电压制 TGV-R 车辆编号 4501~4540，其中最后 10 列 4531~4540 更换为大力士（Thalys）的红色涂装和内饰，作为 Thalys PBA 列车加入大力士国际列车车队，固定运行在法国、比利时与荷兰间。

TGV-R 4502 号列车停靠在米兰 Porta Garibaldi 车站。每日巴黎经里昂、都灵至米兰共有 3 对 TGV 直通运行，全程运行约 7 小时 30 分。

2006 年，为配合法国东线高铁的开通，TGV-R 进行了翻新改造，车内饰改为与 TGV-A、TGV-POS 等一致，并将列车最高运行速度提升至与 TGV-POS 相同的 320km/h。同时，编号 515~533 的 19 列 TGV-R 列车被重新编组，车身与新造机车组成了新的 TGV-POS，机车则与 TGV-D 的双层车厢组成了 TGV-RD 型列车。目前，剩余的双电压制 TGV-R 主要在 LGV 东线使用，三电压制 TGV-R 除 Thalys PBK 外，主要执行巴黎去往都灵、米兰方向的法意国际 TGV；布鲁塞尔去往法国除巴黎外其他地区的国际 TGV 等，其他则在 LGV 地中海线及周边线路上服务。

■ TGV-R 运行在蒙彼利埃至佩皮尼昂间的既有铁路上

## 车辆设施

❶ TGV-R 一等车；
❷ TGV-R 二等车；
❸ TGV-R 餐吧车；
❹ TGV-R 车端客室；
❺ 拥有意大利运营许可的三电压制 TGV-R 车身标记；
❻ TGV-R 铰接式转向架。

## 初代双层 TGV

# TGV-D

| 投入运用时间 | 1996 年 |
| --- | --- |
| 运营速度 | 320km/h |
| 列车编组 | 2L8T |
| 牵引功率 | 8800kW；9280kW |
| 列车定员 | 510 人 |

巴黎至里昂的 LGV 东南线建成后客流增长速度大大超过预期，在短短十年时间里客流量就增加到原来的 2 倍有余。特别是里昂去往马赛方向的罗纳河—阿尔卑斯线和地中海线高速铁路相继建成，东南线的压力持续增大。在繁忙时段，东南线上 TGV 高速列车的追踪时间已经压缩至 3 分钟，但由于定员限制，依然无法满足客流需要。加之东南线站台长度限制，靠增加车辆编组扩充能力已无可能。全新的双层 TGV-D 因此应运而生，其编号中的 D 便是法语“双层”（Duplex）的缩写。

TGV-D 运行在里昂附近

TGV-D 主要技术指标与 TGV-R 相同，同样采用动力集中，L+8T+L 的 10 辆编组，长度 200m，两组重联可适应东南线 400m 长的站台空间。8 节车厢中包括 3 节 2+1 座椅布局的一等车、4 节 2+2 座椅布局的二等车和 1 节酒吧车，单组列车的定员 510 人，双组重联后定员可达 1020 人，在小编组中运量的欧洲高铁系统里可谓独树一帜！

在动力车方面，TGV-D 与 TGV-R 一样采用交流同步牵引电机，两台动力车总功率 8800kW，最高速度同为初期 300km/h，后期 320km/h。不过与此前各款 TGV 列车棱角分明的“脸庞”不同，TGV-D 动力车采用了流线型头型，不仅优化了空气动力学且更具现代感，还能在列车意外碰撞时吸收能量降低损失。司机室也改用单玻璃，将驾驶台设在司机室正中。制动技术上，TGV-D 动力车将踏面制动改为盘形制动，以提高制动能力。

采用 TGV-R 动力车和 TGV-D 双层车厢改造而成的 TGV-RD 列车

在拖车方面，TGV-D 一改此前各型 TGV 的钢结构车体，转而采用铝合金材质，从而大大降低了车体重量。在载客量增加 40% 的情况下，车体重量反而比 TGV-A 轻了 12%，且车辆的气密性也得以提升。TGV-D 上层空间的视野良好，而且车厢间可互通。下层客室则每个车厢各自独立，不能互通，但车门高度与欧洲普遍的低站台持平，可无障碍进出车厢，电气设备也放置于下层的车厢连接处。由于空间的增加，TGV-D 在保证载客容量的同时，增加了座位间距以提升乘坐舒适度，车内还设有儿童活动间、哺育室和家庭包间，提升了服务水准。

从 1996 年至 2006 年，共有 89 列 TGV-D 投入运用，编号 201~289。2008 年后，法国国铁将 TGV-POS 的先进技术加以运用，在 TGV-D 基础上开发了新一代双层动车组。新车型采用了交流异步牵引电机，总牵引功率提升至 9280kW，并安装了欧洲铁路管理系统 ERTMS 以实现更便捷的跨国运输，取法语“双层、异步电机和欧洲铁路管理系统”（Duplex

以 TGV-Dasye 为基础改造的廉价高铁品牌 TGV-Ouigo 列车停靠在马赛圣查尔斯火车站

ASYnchrone ERTMS）三个单词的缩写命名为 TGV- Dasye。从 2008 年至 2012 年，TGV- Dasye 共生产了 50 列，编号为 701~750，与第一代 TGV-D 双层列车一起组成巴黎经里昂至法国南部大运量的双层高速列车车队。

TGV-Dasye 741 运行在法国南部佩皮尼昂附近

## 车辆设施

❶ TGV-D 上层一等座；
❷ TGV-D 下层一等座；
❸ TGV-D 上层二等座；
❹ TGV-Dasye 酒吧车；
❺ TGV-Dasye 上层一等座；
❻ TGV-Dasye 上层二等座；
❼ TGV-D 下层二等座；
❽ TGV-Dasye 吧台；
❾ TGV-D 卫生间；
❿ TGV-D 楼梯。

## 德法三电压制单层 TGV

# TGV-POS

| 投入运用时间 | 2007 年 |
| --- | --- |
| 运营速度 | 320km/h |
| 列车编组 | 2L8T |
| 牵引功率 | 9280kW |
| 列车定员 | 361~377 人 |

TGV-POS 是法国东线高铁建成后，为开行德法跨境高速列车而制造的一款国际高速列车，可同时在法国和德国不同的供电电压下实现高速运行。其代号中的 POS 是德语“巴黎—法国东部—德国南部”（Paris-Ostfrankreich-Süddeutschland）的缩写。TGV-POS 采用 TGV-D 动力车外观和 TGV-R 的单层车厢，并将牵引系统改为 IGBT 变流器和交流异步牵引电机，最高速度 320km/h，是第四代 TGV 的首款列车。2007 年 4 月 3 日，一列改造后的 TGV-POS 在东线高铁驶出了 574.8km/h 的最高速度，至今仍是轮轨列车运行速度的世界纪录。

TGV-POS 执行 TGV Lyria 跨国列车停靠在巴黎里昂站

在 TGV-POS 前，法国仅有少量 TGV-PSE 和 Thalys PBKA 两款 TGV 高速列车可以适应德国与瑞士交流 15kV 16.7Hz 的供电电压。且二者在交流 15kV 16.7Hz 供电网压下牵引功率不足，无法实现高速运行。为了适应在德国境内高速运行的需要，TGV-POS 开发了全新的动力车。新造动力车采用 TGV-D 的流线型头型，但在牵引系统方面则有明显技术改进。TGV-POS 一改此前普遍使用的交流同步牵引电机，转而改用德国和日本高速列车普遍使用的交流异步牵引电机，变流器也从此前的 GTO 升级为 IGBT。TGV-POS动力车可适应法国直流1.5kV、交流 25 kV 50Hz 和德瑞两国交流 15 kV 16.7Hz 三种网压，两节动力车总功率从 TGV-D 的 8800kW 提升至 9280kW，最高运行速度自出厂时便确定为 320km/h。通过优化电气系统，TGV-POS在 15 kV网压下最大功率也可达到 6880 kW，在德国高速铁路上具备以 300 km/h速度运行的条件。同时，TGV-POS 还配备了法国 KVB、TVM，德国 PZB、LZB，瑞士 ZUB 和欧洲通用 ETCS- 2 等多种信号系统，以供跨境运输需要。

创造世界纪录的 V150（资料图）

在拖车方面，原本 TGV-POS 新造了与动力车配套的双层车厢。但由于法国铁路对东线高铁客流信心不足，因此将 19 列 TGV-R 的车厢与新造双层车厢互换。新造 POS 动力车与翻新后的单层车厢一起组成新的 TGV-POS 车组，原有 TGV-R 动力车则与新造的双层车厢组成 TGV-RD 投入东南线的运力紧张区段。这也造就了 TGV-POS “双层”车头配“单层”车厢的特殊模式。列车编组与定员也因此与翻新后的 TGV-R 一致，包括 3 节 2+1 座椅布局的一等车、4 节 2+2 座椅布局的二等车和 1 节酒吧车，全车定员 361 人。

Lyria 涂装的 TGV-POS 4402 号列车停靠在苏黎世中央车站

从 2006 到 2007 年，TGV-POS 共生产了 19 列，编号 4401~4419。在下线初期，TGV-POS 动力车采用灰色涂装，与传统 TGV-D 相区别，主要执行巴黎经东线高铁去往德国法兰克福、斯图加特、慕尼黑和瑞士巴塞尔、苏黎世的国际列车。2013 年后，随着 LGV 东线高铁客流的增加，逐渐转而使用新造的 TGV-EuroDuplex 双层列车。TGV-POS 则全部转配法国国铁与瑞士联邦铁路的合资公司 Lyria，以 TGV Lyria 品牌和涂装执行法国至瑞士的国际列车。随着 2011 年莱茵河—罗纳河高速线开通，全部巴黎始发的 TGV Lyria 列车均改自巴黎里昂站发车，经东南线和莱茵河—罗纳河线去往巴塞尔方向，不再经由东线高铁和斯特拉斯堡。TGV-POS 这款当年专为法国东线高铁生产的列车也退出了东线高铁的舞台。

■ 2013 年原色 TGV-POS 停靠在法国尼斯车站

## 车辆设施

❶ TGV-POS 一等车；
❷ TGV-POS 二等车；
❸ TGV-POS 餐吧车；
❹ TGV-POS 铰接式转向架；
❺ TGV-POS 二等车座椅；
❻ TGV-POS 车身和 Lyria 涂装车身。

## 新一代泛欧双层 TGV

# TGV-Euroduplex

| 投入运用时间 | 2011 年 |
| --- | --- |
| 运营速度 | 320km/h |
| 列车编组 | 2L8T |
| 牵引功率 | 9280kW |
| 列车定员 | 510~556 人 |

TGV-Euroduplex也称 TGV-2N2,是法国最新一款 TGV双层动车组。在外观与客室结构上，TGV-Euroduplex与 TGV-D基本一致，但采用了 TGV-POS和 TGV-Dasye的交流异步牵引电机，是第四代 TGV的代表产品。TGV-Euroduplex也继承了 TGV-POS的三电压制和多信号配置，成为 TGV走向周边国家的主力车型。

2011年，新一代 TGV-Euroduplex下线。正如其名，TGV-Euroduplex主打“泛欧”和“双层”两大主题。在编组方面，TGV-Euroduplex与 TGV-D完全相同，采用 L+8T+L的 10辆编组形式，动力车采用异步牵引电机，可适应法国直流 1.5kV，交流 25kV 50Hz和德瑞两国交流 15kV 16.7Hz三种网压。在信号系统方面，Euroduplex不仅安装了法、德、瑞、西、卢（森堡）五国各自的信号系统，亦安装了欧洲铁路管理系统 ERTMS，让高速列车跨国运行更加便捷。

在车厢方面，TGV-Euroduplex延续了TGV-D成功的双层客车设置，但在细节上加以改进。例如新车型上层空间更大，全新 LED头灯，楼梯间高强度照明，电子旅客信息系统等。最新一批为南欧大西洋线生产的列车还安装了适应人体工程学的座椅，甚至可以像中国高速列车一样旋转座椅方向以顺应列车运行的方向。更多的紧急窗口、轴温检测和冗余传感设备也让安全方面有了更多保障。

■ 大西洋线最新的 TGV-Euroduplex 800 系

TGV-Euroduplex 从 2011 年到现在共有4个批次。编号4701~4730 的 30 列车最早被生产，专门用于法国东线高铁，执行法国国内和跨境德国的高速列车，以替代转配至Lyria 的 TGV-POS。编号 801~810 的 10 列车专门用于西法跨境高速列车，替代此前曾经在此线路运行的 TGV-Dasye。编号 811~825 的 15 组列车用于补充东南线运力。这三批次的列车从 510 人的定员到车内饰，都与 TGV-Dasye相同。而最新为南欧大西洋线生产的 836~891 则将定员增加至 556 人，内饰也进行了全新升级。在可以预见的未来，TGV-Euroduplex 都将作为 TGV 系列高速列车的主力，继续扩张。

■ TGV-Euroduplex 停靠在法国巴黎东站

■ 开往巴黎的 TGV-Euroduplex 驶出德国曼海姆中央车站

■ 巴黎东站的 TGV-Euroduplex 车队与东线高铁上运行的 ICE3MF 并列

## 车辆设施

❶ TGV-Euroduplex 上层一等座；
❷ TGV-Euroduplex 上层二等座；
❸ TGV-Euroduplex 酒吧车；
❹ TGV-Euroduplex 楼梯间；
❺ TGV-Euroduplex 卫生间；
❻ TGV-Euroduplex 4700 系车身标识，可运行于法瑞德三国。

## 法比荷三国跨线国际列车

# Thalys PBA

| 投入运用时间 | 1996 年 |
| --- | --- |
| 运营速度 | 300km/h |
| 列车编组 | 2L8T |
| 牵引功率 | 8800kW |
| 列车定员 | 361~377 人 |

Thalys 是继欧洲之星之后第二款真正意义的国际高速列车，中文也译为“泰利斯”或“大力士”高速列车，是法国 TGV 高速列车的改进款，可适应不同国家铁路的供电电压、信号系统和驾驶习惯等技术差异。根据技术特点和服务范围不同，Thalys 又分为 Thalys PBA 和 Thalys PBKA 两种型号。PBKA 四个字母分别是巴黎（Paris）、布鲁塞尔（Bruxelles）、科隆（Köln）和阿姆斯特丹（Amsterdam）的首字母，亦可代表列车运行的国家和范围——Thalys PBA 只能在法国、比利时与荷兰间运行，Thalys PBKA 则将德国纳入服务范围。两种型号的 Thalys 列车都以 TGV 为技术蓝本，最高运营速度 300km/h，可适应所经国家的供电电压和信号系统。从本质上讲，Thalys 即为法国 TGV 高速列车的欧洲国际化版本，是 TGV 的国际列车新品牌。Thalys 酒红色的鲜艳涂装辨识度极高，是世界上知名度最高的高速列车之一。

Thalys PBA 驶出阿姆斯特丹中央车站

Thalys PBA 是第一款 Thalys 高速列车。在 Thalys 品牌创立前，三电压制的 TGV-R 已经通过 LGV 北线和比利时的既有铁路线在巴黎和布鲁塞尔间提供服务。为了更好地突出 Thalys 品牌，编号 4531~4540 的最后 10 列三电压制 TGV-R 改用了充满特色的酒红色涂装和红色基调内饰，以 Thalys PBA 的名义成为运行于法国、比利时与荷兰间的专用国际列车。1996 年 6 月 4 日，Thalys PBA 正式投入运营，并首次驶入荷兰首都阿姆斯特丹，正式开启 Thalys 品牌的跨国高速列车服务。

Thalys PBA 停靠在布鲁塞尔南站

Thalys PBA 在技术上与三电压制 TGV-R 完全相同，整个列车采用 L+8T+L 的 10 辆编组。动力车可适应法比荷三国新建高速铁路交流 25kV 50Hz，法国、荷兰既有铁路直流 1.5kV 和比利时既有铁路直流 3kV 三种电压，在交流 25kV 50Hz 电压下最大功率 8800kW，最高运营速度 300km/h。在信号系统方面，Thalys PBA 配备了 TVM（法国和比利时部分高速铁路），KVB（法国既有铁路），TBL（比利时既有铁路），ATB（荷兰既有铁路）和 ETCS-2（荷兰、比利时新建高速铁路）五套信号系统，以确保跨境运输的安全。

Thalys PBA 的客车结构也与 TGV-R 完全相同。8 节拖车中包括 3 节 2+1 座椅布局的一等车、4 节 2+2 座椅布局的二等车和 1 节酒吧车。下线时全车定员 377 人，车辆翻新后调整为 361 人。不过，相比于 TGV-R 简约明快的内饰风格，Thalys PBA 内饰则采用与车身涂装风格统一的红色基调，风格更显华贵。2009 年开始的内饰翻新过程，增加了车内 WIFI 和充电插座，可为乘客提供更加舒适的旅行体验。

■ Thalys PBA 驶出荷兰鹿特丹中央站

## 车辆设施

❶ Thalys 一等车；
❷ Thalys 二等车；
❸ Thalys 餐吧车；
❹ Thalys 端车包厢。

## 第一款进入德国的国际高速列车

# Thalys PBKA

| 投入运用时间 | 1997 年 |
|---|---|
| 运营速度 | 300km/h |
| 列车编组 | 2L8T |
| 牵引功率 | 8800kW |
| 列车定员 | 361~377 人 |

与 Thalys PBA 只是在 TGV-R 基础上更改涂装内饰并增加信号系统不同，虽然依旧属于 TGV 列车大家族，但 Thalys PBKA 却是一款作为跨国运行而专门设计的高速列车。Thalys PBKA 在 TGV-R 基础上设计，采用相同的 L+8T+L 的 10 辆编组，同步牵引电机和铰接式转向架。在动力车方面，Thalys PBKA 没有继续采用 TGV-R 棱角分明的刚劲造型，转而使用 TGV-D 动力车的流线型造型。这一改变的主要原因一方面是降低运行阻力，但更重要的在于比起 TGV-R 头型的两块玻璃，TGV-D 头型只有一块玻璃，司机驾驶台居中布置，可同时适应列车靠左行驶的法国、比利时和列车靠右行驶的荷兰与德国。

■ Thalys PBKA 运行在德国境内

针对需要在法比荷德四国运行的要求，Thalys PBKA 除了可以适应交流 25kV 50Hz、直流 1.5kV 与直流 3kV 三种电压外，还可以适应德国铁路交流 15kV 16.7Hz 电压系统，是世界上为数不多的四电压制式高速列车。在法国与比利时高速铁路交流 25kV 50Hz 电压下，Thalys PBKA 最大功率与 TGV-R 相同，为 8800kW，最高运营速度 300km/h。在德国交流 15kV 16.7Hz电压下，列车最大功率 5160kW，最高运行速度 250km/h。信号系统方面，除 Thalys PBA 安装的法比荷五套信号系统外，Thalys PBKA 还安装了德国分别适应高速铁路和既有铁路的两套信号系统，全车 7 套不同信号系统也成为世界高速列车之最。由于每套车载信号系统都有自己的传感器、处理设备和人机界面，因此与法国国内运用的 TGV 相比，Thalys PBKA 成本增加了 60%。在拖车方面，Thalys PBKA 的车体结构、定员和车内装饰与 Thalys PBA 完全相同。

■ Thalys PBKA 与 ICE2 在德国科隆中央车站相遇

目前 Thalys 车队共有 27 列高速列车，从开通至今一直在巴黎、布鲁塞尔、阿姆斯特丹和科隆间运行，并随着比利时、荷兰境内多条高速铁路的开通而多次提速。Thalys PBKA 原本计划通过科隆—法兰克福高速铁路延伸至法兰克福，但由于科隆—法兰克福高速铁路 40‰的坡度过大，加之 Thalys PBKA 在德国网压下功率较低，因此不得不放弃。2011 年后，Thalys PBKA 在德国的终点站逐步由科隆延长至杜塞尔多夫、埃森和多特蒙德， 以吸引更多鲁尔工业区的乘客。截至 2018 年，在巴黎至布鲁塞尔、阿姆斯特丹和科隆（多特蒙德）间，每日分别有 19 对、9 对和 5 对 Thalys 列车运行。里尔至阿姆斯特丹间每日也有 2 对 Thalys 列车开行。

Thalys PBKA 驶过科隆霍亨索伦桥

Thalys PBKA 停靠在巴黎北站

## 穿越英法海底隧道的初代高速列车

# Eurostar E300

| | |
|---|---|
| 投入运用时间 | 1994 年 |
| 运营速度 | 300km/h |
| 列车编组 | 2L18T；2L14T |
| 牵引功率 | 12240kW |
| 列车定员 | 750 人 |

Eurostar E300 型列车是为英法海底隧道开通而专门设计的首款国际高速列车，以“欧洲之星”的美名享誉世界。事实上“欧洲之星”只是途径英法海底隧道国际列车的品牌名称，并非严格意义上的列车型号。隧道两侧的英法两国分别将这款列车定名为 Class 373 和 TGV TMST。2014 年，西门子公司基于 Velaro 平台生产的新一代英法海底隧道列车 Eurostar E320 定型，翻新改造后的原有欧洲之星列车也被重新定名为 Eurostar E300，以代表其最高速度为 300km/h。

■ Eurostra E300 停靠在伦敦圣潘克拉斯车站

Eurostar E300 属于 TGV 高速列车大家庭的一员。动力集中、铰接式转向架具有极强的 TGV 高速列车特征。但相比于法国国内使用的 TGV，Eurostar E300 也有着自己鲜明的特点。Eurostar E300 的车身宽度只有 2814mm，相比 TGV-A 的 2904mm 减少了 90mm，以适应英国狭小的既有铁路限界。由于英法海底隧道还要运行货物列车，隧道内高速列车的开行密度受到限制，因此 Eurostar E300 采用了 L+18T+L 的超大编组形式，相当于将两列重联运行的 10 辆编组 TGV 首尾相连，并将重联部分的动力车换为客车，在满足站台长度要求的情况下增加载客量。18 节车厢包括 6 节 2+1 座椅布局的一等车、10 节 2+2 座椅布局的二等车和 2 节酒吧车，全车定员达 750 人。

在减少两辆动力车的情况下，为了满足最高速度 300km/h的运行需要，Eurostar E300又重拾 TGV-PSE 的传统——除首尾两台机车的 4 个动力转向架外，两辆靠近机车的拖车在端部也各设有 1 台动力转向架，全车共有 12 台装有 1020kW 牵引电机的动力转向架，整车功率高达 12240kW。列车可适应法国交流 25kV 50Hz、直流 1.5kV，比利时直流 3kV 和英国直流 750V 四种电压。在伦敦与英法海底隧道口间的 HS1 高速铁路建成前，Eurostar E300 曾需经由英国南部三轨供电的既有铁路，因此动力车除受电弓外还装有活动受电靴，在英国境内翻下受流，英国境外则缩起以符合法比两国遵循的 UIC 车辆限界。Eurostar E300 由英国设计的电气系统使其一改当年 TGV 普遍使用的同步交流电机，改用三相异步交流牵引电机。在 2007 年 TGV-POS 投入使用前，这是 TGV 家族唯一一款使用交流异步牵引电机的高速列车。

■ 两列 Eurostra E300 停靠在布鲁塞尔南站

从 1993 年至 1995 年，Eurostar E300 共生产了 38 列，并随 1994 年英法海底隧道开通投入使用。其中 31 列为标准的 2L18T 编组，穿越海底隧道服务英法比三国首都，被称为“三国首都编组”（Three Capitals sets）。另外 7 列则采用 2L14T 的短编组，以适应伦敦以北较短的站台，被称为“北伦敦编组”（North of London sets）。不过，由于经济和技术原因，从英法海底隧道直通伦敦以北线路的运行从未实现，7 列“北伦敦编组”列车也被英法不同公司租借使用直至弃用。2008 年后，部分 Eurostar E300 进行了翻新改造，其余列车则随着新一代 Eurostar E320 的使用而逐步退役。

■ 翻新过的 Eurostra E300 行驶在伦敦— 英法海底隧道间的英国 HS1 高速铁路上

## 车辆设施

❶ Eurostar E300 一等车；
❷ Eurostar E300 二等车；
❸ Eurostar E300 餐吧车；
❹ Eurostar E300 无障碍卫生间；
❺ Eurostar E300 家庭包间；
❻ Eurostar E300 车身标识。

## 基于 ICE 的英法海底隧道二代高速列车

# Eurostar E320

| | |
|---|---|
| 投入运用时间 | 2015 年 |
| 运营速度 | 320km/h |
| 列车编组 | 8M8T |
| 牵引功率 | 16000kW |
| 列车定员 | 900 人 |

Eurostar E320 是为提升英法海底隧道国际列车服务水准而开发的第二代海底隧道专用高速列车，其代号中的 320 代表 320km/h 的最高速度。在英国这款列车又被称为 Class 374 型。与此前 Eurostar E300 和 Thalys 采用 TGV 技术平台不同，基于西门子公司 Velaro 高速列车平台生产的 Eurostar E320 告别动力集中与铰接式转向架，采用国际流行的动力分散配置，彻底颠覆了以往以法国 TGV 系列为核心的欧洲国际列车版图！

■ Eurostar E320 行驶在法国 LGV 北线高铁上

原有 Eurostar E300 型高速列车投入运用时间早，因供电和信号限制，只能在英法比三国运行。随着欧洲高速铁路网的逐步建成，荷兰、德国甚至意大利都有利用英法海底隧道开行至本国高速列车的愿望。因此在 2009 年，欧洲之星公司宣布将更新高速列车，以适应伦敦—巴黎 / 布鲁塞尔之外的高速铁路网。2010 年 10 月，西门子公司中标 10 列高速列车，打破了此前所有法国相关高速铁路运营商都使用阿尔斯通公司生产的 TGV 衍生产品的惯例。这让阿尔斯通公司大为恼火，不惜在欧盟和英国法院提起诉讼，但最终被驳回。ICE 家族高速列车也借此首次打入法国市场。

基于西门子 Velaro 高速列车技术平台的 Eurostar E320 使用动力分散技术，采用 8M8T 的 16 辆编组，编组长度 390.2m。8 辆动力车共设有 16 个动力转向架，每个动力转向架都安装有 2 台 500kW 的交流牵引电机，整车功率 16000kW，最高速度 320km/h。列车搭载了 8 副受电弓，以满足直流 1.5kV、直流 3kV 和交流 25kV 50Hz 电气化线路的需求。根据需求，Eurostar E320 还可选配安装适应德国交流 15kV16.7Hz 供电线路的受电弓。

Eurostar E320 的 16 节车厢中，包括 6 节 2+1 座椅布局的一等车，8 节 2+2 座椅布局的二等车和 2 节酒吧 / 二等合造车，全车定员达到 900 人，远超此前 Eurostar E300 的 750 人。列车车体采用铝合金结构，并相互连通。根据英法海底隧道的安全要求，列车必须具备火灾发生后 30 分钟的续航能力，因此在车厢配备消防设施及防火门的同时，列车在 8 号和 9 号车厢间的连接处装备了特殊车钩，可使列车在着火时分为两半分别运行。

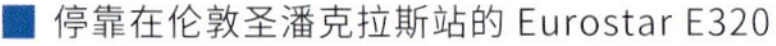

■ 停靠在伦敦圣潘克拉斯站的 Eurostar E320

2012 年，第一组 Eurostar E320 下线，开始在相关线路上展开测试，并计划在 2014 年投入正式运行。由于需要兼容不同国家多个列控系统，制造商西门子低估了项目的复杂性。2015 年 11 月 20 日 Eurostar E320 才正式开始投入商业运行。2016 年中，第一批 10 列全部交付完毕；2018 年 3 月，于 2014 年增订的 7 列亦交付完毕。由于载客量大，Eurostar E320 目前优先投入伦敦至巴黎间运行，亦有部分列车运行在伦敦至布鲁塞尔间。2018 年，Eurostar E320 延伸至阿姆斯特丹，将荷兰纳入欧洲之星高速列车服务的范畴。

■ Eurostra E320 4001 号车行驶在伦敦—英法海底隧道间的英国 HS1 高速铁路上

## 车辆设施

❶ Eurostra E320 一等车；
❷ Eurostra E320 二等车；
❸ Eurostra E320 大件行李区；
❹ Eurostra E320 一等车餐食；
❺ Eurostra E320 一等车配餐区；
❻ Eurostra E320 餐吧车；
❼ Eurostra E320 电子信息屏。

# 德国

德国是欧洲第二个拥有高速铁路的国家，是高速铁路领域重要的技术原创国和输出国。其高速列车 ICE 是高速城际列车 Inter City Express 的缩写，因舒适便捷享誉世界。

目前，ICE 大家族中共拥有 ICE1、ICE2、ICE3、ICE3-407、ICE4、ICE-T、ICE-TD 七款车型，经历了从动力集中到动力分散的技术发展历程。ICE 高速列车除在德国国内运行外，还将服务范围扩展到瑞士、奥地利、丹麦、法国、比利时和荷兰等邻国，是欧洲高速铁路网重要的服务载体。

ICE3 驶过科隆大教堂脚下

# 德国高速铁路概况

早在 1973 年，原联邦德国便开始修建设计速度 250km/h，实际最高运行速度可达 280km/h 的汉诺威—维尔茨堡高速新线。作为世界上第一条客货兼顾的高速铁路，汉诺威—维尔茨堡高速铁路的最大坡度仅为 12.5‰，修建了大量高桥长隧，工程也因此进展缓慢，直到 1991 年才全线通车。几乎与此同时，采用同样标准的曼海姆—斯图加特高速铁路于 1976 年开工，并在 1991 年 6 月与汉诺威—维尔茨堡高速铁路同步开通。

为科隆—法兰克福高速铁路研制的 ICE3 行驶在科隆市郊

20 世纪 90 年代两德统一后，德国的高速铁路建设进入快速发展阶段。1998 年，柏林—汉诺威高速铁路建成，拉近了首都柏林与原西德地区的时空距离。2002 年，科隆—法兰克福高速铁路通车。作为德国第一条设计速度 300km/h 的高速铁路客运专线，科隆—法兰克福高速铁路最大坡度达 40‰，是世界上坡度最大的高速铁路。2006 年，作为纽伦堡—慕尼黑快速铁路客运通道的组成部分，设计速度 300km/h 的纽伦堡—英戈尔施塔特高速铁路建成。2015 年和 2017 年，埃尔福特－莱比锡 / 哈雷高速铁路与纽伦堡－埃尔福特高速铁路相继通车，构成了柏林与慕尼黑间的快速通道。此外，德国南部与瑞士、法国交界处的卡尔斯鲁厄—巴塞尔铁路通过修建平行复线、新建山岭取直隧道等方式，自 1993 年至 2012 年间，先后分段建设了最高速度可达 250km/h 的高速新线总计 60km，其余部分还在分阶段缓慢推进。

目前，德国已建成高速铁路新线超过 1200km。除高速新线外，柏林—汉堡、汉堡—汉诺威、汉堡—不莱梅—多特蒙德、汉诺威—多特蒙德、慕尼黑—奥格斯堡等多条既有干线铁路均已提速至 200km/h，与新建高速铁路共同形成德国多中心的快速铁路网。德国的高速新线、提速既有线和普通铁路都采用 15kV 16.7Hz 交流供电和 1435mm 轨距。信号系统早年采用 LZB 系统，自纽伦堡－英戈尔施塔特高速铁路起已改用 ETCS 列控系统。

除国内运行的 ICE 高速列车外，TGV、Thalys、Railjet 和 ETR610 等周边国家的高速列车也会跨境驶入德国高速铁路网。ICE 高速列车则会驶入法国、比利时、荷兰、瑞士与奥地利等周边国家，提供泛欧高速列车服务。

| 线路名称 | 开通时间 | 最高运营速度 (km/h) | 路线长度 (km) |
|---|---|---|---|
| 汉诺威—维尔茨堡高速铁路 | 1988~1991 年 | 280 | 351 |
| 曼海姆—斯图加特高速铁路 | 1991 年 | 280 | 99 |
| 柏林—汉诺威高速铁路 | 1998 年 | 250 | 256 |
| 卡尔斯鲁厄—巴塞尔高速铁路 | 1993 年 ~ 今 | 250 | 60 |
| 科隆－法兰克福高速铁路 | 2002 年 | 300 | 177 |
| 纽伦堡－英戈尔施塔特高速铁路 | 2006 年 | 300 | 77 |
| 埃尔福特－莱比锡 / 哈雷高速铁路 | 2015 年 | 300 | 123 |
| 纽伦堡－埃尔福特高速铁路 | 2007 年 | 300 | 107 |
| 合计 | | | 1250 |

德国高速铁路示意图
注：本图仅作为铁路线路的示意之用，不可作为行政区域与边界等参考。
北
海
丹
麦
瑞典
荷
兰
比
利
时
卢森堡
法
国
瑞
士
列支敦士登
奥
地
利
捷
克
波
兰
德
国
汉堡
Hamburg
不来梅
Bremen
奥尔登堡
Oldenburg
什切青
Szczecin
阿姆斯特丹
Amsterdam
汉诺威
Hannover
柏林
Berlin
柏林—汉诺威高速铁路
明斯特
Münster
汉诺威—维尔茨堡高速铁路
杜伊斯堡
Duisburg
多特蒙德
Dortmund
哥廷根
Göttingen
哈雷
Halle
卡塞尔
Kassel
科隆
Köln
莱比锡
Leipzig
亚琛
Aachen
埃尔福特
Erfurt
科隆—法兰克福高速铁路
埃尔福特—莱比锡/哈雷高速铁路
德累斯顿
Dresden
科布伦茨
Koblenz
法兰克福
Frankfurt am Main
卢森堡
Luxembourg
美因兹
Mainz
纽伦堡—埃尔福特高速铁路
班贝格
Bamberg
维尔茨堡
Würzburg
曼海姆
Mannheim
布拉格
Praha
纽伦堡
Nürnberg
曼海姆—斯图加特高速铁路
卡尔斯鲁厄
Karlsruhe
斯图加特
Stuttgart
纽伦堡—英戈尔施塔特高速铁路
斯特拉斯堡
Strasbourg
Kehl
卡尔斯鲁厄—巴塞尔高速铁路
英戈尔施塔特
Ingolstadt
乌尔姆
Ulm
帕绍
Passau
奥格斯堡
Augsburg
米莱姆
Mühlheim
米卢斯
Mulhouse
慕尼黑
München
巴塞尔
Basel
萨尔茨堡
Salzburg
苏黎世
Zürich
伯尔尼
Bern
因斯布鲁克
Innsbruck
图例
300km/h
250km/h
200km/h
既有线路

# 德国初代长编组动力集中高速列车

# ICE1

| 投入运用时间 | 1991 年 |
| --- | --- |
| 运营速度 | 280km/h |
| 列车编组 | 2L12T,2L14T |
| 牵引功率 | 9600kW |
| 列车定员 | 703 人 |

ICE1 是德国为配合汉诺威—维尔茨堡和曼海姆—斯图加特两条高铁开通而开发的第一代高速列车，于 1991 年 6 月 2 日正式投入商业运行。德国也成为继法国之后欧洲第二个拥有高速铁路和高速列车的国家。

在 ICE1 诞生前，德国铁路曾试制了一列名为 ICE-V 的高速列车试验样车。1988 年 4 月 28 日，这列 2L3T 的试验列车曾在人类铁道史上首次突破 400km/h 大关，并在 5 月 1 日以 406.9km/h 的试验速度创造了当时世界铁路的速度纪录。作为德国第一代量产版高速列车，ICE1 萧规曹随，基本延续了 ICE-V 的外观样式与设计理念，只在部分技术细节上加以优化调整。由于德国在传统机车车辆方面拥有雄厚的技术基础，ICE1 与 TGV 一样采用动力集中方式。但相比于 TGV 由钢制车体、直流传动逐渐发展为铝合金车体、交流传动，ICE 从第一代列车开始就选择了当时最前沿的铝合金车体和交流传动技术，成为高速列车的技术先驱。

ICE1 由首尾两台牵引功率为 4800kW 的动力车驱动，全列车功率达 9600kW，最高运行速度 280km/h。动力车在德铁车型谱系表中被命名为 401 型。列车采用交流 15kV16.7Hz 供电，除可在德国境内运行外，还具备开行去往瑞士和奥地利国际列车的条件。动力车延续了德国国铁 120 型电力机车成熟的交流传动技术，是世界上继

ICE1 行驶在柏林—汉诺威高速铁路上

TGV-A 后第二款投入运用的交流传动高速列车，比日本的 300 系新干线还早实现了一年。在早期的 20 组动力车上，交流传动系统还采用传统的脉冲变流器，后期的 40 组动力车则改为了 GTO 大功率晶闸管变流器，在技术上实现了质的提升。呈斜面状的流线型车头、白色车身与红色色带组成的靓眼外观，都让 ICE1 给人们留下深刻印象。

在拖车方面，ICE1 原则上具备编组 9~14 节拖车的条件。早年间 2L14T 的大编组 ICE1 全列车长度达 410.7m，是当年世界上单列编组最长的高速列车。2005 年到 2008 年间，ICE1 在运营 20 年后开始中期大修，全部列车统一为 2L12T 编组，并延续至今。在目前 12 节车厢的标准编组中，共有 4 节 2+1 座椅布局的一等车、7 节 2+2 座椅布局的二等车和 1 节餐吧车，部分一等车和二等车还配有 6 人包厢座椅，全车定员 703 人（不含餐吧区 40 人）。由于采用铝合金车体，ICE1 在欧洲高速列车中首次实现类似飞机一样的气密结构，避免了列车交会或进出隧道时因车内气压变化而造成的耳膜不适，大大提升了乘坐舒适度。加之车端自动玻璃门、一等座车真皮座椅和拥有高挑空间，透光天窗的全景观餐吧车等特殊设计，让舒适奢华成为 ICE1 一张引以为豪的名片。

ICE1 停靠在瑞士因特拉肯站

从 1989 年到 1993 年，共有 60 列 ICE1 先后下线，以汉诺威—维尔茨堡和曼海姆—斯图加特两条高铁为中心，辐射德国包括汉堡、慕尼黑、柏林和法兰克福在内绝大多数主要城市，并承担去往瑞士北部巴塞尔、苏黎世、伯尔尼和因特拉肯等城市的国际列车任务，运行范围非常广泛。在 2007 年前，部分 ICE1 也曾驶入过奥地利因斯布鲁克和维也纳等城市，但现在德奥间的 ICE 高速列车服务已全部由 ICE-T 取代，ICE1 只在德国与瑞士境内运行。

行驶在莱茵河谷既有线上的 ICE1

## 车辆设施

❶ ICE1 一等车；
❷ ICE1 一等包房；
❸ ICE1 餐吧车用餐区；
❹ ICE1 二等包房；
❺ ICE1 二等车；
❻ ICE1 无障碍卫生间；
❼ ICE1 餐吧车酒吧区；
❽ ICE1 卫生间；
❾ ICE1 动车转向架；
❿ ICE1 拖车转向架；
⓫ ICE1 车身标识，最高速度 280km/h，同时拥有德国和瑞士的运行许可。

## 将 ICE1 一分为二的短编组高速列车

# ICE2

| 投入运用时间 | 1996 年 |
| --- | --- |
| 运营速度 | 280km/h |
| 列车编组 | 1L7T |
| 牵引功率 | 4800kW |
| 列车定员 | 368~391 人 |

1990 年 10 月，随着冷战结束、两德统一，柏林再次成为德国首都。早在统一前的 1989 年 6 月，原东西德政府就已决定在柏林和汉诺威间修建一条新的高速铁路。随着两德统一，位于德国东部的首都柏林与原西德地区间的铁路运量大幅提升，连接东西的高速铁路也加紧施工，并于 1998 年 5 月建成通车。这是德国第三条高速铁路，新一代的 ICE2 高速列车也因这条线路的建设与通车应运而生。

单组运行的 ICE2

从外观和颜色上看，在德铁车型谱系表中被命名为 402 型的 ICE2 动力车与 ICE1 几乎完全相同，只是车头处连成一体的红色色带与 ICE1 配有德国国铁“DB”标识的红色色带略有区别。不仅外观相似，280km/h 最高运行速度、动力车 4800kW 单车功率、交流异步牵引电机、GTO 变流器等主要技术特征也与 ICE1 几乎完全相同。二者实质上的最大不同，在于 ICE2 采用 1L7T 的小编组模式，并将最后一节无动力车厢改为控制车，相当于把早期 2L14T 的 ICE1 一分为二，分开运行。同时，ICE2 流线型车头的下方还设有自动车钩，可在运营期间灵活拼接和分离运行，不仅方便运营组织，还能灵活适应不同运量线路的需求。这是 ICE2 研制的根本原因。

虽然外观和技术核心区别不大，ICE2 还是根据 ICE1 的运营经验进行了许多优化。由于 ICE1 高等坐席上座率不高，在 ICE2 编组中减少了一等车比例，在 7 节载客车厢中，共有 2 节 2+1 座椅布局的一等车、4 节 2+2 座椅布局的二等车和 1 节餐吧车，同时取消了 ICE1 中的一等包厢与二等包厢坐席。列车座椅和车内设施采用了类似飞机的材质与设施，不仅降低了重量，还增加了座椅密度，实现了单位载客量的增加。在下线初期，ICE2 全车定员 368 人。2008 年中期大修改造后，定员增加至 391 人，两列重联时载客量可增加到近 800 人，甚至超过整列大编组的 ICE1，提高了经济性。ICE1 高出其他车厢的景观餐车在 ICE2 编组中也被改为与其他车厢相同的餐吧车，降低了空气阻力和空气噪声。

从 1995 年到 1997 年，共有 44 列 ICE2 下线并投入运营。由于轴重和供电制式等原因，ICE2 只能在德国境内运行。目前，ICE2 主要执行柏林经汉诺威至德国西部鲁尔区的高速列车，两组 ICE2 在哈姆（Hamm）分成两列，分别去往多特蒙德、杜塞尔多夫和乌帕塔尔、科隆两个方向，返程列车则在哈姆拼合成一列再驶向柏林。慕尼黑经汉诺威分别去往汉堡和不莱梅的 ICE2 高速列车也采用类似的方式在汉诺威站拼接分合。少量 ICE2 也在柏林至汉堡等线路上单组运行。根据计划，2022 年起，ICE2 将逐渐被新的 ICE4 取代，并将在 2025 年最终全部淘汰。

ICE2 停靠在汉堡站

重联运行是 ICE2 最大的特点

■ 重联运行的 ICE2 行驶在柏林市区

## 车辆设施

❶ ICE2 一等车；
❷ ICE2 二等车；
❸ ICE2 餐吧车用餐区；
❹ ICE2 无障碍卫生间；
❺ ICE2 餐吧车酒吧区；
❻ 柏林—科隆 杜塞尔多夫的 ICE2 在哈姆站重联解编。

德国

## 欧洲 300km/h 动力分散高速列车先河

# ICE3-403/6

| 投入运用时间 | 1999 年 |
| --- | --- |
| 运营速度 | 320km/h |
| 列车编组 | 4M4T |
| 牵引功率 | 8000kW |
| 列车定员 | 431~441 人 |

ICE3 是德国铁路第一款 300km/h 级别高速列车，也是德国第三代高速列车的代表。它的诞生，彻底改变了德国此前动力集中高速列车的技术传统，在技术方面实现了质的提升。

ICE3 停靠在德国铁路中枢法兰克福车站

1995 年，位于德国西部的科隆至法兰克福高速铁路开工建设。这是德国第一条设计速度达到 300km/h 的高速客运专线——此前修建的 3 条高速铁路全部是客货混跑，最高速度也只有 250km/h。由于无需考虑货物列车，为了节约建设成本并与高速公路共用通道，科隆至法兰克福高速铁路的最大坡度达到惊人的 40‰，此前动力集中型的 ICE1 和 ICE2 已无法满足新线运营需要。ICE1/2 过大的轴重和不符合 UIC 标准的车辆限界也限制了德国高速列车走出国门的需求。最终德国决定放弃此前的动力集中传统，转而开发动力分散高速列车。

作为欧洲时速 300km 动力分散高速列车开先河之作，ICE3 的研发与生产汇集了当时德国乃至整个欧洲铁路界的顶尖智慧。列车由以西门子为首的制造联盟生产，联合了西门子、阿德兰兹（ADtrans，现已并入庞巴迪）、庞巴迪和阿尔斯通四大巨头。在列车外观上，通过邀请竞赛的方式，数家世界著名设计公司参与设计。这也让 ICE3 一改此前 ICE1/2 的斜面头型，转而采用更加细长柔和的椭圆流线头型，不仅优化了空气动力学性能，更充满了现代感。连续黑色的带状车窗和白色底漆、红色腰线的特色涂装则依然保留了 ICE 家族惯有的设计元素。这一经典外观也成为德国高速铁路的名片。

采用动力分散的 ICE3 为 4M4T 的 8 辆编组形式，车体采用铝合金结构，最大轴重由 ICE1/2 的 19.5t 降低到 16t，符合最大轴重不超过 17t 的 UIC 规范标准。列车采用交流异步牵引电机、整车牵引功率达到 8000kW。全部初代 ICE3 分为只适应 15kV 16.7Hz 牵引网压的单电压制 403 型和可适应交流 15kV 16.7Hz、交流 25kV 50Hz、直流 1.5kV、直流 3kV 四种网压的四电压制 406 型两款。其中 403 型被通称为 ICE3 型，而 406 型因为可行驶在德、法、比、荷等多个国家，被称为 ICE3M 型。其中，6 列 ICE3M 列车加装了法国高速铁路信号系统，并获得法国高速铁路运行许可，又被称为 ICE3MF。ICE3 与 ICE3M 最高设计速度均为 330km/h，但除在法国东线高铁上 ICE3MF 可实现 320km/h 运行外，其他 403 与 406 型高速列车在德国、比利时与荷兰境内最高速度都只有 300km/h。在法、比、荷三国既有铁路的直流供电线路上，受功率限制，ICE3M 最高速度只有 220 km/h。

ICE3 驶入科隆中央车站

在 ICE3 的 8 辆编组中，下线时共有 3 节 2+1 座椅布局的一等车、4 节 2+2 座椅布局的二等车和 1 节餐吧车，总定员 391 人。2002 年后根据需要，ICE3 将一节一等车调整为二等车，定员增加到 441 人。由于多电压变流设备和不同国家铁路信号装备需占据额外空间，ICE3M 定员略少，初期为 380 人，改造后为 431 人。

1998 年，首列 ICE3 亮相。1999 年，分别配属德国和荷兰国铁的 ICE3M 率先在德国与荷兰间投入国际列车运营。

2000 年，403 型 ICE3 开始批量配属德国国铁。2002 年 8 月 1 日，随着科隆至法兰克福高铁的建成通车，ICE3 正式大规模投入以科隆至法兰克福高速铁路为中心的德国高速铁路系统。在比利时，ICE3M 分别于 2002 年和 2004 年获得了在直流 3kV 既有铁路与交流 25kV 新建高速铁路的运行许可。2007 年，ICE3MF 开始进入法国东线高铁，与 TGV-POS 共同执行巴黎至德国南部城市间的国际列车。这也是 ICE 高速列车首次驶入法国境内。2016 年，随着新一代 ICE3-407 型列车上线，全部 ICE3MF 均退出法国，改为普通 ICE3M 型列车，投入德国至比利时间的国际联运。截至目前，共有 50 组单电压 ICE3 配属德国国铁；17 组 ICE3M 中有 13 组配属德国国铁，另外 4 组则配属荷兰国铁，共同承担跨国 ICE 高速列车的运营。

配属荷兰国铁的 ICE3M 行驶在德国境内

## 车辆设施

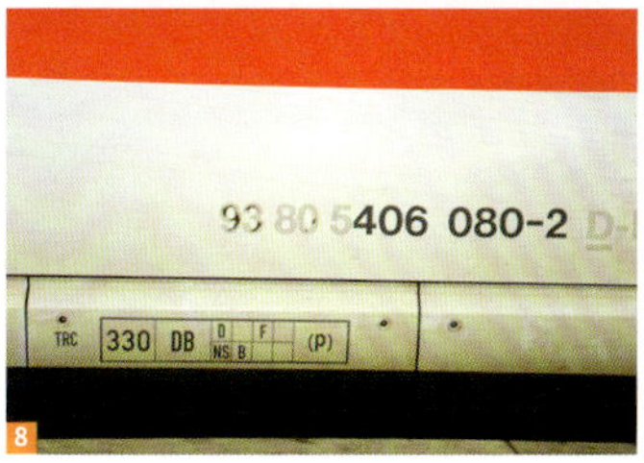

❶ ICE3 观光区；
❷ ICE3 敞开式一等车；
❸ ICE3 更新后二等车，内饰与 ICE4 相同；
❹ ICE3 餐吧车酒吧区；
❺ ICE3 家庭包间；
❻ ICE3 餐吧车就餐席；
❼ ICE3 一等包厢；
❽ ICE3MF 车身标识，最高速度 330km/h，同时拥有德法荷比四国运行许可。

## 面向国际服务的新一代高速 ICE

# ICE3-407

| 投入运用时间 | 2013 年 |
|---|---|
| 运营速度 | 320km/h |
| 列车编组 | 4M4T |
| 牵引功率 | 8000kW |
| 列车定员 | 460 人 |

ICE3 的巨大成功让动力分散取代动力集中成为德国高速列车新的发展方向，而多电压制的 ICE3M 也成为继 TGV 后另一款大规模运用的泛欧高速列车。在这一发展趋势下，德国国铁在 2007 年提出了新的动车组招标方案，意在开发一款更安静、更节能、更舒适且容量更大的国际化高速列车。最终西门子公司获得合同，并在公司内部称之为 Velaro D。基于相似的技术方案，这款新型高速列车在德铁系统中依然被编入 ICE3 车队，被称为 ICE3-407 型或“新 ICE3”。但由于头型、容量和技术细节都发生了很大变化，因此已是一款全新车型。

ICE3-407 停靠在斯图加特站

虽然 ICE3-407 由此前的西门子与庞巴迪联合生产改为西门子独立生产，部分专利无法使用，但主要技术特征与早期 ICE3 列车保持一致。ICE3-407 同样采用 4M4T 的 8 辆编组形式，铝合金车体和交流异步牵引电机也与 ICE3 一脉相承。作为德国铁路专为国际服务而设计的列车，ICE3-407 可兼容交流 15kV 16.7Hz、交流 25kV 50Hz、直流 1.5kV、直流 3kV 四种不同的电压制式，并加装多国信号系统，具备在德法比荷英五国运行的技术条件。在交流区段，列车最大功率 8000kW，最高运行速度 320km/h；在直流区段最大功率则仅为 4200kW，最高运行速度也只有 220km/h。ICE3-407 具备与此前 ICE3-403/6 重联运行的功能，车体也采用了 ICE3 成熟的铝合金结构。但在头车部分，ICE3-407 设置了碰撞吸能模块，头型也更加立体。列车牵引系统被划分为 4 个单元，即使其中两个单元停止工作，列车也可维持运行。采用独立控制技术也允许列车在局部火灾的情况下继续运行。在传统 ICE-3 基础上，ICE3-407 还增加了火灾报警装置，各节车厢间也设有防火设备室和防火门。高标准的火灾防控系统为列车满足英法海底隧道通行标准创造了条件。

德法跨国 ICE3-407 抵达巴黎东站

在 ICE3-407 的 8 辆编组中，共有 2 节 2+1 座椅布局的一等车、5 节 2+2 座椅布局的二等车和 1 节一等 / 餐吧合造车，总定员 460 人（含 16 个就餐席）。相比于 ICE3-403/6，ICE3-407 取消了一等包厢和司机室后的观光区，坐席数量也因此有所增加。通过增加定员和其他技术手段，ICE3-407 的单位能耗将比此前版本的 ICE 低 20%，更加经济和环保。

2010 年，ICE3-407 首次亮相并开始试验。2012 年，列车获得德国境内的运行许可，并于 2013 年末开始执行德国国内的 ICE 车次。此后，法国的运行许可也被批准，但比利时、荷兰与英法海底隧道的运行许可却一直得不到批复。这也让德国国铁利用 ICE3-407 开行德国至英国国际列车的构想迟迟无法实现。2016 年后，此前由 ICE3MF 执行的巴黎至德国南部 ICE 国际列车已全部改由 ICE3-407 执行。目前合同中 17 列 ICE3-407 已全部下线，未来随着更多运行许可的批准，将有更多的跨国 ICE 改由 ICE3-407 运行。

ICE3-407 驶出曼海姆站

## 车辆设施

❶ ICE3-407 一等车；
❷ ICE3-407 二等车；
❸ ICE3-407 餐吧车吧台；
❹ ICE3-407 餐吧车用餐区；
❺ ICE3-407 的非动力转向架装备了磁轨制动装置；
❻ ICE3-407 外观与 ICE3 非常相似，目前拥有德法两国运行许可。

# 德国次世代模块化可变编组城际动车组

# ICE4

| 投入运用时间 | 2013 年 |
|---|---|
| 运营速度 | 250km/h（12 编组）；230km/h（7 编组） |
| 列车编组 | 6M6T，3M4T |
| 牵引功率 | 9900kW（12 编组）；4950kW（7 编组） |
| 列车定员 | 456~830 人 |

ICE4 是德国新一代城际动车组。与时速 300km 级的 ICE3 不同，ICE4 最高设计速度仅为 250km/h，定位为替换 IC 城际列车和老旧进入淘汰周期的 ICE1/2 高速列车，以经济适用作为核心设计理念。

ICE4 最早曾称为 ICx。2008 年，ICx 作为 IC 城际列车的替代产品进入德国国铁新一轮高速列车招标。2011 年 5 月，德国国铁与西门子公司正式签订价值 63 亿欧元，总数达 220 列高速列车的超级合同。这是西门子历史上最大的单笔铁路订单。2015 年底，在首列车下线的揭幕仪式上，ICx 被最终定名为 ICE4，德铁内部则被定型为 412 型。它将成为未来德国国内城际运输的主力车型。

ICE4 停靠在纽伦堡车站

在总体设计上，ICE4 延续了动力分散的成功理念，但创造性地推出了模块化可变编组的概念设计。全列车由无动力头车、有动力中间车、无动力中间车、无动力餐车和服务车五种基本车体组成。每节动力车都将包括牵引变压器，牵引变流器，辅助变流器和四台牵引电机在内的全部牵引系统整合在一节车厢中。理论上列车可以实现从 5 辆到 14 辆的灵活编组。在车体方面，ICE4 没有使用此前历代 ICE 高速列车采用的铝合金结构，转而使用不锈钢和激光焊接技术，价格更低廉。车体长度也增加至 28m，从而增加了车辆容量，减少了车辆通道和转向架数量，进一步优化成本。

在最早的合同中，ICE4 包含 7 辆和 10 辆两种编组。其中 7 辆编组列车与 ICE3-407 一样具备适应交直流 4 种牵引电压环境下的运行条件，可去往比利时与荷兰，10 辆编组列车则只能适应德国、瑞士和奥地利的交流 15kV 网压。后来随着客流和运用范围的变化，10 辆编组列车被扩编为 12 辆，7 辆编组列车则取消了多网压的适应条件。新的 12 辆编组列车采用 6M6T 编组模式，整车牵引功率 9900kW，包含 3 节 2+1 座椅布局的一等车、8 节 2+2 座椅布局的二等车和 1 节餐车，总定员 830 人，最高速度 250km/h。7 辆编组列车则采用 3M4T 编组模式，具备两列重联运行条件，整车牵引功率 4950kW，最高速度 230km/h，全车定员 456 人，甚至超过 8 辆编组的 ICE3。由于轻量化、大容量、空气动力学优化和再生制动性能提升，ICE4 与 ICE1 相比，单位乘客能耗可下降 30%，经济性出众。

夕阳下 ICE4 驶出纽伦堡站

2017 年夏，两列 12 辆编组的 ICE4 率先在汉堡—纽伦堡—慕尼黑线路上投入试运行。2017 年 12 月运行图调整后，8 列 ICE4 正式投入汉堡—慕尼黑和柏林—慕尼黑等线路运营。2020 年，7 辆编组 ICE4 也将下线并投入运用。届时 ICE4 也将获得奥地利和瑞士的运行许可。根据规划，ICE4 将从 2020 年起大规模替换现有的 IC 和 EC 列车，并于 2025 年起替换淘汰早期的 ICE1 和 ICE2。未来德国铁路长途运输约 70% 的营业额都将来自 ICE4 列车。

ICE4 在汉堡阿尔通纳站

## 车辆设施

❶ ICE4 一等车；
❷ ICE4 二等车；
❸ ICE4 家庭间；
❹ ICE4 餐车；
❺ ICE4 自行车存放处；
❻ ICE4 卫生间；
❼ ICE4 将席位占用信息从行李架改到座椅上。

德国

## 服务德国既有路网的摆式高速列车

# ICE-T

| | |
|---|---|
| 投入运用时间 | 1999 年 |
| 运营速度 | 230km/h |
| 列车编组 | 4M3T，3M2T |
| 牵引功率 | 4000kW（7 编组）；3000kW（5 编组） |
| 列车定员 | 250~369 人 |

20 世纪 90 年代初，两德统一和 ICE 高速列车品牌的树立，给德国铁路带来庞大的客流。但受制于资金限制，许多拥有出行需求的城市无法直接被高速铁路网串联。为了在低标准既有铁路上压缩旅行时间并实现接近 ICE 高速列车的乘坐舒适度和旅行品质，德国引进意大利成熟的 Pendolino 技术，开发了 ICE-T 摆式列车，成为 ICE 高速列车大家庭中另类的经济选择。

运行在柏林至慕尼黑既有铁路上的 ICE-T

ICE-T 的研发始于 1994 年。当时，德国铁路计划开发新式列车，以取代传统的 IC（Intercity 城际快车）和 IR（InterRegio 区域快车）。新型列车最初取名 IC-T 型，其中“T”是德国“多单元”（Triebzug）的缩写，代表列车采用动力分散技术。在列车正式投入运行前，最终被定名为 ICE-T，代号中的“T”最终被解释为英文“倾斜”（Tilting）的缩写，以突显其摆式列车的技术特征。

与同时期的 ICE3 类似，ICE-T 同样由西门子、庞巴迪和阿尔斯通三大巨头联合设计生产。其中，庞巴迪和西门子主要负责车体和电气设备，而列车转向架和摆式列车技术则由菲亚特（后被阿尔斯通收购）提供。同时，无论流线型外观、司机室后方观光区还是木纹整体内饰结构，ICE-T 都与同时代的 ICE3 非常接近。二者在外观上最主要的差别是 ICE-T 车头略短且红色腰线在车头处不贯通，如不仔细观察很容易被混淆。由于主要服务既有铁路网，ICE-T 最高速度被定为 230km/h。

ICE-T（左）与 ICE3 外观风格接近，但在车头长度和涂装方面有着明显不同

在整体设计上，ICE-T 首次采用了“单元设计”的思路，通过不同技术类型车辆的组合，可实现 5 辆到 15 辆灵活编组。但在实际生产中，ICE-T 只生产了 5 辆编组和 7 辆编组两种形式，可通过两组列车重联运行适应客流高峰。其中，7 辆编组列车在德铁内部被命名为 411 型，编组形式采用 4M3T，牵引功率 4000kW，包含 1 节 2+1 座椅布局的一等车、5 节 2+2 座椅布局的二等车和 1 节餐车，全车定员 357~369 人。5 辆编组列车被命名为 415 型，编组形式采用 3M2T，牵引功率 3000kW，全车定员 250 人。

在摆式技术上，ICE-T 选择了第三代 Pendolino 摆式列车 ETR460 的成熟技术，最大倾摆角度可达 8°。牵引电机也采用 Pendolino 特有的体悬 + 万向轴传统的技术方案。列车只能适应 15 kV 16.7Hz 一种网压，因此仅能在德瑞奥三国境内运行。

从 1999 年 12 月首批投入运营至今，共有 60 列 411 型和 11 列 415 型 ICT-T 投入运行。在德国国内，ICE-T 在柏林至慕尼黑、柏林至汉堡、多特蒙德至德累斯顿和法兰克福至德累斯顿多条主要既有铁路通道上提供服务，全德国范围都能看到它的身影。同时 ICE-T 也服务于奥地利维也纳至德国法兰克福的国际线路。早期曾服务过的德国斯图加特—瑞士苏黎世间国际列车因技术和经济原因已不再由 ICE-T 运营。

ICE-T 运行在莱茵河谷铁路上。

## 车辆设施

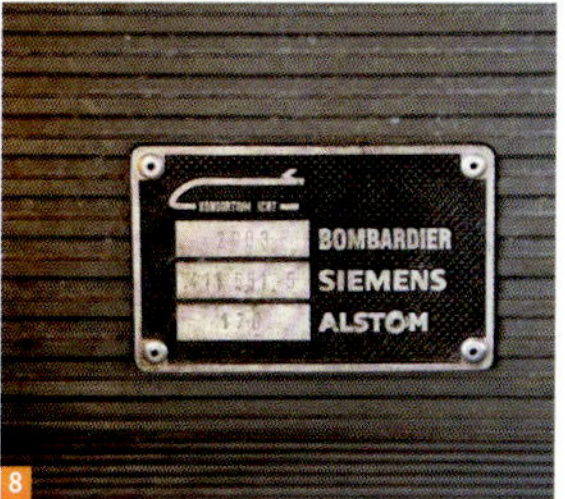


❶ ICE-T 一等车；
❷ ICE-T 一等包厢；
❸ ICE-T 二等车；
❹ ICE-T 餐吧车吧台；
❺ ICE-T 餐吧车；
❻ ICE-T 转向架；
❼ ICE-T 具备重联功能；
❽ ICE-T 车辆铭牌，由庞巴迪、西门子和阿尔斯通三大巨头联合生产。

## ICE-T 摆式列车的内燃版本

# ICE-TD

| 投入运用时间 | 2001 年 |
|---|---|
| 运营速度 | 200km/h |
| 列车编组 | 4M0T |
| 牵引功率 | 2240kW |
| 列车定员 | 195 人 |

ICE-TD 是与 ICE-T 同时期的内燃版摆式动车组，主要计划运用于德国非电气化山区提速铁路上。在研发之初，ICE-TD 曾被称为 ICT-VT，“VT”是德语“内燃动车”（Verbrennungstriebwagen）的缩写。而最终 ICE-TD 名称中的“TD”是英文“摆式内燃”（Tilting Diesel）的缩写，与同家族的 ICE-T 一脉相承。

在整体设计上，ICE-TD 完全承袭了 ICE-T 的设计风格。在外观上二者几乎完全相同，但在编组上 ICE-TD 只有 4 节车厢，其中包括 1 节 2+1 座椅布局的一等车、2 节 2+2 座椅布局的二等车和 1 节餐座合造车，总定员 195 人。木质装潢、一等车真皮座椅和司机室后方透明玻璃观光区的列车内饰风格与同时代的 ICE3 和 ICE-T 完全一致。

2008 年时 ICE-T 停靠在丹麦日德兰半岛的腓特烈西亚站

在技术方面，ICE-TD 不仅具备三组同款列车重联运行的能力，还可与电力牵引的 ICE-T 重联运行。甚至在 ICE-TD 的仪表盘上还有控制 ICE-T 受电弓升降的按钮，充分体现了两款列车一体化、通用化的设计理念。ICE-TD 每节车厢各有一台动力转向架和一台非动力转向架。每台动力转向架均对应一台 560kW 的康明斯柴油发动机，采用电传动方式驱动列车运行，整车功率 2240kW，最高运行速度 200km/h。在车辆制造方面，庞巴迪公司负责制造两端车厢，西门子公司则生产中间车厢。在摆式技术上，ICE-TD 没有选择 ICE-T 使用的 Pendolino 摆式技术，转而使用西门子研发的电气—机械摆动结构，转向架与车体间的中央弹簧也从金属弹簧改为空气弹簧，以提高舒适度。从外观上看，新月形的转向架结构与 ICE-T 有着明显的差别。

ICE-TD 的运用过程命运多舛。2001 年，全部 20 列 ICE-TD 交付，在德铁公司内部被定名为 605 型。最初，ICE-TD 主要用于慕尼黑—林道—苏黎世的国际列车和德累斯顿—纽伦堡、慕尼黑间的城际列车。但 ICE-TD 全新的摆式技术不够稳定，甚至出现过断轴事故，加之德国环保要求严格，德铁使用 ICE-TD 需支付全额燃油税，成本高昂，因此从 2003 年至 2007 年，除 2006 年德国世界杯期间短暂提供包车和加车服务外，ICE-TD 始终闲置。2007 年起，因 IC4 型高速列车交付滞后，丹麦国铁（DSB）向德铁公司租借 ICE-TD，用于执行汉堡—奥胡斯与柏林—汉堡—哥本哈根间的国际列车。在汉堡—哥本哈根线路上，ICE-TD 驶入公铁滚装渡轮，乘船穿越德国与丹麦间费马恩海峡的画面成为 ICE-TD 运用历史上的经典。2016 年后，德铁不愿支付 ICE-TD 的大修费用，丹麦国铁也不愿花钱买断产权，ICE-TD 逐步退出运营。至 2017 年 10 月，全部 ICE-TD 停驶。截至 2019 年初，除两列 ICE-TD 被德铁公司改为检测列车外，其余 ICE-TD 在无法找到买家的情况下，都面临退役的选择。

2014 年时喷涂丹麦国铁标志的 ICE-TD 在费马恩海峡渡轮船舱中

ICE-TD 停靠在柏林中央车站

改为丹麦国铁主题色的 ICE-TD 驶出费马恩海峡渡轮

## 车辆设施

❶ ICE-TD 一等车；❷ ICE-TD 家庭包厢；❸ ICE-TD 二等车；❹ ICE-TD 餐吧区；❺ ICE-TD 铭牌，由西门子和庞巴迪联合生产；❻ ICE-TD 新月形状转向架是非常显著的特点；❼后期 ICE-TD 上丹麦国铁与德国国铁的标识。

# 意大利

意大利是欧洲高速铁路发展的先驱，是欧洲最早提出高速铁路意向和开通建设的国家。虽然发展历经波折，但近年来发展迅速，已建成超过 1000km 的高速铁路网，形成最高速度 250km/h 的 Pendolino 系列摆式列车和最高速度 300km/h 的非摆式列车两大体系，分别适应不同线路的运营需求。意大利也因 Pendolino 摆式列车成为世界重要的高速列车技术输出国之一。

意大利语中“快速电气列车”被称为“Elettro Treno Rapido”，其简写 ETR 也成为意大利包括高速列车在内很多电力动车组的车型代号。目前意大利国铁已拥有 ETR450、ETR460、ETR470、ETR480、ETR500、ETR600、ETR610 和 Frecciarossa 1000 八款车型，形成“红箭”和“银箭”两大商业品牌；私铁公司 NTV 则运营着 AVG 和 ETR675 两款高速列车，以“Italo”的商业品牌运行在意大利各条高速铁路上。

ETR500 驶过米兰—博洛尼亚高速铁路波河大桥

# 意大利高速铁路概况

受日本新干线开通的震动，早在1966年，意大利便出台了高速铁路的修建计划，是欧洲最早提出高速铁路意向的国家。1970年，罗马—佛罗伦萨高速铁路开工，意大利成为继日本之后第二个开工建设高速铁路的国家，实现了欧洲高速铁路建设零的突破。但也许由于意大利人随遇而安的天性，254km的高速线路竟然一直修了20多年，直到1992年才全线完工。为了兼容既有线列车，设计速度250km/h的罗马—佛罗伦萨高速铁路采用直流3kV供电，因此无论时间还是技术水平，都落到了德法身后。

ETR500行驶在米兰—博洛尼亚高速铁路上

进入21世纪，为了改善相对落后的基础设施，意大利开始全力建设高速铁路，规划了“T”字形的高速铁路网络——即南北向的米兰—罗马—那不勒斯—萨勒诺走廊和东西向的都灵—米兰—威尼斯—的里雅斯特走廊。2005年，罗马—那不勒斯高速铁路的主要路段通车，并于2009年延伸至那不勒斯市区；2006年，都灵—米兰高速铁路的都灵—诺瓦拉段通车，2009年延伸至米兰；2007年，米兰—威尼斯高速铁路中的帕多瓦—威尼斯和米兰—特雷维格里奥段通车，2016年特雷维格里奥—布雷西亚段建成，其余部分正在分段建设；2008年，那不勒斯—萨勒诺高速铁路通车，萨勒诺也成为新建高速铁路网的最南端；2008年，米兰—博洛尼亚高速铁路建成；2009年，穿越亚平宁山脉的博洛尼亚—佛罗伦萨高速铁路通车，南北向高速铁路全线贯通。

意大利新建高速铁路总里程已达999km，全部采用1435mm准轨轨距。其中，佛罗伦萨—罗马、那不勒斯—萨勒诺和帕多瓦—威尼斯三段线路采用直流3kV供电，可兼容既有铁路的传统机车车辆，最高运营速度220~250km/h。其余路段全部采用直流25kV 50Hz供电，仅供高速列车运行。近年来意大利新建高速铁路已全部采用ETCS列控系统，以实现欧洲高速铁路网的互联互通。

目前，意大利国铁（FS）运营的高速列车分为红箭号、银箭号和白箭号三个商业品牌。其中红箭为经由高速铁路的300km/h高速列车；银箭号为经由高速铁路，主要由Pendolino动车组执行的250km/h高速列车；白箭号则为既有提速铁路上运行的200km/h高速列车。私营铁路运营商NTV公司则在网运分离的前提下与FS直接竞争。此外，法国TGV也运营巴黎经都灵至米兰的跨国高速列车服务，但在意大利都灵—米兰间经由既有铁路，不上高速线运行。意大利与瑞士共同拥有的ETR610则经由辛普朗隧道和圣哥达隧道，运营翻越阿尔卑斯山的意瑞国际列车。

| 线路名称 | 营业区间 | 开业时间 | 最高运营速度 (km/h) | 路线长度 (km) |
|---|---|---|---|---|
| 佛罗伦萨—罗马高速铁路 | 佛罗伦萨—罗马 | 1978~1992年 | 250 | 254 |
| 罗马—那不勒斯高速铁路 | 罗马—那不勒斯 | 2005~2009年 | 300 | 205 |
| 都灵—米兰高速铁路 | 都灵—米兰 | 2006~2009年 | 300 | 125 |
| 米兰—威尼斯高速铁路 | 帕多瓦—威尼斯 | 2007年 | 220 | 25 |
| | 米兰—布雷西亚 | 2007~2016年 | 300 | 67 |
| 那不勒斯—萨勒诺高速铁路 | 那不勒斯—萨勒诺 | 2008年 | 250 | 29 |
| 米兰—博洛尼亚高速铁路 | 米兰—博洛尼亚 | 2008年 | 300 | 215 |
| 博洛尼亚—佛罗伦萨高速铁路 | 博洛尼亚—佛罗伦萨 | 2009年 | 300 | 79 |
| 合计 | | | | 999 |

意大利高速铁路示意图
注：本图仅作为铁路线路的示意之用，
不可作为行政区域与边界等参考。
米兰—威尼斯高速铁路
(米兰-布雷西亚)
都灵—米兰高速铁路
米兰—威尼斯高速铁路
(帕多瓦—威尼斯)
米兰—博洛尼亚高速铁路
博洛尼亚—佛罗伦萨高速铁路
佛罗伦萨—罗马高速铁路
罗马—那不勒斯高速铁路
那不勒斯—萨勒诺高速铁路
德　国
瑞　士
奥　地　利
法　国
意　大　利
斯洛伐克
匈　牙　利
斯洛文尼亚
克　罗　地　亚
波斯尼亚和黑塞哥维那
黑　山
列支敦士登
圣马力诺
梵蒂冈
阿尔及利亚
突尼斯
慕尼黑
München
林茨
Linz
维也纳
Wien
布拉迪斯拉发
Bratislava
苏黎世
Zürich
伯尔尼
Bern
因斯布鲁克
Innsbruck
布达佩斯
Budapest
格拉茨
Garz
日内瓦
Genève
基亚索
Chiasso
博尔扎诺
Bolzano
多莫多索拉
Domodossola
贝尔加莫
Bergamo
卢布尔雅那
Ljubljana
布雷西亚
Brescia
萨格勒布
Zagreb
米兰
Milano
的里雅斯特
Trieste
都灵
Torino
维罗纳
Verona
帕多瓦
Padova
威尼斯
Venezia
热那亚
Genova
博洛尼亚
Bologna
文蒂米利亚
Ventimiglia
佛罗伦萨
Firenze
比萨
Pisa
安科纳
Ancona
萨拉热窝
Sarajevo
法国
科西嘉岛
Corsica
罗马
Roma
卡西诺
Cassino
萨萨里
Sassari
福贾
Foggia
巴里
Bari
那不勒斯
Napoli
撒丁岛
Sardinia
萨勒诺
Salerno
萨普里
Sapri
莱切
Lecce
卡利亚里
Cagliari
巴勒莫
Palermo
墨西拿
Messina
雷焦卡拉布里亚
Reggio Calabria
西西里岛
Sicily
锡拉库萨
Siracusa
图例
300km/h
250km/h
既有提速线路
既有线路

## Pendolino 摆式动车组最初量产车

# ETR450

| 投入运用时间 | 1988 年 |
| --- | --- |
| 运营速度 | 250km/h |
| 列车编组 | 8M1T |
| 牵引功率 | 5008kW |
| 列车定员 | 390 人 |

由于意大利半岛多山区丘陵，因此既有铁路曲线多，技术标准低。虽然设计和新建了高铁新线，但为了让高速列车更好地服务路网，意大利国铁和意大利本土铁道车辆制造商菲亚特集团最初把高速列车研究的重点放在了名为 Pendolino 摆式列车上。Pendolino 在意大利语中是“小摆钟”的意思，形象表明了列车依靠摆动车身而提升曲线通过速度的形象。

1976 年，第一代 Pendolino 摆式动车组 ETR401 下线。仅此一列的 ETR401 作为试验列车获取了大量试验数据，为后续的 Pendolino 摆式动车组打下坚实基础。1985 年，在 ETR401 基础上，第二代 Pendolino 摆式动车组 ETR450 诞生，也成为 Pendolino 大家族的第一款量产车型。圆嘟嘟的脸庞，红色的腰身和复古的造型，ETR450 一面世便成了被人追捧的明星。据意大利媒体的统计，这款列车是最受意大利女性欢迎的列车！它也成了意大利高速铁路最鲜活的广告。也许没人想到，它的出现，不仅开启了 Pendolino 系列摆式列车发展的序幕，更成为高速动车发展史上里程碑式的一款列车。

ETR450 在诞生之初，采用了多项当时世界先进技术。列车采用意大利国铁通用的直流 3kV 供电制式。

■ ETR450 停靠意大利南部的萨普里车站

为了减轻轴重，ETR450 采用了铝合金车体和动力分散布置。列车采用 8M1T 的 9 辆编组形式，最大功率 5008kW，最高运行速度 250km/h。为了提高小半径曲线上的运行速度，ETR450 采用了液压倾摆装置，最大摆角由 ETR401 的 10°减少为 8°，列车稳定性和旅行舒适性都得以提升。全车每台动力车的转向架均配备一台直流牵引电机，采用晶闸管、斩波器控制。为了适应摆动式转向架驱动需要，同时降低转向架重量，ETR450 的牵引电动机安装在了车体下方，通过万向轴驱动轮对。这种悬挂方式后来也成为了 Pendolino 系列动车组的重要特征。

1988 年 5 月 29 日，ETR450 正式在罗马—米兰间投入运营，最高速度可达 250km/h。ETR450 也成为继法国 TGV-PSE 之后欧洲第二款投入运用的高速列车。1987 年到 1992 年，ETR450 共制造了 15 列。由于摆式列车大幅压缩运行时间，ETR450 在客运市场上大获成功。当然，作为第一款摆式动车组，ETR450 某些设计略显保守。特别是为了降低重心并满足安全限界，ETR450 的车身宽度只有 2.75m，车内空间比较局促。这也让 ETR450 成为欧洲唯一一款一等车与二等车都采用 2+1 布局的高速列车，全车定员仅有 390 人。加之意大利后续高速铁路普遍采用国际通用的交流 25kV 50Hz 交流供电，单电压制的 ETR450 无法上线运行，因此逐渐退出高速新线，转入既有铁路继续发挥余热。在运用的最后阶段，ETR450 退出“意大利欧洲之星 ES”的高铁品牌运营，转而执行 IC 城际列车。2015 年初，最后一列 ETR450 停运，意大利铁路也告别了这款 Pendolino 摆式列车的先河之作。

■ 2008 年时 trenok 廉价列车涂装的 ETR450 驶入罗马特米尼车站

ETR450 最后服役的岁月是以 IC 名义运行在罗马与亚平宁半岛最南端的卡拉布里亚雷焦之间。图中列车正行驶在亚平宁半岛东侧的地中海海岸线上

## 车辆设施

❶ ETR450 一等车；
❷ ETR450 二等车；
❸ ETR450 驾驶台；
❹ ETR450 转向架；
❺ ETR450 车辆标识。

## Pendolino 的演进

# ETR460/480/485

| 投入运用时间 | 1994 年；1997 年 |
| --- | --- |
| 运营速度 | 250km/h |
| 列车编组 | 6M3T |
| 牵引功率 | 5880kW |
| 列车定员 | 480~489 人 |

ETR450 的广受欢迎让 Pendolino 摆式动车组有了进一步的发展。1994 年，改进版的第三代 Pendolino 摆式动车组 ETR460 问世。

相比于 ETR450，ETR460 传承了 250km/h 最高速度、直流 3kV 供电、液压摆动车体、体悬式牵引电机和万向轴传动等主要设计理念，也进行了诸多针对性改进。首先通过优化车体倾摆系统，ETR460 的车体宽度增加至 2.8m，扩大车内空间的同时，二等车也得以采用 2+2 方式布置座椅，车体气密性的增强也让隧道区间运行时乘客更加舒适。全车 9 辆编组中包括 3 节一等车、4 节二等车和 1 节餐吧车，总定员 480 人。随着技术提升，ETR460 改用交流牵引电机和 GTO 变流器，把每台牵引电机的功率增加到 490kW，在总牵引功率提高到 5880 kW 的同时，列车编组则调整为 6M3T，减少了动力车数量，提高了经济性。列车头型也一改 ETR450 子弹头式的复古形象，采用著名跑车设计师乔治亚罗设计的流线头型，单片挡风玻璃可同时适应左行和右行信号，为 Pendolino 走出意大利创造了条件。

“白箭”涂装 ETR460-28 停靠在热那亚 Principe 站

从 1970 年就开始修建的意大利第一条高速铁路——罗马—佛罗伦萨高速线直到 1992 年才全线完工。当年为了和既有铁路保持一致而选择的直流 3kV 供电制式在 90 年代初期已非常落伍。因此意大利在后续修建的高速新线中改用 25kV 50Hz 交流供电。为了让 Pendolino 动车组驶上高速线，从 1997 年起，新造列车在 ETR460 基础上增加了 25 kV 50Hz 受流与变压系统的安装空间，并命名为 ETR480。此时新建 25kV 50Hz 高速新线还未投产，ETR480 也与 ETR460 车队混用。直到 2004 年后，25kV 50Hz 电气设备才逐步加装，ETR480 也正式更名为 ETR485。除可兼容 25kV 50Hz 电压，定员调整至 489 人外，ETR485 与 ETR460 基本相同。

ETR460 行驶在意大利南部既有铁路上

从 1994 年至 1995 年，ETR460 共制造 10 列，列车编号 21~30；从 1997 年至 1998 年，ETR480 共制造 15 列，列车编号 31~45，并在 2004 年至 2009 年间全部升级为 ETR485。目前，ETR460 主要执行热那亚经比萨至罗马间的白箭号（Frecciabianca，简称 FB）车次；ETR485 则主要执行罗马至亚平宁半岛最南侧卡拉布里亚雷焦方向和罗马至亚得里亚海沿岸巴里、莱切等方向的银箭号（Frecciargento，简称 FA）车次。由于摆式技术成熟且提速效果明显，以 ETR460 为原型的第三代 Pendolino 先后出口芬兰、葡萄牙、斯洛文尼亚、西班牙和英国等国家，是那个时代意大利铁路技术的骄傲。

停靠在罗马特米尼车站的 ETR485

■ “白箭”涂装 ETR460 行驶在五渔村美丽的海岸线上

## 车辆设施

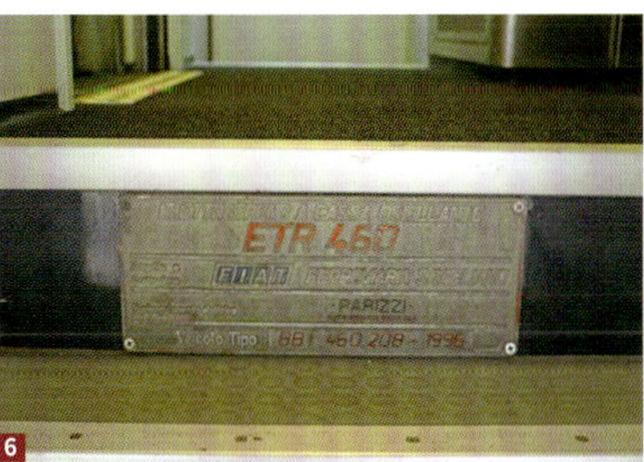


❶ ETR460 一等车；
❷ ETR460 二等车；
❸ ETR460 酒吧车吧台区；
❹ ETR460 酒吧车就餐席；
❺ ETR460 转向架；
❻ ETR460 车辆铭牌。

## 意瑞双电压制国版际 Pendolino

# ETR470

| 投入运用时间 | 1997 年 |
| --- | --- |
| 运营速度 | 200km/h |
| 列车编组 | 4M3T |
| 牵引功率 | 5880kW |
| 列车定员 | 475 人 |

Pendolino 摆式列车的成功给山区小半径曲线铁路上的火车提速提供了绝佳的解决方案。横亘欧洲中部的瑞士坐拥阿尔卑斯山，南北向穿越阿尔卑斯山的客流非常庞大。为了压缩运行时间，提升服务品质，1996 年，意大利国铁 FS 和瑞士国铁 SBB 合作，以 ETR460 为蓝本，开发出适用于跨国运输的 ETR470，Pendolino 第一次走出意大利的国门。

配属瑞士国铁的 ETR470 停靠苏黎世车站，现已退役。

ETR470 在技术方面与大哥 ETR460，小弟 ETR480 基本相同，同样采用 6M3T 的 9 辆编组模式，最大功率 5880kW。具备车体倾摆功能、最大摆角 8°、体悬电机和 GTO 变流器也一脉相承。相比之下，ETR470 最大的特点便是除适用于意大利直流 3kV 供电电压外，还可运行在瑞士和德国 15kV 16.7Hz 电气化铁路上，能够在瑞士与意大利间便捷通行。同时，由于运行线路翻越阿尔卑斯山，曲线多，坡度大，因此 ETR470 的最大速度也降低到了 200km/h。

外观方面，ETR470 一改意大利国内高速列车红色的基调，以蓝白为底色，辨识度极高。9 辆编组中同样包括 3 节 2+1 座椅布局的一等车、5 节 2+2 座椅布局的二等车和 1 节酒吧车。由于定位服务国际客流，ETR470 的一等车定员总数略高于 ETR460，全车总定员 475 人。

从 1994 年到 1997 年，ETR470 共下线 9 列，并于 1997 年正式投入跨国运输服务。在运用初期，ETR470 归属意大利国铁 FS 和瑞士国铁 SBB 组建的合资公司 Cisalpino 专门运营，主要服务米兰经圣哥达铁路去往苏黎世和米兰经辛普朗隧道去往日内瓦两条主线。在 1998 年至 2006 年间 ETR470 还曾延伸至德国的斯图加特。不过也许是水土不服，ETR470 自诞生之初便一直故障不断，饱受非议。2009 年 12 月起，ETR470 不再以合资公司 Cisalpino 的名义服务，9 列车中 5 列由意大利国铁接管，另外 4 列归属瑞士国铁。由于运营成本和故障率居高不下，瑞士国铁已于 2014 年底将自己所属的 ETR470 全部停运。由 ETR470 执行的瑞意国际列车也在新的 ETR610 大规模增配后于 2015 年全部换型。目前配属意大利国铁的 ETR470 已改为意大利国内高速列车涂装，与 ETR460 车队一起执行 FB 白箭号的车次。

配属意大利国铁的 ETR470 行驶在瑞士境内

目前已改为意大利国内高铁涂装的 1 号 ETR470 停靠在米兰中央车站

■ ETR470 行驶在瑞士圣哥达铁路上

## 车辆设施

❶ ETR470 一等车；
❷ ETR470 餐车；
❸ ETR470 二等车；
❹ ETR470 摆式转向架。

## 意大利唯一动力集中 300km/h 高速列车

# ETR500

| 投入运用时间 | 1992 年 |
| --- | --- |
| 运营速度 | 300km/h |
| 列车编组 | 2L11T |
| 牵引功率 | 8800kW |
| 列车定员 | 574 人 |

1992 年，经过 20 多年的建设，佛罗伦萨至罗马高速铁路全线建成通车。虽然“起个大早，赶个晚集”，但意大利终于继法德之后，成为欧洲第三个拥有高速铁路的国家。此时意大利已规划的米兰至那不勒斯和都灵至威尼斯“T”字形高速铁路网中，绝大部分高速新线设计速度均为 300km/h。为此，意大利开始全新开发 300km/h 的 ETR500 高速列车。

ETR500 行驶在波尔扎诺至维罗纳既有线路上

相比于动力分散，具有车体倾摆功能的 Pendolino 系列动车组，ETR500 在意大利高速列车大家庭里可谓一朵“奇葩”。由于新建高速新线技术标准高，曲线半径大，因此 ETR500 摒弃了 Pendolino 引以为豪的车体倾摆技术；为了实现 300km/h 的最高速度，ETR500 也采用了那个时代欧洲普遍采用的动力集中模式。1988 年和 1990 年，ETR500-X 和 ETR500-Y 两列试验列车下线；1992 年，第一批 30 列量产版 ETR500 投入运营。首批投入运用的 ETR500 采用 2L11T 的编组形式，动力车只能适应直流 3kV 供电电压，可运行在既有铁路和佛罗伦萨至罗马高速铁路上。虽然机械结构构造速度可达 300km/h，但受制于直流供电区间列车高速运行时过大的电流，初代 ETR500 在运用中最高速度只能达到 250km/h。为了适应后续新建高速铁路 25kV 50Hz 的交流供电制式，意大利国铁又订购了 30 列可适应直流 3kV 与交流 25kV 50Hz 双电压供电的第二代 ETR500。同时额外制造了 60 台双电压动力车，替换早期制造的 30 列 ETR500 的直流动力车。被替换的 60 台直流动力车被改造为 E414 型机车，与 200km/h 的客车固定编组，执行运行在既有铁路上的 FB 白箭号车次。

第二批次 ETR500 动力车与初代车类似，采用基于 GTO 元件的交流传动与异步牵引电机，两台动力车总功率 8800kW。根据不同需要，ETR500 曾有 8 辆、11 辆和 12 辆三种不同的拖车编组，目前已全部统一为 11 辆拖车。这 11 节车厢中除 5 节 2+2 座椅布局标准车厢、1 节 2+2 座椅布局优选车厢、3 节 2+1 座椅布局商务车厢和一节餐车外，还有 1 节包括包厢、会议室和 1+1 座椅布局的高级车厢，全车定员 574 人。将传统一等车和二等车分割为 4 种不同服务级别，提供差异化服务和不同价格区分，也成为意大利近年来高速铁路列车服务的新趋势。

2008 年起，随着米兰—博洛尼亚高速铁路的建成，意大利国铁将只运行在高速新线上的 ETR500 命名为红箭号（Frecciarossa，简称 FR），是意大利铁路上最高级别的服务品牌。在 2015 年 Frecciarossa 1000 高速列车投入运营前，ETR500 只在都灵—米兰—罗马—那不勒斯—萨勒诺间的高速新线上运行。随着新一代 Frecciarossa 1000 的下线，60 列 ETR500 除在高速通道上继续服务外，更多地转向服务都灵—威尼斯—的里雅斯特和博尔扎诺—罗马等高速铁路下线延伸服务，将意大利更多地区纳入高速列车服务网络。

第一代 ETR500 现已改造为运行在既有线的白箭列车

ETR500 早期涂装

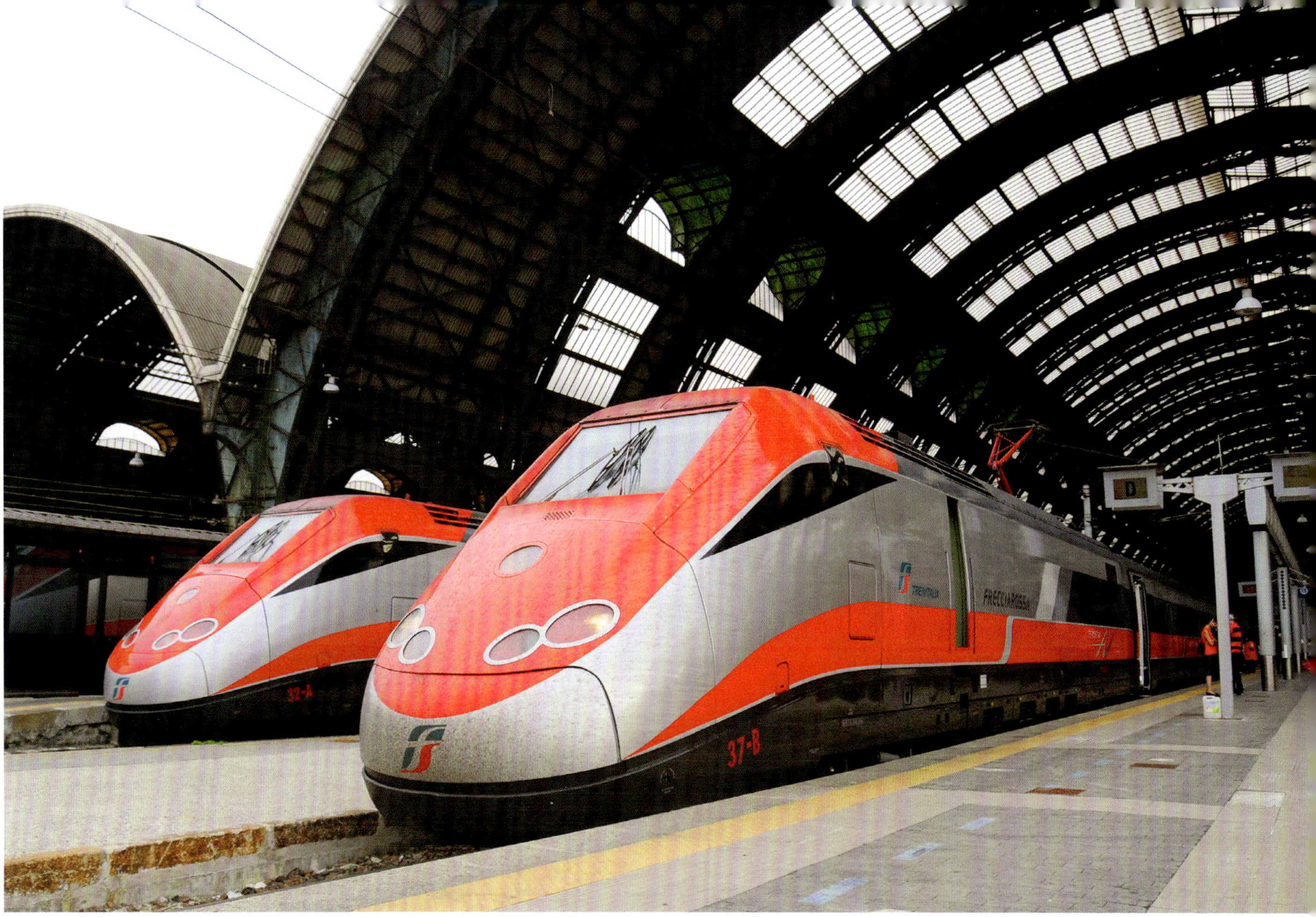

两列红箭在米兰中央车站整装待发

## 车辆设施

1

2

3

4

5

6

8

7

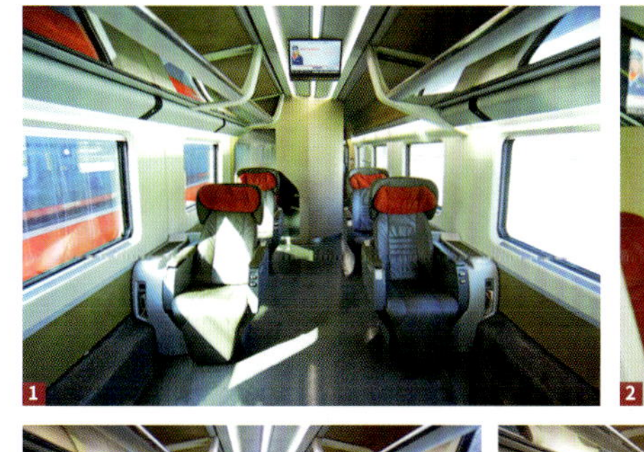

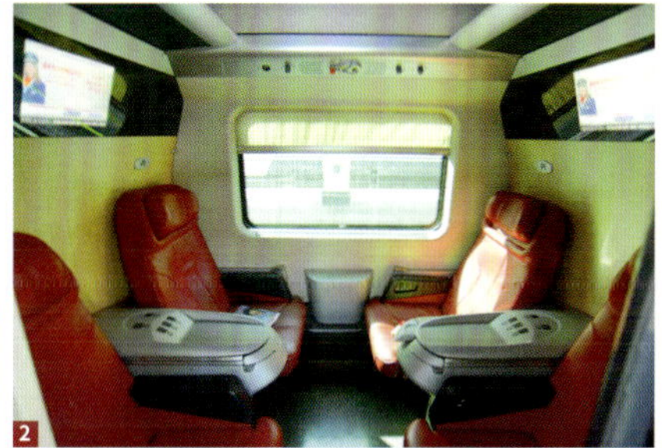

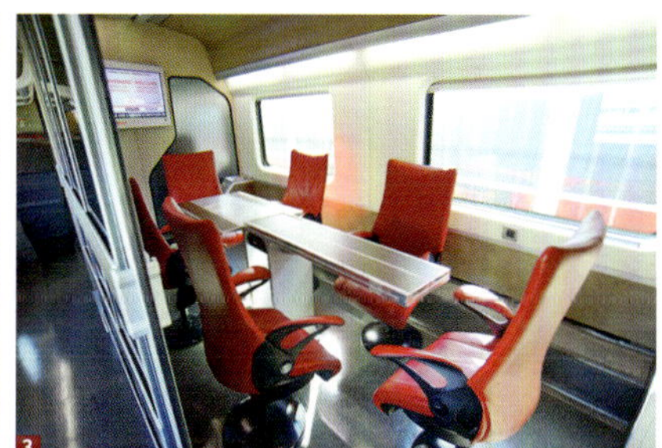

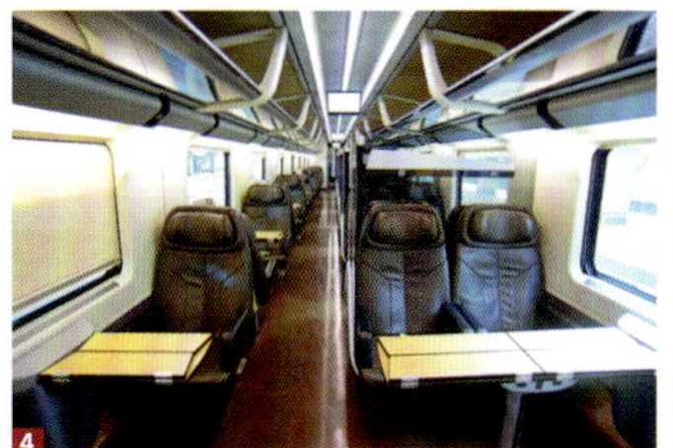

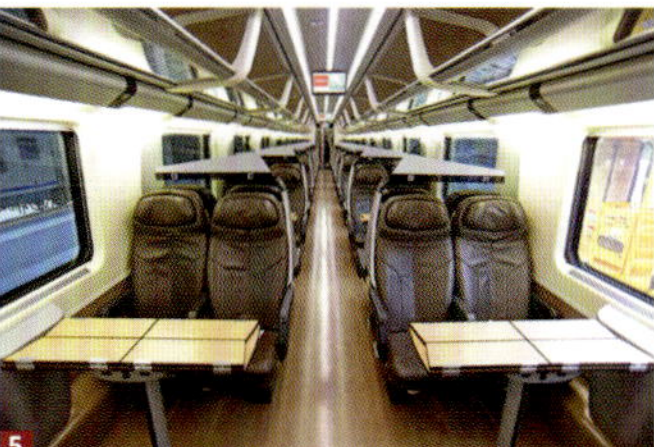

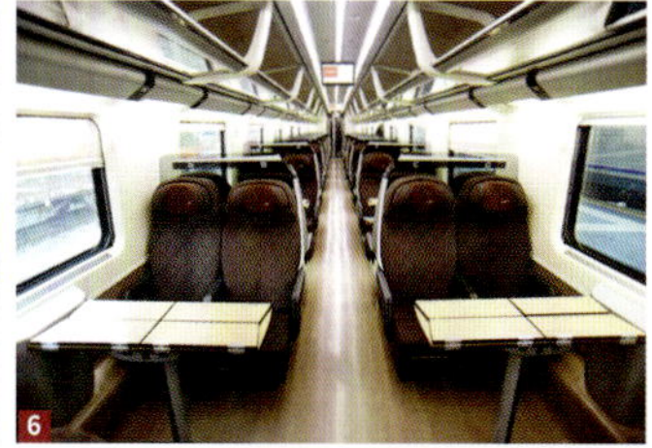

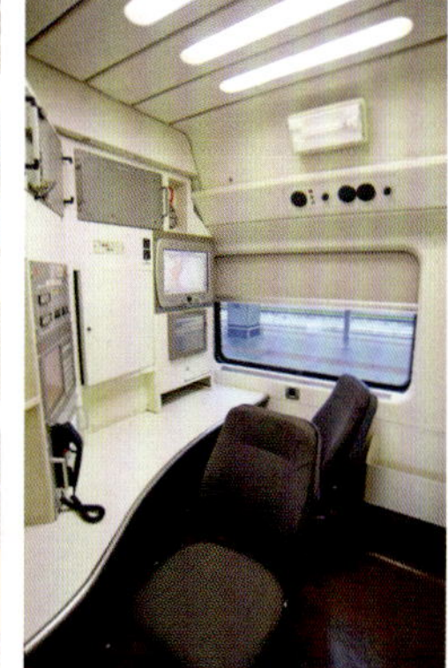

❶ ETR500 一等车 Executive 高级仓；
❷ ETR500 一等车 Executive 高级仓包厢；
❸ ETR500 一等车 Executive 高级仓会议室；
❹ ETR500 一等车 Businesss 商务仓；
❺ ETR500 二等车 Premium 优选仓；
❻ ETR500 二等车 Standard 标准仓；
❼ ETR500 乘务员室；
❽现在 ETR500 车身上红箭（Frecciarossa）的品牌标识。

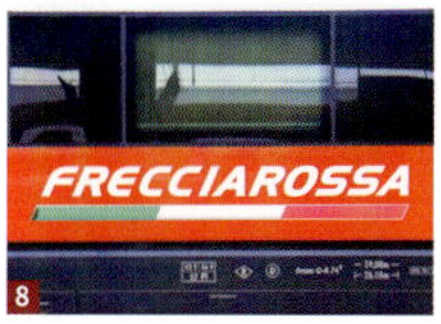

## 第四代 Pendolino 摆式动车组的代表车型

# ETR600

| 投入运用时间 | 2008 年 |
|---|---|
| 运营速度 | 250km/h |
| 列车编组 | 4M3T |
| 牵引功率 | 5500kW |
| 列车定员 | 432 人 |

ETR600 是意大利铁路继 ETR480 后新一代 Pendolino 摆式动车组，是第四代 Pendolino 的代表车型。

2000 年，此前生产 Pendolino 摆式动车组并拥有其专利技术的菲亚特铁路公司被法国阿尔斯通公司收购，新一代升级版的 Pendolino 摆式动车组也开始在阿尔斯通公司的主导下研制，其中面向意大利国内铁路市场的新一代 Pendolino 被命名为 ERT600。ERT600 延续了 Pendolino 前辈列车的特点，车体采用大型中空铝合金结构；通过最大摆角 8°的液压倾摆系统，可在不牺牲旅行舒适度的前提下在曲线上提速 35%；体悬式牵引电机和万向轴传动的特色也保持不变。随着技术提升，ETR600 的牵引变流器元件由 ETR460 的 GTO 升级为 IGBT，列车头型也选用了新式防撞击的两段式头型，流线感更加强烈，车身宽度也由 2.8m 小幅加宽至 2.83m。这些都成为日后新 Pendolino 动车组的基本配置。

ETR600 停靠在罗马特米尼车站

ETR600 继承了 ETR485 适用直流 3kV 和交流 25kV 50Hz 的双供电制式，最高运营速度 250km/h。在安装了意大利既有铁路使用的 SCMT 和高速铁路使用的 ETCS 两套信号系统后，ETR600 可以畅行意大利的高速铁路和既有铁路网。列车采用 4M3T 的 7 辆编组，每节动车各装有两台三相交流异步牵引电机，整车功率 5500kW。7 节车厢由 2 节 2+1 座椅布局一等车、4 节 2+2 座椅布局二等车和 1 节一等餐吧合造车组成。列车内饰采用乔治亚罗主持设计的现代化风格，通过优化空间，每节车厢的定员也有所增加，7 辆编组的列车总定员达到 432 人。

ETR600 驶出佛罗伦萨圣玛利亚车站

2008 年 12 月 13 日，米兰—博洛尼亚高速铁路通车，意大利国铁也正式将原有的“意大利欧洲之星”（Eurostar Italia）高速列车品牌升级。在都灵经米兰、罗马至那不勒斯的高速铁路主通道上，由 ETR500 执行最高速度 300km/h 的列车冠以“红箭号”的车次和品牌，既有铁路上最高速度 200km/h 的 ETR460 和机辆模式城际列车冠名“白箭号”。ETR600 则同日上线，与前辈 ETR485 一同执行“银箭号”列车，在高速新线上最高速度 250km/h，经联络线在既有铁路上则发挥摆式动车组提速优势，最高速度 200km/h。目前，ETR600 已取代 ETR485，执行首都罗马与旅游胜地威尼斯间的全部银箭号车次，并执行部分从罗马经维罗纳，去往博尔扎诺和布雷西亚的银箭号列车。

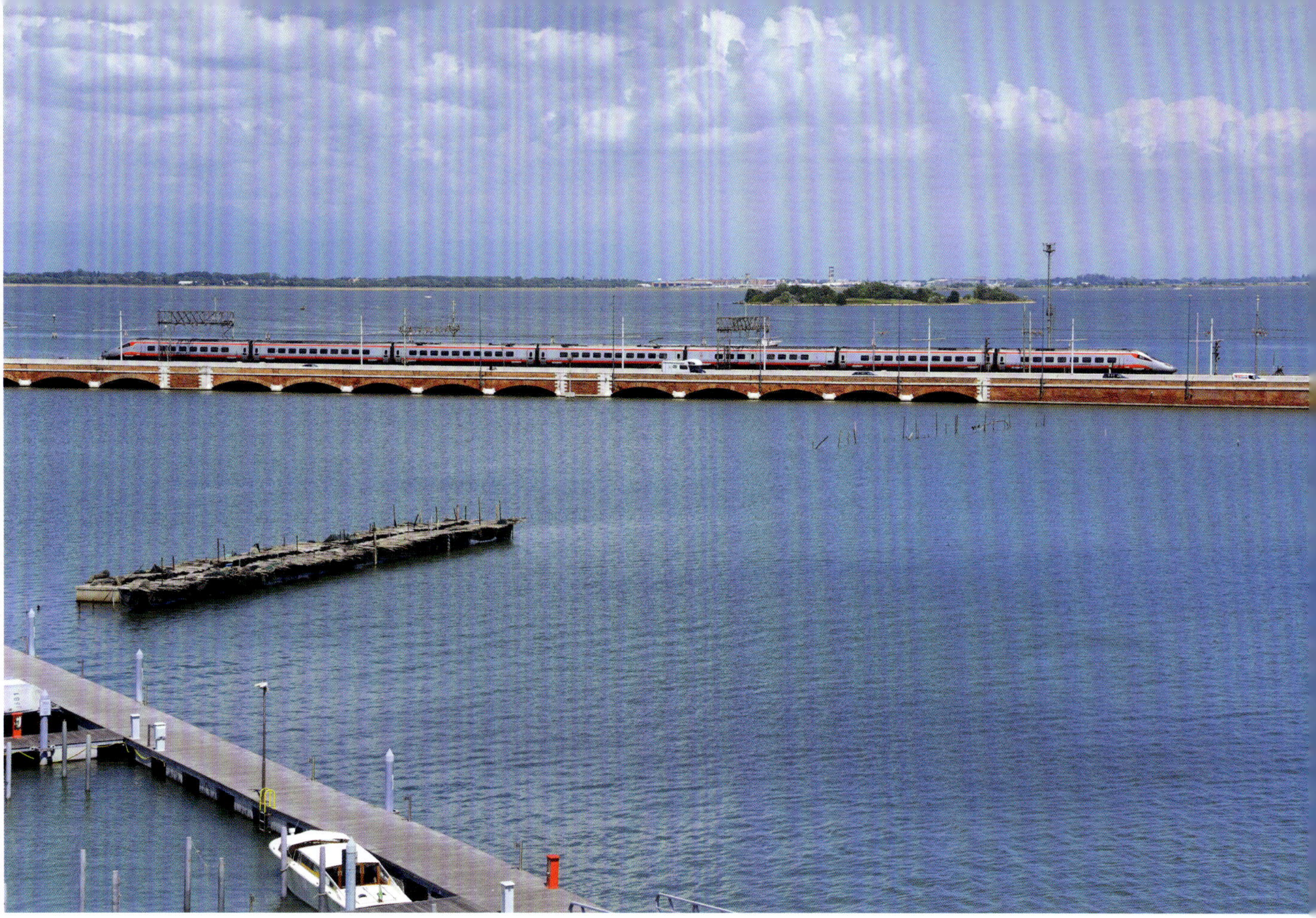

ETR600 驶过威尼斯海堤

## 车辆设施

1

2

3

4

5

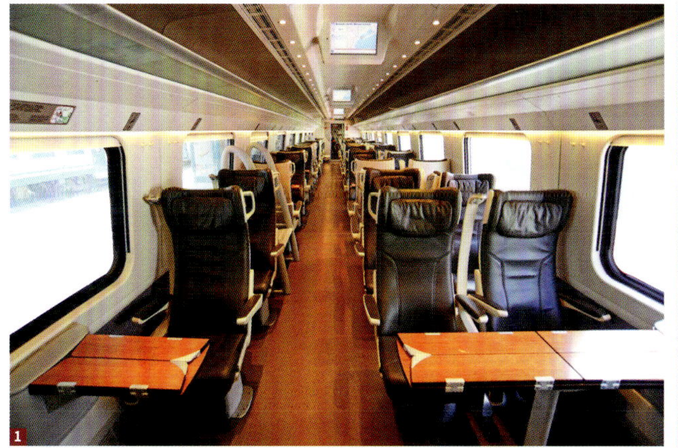

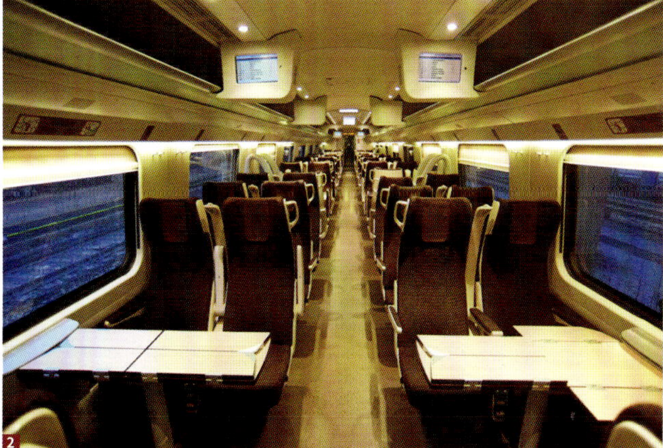

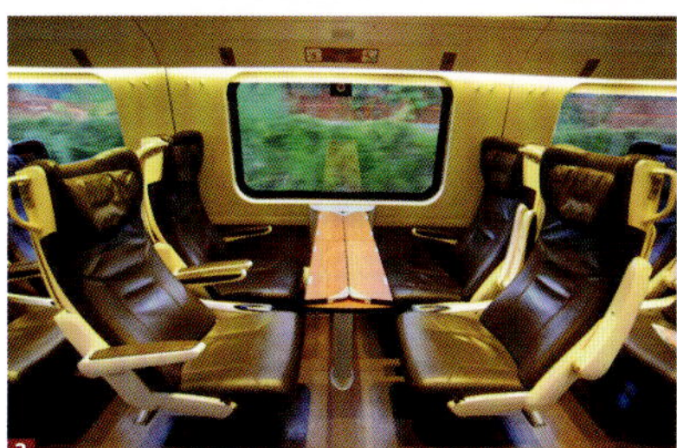

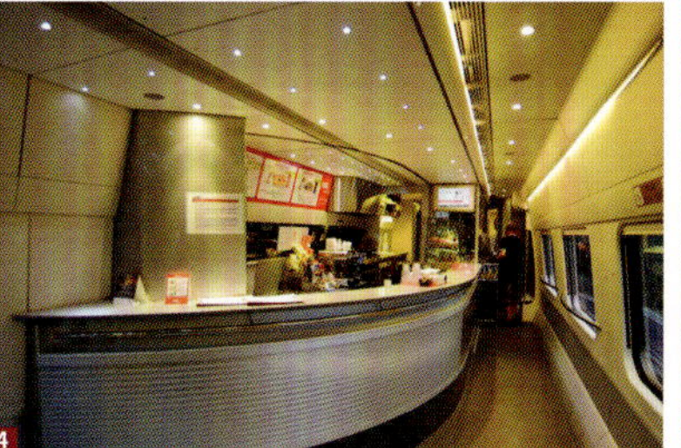

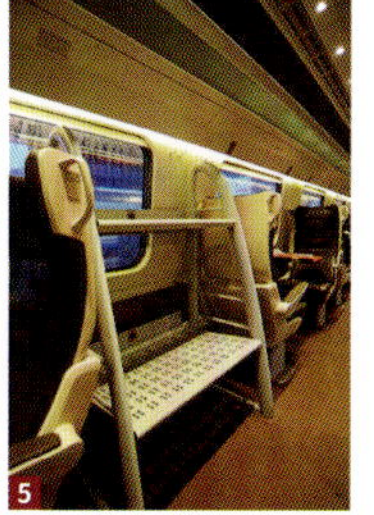

❶ ETR600 一等车；
❷ ETR600 二等车；
❸ ETR600 一等车座椅；
❹ ETR600 餐吧车；
❺ ETR600 大件行李处。

## 意瑞第二代国际 Pendolino

# ETR610/ RABe 503

| 投入运用时间 | 2009 年 |
| --- | --- |
| 运营速度 | 250km/h |
| 列车编组 | 4M3T |
| 牵引功率 | 5500kW |
| 列车定员 | 422~430 人 |

1997 年投入运用的 ETR470 首次将意大利与瑞士通过高速列车串联，摆式技术则大幅压缩了山区铁路的运行时间。然而 ETR470 由于技术原因经常故障和晚点，在瑞士口碑不佳。2007 年连接瑞士菲斯普与施皮茨的勒奇山基线隧道通车，除米兰经圣哥达隧道去往苏黎世方向的传统国际线路外，从米兰经辛普朗隧道去往伯尔尼或日内瓦方向的需求也大幅提升。2004 年，瑞士和意大利合资运营国际列车的齐萨尔皮诺（Cisalpino）公司便在当时正在研发的 ETR600 基础上，向阿尔斯通公司订购了 14 列新一代 Pendolino 动车组，用于提升瑞士与意大利间国际列车的服务水平和密度，并命名为 ETR610。

■ 配属意大利国铁的 ETR610 停靠在米兰中央站

ETR610 在外观与技术上与 ETR600 基本一致。车体采用大型中空铝合金结构和新 Pendolino 两段式的代表头型，4M3T 的 7 辆编组列车整车功率 5500kW。IGBT 牵引变流器、万向轴传动的体悬式三相交流异步牵引电机和最大 8°的车体倾摆机构也完全相同。在列车的 7 节车厢中，包括 2 节 2+1 座椅布局一等车、4 节 2+2 座椅布局二等车和 1 节一等餐吧合造车，早期列车定员 430 人，后期则略微减少至 422 人。相比之下，ETR610 最大的特点便是在直流 3kV 和交流 25kV 50Hz 基础上，可同时适应瑞士与德国使用的交流 15 kV 16.7 Hz 接触网电压，并增配了瑞士与德国的列车信号系统，可同时在意大利、瑞士和德国运行。ETR610 安装的 6 副受电弓，也可适应三国不同的接触网结构或网压。由于计划经过勒奇山基线和圣哥达基线两座超长隧道，ETR610 增加了火灾报警器并提升了辅助电源冗余，以满足经过超长隧道时的安全要求。同时，两座新建隧道设计速度都达到了 250km/h，且有途经意大利高速铁路运行的可能，因此 ETR610 采用与 ETR600 相同的 250km/h 最高运营速度，相比前辈 ETR470 的 200km/h 有所提升。

■ 配属瑞士国铁的 ETR610 通过马蒂尼车站

由于生产延迟，原定 2007 年上线运行的首批 14 列 ETR610 直到 2009 年才投入意大利与瑞士间的国际列车运营服务，初期运行在米兰经辛普朗隧道去往日内瓦和伯尔尼的线路上。同年，从 1993 年起便开始负责瑞士和意大利国际列车运营的齐萨尔皮诺公司因经营不善解体，14 列 ETR610 以租借形式分别由意大利和瑞士国铁运营。虽然外观相同，但两家公司各自运用的 7 列 ETR610 采用了意大利和瑞士铁路的传统涂装，非常容易分辨。由于 ETR470 故障频发，忍无可忍的瑞士国铁在 2012 年独立订购了 8 列 ETR610，并于 2014 年彻底取代了 ETR470，运营米兰至苏黎世间途经圣哥达铁路的国际列车。瑞士国铁内部也同时将其更名为 RABe 503 型。2015 年 1 月，为了在圣哥达基线隧道开通后通过重联方式增加运输能力，瑞士国铁又独立订购了 4 列 RABe 503，使得 ETR610 的列车总数增加至 26 列。目前，瑞士至意大利间的全部欧洲城际列车（EC）均由 ETR610 执行，部分列车还延长至德国法兰克福。

■ 配属瑞士国铁的 ETR610 行驶在日内瓦湖畔

## 车辆设施

❶ ETR610 一等车；
❷ ETR610 二等车；
❸ ETR610 无障碍卫生间；
❹ ETR610 餐吧车；
❺ 意大利国铁 ETR610 车身涂装；
❻ 瑞士国铁 ETR610 车身涂装；
❼ ETR610 摆动式转向架；
❽ 配属意大利国铁的 ETR610 1号车车号。

## 新一代动力分散红箭号列车

# Frecciarossa 1000

| 投入运用时间 | 2015 年 |
| --- | --- |
| 运营速度 | 300km/h |
| 列车编组 | 4M4T |
| 牵引功率 | 9800kW |
| 列车定员 | 457 人 |

2008 年米兰—博洛尼亚高铁通车后，意大利国铁开始打造 300km/h 红箭号与 250km/h 银箭号两大高铁列车品牌。与此同时，2006 年成立的世界上第一家私营高铁公司新旅客交通公司（NTV）也在紧锣密鼓购买高速列车，并于 2012 年起开始在米兰—那不勒斯间展开高速铁路服务。NTV 在宣传中称其购买的 AGV 列车具备 360km/h 商业运行能力，给运营红箭号的意大利国铁很大竞争压力。此时第一批 ETR500 已投入运营近 20 年，虽经历多次内饰和外观改造，但已略显陈旧，动力集中的技术模式也难以进一步提升运营速度。加之高速铁路成网后高速列车服务需求激增，意大利国铁决定采购新一批高速列车升级红箭号服务品质。

■ 都灵新门车站 Frecciarossa 1000 整装待发

2010 年 8 月，安萨尔多百瑞达（现更名为日立轨道意大利）与庞巴迪联合体击败阿尔斯通拿下意大利新一代高速列车 Frecciarossa 1000 订单。列车采用庞巴迪 Zefiro 300 技术平台，4M4T 的 8 辆编组列车最大功率 9800kW。除采用铝合金车体、IGBT 水冷变流器与交流异步牵引电机等当代主流高速列车技术外，Frecciarossa 1000 还以通用性为设计理念，具备适应欧洲交流 25 kV，15 kV(安装但未激活)和直流 3kV、1.5 kV 全部四种接触网电压能力，也是首款符合欧洲互操作性规范（TSI）的列车，具备适应多国信号系统的条件。

■ Frecciarossa 1000 停靠在米兰中央车站

在外观方面，Frecciarossa 1000 采用了优化的 Zefiro 300 头型设计，融入源自意大利跑车工业的流线型风格。加之基于传统红箭列车的大红色涂装，整体风格颇为靓眼，被誉为“意大利的红宝石”。与 ETR500 相似，Frecciarossa 1000 同样分为 4 种服务级别，其中包括 4 节标准车厢、1 节优选车厢、1 节商务车厢、1 节商务餐吧合造车厢和 1 节包含会议室的高级车厢，全车定员 457 人。在繁忙时段，两列 Frecciarossa 1000 可重联运行。

2013 年 3 月，首列 Frecciarossa 1000 亮相，并在两年多的试验运行后，于 2015 年 6 月正式以红箭号名义投入运营，服务 2015 米兰世博会。虽然车身标识和官方宣传中都称其为 Frecciarossa 1000，但在技术谱系中则名为 ETR400。在日常生活中，大家也习惯性地将二者结合，称之为 ETR1000。一款列车有三个不同的名字，在世界范围也颇为少见！

截至 2017 年，50 列 Frecciarossa 1000 已全部下线，主要服务都灵—米兰—罗马—那不勒斯的意大利高铁主干线。虽然最高设计速度达 400km/h，并具备 360km/h 的运行能力，但目前意大利基础设施与运输部宣布没有高速铁路提速计划，因此 Frecciarossa 1000 只能与 ETR500 一样以 300km/h 的最高速度运行。

■ 重联 Frecciarossa 1000 行驶在米兰至博洛尼亚高铁上

## 车辆设施

❶ Frecciarossa 1000 一等车 Executive 高级仓；
❷ Frecciarossa 1000 一等车 Businesss 商务仓；
❸ Frecciarossa 1000 二等车 Premium 优选仓；
❹ Frecciarossa 1000 二等车 Standard 标准仓；
❺ Frecciarossa 1000 餐吧车吧台；
❻ Frecciarossa 1000 一等车 Executive 高级舱会议室；
❼ Frecciarossa 1000 转向架；
❽ Frecciarossa 1000 车身标识。

## 铰接式动力分散高速列车

# AGV/ ETR575

| 投入运用时间 | 2012 年 |
| --- | --- |
| 运营速度 | 300km/h |
| 列车编组 | 5M7T（转向架数量） |
| 牵引功率 | 7600kW |
| 列车定员 | 450 人 |

在历经交流传动、双层列车和泛欧适应性等多次技术更迭与提升后，阿尔斯通与法国国铁联合研制的 TGV 高速列车技术已日臻完善，不仅可以满足法国国内需要，也作为国际列车辐射欧洲多国。但放眼国际市场，20 世纪末动力分散已成为世界高速列车发展趋势，很多国家采购高速列车时均把动力分散作为基本技术前提。为此，阿尔斯通公司自筹资金研制了新一代动力分散高速列车 AGV，其名称是法语“高速动车组”（Automotrice à grande vitesse）的缩写。

AGV 高速列车依然固守传统 TGV 的铰接式转向架，但将牵引变压器和变流器等设备分布在车厢下方，实现动力分散布局。铝合金车体只设计了头车和中间车两种车厢，车厢间铰接式转向架则设计为动力转向架和无动力转向架两种形式。模块化设计让 AGV 可实现 7 辆到 14 辆车厢的灵活编组，并根据编组数量和最高速度选择的动力转向架数量。由于选用了单位重量输出率高的永磁同步电机，在保证不超过 17t 轴重标准的前提下，AGV 动力转向架上每台电机最大输出功率可达 760kW。可以说，永磁电机、铰接动力转向架、动力分散布局和灵活编组是 AGV 四大最典型的技术特征。

意大利 NTV 公司的 AGV 高速列车 ETR575

早在 1998 年，阿尔斯通公司便开始了 AGV 的研制工作。2004 年，首列 7 辆编组 AGV 样车开始试制。2007 年 4 月 3 日，由 TGV-POS 动力车和采用 AVG 铰接式动力转向架中间车组成的特殊试验列车 V150 在法国东线高铁创造了 574.8km/h 的轮轨列车运行速度的世界纪录。2008 年，成立不久的意大利首家私营高铁公司 NTV 决定采购 25 列 AVG，与意大利国铁运营的高速列车竞争。在意大利国内，AGV 被定型 ETR575 型，据说是为了向 V150 曾经创造的 574.8km/h 的速度记录致敬。

ETR575 采用 11 辆编组，可适应交流 25kv 50Hz 和直流 3kV 两种供电电压，整车长度 200m。全车 12 个转向架中，有 5 个铰接式动力转向架，最大功率 7600kW。虽然车辆设计速度可达 360km/h，但受制于意大利高铁基础设施，实际最高运营速度 300km/h。11 节车厢中包含 1 节采用 2+1 座椅布局，并配有包厢和会议室的 Club 车厢，4 节采用 2+1 座椅布局的 Prima 车厢和 6 节采用 2+2 座椅布局的 Smart 车厢，全车定员 450 人。2012 年 4 月，ETR575 以“Italo”的品牌正式投入运营，全车酒红色涂装和后现代头型极为引人注目，有着“法拉利高铁”的美誉。截至目前，25 列 ETR575 已全部投入运营，除运营都灵至那不勒斯南北主线外，也运营罗马和威尼斯间的车次。遗憾的是，出于维持既有运维体系等考量，法国国铁 SNCF 对 AGV 并不感兴趣，坚持进一步发展完善动力集中 TGV 高速列车技术。意大利 NTV 的 25 列高速列车也成为迄今为止唯一的 AGV 订单。

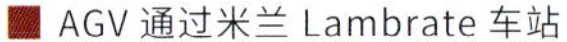
AGV 通过米兰 Lambrate 车站

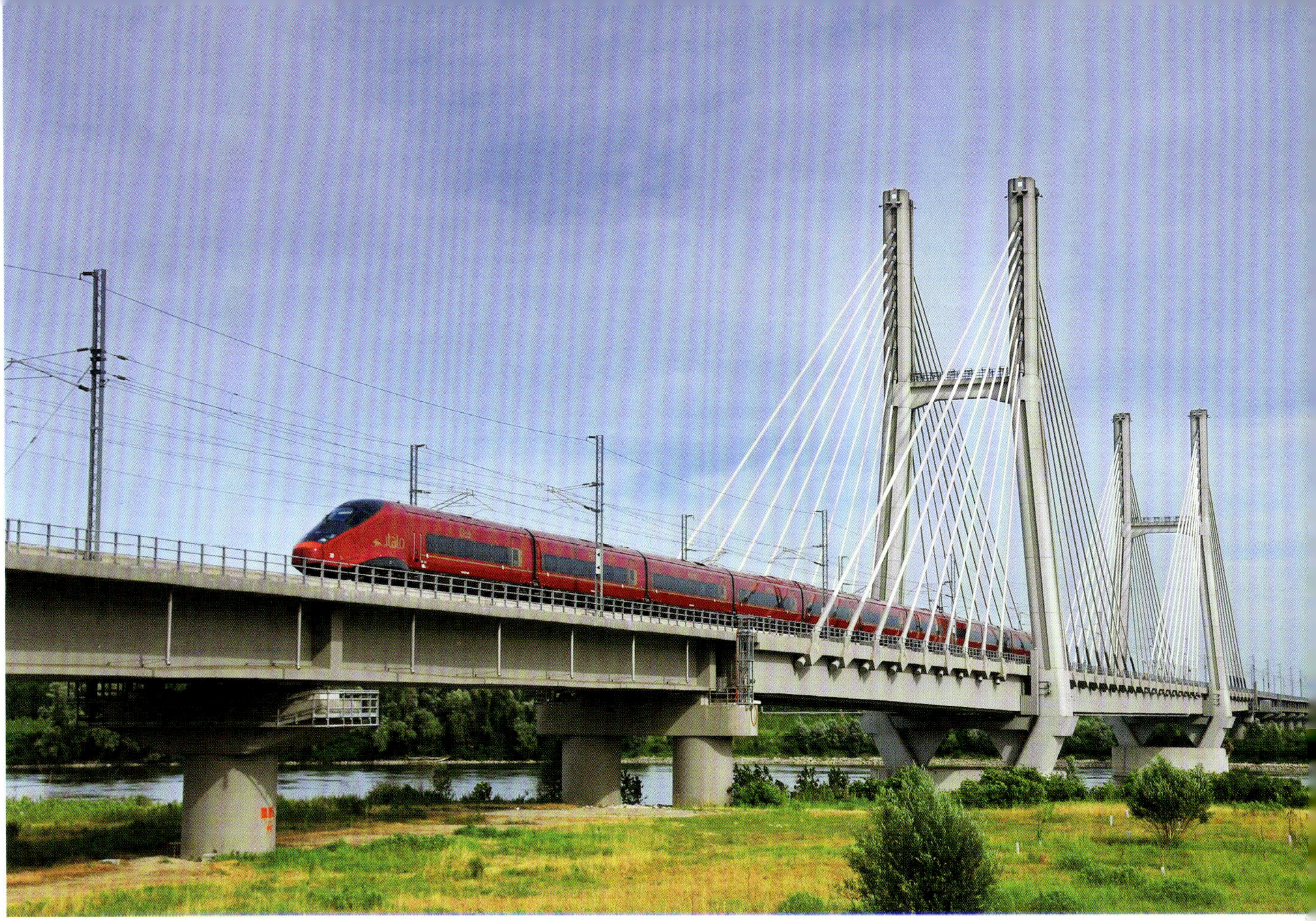

AGV 行驶在米兰至博洛尼亚高铁的波河大桥上

## 车辆设施

1

2

3

4

5

6

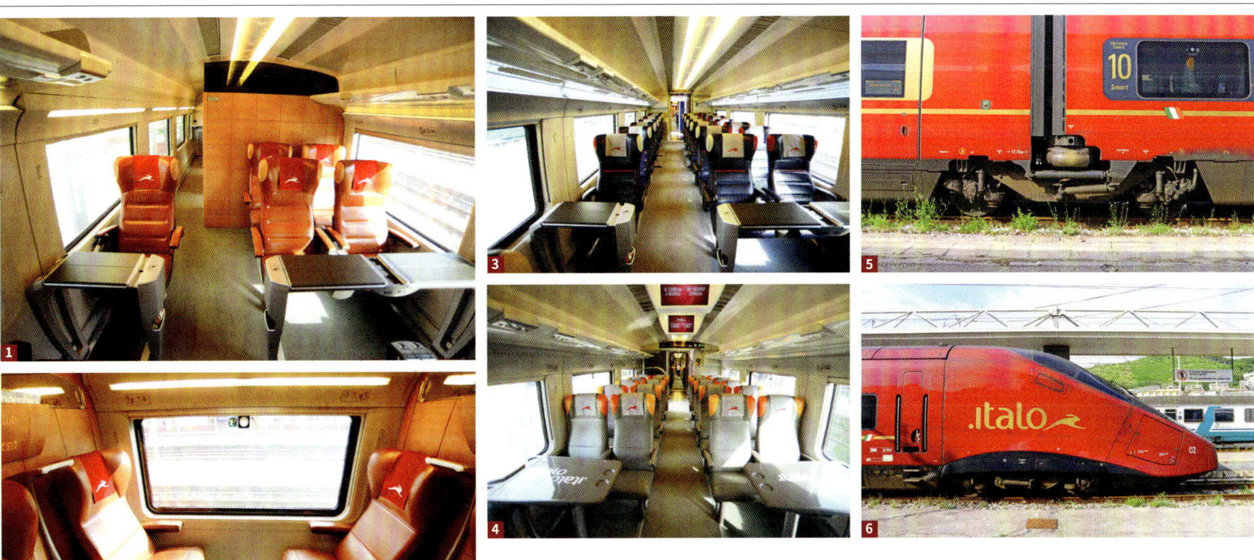

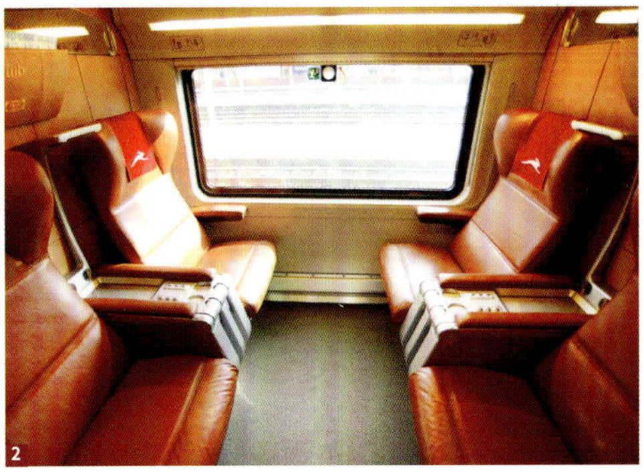

❶ ETR575 Club 车厢；
❷ ETR575 Club 车厢包厢；
❸ ETR575 Prima 车厢；
❹ ETR575 Smart 车厢；
❺ AGV 铰接式转向架；
❻ ETR575 头型。

## NTV 私铁公司的 Pendolino

# ETR675

| 投入运用时间 | 2017 年 |
| --- | --- |
| 运营速度 | 250km/h |
| 列车编组 | 4M3T |
| 牵引功率 | 5500kW |
| 列车定员 | 479 人 |

从 20 世纪 90 年代到 21 世纪初，欧盟采取指令或立法等方式，强制成员国铁路进行基础设施与运营分开的网运分离改革。借此东风，意大利诞生了世界第一家私营高铁公司——新旅客交通（Nuovo Trasporto Viaggiatori，简称 NTV）。2006 年，NTV 公司由包括法拉利总裁蒙特泽莫罗在内的四名意大利商人，联合意大利国内银行和保险业共同创建，甚至法国国铁 SNCF 也有 20% 股份。2012 年 4 月 28 日，NTV 公司的高速列车开始在米兰—那不勒斯间投入商业运营，以 Italo 的列车品牌与意大利国铁 Trenitalia 的红箭号和银箭号竞争。由于全部列车都采用法拉利赛车的红宝石色涂装，加之蒙特泽莫罗的法拉利背景，NTV 公司运营的高速列车也有了“法拉利高铁”的美誉。到 2017 年，NTV 公司年载客量达 1280 万人次，占意大利高铁客运量的近 20%，取得了 4.55 亿欧元年收入和 3400 万欧元的年利润。2018 年，NTV 公司被美国全球基础设施基金收购，获得了资本市场的认可。

ETR675 停靠在威尼斯 Santa Lucia 车站

2008 年，NTV 公司从阿尔斯通公司订购了 25 列 AGV。2012 年上线运营后，AGV 不仅在都灵至那不勒斯高铁主干线上以 300km/h 运营，也执行部分罗马经博洛尼亚至威尼斯的车次。由于罗马—佛罗伦萨高铁最高速度仅为 250km/h，博洛尼亚—威尼斯间又经由既有铁路，罗马至威尼斯的列车使用 AGV 有些大材小用。同时，NTV 也有意扩大高速列车在既有路网的服务范围。因此 2015 年 10 月，NTV 公司向阿尔斯通公司再次订购了 12 列高速列车，但选择了最高速度 250km/h 的新 Pendolino，与此前购买的 AGV 列车形成差异化服务。

ETR675 驶出威尼斯 Santa Lucia 车站

NTV 公司购买的新 Pendolino 被命名为 ETR675。除取消车体倾摆功能外，ETR675 的其他技术特点与 ETR600 几乎完全相同——4M3T 的 7 辆编组，动力车装有两台体悬式三相交流异步牵引电机，整车功率 5500kW；铝合金车体，2.83m 车身宽度；可适应既有铁路直流 3kV 和高速铁路交流 25kV 50Hz 两种供电电压。基于最新的互操作性技术规范（TSI 2014），ETR675 在头型上进行了改进，未来主义造型的车头线条在优化空气动力学性能的同时还可增强碰撞保护。车辆涂装则延续了 AGV 的红宝石色调，金色野兔的 Italo 品牌也非常显眼。车厢类型上 ETR675 与 AGV 类似，同样分为 Club、Prima 和 Smart 三种级别，全车定员 479 人。目前，NTV 已先后向阿尔斯通公司购买了 22 列 ETR675，先期下线的列车已于 2017 年 12 月起上线运营。除与 AGV 共同执行罗马—威尼斯的车次外，ETR675 更多用于增开都灵—米兰—威尼斯和罗马—波尔扎诺和贝尔加莫间的列车，扩大 Italo 高速列车的服务网络。

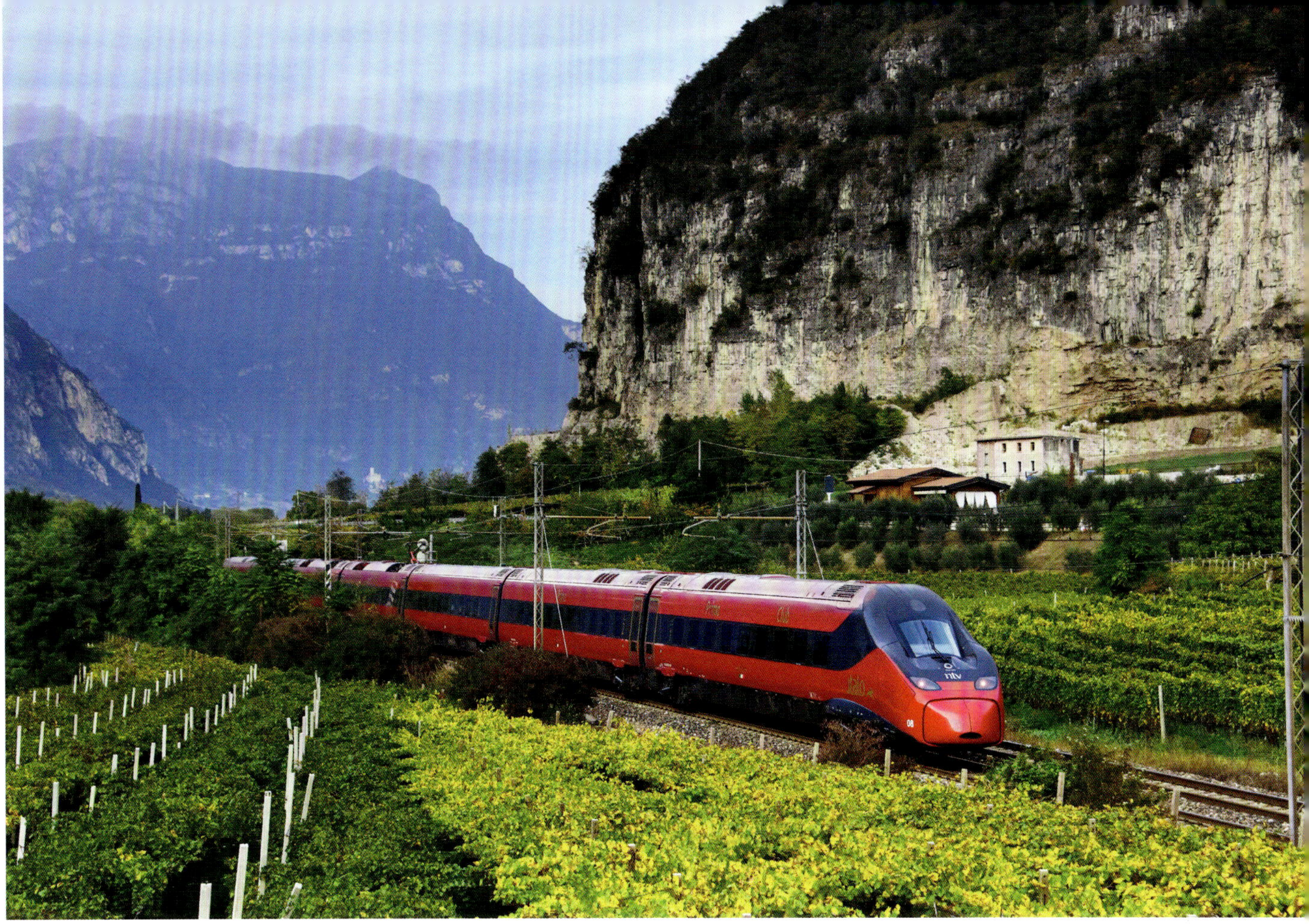

■ ETR675 行驶在伯伦纳铁路维罗纳至特兰托间

## 车辆设施

1

2

3

4

5

6

7

8

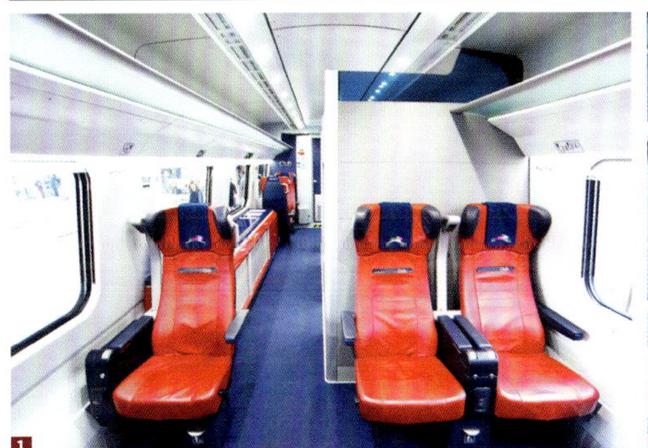

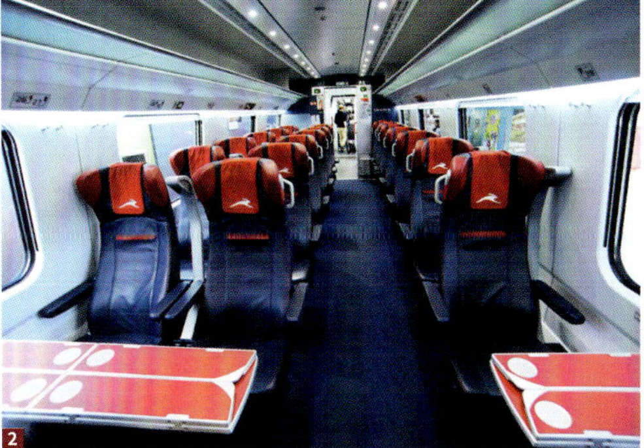

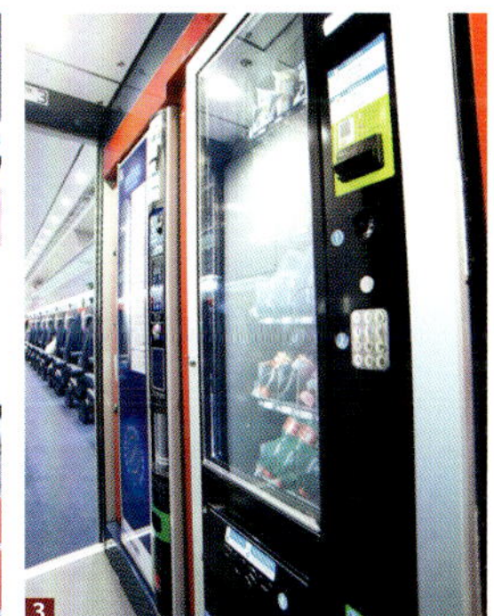

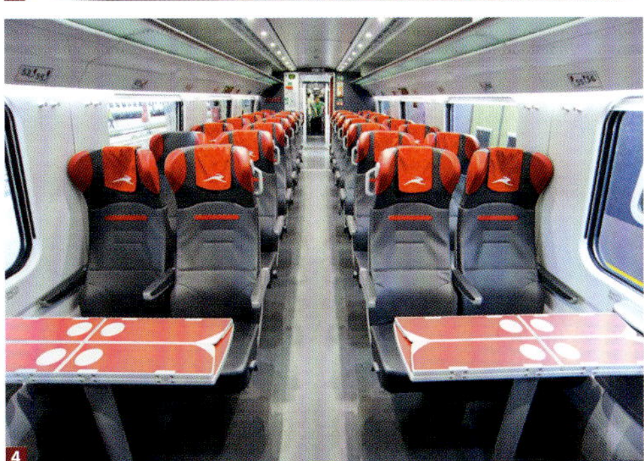

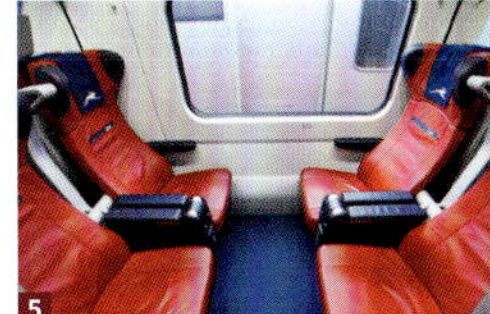

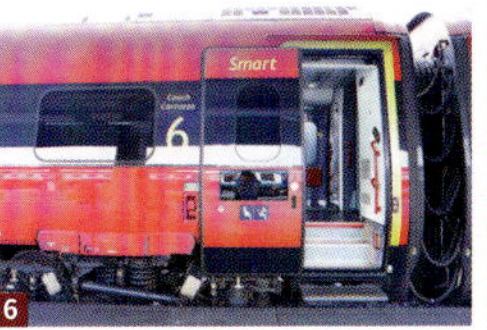

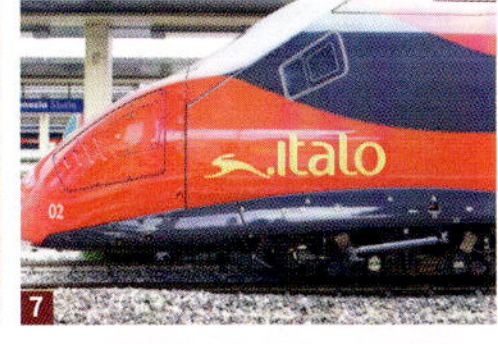

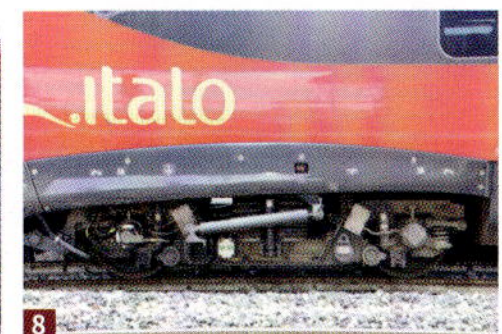

❶ ETR675 Club 车厢；
❷ ETR675 Prima 车厢；
❸ ETR675 未设餐吧车，但设有自动售货机；
❹ ETR675 Smart 车厢；
❺ ETR675 Club 包厢坐席；
❻ ETR675 车门；
❼ ETR675 新头型；
❽ ETR675 转向架，取消了倾摆机构。

# 西班牙

由于历史原因，西班牙既有铁路采用 1668mm 宽轨轨距，与欧洲其他国家客货交流多有不便。因此西班牙高铁网在建设之初便选择了 1435mm 标准轨距作为基础，既有宽轨铁路网配套辅助的模式。截至 2018 年，西班牙已建成超过 3000km 的高速铁路，形成欧洲规模最大，在世界范围内仅次于中国的第二大高铁路网。

在高速列车技术方面，西班牙在引进法国、德国和意大利高速列车的同时，也在本国特色 Talgo 列车基础上升级开发，创造了世界上独一无二的可变轨距高速列车。目前已拥有 S101、S102、S103、S104、S114、S120 /121 和 S130/730 共计 7 款高速列车，AVE、Avant 和 Alvia 三大运行品牌，全面覆盖高速铁路和既有铁路网。

马德里奥拓查车站里整装待发的 AVE 高速列车

# 西班牙高速铁路概况

自1992年马德里—塞维利亚高速铁路开通以来，以AVE为商业品牌的西班牙高速铁路经过多年建设，建成通车的新建高速铁路里程已超3000km，是欧洲最大、世界第二的高速铁路网。

西班牙既有铁路采用1668mm的伊比利亚宽轨轨距，与除葡萄牙之外欧洲大陆其他国家互通时饱受轨距差异带来的困扰。因此西班牙高铁从一开始便坚持采用1435mm标准轨距，以实现与欧洲大陆其他国家高速铁路网的互联互通。技术方面，西班牙绝大多数新建高速铁路均采用300km/h及以上的建设标准，且全部为25kV 50Hz交流供电。信号系统早年曾采用德国LZB系统，后期建设的高速铁路已全部采用欧洲标准的ETCS列控系统。

目前，西班牙已建成高速铁路网主要由五个主要方向组成。其一为马德里—安达卢西亚方向，以马德里—塞维利亚高速铁路为主轴，科尔多巴—马拉加为支线，并于2019年联通格拉纳达；其二为马德里—巴塞罗那方向，自马德里经萨拉戈萨、莱里达、塔拉戈纳至巴塞罗那，并继续延伸，经赫罗纳、菲格拉斯至西法边境，与法国高速铁路网衔接；其三为马德里至莱万特高速铁路，由马德里去往巴伦西亚和阿利坎特的“Y”字形路网组成；其四为马德里—加利西亚方向，由马德里—萨莫拉—圣地亚哥·德孔波斯特拉铁路和拉科鲁尼亚—维戈的大西洋轴线组成“T”字形路网，其中最困难的萨莫拉—奥伦塞段还在建设之中；其五为马德里—巴拉多利德—莱昂方向，未来还将延伸至希洪、毕尔巴鄂和维多利亚等城市。

| 路线名 | 区间 | 开业年 | 最高运营速度(km/h) | 路线长度(km) |
|---|---|---|---|---|
| 马德里—塞维利亚高速铁路 | 马德里—塞维利亚 | 1992年 | 300 | 472 |
| 马德里—巴塞罗那高速铁路 | 马德里—巴塞罗那 | 2003~2008年 | 310 | 621 |
| 马德里—托莱多高速铁路 | La Sagra—托莱多 | 2005年 | 220 | 21 |
| 科尔多巴—马拉加高速铁路 | 科尔多巴—马拉加 | 2006~2007年 | 300 | 155 |
| 马德里—巴拉多利德高速铁路 | 马德里—巴拉多利德 | 2007年 | 300 | 280 |
| 马德里—莱万特高速铁路 | 马德里—巴伦西亚 | 2010年 | 300 | 363 |
| | Palancar—阿尔瓦塞特 | 2010年 | 300 | 63 |
| | 阿尔瓦塞特—阿利坎特 | 2013年 | 300 | 171 |
| | 巴伦西亚—卡斯特利翁 | 2018年 | 200 | 70 |
| 佩皮尼昂—菲格拉斯高速铁路 | 西法边境—菲格拉斯 | 2010年 | 300 | 20 |
| 巴塞罗那—菲格拉斯高速铁路 | 巴塞罗那—菲格拉斯 | 2013年 | 200 | 128 |
| 巴拉多利德—莱昂高速铁路 | 巴拉多利德—莱昂 | 2015年 | 300 | 166 |
| 马德里—加利西亚高速铁路 | 奥伦塞—圣地亚哥·德孔波斯特拉 | 2011年 | 250 | 87 |
| | Olmedo—萨莫拉 | 2015 | 250 | 99 |
| 大西洋轴线高速铁路 | 拉科鲁尼亚—维戈 | 2011~2015年 | 250 | 156 |
| 安特克拉—格拉纳达高速线 | 安特克拉—格拉纳达 | 2019年 | 300 | 126 |
| 地中海走廊 | 塔拉戈纳—Vandellòs | 2020年 | 250 | 47 |
| 合计 | | | | 3045 |

西班牙高速铁路示意图
注：本图仅作为铁路线路的示意之用，不可作为行政区域与边界等参考。
大西洋
比斯开湾
法国
西班牙
葡萄牙
地中海
摩洛哥
阿尔及利亚
巴利阿里群岛
Balearic Islands
大西洋轴线高速铁路
巴拉多利德—莱昂高速铁路
佩皮尼昂—菲格拉斯高速铁路
马德里—巴拉多利德高速铁路
马德里—加利西亚高速铁路
马德里—巴塞罗那高速铁路
马德里—托莱多高速铁路
马德里—塞维利亚高速铁路
地中海走廊
巴塞罗那—菲格拉斯高速铁路
马德里—莱万特高速铁路
科尔多巴—马拉加高速铁路
安特克拉—格拉纳达高速线
雷恩
Rennes
勒芒
Le Mans
奥尔良
Orléans
南特
Nantes
图尔
Tours
波尔多
Bordeaux
达克斯
Dax
图卢兹
Toulouse
佩皮尼昂
Perpignan
菲格拉斯
Figueres
拉科鲁尼亚
A Coruña
圣地亚哥·德孔波斯特拉
Santiago de Compostela
维戈
Vigo
奥伦塞
Ourense
莱昂
León
布拉加
Braga
萨莫拉
Zamora
巴拉多利德
Valladolid
瓜尔达
Guarda
富恩特斯
Fuentes
de Oñoro
塞哥维亚
Segovia
韦斯卡
Huesca
莱里达
Lleida
萨拉戈萨
Zaragoza
巴塞罗那
Barcelona
马德里
Madrid
里斯本
Lisboa
托莱多
Toledo
拉尔德亚
L' Aldea
塔拉戈纳
Tarragona
卡斯特利翁
Castelló
巴伦西亚
València
科尔多巴
Córdoba
阿尔瓦塞特
Albacete
塞维利亚
Sevilla
法罗
Faro
安特克拉
Antequera
格拉纳达
Granada
加的斯
Cádiz
马拉加
Málaga
阿利坎特
Alacant

## 源自 TGV-A 的西班牙首款高速列车

# AVE S100

| | |
|---|---|
| 投入运用时间 | 1992 年 |
| 运营速度 | 300km/h |
| 列车编组 | 2L8T |
| 牵引功率 | 8800kW |
| 列车定员 | 329 人 |

由于经济发展水平略有差距，20 世纪 90 年代前，西班牙铁路在密度和技术标准上都难与其他西欧国家相比。加之由于历史原因，伊比利亚半岛上的西葡两国采用了 1668mm 宽轨轨距，无法与采用标准轨距的欧洲其他国家直通运行。因此西班牙政府决定修建准轨高速铁路，解决交通瓶颈的同时实现与欧洲大陆的互联互通。借 1992 年塞维利亚举办世博会契机，西班牙首条高速铁路——马德里至塞维利亚高速铁路于 1986 年起开始筹划。在 1988 年举行的高速列车国际招标中，法国阿尔斯通公司以当时还未投入正式运营的 TGV-A 为蓝本，成功拿下西班牙首款高速列车订单，也实现了 TGV 技术的首次海外输出。

执行跨国 AVE 的 S100 停靠法国马赛车站

1992 年 4 月 21 日，全长 471km，采用 1435mm 标准轨距的马德里至塞维利亚高速铁路投入商业运营，西班牙第一代高速列车 S100 也开始以“AVE”的商业品牌正式载客。AVE 是西班牙语中“西班牙高速铁路（Alta Velocidad Española）”的缩写，“AVE”本身在西语也有着“鸟”的含义，一语双关。AVE 自此成为西班牙高铁的代名词。在西班牙铁路系统中，这款高速列车的型号全称是“Serie 100 de Renfe”。作为早年间西班牙唯一的高速列车，大家习惯性地称其为 AVE 高速列车，但在 S102、S103 等新型列车投入 AVE 品牌的商业运营后这一称谓已不严谨。现在行业中更多地将运营品牌与型号结合，将其称为 AVE S100，或简称 S100。

AVE S100 与原型车技术风格一致，动力集中和铰接式转向架有着鲜明的 TGV 特色，1100kW 同步交流电机、8800kW 总功率、基于 GTO 晶闸管的交流传动技术和钢制车体也一脉相承。当然，S100 也针对西班牙具体需求进行了多项改进。例如采用 2L8T 的 10 辆编组，相比 TGV-A 减少了 2 辆拖车，动力车头型也更加圆润。除适用高速铁路 25kV 50Hz 供电电压外，S100 还可适应西班牙既有铁路的直流 3kV 网压，而非原型车 1.5kV 的法国既有线网压。列车的 8 节车厢中包括 1 节 2+1 座椅布局“Club”级别特等车厢、2 节 2+1 座椅布局“preferente”级别一等车厢、4 节 2+2 座椅布局“turista”级别二等车厢和 1 节餐吧车，全车定员 329 人。为了克服西班牙的炎热气候，S100 增强了空调能力。空调进风口在经过隧道时会自动关闭，车体也加强了气密性，缓解了原型车经过隧道时气压变化给乘客带来的不适。

从 1991 年至 1995 年，共有 18 列 S100 先后下线，以 300km/h 最高速度投入商业运营。1996 年，以 S100 为基础又制造了 6 列 S101 型 1668mm 宽轨列车，以 220km/h 的最高速度和 Euromed 的品牌运行在巴塞罗那至巴伦西亚间。2009 年后，全部 S101 都被改为 1435mm 标准轨距，统一纳入 S100 车队。2013 年起，10 列经过适应性改造的 S100 开始在马德里、巴塞罗那和法国南部间开行跨国 AVE。国内运用的 S100 则主要执行马德里至塞维利亚和马德里至阿利坎特间的 AVE 高速列车。

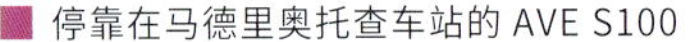

停靠在马德里奥托查车站的 AVE S100

■ S100 运行在马德里至塞维利亚高铁上

## 车辆设施

❶ S100 一等车；
❷ S100 特等车会议室；
❸ S100 卫生间；
❹ S100 二等车；
❺ S100 餐吧车；
❻ S100 动力车铭牌；
❼ S100 铰接式转向架。

## Talgo 品牌旗舰列车

# AVE S102/S112

| 投入运用时间 | 2005 年 |
| --- | --- |
| 运营速度 | 310km/h |
| 列车编组 | 2L12T |
| 牵引功率 | 8000kW |
| 列车定员 | 316 人；365 人 |

Talgo 是西班牙语（Tren Articulado Ligero Goicoechea Oriol）的缩写，其中前三个单词意为“铰接式轻量化火车”，后两个单词是这种列车的两位发明人。Talgo 最大的特色当属不设车轴和转向架的铰接式车厢。相邻两个车厢共用两个没有车轴连接的独立车轮，通过横移车轮可以快捷变换轨距，是当年西班牙与欧洲其他国家间可变轨距国际列车的最佳选择。由于没有转向架，且车厢铰接连接，因此车厢长度短，重量轻，技术简单，并可实现全车低地板适应欧洲普遍采用的低站台；自然摆技术也可提高曲线通过速度。这些都让 Talgo 成为西班牙最具特色的铁道车辆技术。

S112 停靠在马德里奥拓查车站

缺乏高速列车技术经验让 Talgo 错过了 1988 年马德里至塞维利亚高铁列车的投标机会。马德里至塞维利亚高铁开通后，除 S100 执行的 AVE 高速列车外，也开行了使用 252 型机车牵引 Talgo200 客车的 Alvia 可变轨距跨线列车。Talgo200 车厢的试验速度也曾超过 300km/h。1998 年，Talgo 公司开始与庞巴迪（当时为 ADtranz）合作，并于 2000 年下线了速度目标值 350km/h 的动力集中 Talgo350 原型车。2001 年，Talgo350 成功拿下马德里至巴塞罗那高速列车招标中的 16 列订单，最具本土特色的高速列车终于驶上了西班牙高铁。

与原型车相似，定型为 S102 的量产车同样采用庞巴迪制造动力车、Talgo 提供中间车的方式，为 2L12T 的 14 辆编组。两台动力车采用 IGBT 交流传动，每台动力车设有 4 台 1000kW 三相交流异步电机，整车功率 8000kW，只适用高速铁路交流 25kV 50Hz 供电电压。出于空气动力学考量的鸭嘴头型让 S102 在西班牙有了“Pato”（鸭子）的爱称。

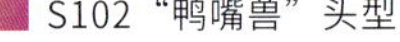
S102“鸭嘴兽”头型

中间车厢则具有典型的 Talgo 特征：短小、轻量化、铰接、独立车轮和自然摆功能。经过改进的走行部可适应 350km/h 速度运行，但取消了可变轨距设计，只能适应高速铁路 1435mm 的标准轨距。12 节车厢中包括 2 节“Club”特等车厢、3 节“preferente”一等车厢、6 节“turista”二等车厢和 1 节餐吧车，全车定员 316 人。由于每节车厢长度仅为 13.14m，因此即使拥有 12 节中间车，S102 全列车长度也仅有 200m，大客流时可重联运行。重联 S102 包括动力车共有 28 辆，是世界上编组车辆数最多的高速列车。

2005 年，S102 开始在部分开通的马德里至巴塞罗那高速铁路上运行。此前的 2004 年，为筹备科尔多巴至马拉加和马德里至巴伦西亚高铁的开通，西班牙国铁增加订购了 30 列 Talgo350，通过减少高等级车厢数量的方式增加定员至 365 人，并定型为 S112 型。目前 S102 和 S112 在马德里至巴塞罗那、塞维利亚（马拉加）和巴伦西亚三条高速铁路都有运用，执行 AVE 车次服务，是西班牙高铁运用范围最广的高速新线专用列车。由于线路和信号等原因，现最高运行速度为 310km/h。

■ S112 行驶在马德里至巴伦西亚高速铁路上

## 车辆设施

❶ S102 特等车；
❷ S102 一等车；
❸ S112 二等车；
❹ S112 餐吧车；
❺ S112 车内电视和速度显示器；
❻ S112 卫生间；
❼ S112 车外显示屏。

ICE 高速列车的首次国际输出

# AVE S103/Velaro E

| 投入运用时间 | 2007 年 |
| --- | --- |
| 运营速度 | 310km/h |
| 列车编组 | 4M4T |
| 牵引功率 | 8800kW |
| 列车定员 | 404 人 |

马德里至塞维利亚高铁大获成功，让连接西班牙最大两座城市——马德里和巴塞罗那间的高速铁路很快提上议事日程。马德里至巴塞罗那高铁还计划延长至西法边境，与欧洲其他国家的高速铁路互联互通，重要性非同一般，很快成为了西班牙铁路界的“天字一号”工程。为了确保高速列车在 2.5h 内跑完 621km 的旅程，取得与航空运输间的竞争优势，马德里至巴塞罗那高速铁路将速度目标值定为 350km/h。这也是欧洲第一条明确 350km/h 设计目标值的高速铁路。此时，进入新世纪后世界铁路普遍将动力分散作为未来高速列车的发展方向，西班牙铁路也希望能够进入动力分散的大家庭。在 2001 年马德里至巴塞罗那高铁的高速列车招标中，德国西门子公司以 ICE3 为基础，成功拿下 16 列高速列车订单，并在西班牙国铁谱系表中被命名为 AVE S103。

S103 停靠在菲格拉斯高铁站

在西门子内部，S103 被称为 Velaro-E，是西门子在 ICE3 基础上搭建的面向国际市场的 Velaro 动力分散高速动车组技术平台的首款列车，在外观和主要技术上与 ICE3 非常接近，同样采用 4M4T 的 8 辆编组、GTO 变流器和铝合金车体。由于速度目标值提升至 350km/h，整车功率由 ICE3 的 8000kW 增加到 8800kW，传动比也因此调整。8 节车厢中，包括 1 节 2+1 座椅布局“Club”级别特等车厢、2 节 2+1 座椅布局“preferente”级别一等车厢、4 节 2+2 座椅布局“turista”级别二等车厢和 1 节餐吧车，全车定员 404 人。与原型车不同，S103 大部分座椅皆可旋转，为乘客提供更佳的旅行体验。为了克服西班牙夏季炎热的地中海气候和冬季高海拔地区寒潮的影响，S103 的空调系统大幅增加了功率和冗余，确保 -20°C ~40°C车外温度情况下都能保持 25°C的车内温度。

S103 驶入在马德里奥托查站

2005 年，首列 S103 交付。同年 10 月，西班牙又增加了 10 列订单，S103 的总数也增加至 26 列。2006 年 7 月，05 号 S103 在马德里至巴塞罗那高铁上创造了 403.7km/h 的西班牙铁路速度纪录。在 2010 年 12 月中国 CRH380A 改写纪录前，这也是未经改造量产高速列车试验速度的世界纪录。2007 年 6 月 22 日，S103 正式开始在马德里至巴塞罗那高铁上投入运营，并成为这条西班牙最重要高速铁路上的主力车型。目前除执行大部分马德里至巴塞罗那的 AVE 外，部分 S103 也延长至西法边境的菲格拉斯。由于没有针对法国既有铁路 1.5kV 网压进行针对性改造，S103 无法执行西法间的国际列车。虽然获得了 350km/h 运行的许可，但 2011 年提速至 310 km/h 后已可实现马德里与巴塞罗那间两个半小时通达，因此目前 S103 还没有进一步提速的明确计划。

■ S103 行驶在马德里至巴塞罗那高速铁路上

## 车辆设施

❶ S103 一等车；
❷ S103 二等车；
❸ S103 大件行李处；
❹ S103 餐吧车；
❺ S103 无障碍卫生间；
❻ S103 车身上的 AVE 品牌标识；
❼ S103 列车头型；
❽ S103 车内速度显示。

### 西班牙初代 Pendolino

# Alaris S490/Avant S104

| 列车型号 | S490 | S104 |
|---|---|---|
| 投入运用时间 | 1999 年 | 2004 年 |
| 运营速度 | 200km/h | 250 km/h |
| 列车编组 | 2M1T | 4M |
| 牵引功率 | 2040kW | 4400kW |

在高速铁路发展过程中，西班牙除基于本国特色研制了 Talgo 系列高速列车外，还引进了基于法国 TGV 的 S100 和基于德国 ICE 的 S103。西班牙同样引进了欧洲另一高速列车技术原创国意大利的 Pendolino 高速列车，形成了多国技术平台共存的高速列车体系。

早在 20 世纪 70 年代，基于初代 Pendolino 技术，以 ETR401 为原型，意大利菲亚特公司与西班牙本土铁路车辆制造商 CAF 联合生产过一列 S443 液压主动摆式列车，设计最高时速 180km。由于技术复杂，加之西班牙自主 Talgo 车厢研发了结构简单的被动摆结构，虽然 S443 在试验中以 206km/h 的速度实现了西班牙铁路 200km/h 运行的首次突破，但并未实现量产。直到 20 年后的 1996 年，西班牙再次与菲亚特合作，购买了 10 列基于 ETR460 的 Pendolino 列车并命名为 S490，用以取代已经服役近 30 年的 TalgoIII 车厢，于 1999 年开始在马德里至巴伦西亚既有铁路上运营为其全新设立的 Alaris 品牌列车。

定位服务既有铁路的 Alaris S490 最高设计速度 220km/h，最高运营速度 200km/h，采用 1668mm 宽轨轨距并适用 3kV 既有铁路网压，主要技术特征与 ETR460 相似，具备 8° 的倾摆能力，整车功率 2040kW。由于保守估计了客流，S490 仅为 2M1T 的 3 辆编组，定员也只有 160 人，虽然具备重联功能，但依然容量不足。作为西班牙最后一款只适用宽轨轨距的高速列车，2010 年马德里至巴伦西亚的准轨高速铁路通车后，S490 转至巴塞罗那至巴伦西亚的既有铁路上运行至 2014 年，终因倾摆系统故障频发和容量有限退出运营。

■ S104 停靠托莱多站

■ S104 驶出古城托莱多

相比 S490，2004 年投入运营的 S104 则非常成功。西班牙高速铁路建成后，除了跨区域长途运输需求，短途城际客流快速提升，需要开发一款短编组、低容量、少服务的低成本高速列车。2000 年，已合并了菲亚特的阿尔斯通与 CAF 联合，拿下 20 列 S104 型高速列车合同。S104 依然基于 Pendolino 高速列车基本技术，以 ETR480 为基础，采用体悬式牵引电机和万向轴传动，最高运营速度 250km/h。由于只在高速新线上运营，S104 采用 1435mm 轨距，只适用交流 25kV 50Hz 网压，并取消了车体倾摆功能。列车采用 4M 全动车编组，整车功率 4400kW，可确保在失去 25% 动力情况下维持最高速度运行。由于面向中短途城际客流，S104 取消了 Club 高级车厢和专用餐车，全车 4 辆编组中只有 1 节 2+1 座椅布局一等车厢，2 节 2+2 座椅布局二等车厢和 1 节二等餐吧合造车，总定员 237 人。如遇客流高峰可最多实现 4 组重联，总定员近千人，彻底避免 S490 曾经容量不足的问题。S104 上线运营后，西班牙国铁专门增设了 Avant 品牌，成为高速铁路专用的中短途城际列车车次。目前，S104 主要执行马德里—托莱多和塞维利亚—科尔多巴—马拉加间的 Avant 短途城际列车。

2003 年，S490 行驶在巴塞罗那至巴伦西亚铁路上

## 车辆设施

❶ S104 一等车；
❷ S104 二等车；
❸ S104 餐吧车吧台，现已停止使用；
❹ S104 具备重联功能；
❺ S104 大件行李处。

## 西班牙二代 Pendolino

# Avant S114

| 投入运用时间 | 2009 年 |
| --- | --- |
| 运营速度 | 250km/h |
| 列车编组 | 4M |
| 牵引功率 | 4000kW |
| 列车定员 | 236 人 |

S114 型列车是西班牙国铁在 S104 型基础上购买的第二代准轨高速铁路专用 Pendolino，是西班牙继 S104 后新一代执行 Avant 短途地区高速列车的车型。

S114 驶出巴拉多利德站

马德里—塞维利亚和马德里—巴塞罗那高速铁路取得了极佳的社会效益和经济效益，西班牙也在进入 21 世纪后继续扩张高速铁路网。2007 年 12 月 22 日，马德里查马丁车站至西班牙北部枢纽巴拉多利德的高速铁路建成通车。这条高速铁路上 28.4km 的瓜达拉马铁路隧道也是西班牙第一、欧洲第三长的铁路隧道，大幅缩短了马德里与巴拉多利德之间的铁路距离，两座城市间列车运行时间也由 2.5 小时缩短至 1 小时之内。如今，这条高速铁路先后延长至莱昂、萨莫拉和拉科鲁尼亚，成为西班牙西北部地区高速铁路的核心线路。

2004 年投入运营的 S104 不仅性能稳定，更让经济、快捷的 Avant 短途区域高速列车成为继 AVE 之后西班牙高速铁路上另一全新服务品牌。在目前的西班牙高铁系统中，时速 300km，只在高速铁路上运行的跨区域长途高速列车以 AVE 为品牌，提供餐吧车和高等舱服务；时速 250km，同样只在高速铁路上运行的短途地区高速列车以 Avant 为品牌，只提供二等座和自助售货服务，不提供高等舱和餐吧车；时速 250km，由可变轨距列车执行的高速线、既有线跨线长途列车则以 Alaris 为品牌，提供与 AVE 相似的旅行服务。三大列车品牌不仅提供了差异化的服务，也让乘客通可以根据车次便捷地了解不同列车的经由和级别。为了在距离仅有 180km 的马德里和巴拉多利德间开行低成本的 Avant 短途地区高速列车，西班牙国铁与阿尔斯通和 CAF 联合体再次签订了以 Pendolino 为蓝本的高速列车合同，命名为 S114 型，成为 S104 的延续。

重联 S114 驶入马德里查马丁站

相比于以 ETR480 为蓝本的 S104，S114 改为以 ETR600 为蓝本的新 Pendolino 平台，标志性的两段式头型具有鲜明的新 Pendolino 特色，车身宽度则由 ETR600 的 2.83m 增加到 2.92m。与 S104 相比，S114 同样采用 4M 全动车编组和 250km/h 最高速度，整车功率小幅下调为 4000kW，减振系统则由钢弹簧升级为空气弹簧，头车亦提升了碰撞安全性能。S114 全车只设有 2+2 座椅布局的二等车，同时取消了餐吧车和车上餐饮服务，只设有简易的自动售货机，全车定员 236 人。

2004 年，西班牙国铁与阿尔斯通曾签署 30 列 S114 合同。但由于价格昂贵，2006 年合同被缩减为 13 列。2008 年，首列 S114 下线，并于 2009 年起投入运用。2011 年，全部 13 列 S114 交付完毕。目前，除马德里—巴拉多利德线外，部分 S114 也执行巴塞罗那—莱里达间的 Avant 短途地区高速列车。

■ S114 驶出塞戈维亚站

## 车辆设施

❶ S114 二等车；
❷ S114 不设餐吧车，只设自动售货机；
❸ S114 无障碍卫生间；
❹ S114 车内显示器显示列车运行速度；
❺ S114 车内显示器显示列车运行方位；
❻ S114 座椅间充电口；
❼ S114 速度标识；
❽ S114 转向架。

## 世界首款可变轨距动力分散高速列车

# Alvia S120/S121

| 投入运用时间 | 2005年 |
| --- | --- |
| 运营速度 | 250km/h |
| 列车编组 | 4M |
| 牵引功率 | 4000kW |
| 列车定员 | 237人；281人 |

西班牙高速铁路1435mm准轨轨距和既有铁路1668mm宽轨轨距的差异催生了对可变轨距高速列车的需求。目前，全世界仅有的两款成熟可变轨距高速列车全部在西班牙运用。由CAF与阿尔斯通联合生产的S120/121便是其中之一！

从第一款高速列车S100开始，西班牙便以引进外国技术和落地本国生产为原则，通过投资实现了高速列车的技术转移和生产落地。西班牙本土铁路车辆制造企业CAF随之实现技术升级。S120便是CAF在与阿尔斯通合作生产S104型高速列车后，将Pendolino技术平台与可变轨距技术结合后研发生产的可变轨距高速列车。

S120停靠西班牙北部既有铁路车站

S120的基本技术方案上与S104相似，采用4M全动车编组，每台转向架装有一台500kW体悬式三相交流牵引电机，通过万向轴驱动，具有鲜明的Pendolino特色。拥有IGBT交流传统系统的S120在西班牙既有铁路直流3kV供电情况下，全车功率2700kW，最高速度220km/h；高速铁路25kV 50Hz供电时，整车功率4000kW，最高速度250km/h。在S120的转向架上，设置了CAF拥有专利的BRAVA自动变轨距系统，车轮在锁闭打开的情况下能够沿车轴横向移动。因此，S120可在15km/h速度下，在2分钟时间内，依靠地面变轨设施自动改变列车轨距！如此高效地依靠BRAVA设备实现轨距的自动调整是S120最大的技术特点。

S121行驶在巴塞罗那至巴伦西亚铁路上

S120的车体结构也与S104有所区别，车门位于车身中央位置，与中国铁路的CRH1A型动车组结构相似。在4节车厢中，包括1节2+1座椅布局的一等车、2节2+2座椅布局的二等车和一节2等餐吧合造车，237人的定员与S104相同。为了增加定员并用于中短途运输，后期制造的列车取消了一等车和餐吧车，将4节车厢全部设为2+2座椅布局的二等车，定员也增加至281人，命名为S121型。在外观上，S121与S120最大的区别是头部的紫色线条在列车最前方全部连通。

首列S120于2005年秋开始，在部分建成的马德里至巴塞罗那高铁投入试运营，成为世界首款商业运用的可变轨距高速列车。目前，已有28列S120和29列S121先后投入运营。其中，S120主要执行巴塞罗那—毕尔巴鄂、巴塞罗那—拉科鲁尼亚和马德里—毕尔巴鄂等西班牙北部的Alvia长途车次，将不在高速铁路沿线的城市通过既有铁路和可变轨距装置与高速铁路衔接。S121则执行部分高速铁路上短途Avant车次的同时，也执行部分短途需更换轨距运行的跨线列车。

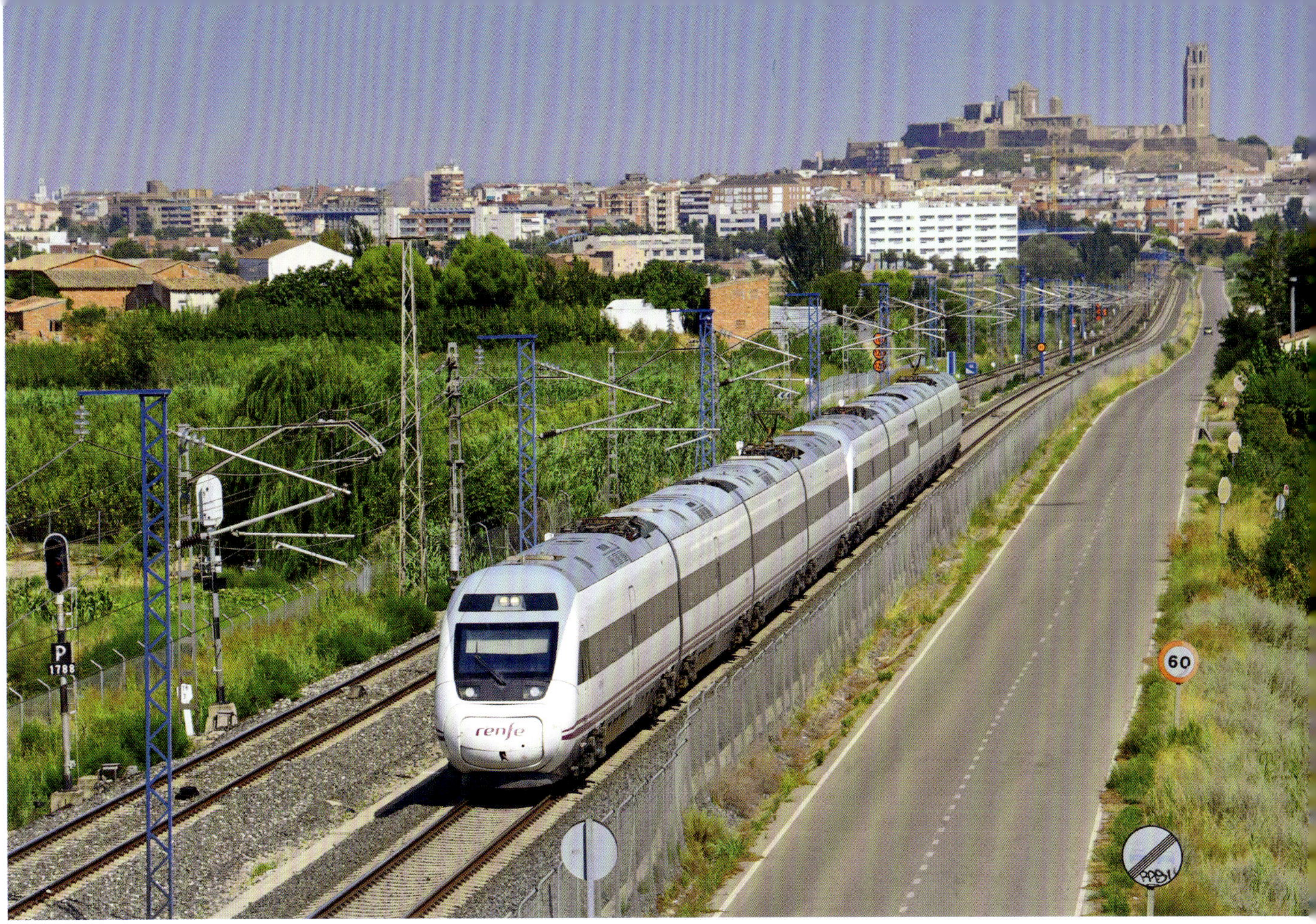


■ 重联 S120 驶过莱里达古城

## 车辆设施

1

2

5

6

3

4

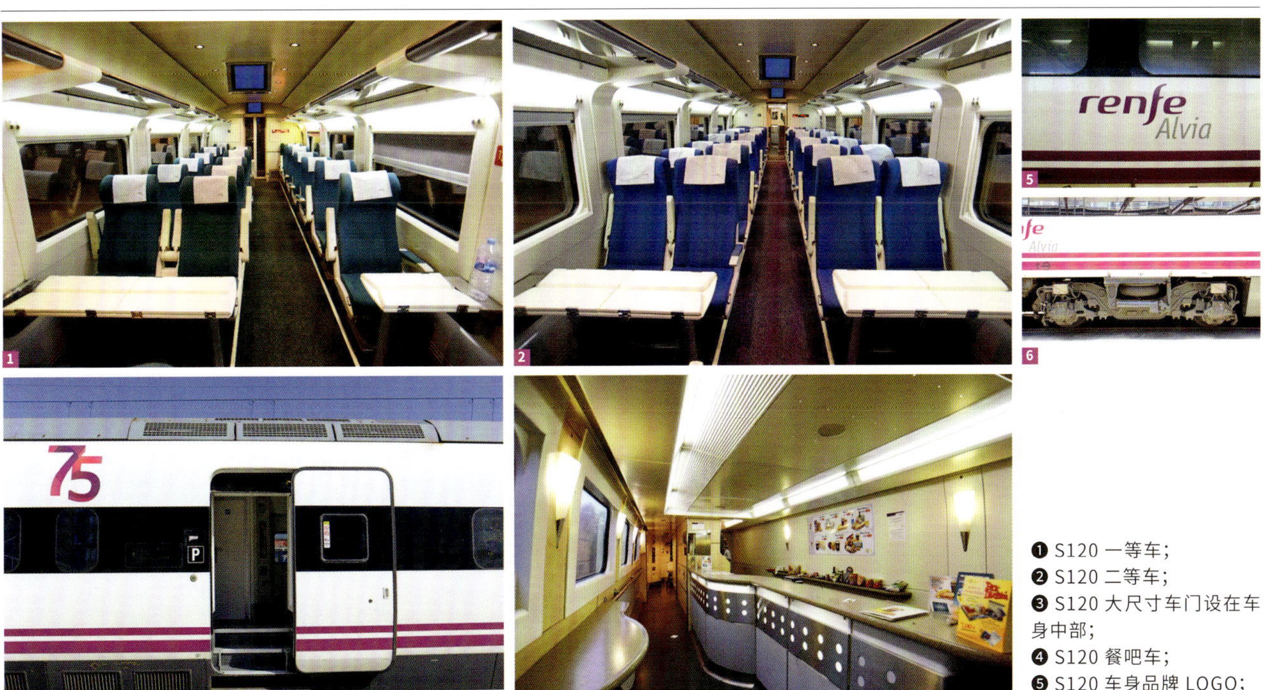

❶ S120 一等车；
❷ S120 二等车；
❸ S120 大尺寸车门设在车身中部；
❹ S120 餐吧车；
❺ S120 车身品牌 LOGO；
❻ S120 可变轨距转向架。

## 可变轨距的 Talgo250

# Alvia S130

| 投入运用时间 | 2007 年 |
|---|---|
| 运营速度 | 250km/h |
| 列车编组 | 2L11T |
| 牵引功率 | 4800kW |
| 列车定员 | 299 人 |

AVE S102/ Talgo350 实现了 Talgo——这一最具西班牙本土特色车辆的高速化。在此基础上，西班牙又以 Talgo250 的名义开发了 Alvia S130 型高速列车，不仅充分发挥了传统 Talgo 列车可变轨距的技术优势，全部列车还具备交流 25kV 50Hz 和直流 3kV 双电压运行能力，并安装了多种信号系统，可方便地在准轨高速线和宽轨既有线上直通运行，极大地拓展了西班牙高速铁路系统的服务范围。

与 S102 只适应准轨高速铁路不同，S130 最大的特点当属可变轨距。S130 在充分发挥传统 Talgo 车厢可变轨距技术优势的同时，通过优化转向架结构，在动力车上也增加了可变轨距装置，整列车可以 15km/h 的速度，借助地面设备实现不停车变换轨距，在既有铁路和高速铁路间灵活转换。截至目前，S130 与其衍生的 S730 依然是世界上仅有的动力集中可变轨距高速列车，堪称西班牙高铁排名第一的“黑科技”！

S130 运行在西班牙既有宽轨铁路上

与 S102 的生产方式相同，S130 也是由两大厂商联合生产——庞巴迪制造头尾两节动力车、Talgo 提供 11 辆中间车。车头造型也是一脉相承，但由于最高速度降为 250km/h，S130 的“鼻子”长度有所缩短，列车爱称也从 S102 的“鸭子 (Pato)”变成了“迷你鸭（Patito）”。S130 采用 IGBT 为元件的交流牵引系统，可兼容交直两种电压。在交流 25 kV 高速铁路上，两台动力车可提供总计 4800kW 的动力，最高速度 250 km / h；在传统直流 3kV 线路上，最大功率降为 4000 kW，最高速度 220 km / h。全部动力车均安装有 ETCS-1、ETCS-2、LZB 和 ASFA（西班牙既有铁路信号系统）四套信号系统，可在西班牙全部电气化铁路运行。

为节约成本，早期的 S130 直接采用了此前已经投入运用 Talgo-7 型车厢作为中间车。相关车厢回厂进行了改造，增加了首尾车控制用的重联母线和流线型的车顶结构，取消了倒车控制，并拆除了顶部和尾部的信号灯。这批改造车厢与后期新造车厢均采用了铝合金车体，并拥有 Talgo 特色的自然摆系统。S130 全列 11 节车厢中包括 3 节 2+1 座椅布局一等车、7 节 2+2 座椅布局二等车和一节餐吧车，全车定员 299 人。所有车厢都加强了气密性，并设有个人音响、车载电视、可旋转座椅和基于 GPS 的行车信息系统。加之 Talgo 车厢特色的全车低地板结构可在低站台实现无障碍乘车，S130 在人性化与舒适性上确实都值得一提。

S130 运行在既有巴塞罗那至巴伦西亚宽轨铁路上

2004 年至 2005 年，西班牙国铁先后两次购买了 45 列 S130，并于 2007 年开始投入运用。其中 15 列 S130 在 2009~2012 年间被先后改造为混合动力的 S730。剩余的 30 列 S130 主要执行马德里—加迪斯、马德里—伊伦、巴塞罗那—维戈等方向的 Alvia 跨线列车。2009 年后，S130 还取代了因更改轨距，纳入 S100 车队而离开的 S101，执行巴塞罗那—阿利坎特沿地中海线运行的 Euromed 列车。

S130 行驶在巴塞罗那至巴伦西亚的地中海线上

## 车辆设施

❶ S130 一等车；
❷ S130 二等车；
❸ S130 二等车大件行李处；
❹ S130 餐吧车；
❺ S130 机车可变轨距转向架；
❻ S130 车身品牌标识；
❼ S130 车厢铰接走行部。

## 内电双源的西班牙铁路全网通

# Alvia S730

| | |
|---|---|
| 投入运用时间 | 2012 年 |
| 运营速度 | 250km/h |
| 列车编组 | 4L9T |
| 牵引功率 | 4800kW |
| 列车定员 | 265 人 |

加利西亚是西班牙 17 个自治区之一，位于整个伊比利亚半岛的西北角，区内山岭纵横、交通不便。为解决加利西亚地区铁路交通落后的状况，2001 年起，西班牙便开始了这一地区的铁路现代化建设。2009 年，区内南北向的大西洋轴线高速铁路北段（拉科鲁尼亚—圣地亚哥·德孔波斯特拉）建成通车；2015 年，南段（圣地亚哥·德孔波斯特拉—维戈）也正式通车，大西洋轴线高速铁路全线建成。与此同时，连接首都马德里与加利西亚地区的马德里—加利西亚高速铁路自 2004 年开工建设，并于 2011 年建成奥伦塞—圣地亚哥·德孔波斯特拉的首个区间；马德里经奥尔梅多至萨莫拉的区间也于 2015 年投入使用。由于奥伦塞至萨莫拉的路段穿越崇山峻岭，工期缓慢，为充分利用高速铁路已建成区间，实现首都马德里与加利西亚地区间的快速通达，从 2011 年起，西班牙国铁将 15 列 S130 改造并增加了内燃机组，以便让高速列车得以借道未电气化的奥伦塞至萨莫拉段既有铁路。改造后的列车最初被命名为 S130H，在投入运营前最终被命名为 S730。

■ S730 运行在非电气化的萨莫拉至奥伦塞铁路上

全部 15 列 S730 均由 S130 改造而来，因此两端动力车与 S130 完全一致，能够适应交流 25kV 50Hz 和直流 3kV 双电压制式供电，在交流供电条件下整车最大功率 4800kW，最高速度 250km/h。为了让列车可以通过非电气化区段，S730 将原 S130 头尾紧靠动力车的两节载客车厢改为内燃动力车厢，各安装了一组 1800kW 的内燃机组，全列编组因此由 S130 的 2L11T 改为 4L9T。列车在非电气化区段通过内燃机发电，驱动动力车的牵引电机，整车功率 3600kW，最高运行速度 180km/h。

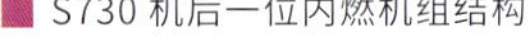
■ S730 机后一位内燃机组结构

由于将两节载客车辆改为动力车厢，S730 的定员也减少为 265 人，相比 299 人定员的 S130 减少了 34 人，而车辆内饰、低地板结构和被动倾摆功能则保持不变。为了在准轨高速铁路与宽轨既有铁路间实现直通运行，S730 同样具备可变轨距功能，可在西班牙全部铁路上运行，是西班牙铁路真正意义上的“全网通”。S730 不仅是世界上第一款内电混合高速列车，也是世界唯一一款可变轨距混合动力高速列车，堪称西班牙高速列车另一项著名“黑科技”！

2012 年 6 月 17 日，S730 正式开始在马德里—加利西亚地区间投入运营，将两地间列车运行时间压缩了近 1 个小时。S730 行驶在奥伦塞—萨莫拉间马丁吉尔高架桥（Viaducto Martín Gil）的这一瞬间也成为西班牙高速列车的经典画面。2019 年底马德里—加利西亚高速铁路将全线建成，内电混合的 S730 则计划转至西班牙东南部，经高速铁路至格拉纳达后，再转由宽轨非电气化铁路至地中海畔的阿尔梅里亚。作为西班牙唯一的“全网通”，S730 还将继续发挥其独特的作用。

S730 驶过马丁吉尔高架桥

马丁吉尔高架桥雄姿

# 英国

英国是世界铁路的诞生地。在 20 世纪 60 年代开始的铁路高速化进程中，英国没有采用新建高速铁路方式，而是将重点放在了将既有铁路提速至 200km/h 及以上。英国铁路电气化比例不高，本土运营的高速列车涵盖内燃、电力和混合动力多种动力方式。1994 年英国铁路私有化改革后，同种车型由不同公司管理时也有着不同的涂装与内饰。

目前，除经由英法海底隧道连接欧洲大陆的 Eruostar E300 与 Eruostar E320 两款国际高速列车外，英国本土还运营有 IC125、IC225、Class 180、Class 220、Class 221、Class 222、Class 390、Class 395、Class 800、Class 801 和 Class 802 等 11 款高速列车。谱系繁杂、涂装多样、内电并举是英国高速列车的三个最大特色。

IC125 驶过世界文化遗产——苏格兰福斯铁路桥

# 英国高速铁路概况

相比于欧洲大陆上大规模修建高速铁路的法国、德国、意大利和西班牙等国家，作为世界铁路的诞生国，英国在高速铁路建设方面略显保守。除连接伦敦与英法海底隧道出口的HS1高速铁路外，其余国内主要方向均以既有铁路提速改造为主，线路质量、速度和技术水平与欧洲其他铁路发达国家相比略显滞后。

连接英法海底隧道出口与伦敦圣潘克拉斯车站的HS1是英国唯一建成通车的新建高速铁路。HS1是1号高速铁路（High Speed 1）的缩写，也被称为海峡隧道铁路连接线（Channel Tunnel Rail Link，CTRL）。这条1996年开工，全长108km的高速铁路全面采用法国TGV高速铁路的技术特点：设计速度300km/h，采用25kV 50Hz交流供电和TVM430信号系统。2003年，HS1首段开通；2007年11月，HS1全线开通，欧洲之星国际列车在伦敦的始发站也由滑铁卢站改至圣潘克拉斯站。2011年起，HS1还开行了伦敦经英法海底隧道往返欧洲大陆的定期货物列车，成为世界上极少兼顾高速列车和货物列车的300km/h级高速铁路之一。

Eurostar E300行驶在英国HS1高速铁路上

除HS1高速铁路外，英国国内干线路网均采用既有铁路提速的方式开行高速列车，最高运行速度200km/h。目前英国具备200km/h技术标准的干线铁路包括伦敦—爱丁堡的东海岸干线，伦敦—格拉斯哥的西海岸干线、伦敦—布里斯托尔/加迪夫/普利茅斯的大西部干线、伦敦—德比/谢菲尔德的米德兰干线和英国纵贯线的伯明翰—德比段，总里程约1800km。其中，东海岸干线、西海岸干线和大西部干线伦敦—加迪夫段已实现电气化，米德兰干线和英国纵贯线的大部分路段则尚未完成电气化。目前，伦敦—伯明翰的HS2一期工程正在筹划开工，这条设计速度360km/h的高速铁路未来计划延长至曼彻斯特、谢菲尔德和约克，成为未来英国南北向的交通干线。

| 线路名称 | 运营区间 | 开通时间 | 最高运营速度(km/h) | 路线长度(km) |
|---|---|---|---|---|
| 新建高速铁路 | | | | |
| HS1 | 伦敦—英法海底隧道口 | 2003~2007年 | 300 | 108 |
| 新建高速铁路合计 | | | | 108 |
| 既有铁路提速 | | | | |
| 东海岸干线 | 伦敦—爱丁堡 | — | 200 | 632 |
| 西海岸干线 | 伦敦—格拉斯哥 | — | 200 | 642 |
| 大西部干线 | 伦敦—布里斯托尔 | — | 200 | 约200 |
| 米德兰干线 | 伦敦—谢菲尔德 | — | 200 | 约250 |
| 英国纵贯线 | 伯明翰—德比 | — | 200 | 约70 |
| 既有铁路合计 | | | | 约1800 |

英国高速铁路/快速铁路示意图
注：本图仅作为铁路线路的示意之用，不可作为行政区域与边界等参考。
苏格兰
Scotland
英
格拉斯哥
Glasgow
爱丁堡
Edinburgh
北爱尔兰
Northern
Ireland
贝尔法斯特
Belfast
卡莱尔
Carlisle
纽卡斯尔
Newcastle
马恩岛
Isle of Man
爱尔兰
都柏林
Dublin
西海岸干线
英格兰
England
东海岸干线
北
海
利物浦
Liverpool
约克
York
曼彻斯特
Manchester
唐卡斯特
Doncaster
克鲁
Crewe
谢菲尔德
Sheffield
英国纵贯线
德比
Derby
威尔士
Wales
伯明翰
Birmingham
莱斯特
Leicester
拉格比
Rugby
凯尔特海
加迪夫
Cardiff
国
米德兰干线
布里斯托尔
Bristol
普利茅斯
Plymouth
大西部干线
伦敦
London
英法海底隧道
荷兰
HS1
英
吉
利
海
峡
比
布鲁塞尔
Brussel/Bruxelles
利
根西岛
Guernsey
里尔
Lille
泽西岛
Jersey
法
国
时

英国

英国高速列车的元老

# IC125/HST/Class 43

| 投入运用时间 | 1976 年 |
| --- | --- |
| 运营速度 | 200km/h |
| 列车编组 | 2L4T~2L9T |
| 牵引功率 | 3360kW；4020kW |
| 列车定员 | 315~553 人 |

IC125 是一款由 Class 43 型机车和 Mark 3 型客车组成的动力集中内燃动车组。它不仅让英国铁路首次以 200km/h 的商业运营速度迈入高速铁路门槛，更扭转了此前英国铁路江河日下的颓势，成为英国高速列车的象征。

面对其他交通方式高速发展带来的压力，作为世界铁路诞生国的英国在二战后力求通过基础设施改造和开发新型车辆来提高铁路的竞争力。1960 年代初，目标时速 250km，具备车体倾摆功能的“先进旅客列车”APT（Advanced Passenger Train）开始研制。由于采用了多项过于超前的新技术，APT 故障重重，进展不力。加之干线铁路电气化进程缓慢， 1970 年，英国决定“应急”开发一款基于传统内燃机车的 200km/h 旅客列车，代号 HST（High Speed Train）。

大西部铁路公司的 IC125 在伦敦帕丁顿站整装待发

根据经验，低轴重机车对于在高速行车时减少对轨道的破坏至关重要。因此 HST 选用了当时新型的 12 缸 1680kW 高速柴油机，采用交—直流电传动方式，将动力车轴重降低至 17.5t。1972 年，两台定型为 Class 41 的原型动力车在英国铁路工程公司的克鲁工厂下线，与新型 Mark 3 型客车组合成 Class 252 型动车组。1973 年 6 月，这列原型车在试运行中曾创下 230.5 km / h 的内燃动车组运行速度世界纪录。在此基础上，HST 量产车优化了机车外观，将动力车定型为 Class 43 型机车，列车则取名 Class 253 型动车组。1975 年，HST 开始量产，并于 1976 年起正式以 200km/h 的运行速度开启商业运营。由于 200km/h 折合 125mph（英里每小时），因此英国铁路将 HST 以“IC125”的商业品牌投入运营。IC125 在商业上的成功不仅让其成为了 HST 的代名词，更让世人遗忘了其Class 253 的原本名称。

采用动力集中方式的 IC125 除两台动力车外，中间可灵活编组 4~9 节 Mark 3 型车厢。Mark 3 型车厢采用钢制车体，长 23m，宽 2.74m，有 2+1 座椅布局头等车厢、2+2 座椅布局标准车厢、餐车、标准 / 餐车合造车等多种车型。加之灵活的编组形式，不同公司的 IC125 有近 10 种编组形式，定员 315~553 人不等。空气弹簧、盘型制动和液压减振器等新技术的采用，也让 Mark3 在 200km/h 运行时更加舒适安全。

原维珍东海岸公司的 IC125 停靠在伦敦国王十字车站

IC125 投入运用后大幅压缩了英国主要城市间的铁路旅行时间。1987 年 11 月 1 日，两台 Class 43 动力车在牵引 Mark 4 车厢的试验运行中再次创造了 238km/h 的内燃牵引列车速度新记录，至今无人打破。除样车外，Class 43 共生产了 197 台，编号 43002~43198。其中大部分动力车在 2005 年后都进行了延寿改造，更换了噪声与排放更低的 16 缸 2010kW 柴油机。作为世界上第一款动力集中高速列车，IC125 历经国铁时代和私有化改革，迄今已持续运行超过 40 年，是世界上运行时间最久的高速列车。随着新一代 Class 800 系列高速列车在 2017 年后逐步上线，部分 IC125 退出了干线铁路并少量封存，但并无明确退役计划。在可预见的将来，IC125 还将是英国铁路的主力之一。

大西部铁路公司的 IC125 行驶在德文郡海岸线

## 车辆设施

❶ IC125 标准车厢；
❷ IC125 头等车厢；
❸ IC125 司机室；
❹ IC125 手动折页式车门；
❺ IC125 动力车转向架；
❻ IC125 中间车转向架；
❼ IC125 大件行李存放处；
❽ IC125 自行车存放区。

## 英国电气化铁路高速列车的先驱

# IC225/Class 91

| 投入运用时间 | 1989 年 |
| --- | --- |
| 运营速度 | 200km/h |
| 列车编组 | 1L10T |
| 牵引功率 | 4830kW |
| 列车定员 | 535 人 |

从伦敦到爱丁堡的东海岸干线是大不列颠岛东部的交通动脉。由于线路质量好，历史上这条线路也曾是“英国速度”的代名词。1938 年 7 月 3 日，A4 型 4468 号“野鸭号”机车曾在东海岸干线创造了 203km/h 这一保持至今的世界蒸汽机车速度纪录。英国家喻户晓的“飞翔的苏格兰人”号特快列车也通过这条线路往返伦敦至爱丁堡间。从 1976 年到 1991 年，全长 632km 的东海岸干线陆续电气化。为了在电气化后的线路上实现更高速度运营，原英国国铁在失败的 APT 和成功的 IC125 基础上，开发了因设计速度为 225km/h 而得名的 IC225 列车。作为英国国铁时代开发并投入运用的最后一款高速列车，IC225 也是英国自主高速列车技术的落幕演出。

原维珍东海岸公司涂装 IC225 停靠在伦敦国王十字车站

IC225 严格意义上并非动车组列车。采用动力集中式布局的 IC225 实际是由 1 辆 Class 91 型电力机车、9 辆 Mark 4 中间车和 1 辆尾端控制车组成，采用 1L10T 的编组形式。虽然日常运用中机车和车厢并不解编，但机车和车厢并不严格对应，如有需要可自由编组。Class 91 型电力机车采用钢结构车体、B0-B0 轴式，整车功率 4830kW。为降低转向架簧下质量，减少对轨道冲击而设计的体悬式直流牵引电机和万向轴传动则源自 APT 的技术积累。虽然设有双司机室，但 Class 91 采用非对称式外观，机车一端为流线型头型，另一端则是钝型头型。通常情况下，钝型头型一端都与客车相连。位于尾部的控制车（Driving Van Trailer，简称 DVT）在外观上采用了与 Class 91 相似的造型，但车顶没有受电弓。由于当年英国法律曾规定 160km/h 以上的列车首节车厢不能载客，因此 IC225 的控制车未布置座椅，曾被当做行李车使用。

控制车在前的 IC225 行驶在东海岸干线铁路上

IC225 中间车使用的 Mark 4 车厢也是专门为其量身打造的。全列 9 节载客车厢包括 5 节标准车厢、3 节头等车厢和 1 节标准 / 餐车合造车，全车定员 535 人。除内饰外，Mark 4 相比 Mark 3 最大的区别是采用了外摆式自动车门，而非此前的折页式手动车门，车厢的气密性和安全性都得以提升，转向架也针对 225km/h 的运用需求进行了针对性改进。遗憾的是，虽然机车车辆都具备 225km/h 的设计速度，但受制于线路质量和信号系统，IC225 实际只以 200km/h 的最高速度运营。

1988 年，首台 Class 91 型机车下线，商业服务则于 1989 年 3 月开始。1989 年 9 月 17 日，91010 号机车在东海岸干线上创造了 260.2km/h 的英国“机车”速度记录。Class 91 先后制造了 31 台，最初编号 91001~91031。2001 年至 2003 年，所有机车都进行了现代化改造，优化了电气设备和转向架，编号也调整为 91101~91122、91124~91132。虽历经国铁时代和私有化后多家私营公司更迭，IC225 始终在东海岸干线上服务，目前隶属伦敦北东铁路公司（LNER）。随着新一代 Class 800 系列车的陆续上线，Class 91 型机车开始逐步淘汰或挪作他用，Mark 4 车厢也可能转配其他线路。叱咤东海岸干线 30 年的 IC225 将逐步退出历史舞台。

LNER 涂装的 IC225 东部干线著名的文化遗产皇家边境大桥（Royal Border Bridge）

## 车辆设施

❶ IC225 头等车厢；
❷ IC225 标准车厢；
❸ IC225 餐车吧台；
❹ IC225 大件行李处；
❺ IC225 原运营商维珍东海岸公司标识；
❻ IC225 现在的运营商伦敦北东铁路公司标识；
❼ IC225 外摆式自动门；
❽ IC225 动力车转向架；
❾ IC225 中间车转向架。

## 英国版的 Pendolino 摆式列车

# Class 390

| 投入运用时间 | 2002 年 |
| --- | --- |
| 运营速度 | 200km/h |
| 列车编组 | 6M3T；7M4T |
| 牵引功率 | 5100kW；5950kW |
| 列车定员 | 469~589 人 |

与东海岸干线对应，从伦敦到格拉斯哥的西海岸干线同样是英国重要的南北向交通走廊。这条 642km 的干线铁路通过联络线衔接伯明翰、利物浦和曼彻斯特等英国重要城市，是英国最繁忙的铁路通道。虽然西海岸干线在 1974 年便完成了全线电气化改造，但由于技术标准较低，伦敦到格拉斯哥的铁路旅行时间超过 5 小时，缺乏竞争力。“先进旅客列车”APT 的研制初衷便是依靠摆式列车技术提升西海岸干线的旅行速度。1986 年，因技术不够成熟，APT 在短暂服役后便退出运营。项目夭折后，APT 的部分技术被应用到 Class 91 型电力机车上，为 IC225 的成功开行奠定了基础。倾摆系统的部分专利则出售给了意大利菲亚特公司，在 Pendolino 摆式列车中成功应用。英国铁路私有化改革后，维珍（Virgin）公司于 1997 年拿下西海岸干线的运营权，并承诺引进摆式列车改善服务质量。最终，维珍公司与通过收购菲亚特铁路而获得 Pendolino 专利权的阿尔斯通集团签订了摆式列车采购合同，即 Class 390 型。夭折的 APT 摆式列车，最终又兜兜转转地以另一种形式回到了西海岸干线上。

Class 390 停靠在伦敦尤斯顿站

虽然设计速度达到 225km/h，但私有化改革后西海岸干线的线路基础与信号系统升级不利，Class 390 最高运营速度也被限制为 200km/h。早期生产的 Class 390 采用 6M3T 的 9 辆编组形式，与意大利 ETR460 相同，后期则因客流需求提升扩编为 7M4T 的 11 辆编组。列车采用 IGBT 为元件的交流牵引系统和 425kW 交流牵引电机，保持了 Pendolino 家族标准的体悬式牵引电机和万向轴传动，9 辆和 11 辆编组状态下整车功率分别为 5100kW 和 5950kW。Class 390 的铝合金车体和转向架由菲亚特制造，倾摆系统则采用瑞士研制的电动倾摆系统，与传统 Pendolino 的液压倾摆系统有所区别。列车不设餐车，只在一节二等车内专门开辟了售货区，9 辆和 11 辆编组情况下定员分别为 469 人和 589 人。车内设有车载娱乐系统和车载 WiFi，座位预定信息也采用电子方式显示。

两列 Class 390 停靠在曼彻斯特皮卡迪利站

首批 53 列 9 辆编组的 Class 390 于 2001~2004 年在伯明翰附近的阿尔斯通 Washwood Heath 工厂生产。这也是这家百年工厂的最后一批订单。Class 390 于 2002 年曼彻斯特英联邦运动会期间在曼彻斯特与伯明翰间临时投入运用，并于 2003 年 1 月起在伦敦尤斯顿站（London Euston）至曼彻斯特皮卡迪利站（Manchester Piccadilly）间试运行。随后数月，利物浦、伯明翰和普雷斯顿等城市也纳入服务范围。2004 年，Class 390 服务延伸至格拉斯哥，覆盖西海岸干线全线。因采用摆式列车大幅压缩旅行时间，西海岸干线客流增长迅速。2012 年起，4 列新造的 11 辆编组 Class 390 投入运用，此前 53 列 9 辆编组中的 31 列也扩编至 11 辆。由于西海岸干线特许经营权发生变化，2019 年 12 月起，除一列因事故退役外，35 列 11 辆编组、21 列 9 辆编组的 Class 390 全数转移至新公司，继续在西海岸干线上提供服务。

11 辆编组的 Class 390 行驶在西海岸干线上

## 车辆设施

❶ Class 390 头等车厢；
❷ Class 390 标准车厢；
❸ Class 390 餐车吧台和售货区；
❹ Class 390 车厢中部大件行李处；
❺ Class 390 无障碍卫生间；
❻ Class 390 轮椅停放区；
❼ Class 390 转向架；
❽ Class 390 原运营商维珍公司标识。

## 世界唯一液力传动高速内燃动车组

# Class 180/Adelante

| 投入运用时间 | 2001 年 |
| --- | --- |
| 运营速度 | 200km/h |
| 列车编组 | 5M |
| 牵引功率 | 2800kW |
| 列车定员 | 268 人 |

1994 年起，英国保守党政府开启了争议颇大的铁路私有化进程，将原英国国铁的资产和运营权分割，私营公司通过公开竞标获得不同地区列车的特许运营权。除需向政府缴纳特许经营费外，中标的运营公司还要按合同提升相关线路的服务质量。作为当时特许经营协议的一部分，接管伦敦通往英格兰西南和威尔士南部地区列车的第一大西部铁路公司（First Great Western，简称 FGW），需要在伦敦帕丁顿车站（London Paddington）与南威尔士地区间提供每半小时一对的长途列车服务。虽然继承了英国国铁时代相当数量的 IC125，但 FGW 公司为提高运力，决定再向阿尔斯通公司采购 14 列全新的动力分散内燃动车组，即 Class 180。

大中央铁路公司的 Class 180 停靠在伦敦国王十字车站

Class 180 与当时第一北西铁路公司（First North Western）运营的 Class 175 同属阿尔斯通公司 Coradia 1000 技术平台，同为液力传动动力分散内燃动车组，但最高速度提升至 200km/h，是世界上迄今为止唯一采用液力传动的高速内燃动车组。Class 180 采用 5 辆全动车编组形式，每辆车厢下方都安装有一台 560kW 康明斯柴油机，动力通过福伊特三速液力变速箱传动后，由齿轮驱动动力转向架的两个动轴（每辆车厢的另一个转向架为非动力转向架），整车功率 2800kW。全车 5 节车厢中，包括 1 节 2+1 座椅布局头等车厢和 4 节 2+2 布局标准车厢，其中一节标准车厢设有简易售货区，全车定员 268 人。

全部 14 组 Class 180 均在阿尔斯通的英国 Washwood Heath 工厂生产，编号 180 001~180 014。2000 年 4 月 18 日，首列 Class 180 下线。然而过多的技术问题，让 Class 180 直到 2000 年 12 月才得以在正线上开展测试。又经过一年的各项试验，2001 年 12 月英国铁路运行图调整后，Class 180 终于以 Adelante 的品牌开始了商业运行。但由于可靠性较差，加之客流增长后较少的定员无法满足需求，FGW 很快对 Class 180 失去了耐心。随着 2007 年底一批翻新后的 IC125 投入运用，FGW 将大部分 Class 180 退还给了租赁公司 Angel Trains（因财务等原因，英国铁路私有化后列车所有权归属车辆租赁公司而非运营公司）。短时间的闲置后，赫尔铁路公司（Hull Train）和大中央铁路公司（Grand Central）分别于 2008 年和 2009 年接手部分 Class 180。2012 年起，全部 Class 180 都进行了翻新改造，增加了电源插座、车载 WIFI 等人性化设施，列车可靠性也得以提升。2017 年，随着新一代 Class 800 的逐步上线，已改名 GWR（Great Western Railway）的大西部铁路公司将拥有的最后 5 组 Class 180 转配大中央铁路公司。目前大中央铁路公司和赫尔铁路公司分别配属 10 组和 4 组 Class 180，运营伦敦国王十字车站（London Kingcross）经由东海岸干线，去往赫尔、桑德兰和布拉德福德方向的列车。2020 年后，赫尔铁路公司将用 Class 802 取代 Class 180，其所属 Class 180 则计划转配至东米德兰兹铁路公司。

赫尔铁路公司的 Class 180 停靠在伦敦国王十字车站

大中央铁路公司的 Class 180 穿过纽卡斯尔市区

## 车辆设施

❶ 大中央铁路公司 Class 180 一等车厢；
❷ 大中央铁路公司 Class 180 标准车厢；
❸ 大中央铁路公司 Class 180 车身标识；
❹ 赫尔铁路公司 Class 180 一等车厢；
❺ 赫尔铁路公司 Class 180 标准车厢；
❻ 大中央铁路公司 Class 180 车身标识；
❼ Class 180 转向架。

英国

## 英国纵贯铁路的“旅行者”

# Class 220/Voyager

| 投入运用时间 | 2001 年 |
|---|---|
| 运营速度 | 200km/h |
| 列车编组 | 4M |
| 牵引功率 | 2240kW |
| 列车定员 | 200 人 |

英国纵贯铁路（Cross Country）北起苏格兰东北部的阿伯丁，经爱丁堡、纽卡斯尔、约克、利兹、谢菲尔德、伯明翰、布里斯托尔、埃克塞特、普利茅斯等大城市，南至英格兰最西南角的彭赞斯，并有支线服务连接格拉斯哥、曼彻斯特和卡迪夫，单趟列车最长旅程近 1200km，旅行时间超 12h，是英国最“漫长”的铁路旅行。事实上，英国纵贯铁路并非一条专有干线，而是自东北向西南斜跨整个英国的长途列车服务名称，以所有列车都经由伯明翰且不通达伦敦为最大特征。在英国国铁时代，英国纵贯铁路主要以 InterCity 的品牌进行商业服务。由于沿途大部分线路尚未电气化，因此主要使用内燃机车牵引的普通客车和 IC125 内燃动车组。上世纪 90 年代末的私有化过程中，维珍铁路公司不仅赢得了西海岸干线的特许经营权，也同时拿下了英国纵贯铁路的列车运营权。为了提升服务质量，维珍公司向庞巴迪公司购买了一批 200km/h 的动力分散内燃动车组以替代老旧的机车车辆和 IC125，这就是 Class 220——英国纵贯铁路上新的主力车型。

英国纵贯铁路公司的 Class 220 行驶在埃克塞特—普利茅斯铁路上

Class 220 采用 4 辆全动车编组，每辆车厢下方均安装有一台与 Class 180 相同的 560kW 康明斯柴油机，整车功率 2240kW。但与 Class 180 不同，Class 220 采用高速列车常用的电传动驱动，每辆车厢下方均设有两台体悬式牵引电机，依靠万向轴驱动转向架靠近车体中部的一个车轴（另一根车轴无动力）。在转向架方面，Class 220 采用了庞巴迪 B5005 型转向架，其最大特点在于转向架侧架内置，轴箱位于车轮内侧，因此从外面可以清晰地看见车轮和设于其上的制动轮盘及闸片。这个特点也是 Class 220 在外观上与其兄弟车型 Class 221 最大的区别。在 Class 220 的 4 节车厢中，设有 1 节 2+1 座椅布局的头等车厢和 3 节 2+2 座椅布局的标准车厢，全车定员 200 人，其中头等车厢定员 26 人。为增加载客量，全车未设餐吧车和食品销售区，改由服务人员推车售卖。

Class 220 驶过惊涛拍浪的德文郡海岸线

2001 年，隶属维珍纵贯铁路公司（Virgin Cross Country）的 Class 220 以“旅行者（Voyager）”的列车品牌投入英国纵贯铁路服务，并采用了维珍列车特有的红灰相间涂装。2007 年起，英国纵贯铁路的特许经营权发生改变，Arriva 公司接替了维珍公司开始经营英国纵贯铁路服务，全部 34 列 Class 220（编号 220001~220034）也悉数转移至新的英国纵贯铁路公司，涂装也改为紫色基调，并配以 Cross Country 的全新标识运营至今。

Class 220 转向架

行驶在英吉利海峡旁的 Class 220

## 车辆设施

❶ Class 220 一等车厢；
❷ Class 220 标准车厢；
❸ Class 220 车内大件行李存放处；
❹ Class 220 车端大件行李存放处；
❺ Class 220 自行车存放处；
❻ Class 220 轮椅停放处。

# 庞巴迪“超级旅行者”

# Class 221/Super Voyager

| 投入运用时间 | 2002 年 |
| --- | --- |
| 运营速度 | 200km/h |
| 列车编组 | 4M；5M |
| 牵引功率 | 2240kW；2800kW |
| 列车定员 | 202~262 人 |

在引进 Class 220 后，为提升英国纵贯铁路的运输能力，并充分利用西海岸干线开行伦敦去往尚未电气化的威尔士北部地区的高速列车，维珍铁路公司在 Class 220 基础上向庞巴迪公司订购了一批最高速度同为 200km/h，但具备车体倾摆功能的动力分散高速内燃动车组，即 Class 221。由于倾摆功能使得 Class 221 相比 Class 220 拥有更强的曲线通过能力，因此也有了“超级旅行者（Super Voyager）”这一升级品牌。

Class 221 与 Class 220 采用完全相同的头型、车体尺寸和 560kW 康明斯柴油机，并可重联运行。Class 221 的电机与驱动系统亦与 Class 220 相同：全车所有转向架均为动力转向架，车体下方的两台体悬式牵引电机分别通过万向轴驱动两台转向架中靠近车体中部的车轴。这也是从 APT 到 Pendolino 各型动力分散摆式列车的常用方式。Class 221 与 Class 220 在外观与技术上最大的区别在于转向架结构——Class 221 采用的摆式转向构架侧梁与轴箱位于车轮外侧，虽然外观上看结构复杂，但样式更为传统，与轴箱内置式的 Class 220 区别明显。与维珍公司同期引进的 Class 390 摆式列车相比，Class 221 选择了传统 Pendolino 的液压式倾摆系统，可实现 6°的最大倾摆角度。这一点与采用电动倾摆系统，可实现最大倾摆 8°的 Class 390 略有差异。

与全部为 4 辆编组的 Class 220 不同，在全部 44 列 Class 221 中，仅有 4 列为 4 辆编组，其余 40 列均为 5 辆编组，以弥补此前 Class 220 因编组过小而带来的运能不足问题，整车功率也分为 4 辆编组的 2240kW 与 5 辆编组的 2800kW 两种。4 辆编组的 Class 221 内饰布局与 Class 220 几乎完全相同，全车定员小幅调整为 202 人；5 辆编组的 Class 221 则增加了一节 2+2 座椅布局的标准车厢，在翻新后因所属公司不同，定员分为 256 人与 262 人两种。

全部 Class 221 均在 2001 年至 2003 年间由庞巴迪位于比利时的工厂生产，并于 2002 年 4 月 12 日起开始运营。由于 2007 年英国纵贯铁路运营权的改变，20 列 5 编组和 4 列 4 编组 Class 221 被转移至新公司。出于成本考虑，英国纵贯铁路公司的 Class 221 关闭了倾摆功能，并与 Class 220 实行相同的运行标尺。其余 20 列 5 编组 Class 221 则依然配属维珍铁路公司，主要执行伦敦尤斯顿站经西海岸干线去往威尔士北部沿海地区和伯明翰经西海岸干线去往苏格兰方向的列车，并在技术标准较低的西海岸干线上通过倾摆功能实现与 Class 390 基本相同的运行标尺。随着 2019 年底西海岸干线经营权的改变，未来维珍公司的 Class 221 将在新公司的管理下继续在这一线路上运行。

Class 221 具备摆式功能的转向架

维珍公司的 Class 221 行驶在威尔士境内

英国纵贯铁路公司的 Class 221 停靠在曼彻斯特皮卡迪利站

■ 维珍公司的 Class 221 驶过威尔士康维城堡

■ 英国纵贯铁路公司的 4 辆编组 Class 221 行驶在埃克塞特—普利茅斯铁路上

## 米德兰干线上的“旅行者”改进版

# Class 222/ Meridian

| 投入运用时间 | 2004 年 |
| --- | --- |
| 运营速度 | 200km/h |
| 列车编组 | 4M；5M；7M |
| 牵引功率 | 2240kW；2800kW；3920kW |
| 列车定员 | 181~342 人 |

从伦敦圣潘克拉斯车站（London St Pancras）出发，经由莱切斯特、德比、诺丁汉，终到谢菲尔德的米德兰干线（Midland Main Line）位于英格兰中部，是一条介于东西海岸干线之间的一条南北向铁路干线。英国铁路私有化后，米德兰干线铁路公司（Midland Mainline）从 1996 年起获得了米德兰干线的特许运营权。虽然继承了部分国铁时代留下的 IC125，但由于高速列车不足，相当多的车次还需使用传统的机车车辆。2002 年，米德兰干线公司向庞巴迪公司订购了一批 Class 222 型动力分散内燃动车组，以充分利用米德兰干线上部分具备 200km/h 运营条件的高标准区间，提升服务水准。

7 辆编组的 Class 222 驶过伦敦市郊小站

在技术方面，同样隶属于庞巴迪公司 Voyager 技术平台的 Class 222 与先前生产的 Class 220 和 Class 221 非常接近。这款电传动非摆式的内燃动车组同样为全动车设计，每辆车厢下方安装有一台 560kW 康明斯柴油机，车体下方的两台体悬式牵引电机分别通过万向轴驱动两台转向架中靠近车体中部的车轴，全车所有转向架均为动力转向架。同时，Class 222 也采用庞巴迪 B5005 型轻型转向架，采用轴箱内置的方式，从外侧可以清晰地看到车轮和设于其上的制动轮盘和闸片，与 Class 220 完全相同。但由于电气系统不兼容，Class 222 无法与 Class 220/221 重联运行。

在下线初期，Class 222 曾采用 4 辆和 9 辆编组形式。后期根据需要重新调整了编组，改为了 7 辆、5 辆和 4 辆编组三种形式，定员分别为 342 人、242 人和 181 人。所有编组均设有 2+1 座椅布局头等车厢、2+2 座椅布局标准车厢。其中一节标准车厢设有简易售货区，靠近司机室的头等车厢设有简易厨房，内饰也与 Class 220/221 有所差异。Class 222 通过改进设计，将更多设备安装在了地板下方，加之没有车体倾摆功能，无需将车体上方收窄，因此也拥有比 Class 220/221 更加宽敞的车内空间。

从 2004 年到 2005 年，27 列 Class 222 先后在庞巴迪比利时布鲁日工厂下线。2004 年 5 月 31 日，Class 222 开始以“子午线（Meridian）”的品牌在米德兰干线上投入商业运营。2005 年，赫尔铁路公司也曾引入 4 列 4 辆编组的 Class 222 执行伦敦国王十字车站经东海岸干线至赫尔的列车。2009 年，赫尔铁路公司决定引入 Class 180，这几组 Class 222 也被转至米德兰干线上的子午线车队。在经过两次运营公司变更后，米德兰干线现由东米德兰兹铁路公司（East Midlands Railway，简称 EMR）运营，全部 27 列 Class 222 皆隶属于此，其中包括 6 列 7 辆编组（编号 222001~222006）、17 列 5 辆编组（编号 222007~222023）和 4 列 4 辆编组列车（编号 222101~222104），是米德兰干线上的主力车型。

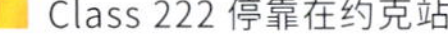
Class 222 停靠在约克站

5 辆编组的 Class 222 行驶在米德兰干线上

## 车辆设施

❶ Class 222 一等车厢；
❷ Class 222 标准车厢；
❸ Class 222 头型；
❹ Class 222 餐车吧台；
❺ Class 222 转向架；
❻ Class 222 车身标志。

## 采用日本技术的英国最快国内高速列车

# Class 395/ Javelin

| 投入运用时间 | 2009 年 |
|---|---|
| 运营速度 | 225km/h |
| 列车编组 | 4M2T |
| 牵引功率 | 3360kW |
| 列车定员 | 352 人 |

Class 395 是一款由英国东南铁路公司运营，通过 HS1 高速铁路服务英国东南部地区的城际高速列车。这款由日立公司生产的高速列车也让日本高速铁路技术首次打入英国市场。

Class 395 运行在三轨供电线路上

1994 年，英法海底隧道通车。同年 11 月 14 日，Eurostar E300 执行的欧洲之星国际高速列车开始在英国伦敦与法国巴黎、比利时布鲁塞尔之间运行，但在英国境内只能经由第三轨供电的既有铁路进入伦敦。为了充分发挥英法海底隧道作用，提升国际高速列车的竞争力，1996 年，英国开始修建从伦敦圣潘克拉斯车站至英法海底隧道出口的海峡隧道铁路连接线（Channel Tunnel Rail Link，CTRL）。作为英国第一条真正意义的新建高速铁路，这条设计速度 300km/h，全长 108km 的高速新线也被称为 HS1（High Speed 1），即高速铁路 1 号线。2003 年，HS1 首段开通；2007 年 11 月，HS1 全线开通，欧洲之星也从此前的伦敦滑铁卢站改至圣潘克拉斯站出发。

为充分利用开行欧洲之星外的富余能力，HS1 设有多处衔接既有铁路网的联络线，以开行服务地方的区域高速列车。2004 年，日本日立公司以 A 列车技术平台为基础，赢得了服务 HS1 及周边路网的 Class 395 型高速列车合同，实现了日本高速列车技术向欧洲的首次输出。由于同样服务高速新线和既有路网，Class 395 选择了新干线 400 系为原型。二者不仅流线型车头结构颇为相似，6 辆编组和 20m 车厢长度也完全一致。不过相比采用直流传动 6M 全动车的 400 系，Class 395 升级为基于 IGBT 元件的交流传动，动力配置则改为 4M2T，车体也由 400 系的钢车体升级为双层铝合金结构。4 辆动力车上的 8 个动力转向架各装有两台 210kW 异步交流牵引电机，整车功率 3360kW。由于英国东南部地区既有铁路网采用直流 750V 第三轨供电，因此 Class 395 除在头尾车各设有一台受电弓以适应 HS1 交流 25kV 50Hz 接触网供电外，还在部分转向架上设有集电靴以适应既有铁路三轨供电，是英国唯一可适应双电压制式的高速列车。由于服务距离和列车运行时间都比较短，Class 395 未设头等车厢和餐车，全列皆为标准车厢，共设 340 个 2+2 布局标准座椅。在无障碍卫生间附近，还设有 12 个可自动折叠的边座，全车坐席定员 352 人。为提高运输能力，高峰时间两列 Class 395 亦可重联运行。

Class 395 停靠在伦敦圣潘克拉斯站

2007 年 8 月，首列 Class 395 经海运抵达英国并开始试验运行。2009 年 6 月 29 日，Class 395 开始在 HS1 上以 225km/h 的速度投入商业运行，成为英国运行速度最快的国内高速列车。2012 年奥运会期间，Class 395 利用 HS1 为伦敦东部奥运村所在的斯特拉福德国际站与市中心的圣潘克拉斯站间提供高密度的“奥运标枪”穿梭服务，也自此获得了“标枪（Javelin）”的昵称。目前，全部 29 列 Class 395 均由东南铁路公司（Southeastern）运营，自伦敦去往阿什福德、福克斯通和多佛尔等多个城市，大大拉进了英国东南地区与首都的时空距离。

Class 395 运行在英吉利海峡旁的白崖脚下

## 车辆设施

❶ Class 395 标准车厢;
❷ Class 395 无障碍卫生间旁的可折叠边座;
❸ Javelin10 周年车身纪念标识;
❹ 东南铁路公司车身标识;
❺ Class 395 带受电靴动力车转向架;
❻ Class 395 非动力车转向架。

## 英国内电混动高速列车新主力

# Class 800/802/IEP

| 投入运用时间 | 2017 年 |
| --- | --- |
| 运营速度 | 200km/h |
| 列车编组 | 3M2T；5M4T |
| 牵引功率 | 2712kW；4520kW |
| 列车定员 | 326~651 人 |

为了替代老旧的IC125和IC225，英国运输局于2005年起开启了新一代200km/h动车组的采购计划，并于2007年正式定名为“城际快车项目”（Intercity Express Programme，IEP）。IEP要求充分利用英国既有和正在建设的电气化铁路，采用内电混动或电力牵引以降低碳排放，打造英国新一代跨私营公司运用的“通用型”高速列车。2009年，日立公司及其联合体赢得了IEP合同，并于牛顿·艾克利夫建造工厂以实现本土生产。其中内电混动的Class 800是IEP系列的首款车型。

大西部铁路公司的 Class 800 驶入伦敦帕丁顿站

A列车（A-train）是日立公司以铝合金车体和内饰模块化组装为特点打造的动力分散技术平台，可覆盖从通勤列车到高速列车不同速度等级的制造要求。相对首款打入英国高速列车市场的Class 395，同样基于A列车技术平台的Class 800最大特点在于采用了内电混动设计，可充分利用英国分段电气化的既有铁路网。针对不同客流需求，Class 800分为3M2T和5M4T两种编组形式，且两列5辆编组的Class 800可实现快速重联和解编作业。列车采用基于IGBT元件的交流传动技术，每辆动力车分别设有4台226kW交流牵引电机，5辆与9辆编组列车在交流25kV 50Hz电气化线路上整车功率分别为2712kW和4520kW。每台动力车下方还装有一台700kW柴油机，实际运用时以560kW功率输出，5辆与9辆编组列车在非电气化路上整车功率分别为1680kW和2800kW。相比之下，同样分为5辆与9辆编组的Class 802无论从外观还是技术上都与Class 800相同，采用的牵引电机和柴油发动机也完全一样。但Class 802为了适应坡度较大的非电气化线路，不仅700kW柴油机满功率输出，亦设置了大容量油箱以实现更远航程。这也是两款列车唯一的区别。

TPE 的 5 辆编组 Class 802 行驶在世界第一条商业铁路——利物浦至曼彻斯特铁路上

Class 800/802将低成本作为内饰设计的出发点。通过采用模块化设计，在头等车厢2+1座椅布局、标准车厢2+2座椅布局的基本设置下，不同运营公司可采用不同的客舱配色与席别安排。以目前配属大西部铁路公司GWR的Class 800/802为例，5辆编组的列车包括1.5节头等车厢和3.5节标准车厢，全车定员326人。9辆编组的列车则包括2节头等车厢和7节标准车厢，全车定员651人。由于采用动力分散方式减少了机车对站台的占用，同样长度下Class 800/802的定员比IC125可增加超过100人，拥有更强的输送能力和更出色的经济效益。

2015年，首列日本制造的Class 800运抵英国南安普敦港，并开始测试运行。2017年10月16日，Class 800率先在大西部干线投入运用。截至目前，GWR车队已配属36列5编组、21列9编组Class 800和22列5编组、14列9编组Class 802，以“城际特快”（Intercity Express Trains，IET）的商业品牌在大西部干线及周边线路上运行，替换了曾经在大西部干线上叱咤风云的IC125。其中Class 800车队主要运用在伦敦帕丁顿去往牛津、布里斯托尔和南威尔士线路上。

Class 802 车队则主要运用在去往埃克塞特、普利茅斯和彭赞斯方向坡度较大的西南线路上。伦敦北东铁路公司的 Class 800 与纯电模式的 Class 801 以“Azuma”的商业品牌共同运用在东海岸干线上。奔宁特快公司（TransPennine Express，TPE）配属的 5 辆编组 Class 802 也于 2019 年起，以 NOVA1 的商业品牌在利物浦—纽卡斯尔线路上投入运营，未来整个 NOVA1 车队 Class 802 的配属数量将达到 19 列。2019 年底，赫尔铁路公司也将上线 5 列 Class 802，替换现有的 Class 180 车队，以提高经济型和舒适度。2019 年 7 月，获得新一期米德兰干线运营权的东米德兰兹公司宣布也将购买 33 列在 Class 802 基础上改进后的混动列车，以 Class 804 的全新型号在 2022 年投入运营，替换现有的 Class 222 和 IC125 车队。

大西部铁路公司 9 辆编组的 Class 802 行驶在德文郡的海岸线上

## 车辆设施

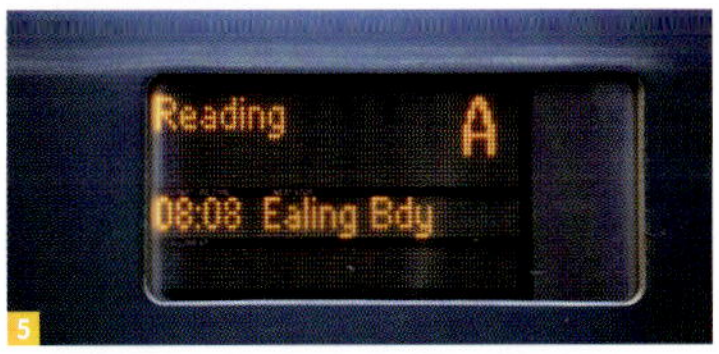

❶ 大西部铁路公司 CLASS 802 头等车厢；
❷ 大西部铁路公司 CLASS 802 标准车厢；
❸ TPE 公司 Class 802 标准车厢；
❹ 大西部铁路公司 CLASS 802 标识；
❺ CLASS 800 车外信息表示器；
❻ CLASS 800 动力转向架；
❼ CLASS 800 非动力转向架；
❽ CLASS 800 油箱。

## 东海岸干线上的混动 / 纯电 IEP

# Class 800/801/Azuma

| 投入运用时间 | 2019 年 |
| --- | --- |
| 运营速度 | 200km/h |
| 列车编组 | 3M2T；5M4T |
| 牵引功率 | 2712kW；4520kW |
| 列车定员 | 302~611 人 |

除内电混动版 Class 800/802 外，城际快车项目（IEP）亦设计制造了纯电力牵引的 Class 801。从统型化、模块化角度出发，Class 801 在外观与电气设备上与混合动力的 Class 800 完全一致，同样采用了 226kW 交流牵引电机，5 辆与 9 辆编组列车整车功率亦分别为 2712kW 和 4520kW。虽然名义上是纯电力牵引，但两种编组形式的 Class 801 均保留了一组柴油机组，以确保在接触网停电或电气设备发生故障时具备应急行驶的能力。

Azuma Class 800 停靠在达灵顿车站

在最初规划中，早已电气化完毕的东海岸干线和计划全线电气化的大西部干线都将使用 Class 801，以降低运用成本和碳排放。不过由于大西部铁路电气化工程的滞后及部分路段电气化工程因施工受阻而取消，大西部铁路公司（GWR）预定的 Class 801 全部改为了混合动力的 Class 800。东海岸干线则保留了 Class 801 的订单，与少量 Class 800 共同组成新的东海岸干线车队。2016 年 3 月，首列东海岸干线运用的 Class 800 在伦敦国王十字车站亮相并开始试验。当时管理这一线路的维珍东海岸铁路公司（Virgin Trains East Coast）宣布将新一代东海岸干线车队命名为 Virgin Azuma。其中源自日语的“Azuma”意为“东”，在说明车队的行驶路线的同时体现了列车的日本“血统”。Azuma 车队由 23 列 Class 800（包括 5 辆编组 10 列、9 辆编组 13 列）和 42 列 Class 801（包括 5 辆编组 12 列、9 辆编组 30 列）组成，计划替换此前东海岸干线上全部 IC125 和 IC225。为了方便灵活运用，Azmua 车队的 Class 800 与 Class 801 均采用了相同的坐席布局。其中 5 辆编组的列车包括 1.5 节头等车厢和 3.5 节标准车厢，全车定员 302 人；9 辆编组的列车则包括 2 节头等车厢和 7 节标准车厢，全车定员 611 人。由于东海岸干线上连接英格兰与苏格兰的列车运行距离和时间都比较长，因此 Azuma 车队所有列车均将一节标准车厢的部分空间改造为售货区，定员也相比其他公司同型列车略有减少。

Azuma Class 801 停靠在伦敦国王十字车站

除布局与定员统一外，车队中两款车型外观与内饰风格也保持统一，均以红色作为涂装基调，红色窗线与白色车身的搭配格外显眼。虽然此后运营公司发生变化，但红白相间的配色风格依然延续。内饰方面也以红色作为基础色调，其中标准车厢采用了活泼的鲜红色彩，头等车厢则选用了沉稳的暗红色。

由于经营不善，2018 年 6 月维珍东海岸公司提前将运营权交还给了政府，并由新的国有伦敦北东铁路公司（London North Eastern Railway，LNER）接管。LNER 接管后延续了订单和 Azuma 的运营品牌，首批 Class 800 也于 2019 年 5 月 15 日投入运营。2019 年 9 月 16 日，首批 Class 801 亦投入运用。未来 Class 801 将主要运用于全部电气化的伦敦至爱丁堡、利兹等区段，Class 800 则将通过非电气化铁路将服务延伸至弗尼斯、阿伯丁等苏格兰北部城市。

Azuma Class 800 驶出纽卡斯尔车站

## 车辆设施

❶ Azuma Class 801 头等车厢；
❷ Azuma Class 801 标准车厢；
❸ Azuma Class 801 列车头灯；
❹ Azuma Class 801 售货区；
❺ Azuma Class 801 的 LNER 公司车身标识；
❻ Azuma Class 801 车身品牌标识；
❼ Azuma Class 801 座位占用表示器。

■ X2 驶过斯德哥尔摩市区

# 北欧

地处波罗的海沿岸的北欧地区经济发达，地广人稀。除尚未修建铁路的冰岛外，包括瑞典、挪威、芬兰和丹麦在内的北欧地区其余四国均通过既有铁路改造，实现200km/h 及以上商业运行。

目前，瑞典、挪威、芬兰和丹麦共计拥有 10 款高速列车。其中部分车型采用车体倾摆技术压缩长距离旅行时间，亦有部分车型为中短途城际或机场联络线专用列车。同时，芬兰与俄罗斯间的 SM6 型高速列车也是欧洲另一款跨国高速列车车型。

# 北欧高速铁路概况

北欧地区由瑞典、挪威、丹麦、芬兰和冰岛五国组成，除冰岛外的其他四国都拥有发达完善的铁路网。由于地广人稀，北欧各国并未大规模修建高速铁路，而是将既有线提速改造作为重点，辅以部分短途新建铁路，实现低成本的快速铁路网。

瑞典是北欧诸国中面积最大、GDP 最高的国家。为配合 X2 摆式列车开行，早在上世纪 80 年代末，瑞典斯德哥尔摩—马尔默和斯德哥尔摩—哥德堡铁路的部分路段经过提速改造后便具备 200km/h 的运行条件。在斯德哥尔摩—韦斯特罗斯、马尔默—哥德堡、斯德哥尔摩—松兹瓦尔—于默奥、斯德哥尔摩—埃斯基尔斯蒂纳（Eskilstuna）等线路提速改造后，瑞典全国满足列车 200km/h 运行条件的线路已近 1500km。目前，瑞典正在规划斯德哥尔摩—哥德堡和马尔默的新建高速铁路，设计速度达 300km/h 及以上，但还未付诸实施。

位于斯堪的纳维亚半岛西部的挪威地势起伏、峡湾密布，既有铁路技术标准相对较低。1998 年 10 月 8 日，连接奥斯陆市区与加勒穆恩机场的加勒穆恩机场线建成通车。这条设计速度 210km/h 的新建线路虽然仅有 67km，但却是北欧地区第一条全新修建的“高速铁路”。目前，挪威正通过彻底改建既有线的方式，在奥斯陆周边修建数段长度仅为几十公里，设计速度达到 200~250km/h 的“升级线路”。除服务长途列车外，区域通勤列车也可借此提高服务质量。远期，挪威还规划新建奥斯陆—特隆赫姆、奥斯陆—卑尔根—斯塔万格的国内高速铁路和奥斯陆—哥德堡、奥斯陆—斯德哥尔摩的国际高速铁路，但目前还只停留在规划层面。

北欧东部的芬兰采用与俄罗斯相似的 1524mm 宽轨轨距和与瑞典相似的既有铁路提速 + 摆式列车的铁路高速化方式。通过对既有铁路加以改造，包括赫尔辛基—图尔库与赫尔辛基—塞伊奈约基（Seinäjoki）在内，总计约 600km 的铁路已具备 200km/h 的运行条件。而 2006 年通车的 Kerava—Lahti 铁路，Pendolino 动车组在其上最高运行速度可达 220km/h，是芬兰唯一建成通车的新建高速铁路区段。

地处波罗的海咽喉位置的丹麦由西兰岛、菲英岛和日德兰半岛三大部分组成。在连接西兰岛和菲英岛的大贝尔特跨海大桥 1997 年建成通车前，丹麦铁路更多只承担区域运输任务，对铁路高速化需求不强。在大贝尔特跨海大桥和丹麦瑞典间的厄勒海峡大桥通车后，丹麦不仅国内铁路连为一体，更成为衔接斯堪的纳维亚半岛与欧洲大陆的咽喉要道。因此，丹麦铁路一方面着手对连接哥本哈根、奥登塞和奥胡斯等国内大城市的干线铁路进行提速，一方面于 2012 年起动工建设丹麦国内第一条高速铁路——哥本哈根—灵斯泰兹（Ringsted）高速铁路。这条设计时速 250km、全长 60km 的高速铁路于 2019 年 6 月开通，是北欧地区设计速度最高的高速铁路。目前因信号系统尚未升级，暂无法达到设计速度。在既有铁路全面升级为 ETCS 信号系统，并全面电气化后，丹麦计划将连接主要城市的所有干线铁路由目前的 180km/h 提速至 200km/h 及以上。

瑞典 X2 摆式列车行驶在斯德哥尔摩至马尔默铁路上

北欧高速铁路示意图
注：本图仅作为铁路线路的示意之用，不可作为行政区域与边界等参考。
芬兰
瑞典
挪威
丹麦
俄罗斯
爱沙尼亚
拉脱维亚
立陶宛
白俄罗斯
德国
波兰
乌克兰
奥卢
Oulu
于默奥
Umeå
厄斯特松德
Östersund
约恩苏
Joensuu
塞伊奈约基
Seinäjoki
于韦斯屈莱
Jyväskylä
松兹瓦尔
Sundsvall
坦佩雷
Tampere
拉赫蒂
Lahti
科沃拉
Kouvola
托伊亚拉
Toijala
图尔库
Turku
赫尔辛基
Helsinki
奥斯陆国际机场
Oslo Airport，Gardermoen
艾德斯沃尔
Eidsvoll
博伦厄
Borlänge
乌萨普拉
Uppsala
韦斯特罗斯
Västerås
阿兰达机场
Arlanda Flygplats
奥斯陆
Oslo
斯塔万格
Stavanger
拉克索
Laxå
斯德哥尔摩
Stockholm
塔林
Tallinn
林雪平
Jönköping
哥德堡
Göteborg
奥尔堡
Ålborg
里加
Riga
赫尔辛堡
Helsingborg
奥胡斯
Århus
哥本哈根
København
欧登塞
Odense
灵斯泰
Ringsted
马尔默
Malmö
厄勒海峡大桥
维尔纽斯
Vilnius
柏林
Berlin
波兹南
Poznan
华沙
Warszawa
图例
210~250km/h
180~200km/h
既有线路

## 最具瑞典特色的摆式列车

# X2/X2000/SJ2000

| 投入运用时间 | 1990 年 |
| --- | --- |
| 运营速度 | 200km/h |
| 列车编组 | 1L6T |
| 牵引功率 | 3260kW |
| 列车定员 | 309 人 |

地处斯堪的纳维亚半岛东部的瑞典是一个发达的工业国家。早在第二次世界大战期间，瑞典干线铁路网便已基本实现 15kV 16.7Hz 交流电气化改造。由于地广人稀，瑞典铁路认为大规模建设高速客运专线并不经济，因此决定通过改造既有铁路和开行摆式列车提升旅行速度，应对公路和航空带来的竞争。早在 20 世纪 70 年代，瑞典国铁（SJ）便开始与瑞典通用电气公司（ASEA）合作研发摆式列车技术。1989 年，首列设计速度 210km/h 的 X2 摆式列车在 ABB 公司（ASEA 公司与其他公司合并而来，后相关部门相继并入阿德兰兹和庞巴迪）下线，瑞典铁路也自此开启了极具特色的高速之路。

X2 行驶在斯德哥尔摩市区

与世界另一大摆式列车家族 Pendolino 采用动力分散技术不同，X2 采用动力集中方式，全列车由 1 节动力车，1 节带司机室的拖车和数节中间拖车组成，全部使用不锈钢车体。其中动力车由四台 815kW 三相交流异步牵引电机驱动，采用基于 GTO 元件的交流传动技术，整车功率 3260kW。为了方便受电弓受流，X2 的动力车并未设置倾摆功能（司机室设置特制座椅改善工作环境），拖车则采用了基于液压设备的车体主动倾摆技术，最大倾角为 6.5°。通过车体倾摆技术，在保证安全和乘客舒适度的同时，X2 通过曲线时可比传统列车提速 30%~40%。编组方面，X2 下线初期曾采用 1L5T 的 6 辆编组，后期则扩编为 1L6T 的 7 辆编组。7 辆编组列车中，6 节载客车厢包括 2 节 2+1 座椅布局一等车和 3 节 2+2 座椅布局二等车和 1 节 2 等餐吧合造车，全车定员 309 人（不含就餐席 18 人）。

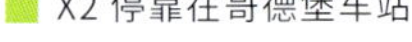

X2 停靠在哥德堡车站

1990 年 9 月，首批 X2 型高速列车开始以 X2000 的商业品牌在首都斯德哥尔摩和第二大城市哥德堡间运行，最高运行速度 200km/h。此后以斯德哥尔摩为中心，X2 的目的地相继扩展至马尔默、松兹瓦尔等城市。旅行时间的大幅压缩使得 X2000 客流快速增加，挽救了上世纪 90 年代初日渐低迷的瑞典铁路客运市场，亦使得瑞典国铁扭亏为盈。2002 年 5 月瑞典与丹麦间的厄勒海峡大桥通车后，部份 X2000 班次从马尔默延伸至丹麦首都哥本哈根，并针对丹麦铁路 25kV 50Hz 的供电制式进行了双电压制改造。2011~2015 年，瑞典国铁曾短暂地将 X2 执行列车的品牌改称 SJ2000，后又恢复为 X2000。目前，从 1989 年至 1998 年间制造的 43 列 X2（编号 2001~2043）依然是瑞典国铁长途高速列车服务的主要车型。值得一提的是，第 44 列编号 2088 的 X2 曾出口中国，于 1998~2007 年间以“新时速”的品牌，在广深铁路上执行广州（东）—深圳 / 香港红磡间的城际列车与直通车服务，在中国铁路上首次实现了 200km/h 商业运行。2007 年第六次大提速后，X2-2088 曾转配成都局，但因成本等原因未曾上线运行。2012 年，这列“新时速”X2 被装船运回瑞典，在短暂展示后，头尾动力车和控制车最终报废拆解，5 辆中间车厢则经翻新后重新编入 X2 车队投入瑞典国铁的商业服务。

执行国际列车的 X2 行驶在丹麦境内

## 车辆设施

❶ X2 一等车；
❷ X2 二等车；
❸ X2 餐车休息区；
❹ X2 餐车售货区；
❺ X2 无障碍卫生间；
❻ X2 非动力转向架；
❼ X2 车身瑞典国铁标识。

## 服务阿兰达机场的高速列车

# X3/Arlanda Express

| 投入运用时间 | 1999 年 |
| --- | --- |
| 运营速度 | 200km/h |
| 列车编组 | 2M2T |
| 牵引功率 | 2240kW |
| 列车定员 | 190~228 人 |

X3 是以阿拉达快线（Arlanda Express）为商业品牌，运行在斯德哥尔摩中央站与阿兰达机场间的机场铁路专用列车，因最高速度可达 200km/h，成为瑞典继 X2 后第二款高速列车。

开放于 20 世纪 60 年代的阿兰达国际机场（Arlanda Airport）位于斯德哥尔摩以北约 40km 处，历经发展已成为瑞典最大、北欧第三的大型航空枢纽。20 世纪 80 年代后，随着客流增长和新航站楼的建设，瑞典政府决定将铁路引入阿兰达机场，以降低交通拥堵和空气污染。1993 年，采用政府与社会资本合作（PPP）方式兴建的阿兰达机场铁路开工。工程包括改扩建阿兰达机场附近的瑞典东海岸线、修建穿越机场航站楼的地下支线并建设联络线等。项目总投资 60 亿瑞典克朗，由 A-Train 公司拥有专属运营权直至 2040 年。为运营阿兰达机场铁路，A-Train 公司向阿尔斯通公司定制了 7 列 X3 型高速列车，于 1999 年 11 月 25 日起随阿兰达机场铁路开通同步投入使用。

X3 驶出斯德哥尔摩中央站

基于 Coradia 技术平台的 X3 为 200km/h 动力分散高速列车，采用 2M2T 的 4 辆编组，其中头尾车为动车，分别安装有 4 台 280kW 交流牵引电机，整车功率 2240kW。列车采用阿尔斯通公司 Coradia 技术平台广泛使用的 Onix IGBT 牵引系统，且适应瑞典 15kV 16.7Hz 接触网电压。车体采用铝合金结构，外涂装为白色底色和黄色车头，与瑞典国铁以灰色为基调的列车区别明显。

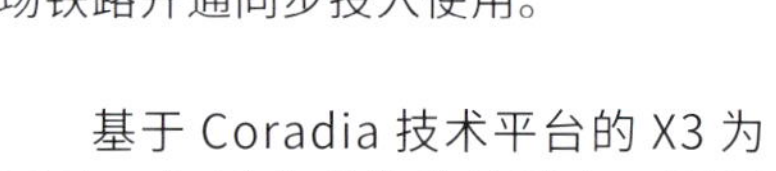

X3 停靠阿兰达机场南站

由于只往返于机场与城市中心，运行时间较短，故 X3 未设一等车和餐车，全车皆为二等车厢，但设有服务点和吧台座椅。下线初期 X3 全车定员 190 人，2010 年翻新后增加了更多座椅空间，定员达到 228 人。值得一提的是，阿拉达快线在斯德哥尔摩中央站、阿兰达机场南站、阿兰达机场北站三个停靠车站均使用专用的高站台，这让 X3 成为瑞典铁路唯一不设登车台阶的无障碍高地板列车。

全部 7 列 X3 均由阿尔斯通英国伯明翰工厂于 1998~1999 年间生产，至今已服役 20 年。由于采用 PPP 方式融资、建设与运营，阿兰达快线运营方 A-Train 公司拥有完全自主定价的权力，2019 年单程票价达 295 瑞典克朗（约合 210 元人民币）。相对较高的票价造成吸引力降低，也让 PPP 模式建设和管理的阿拉达快线在瑞典颇受争议。目前，阿兰达快线每日从凌晨 4 点到深夜 1 点均有列车开行，日间发车频率 10~15 分钟一班，在改造后的东海岸线上以 200km/h 的最高速度运行，全程运行时间 20 分钟。

X3 驶入斯德哥尔摩中央站

## 车辆设施

❶ X3 标准车厢；
❷ X3 大件行李处；
❸ X3 无障碍卫生间；
❹ X3 车身品牌标识；
❺ X3 大尺寸外摆式车门；
❻ X3 吧台区；
❼ X3 服务点。

## 从短途通勤到长途城际的瑞典新一代高速动车组

# Regina/X50~X55

| | |
|---|---|
| 投入运用时间 | 2001 年 |
| 运营速度 | 200km/h |
| 列车编组 | 2M；2M1T；3M1T |
| 牵引功率 | 1590kW；2120kW；3180kW |
| 列车定员 | 141~304 人 |

在采用 X2 摆式列车提升小半径曲线列车运行速度的同时，瑞典铁路也对相关干支线进行了现代化改造，以满足 200km/h 列车运行需要。1988 年瑞典铁路进行网运分离改革，地方政府可以自主购车并运营管辖范围内的区域和通勤列车。在这一背景下，各地方铁路运营公司于上世纪 90 年代，先后向原阿德兰兹公司订购了一批设计时速 200km 的短途区域和通勤列车，包括 X50、X51、X52、X53、X54 等多款型号，统称为 Regina。

哥德堡交通公司运营的 Regina X50

与此前阿德兰兹公司生产的 X2 高速列车不同，为了适应短途运输频繁起停需求，Regina 采用了通勤列车常用的动力分散方式，并使用 IGBT 为元件的交流传动系统和 265kW 交流牵引电机。根据客流需求不同，早期定位区域和通勤运输的 Regina 采用 2 辆或 3 辆编组形式，其中 2 辆编组为 2M 全动车方式，全列车 4 个转向架中 3 个为动力转向架，整车功率 1590kW；3 辆编组列车动力配置则为 2M1T，全列车共计 4 个动力转向架，整车功率 2120kW。相比于其他欧洲高速列车，Regina 最大的特点当属采用了 3450mm 不锈钢超宽车身，可在不改变座椅宽度的情况下按照 2+3 的布局设置座椅，增加高峰时间载客量。每节车厢均设有 2 对大尺寸外摆式对开车门，适应短途运输快速乘降需要。车门区为 850mm 高度低地板，车厢内为高地板，车内设有轮椅升降机，可实现无障碍服务。

2001 年 1 月，首列 Regina 率先在韦斯特罗斯周边线路上投入运营。此后，哥德堡、博伦厄、乌普萨拉等城市均开始运营区域型 Regina 动车组，不同型号和编组列车的坐席定员在 141~304 人间不等，列车总数超过 70 列。2008 年 9 月 14 日，一列改造过的 2 辆编组 X52 曾创造了 303km/h 的瑞典铁路速度纪录，不仅刷新了 1993 年 X2 创造的 276km/h 国内纪录，更一举将瑞典铁路带入 300km/h 俱乐部中。

Regina X55 停靠在马尔默中央车站

2008 年 5 月，瑞典国铁 SJ 向已收购阿德兰兹公司的庞巴迪公司订购了 20 列定型为 X55 的 4 辆编组 Regina，以 SJ 3000 的商业品牌投入运营，与 X2 共同成为瑞典国铁中长途城际服务的主力车型。相比此前定位短途区域服务的 X50~X54，采用 3M1T 的动力配置的 X55 专为长途运输而设计，整车功率 3180kW。其一等车和二等车均采用 2+2 座椅布局，并配有餐吧车，全车定员 245 人。X55 保留了早期 Regina 大尺寸外摆式对开车门、低地板门区和车内轮椅升降机，但每节车厢只保留一对车门以适应长途服务。目前 X55 主要运行在斯德哥尔摩去往北部于默奥（Umeå）、松兹瓦尔（Sundsvall）、厄斯特松德（Östersund）等城市的线路上，以释放更多 X2 列车用于斯德哥尔摩至哥德堡、哥本哈根等干线方向。此外，斯德哥尔摩与奥斯陆间的国际列车目前也改由 X55 执行。

Regina X55 驶过斯德哥尔摩市区

## 车辆设施

❶ X55 一等车；
❷ X55 餐车；
❸ X55 餐车吧台；
❹ X55 司机室；
❺ X55 动力转向架；
❻ X55 双开式大尺寸车门；
❼ X55 坐式卫生间。

# Coradia 技术平台双层区域列车

# X40

| 投入运用时间 | 2005 年 |
| --- | --- |
| 运营速度 | 200km/h |
| 列车编组 | 2M；3M |
| 牵引功率 | 1600kW；2400kW |
| 列车定员 | 151~246 人 |

X40 是瑞典国铁 SJ 用于中短途城际和通勤铁路的 200km/h 动力分散双层动车组，具备编组灵活、容量大和速度快等特点，是地广人稀的北欧地区颇具代表性的区域型高速列车。

2000 年前后，在各地方铁路公司订购 Regina 动车组提升区域通勤列车服务品质的同时，为了让首都斯德哥尔摩所在的梅拉伦湖区提供首都往返卫星城高效快速的通勤服务，SJ 也于 2000 年 12 月与阿尔斯通公司签署合同，购买采用 Coradia Duplex 技术平台的 200km/h 双层通勤动车组，即为 X40。

X40 行驶在斯德哥尔摩市区

采用动力分散方式的 X40 分为 2 辆和 3 辆两种编组形式，均采用以 IGBT 为元件的交流传动系统。两种编组形式中，每辆车厢均配有一个动力转向架和一个非动力转向架，其中动力转向架上装有 2 台 400kW 牵引电机，整车功率分别为 1600 kW 和 2400kW。X40 可在 -35℃ ~+40℃的环境气温中稳定运行，以适应北欧地区的严寒天气。值得一提的是，X40 车体采用传统碳素钢材质的双层结构，最大轴重高达 21.3t，远超采用动力集中方式 X2 型高速列车 17.5t 的最大轴重，如此的大轴重在全世界动力分散高速列车中都极为少见。

X40 驶出斯德哥尔摩中央站

由于定位短途通勤运输，X40 全列车都采用 2+2 座椅布局，并在楼梯和卫生间附近设有部分折叠座椅，可在客流高峰时段提供更多坐席空间，2 辆和 3 辆编组列车坐席定员分别为 151 人和 246 人。虽然部分上层空间被划分为一等座区，但其座椅结构和间距均与二等车一致，舒适度上并无提升。X40 不设餐吧区，双层列车的楼梯结构也不适宜手推车售货，因此在运行中不提供餐饮服务。为了实现旅客快速上下，X40 的每节车厢均设有 2 对大尺寸车门，可实现小型车站停车 30 秒、大型车站停车 60 秒内完成旅客乘降的技术要求。

2004 年 2 月，首列 X40 抵达瑞典并投入试验。在克服一些技术问题后，于 2005 年 2 月开始在斯德哥尔摩周边运行区域通勤列车。从 2004 年到 2008 年，共有 16 列 2 辆编组和 27 列 3 辆编组的 X40 下线。在日常运用中，2 辆编组列车和 3 辆编组列车通常重联运行。目前，X40 主要运用于斯德哥尔摩—韦斯特罗斯、斯吕斯达尔、林雪平等首都圈周边线路上，以 200km/h 的最高速度执行短途通勤和区域城际列车，并在必要时执行部分斯德哥尔摩—哥德堡和哥德堡—马尔默的长途城际车次。

■ X40 穿越斯德哥尔摩市区

## 车辆设施

❶ X40 二层一等车；
❷ X40 二等车；
❸ X40 改造后的大件行李区；
❹ X40 上层楼梯和侧式座椅；
❺ X40 可翻转座椅；
❻ X40 无障碍卫生间；
❼ X40 车内楼梯

## 服务奥斯陆机场的挪威首款高速列车

# BM71/GMB Class 71

| 投入运用时间 | 1998 年 |
| --- | --- |
| 运营速度 | 210km/h |
| 列车编组 | 3M；3M1T |
| 牵引功率 | 2646kW |
| 列车定员 | 168~244 人 |

BM71 也称为 GMB Class 71 型，是以 Flytoget 为商业品牌，运行在奥斯陆中央站与奥斯陆加勒穆恩（Gardermoen）国际机场间的机场快线专用列车。作为挪威第一款 200km/h 及以上的高速列车，BM71 开启了挪威铁路高速运输的先河。

随着航空业的快速发展，原本位于市区边缘的奥斯陆福内布（Fornebu）机场已无法满足日益增长的航空运输需求，从二战后，国际航线便被逐步转移至奥斯陆东北约 40km 处的加勒穆恩机场。1992 年 8 月，挪威政府正式决定扩建加勒穆恩机场，并将其作为奥斯陆唯一的民航机场。加勒穆恩机场扩建工程规划之初便决定将铁路作为市区联络机场的主要交通方式，并将新建铁路最高速度定为 210km/h，以实现 20 分钟内连接机场与市区。在 1993 年瑞典 X2 型高速列车试车后，原阿德兰兹公司于 1995 年在竞标中获胜，在 X2 技术基础上为加勒穆恩机场铁路开发了全新的 BM71 型高速列车。1998 年 10 月 8 日，加勒穆恩机场铁路与扩建的加勒穆恩机场同日开通，BM71 正式以 Flytoget 的商业品牌投入运用。

BM71 驶出奥斯陆中央车站

虽然在不锈钢车身、交流传动等方面延续了 X2 高速列车的技术特点，且采用与瑞典相同的交流 15kV 16.7 Hz 供电制式，但 BM71 亦在 X2 的基础上进行了大幅改进，其中最主要的变化便是由动力集中改为动力分散。且由于只运行在新建的高速线路上，BM71 没有采用 X2 的车体倾摆技术。BM71 初期采用 3M 全动车编组，每节车厢都设有一个动力转向架和一个非动力转向架，每台动力转向架装有 2 台 441kW 交流牵引电机，整车功率达 2646kW，比功率远超 210km/h 最高运行速度的需求。列车具备最多 4 列重联运行的能力，但日常运输中通常只进行两列重联。外观方面，BM71 采用了类似“河马”的新头型，车门也由 X2 的车厢端部调整至车厢中部。在增加气密性后，列车通过隧道时舒适性也得以提高。下线初期，3 辆编组的 BM71 全列皆为 2+2 座椅布局二等车，定员 168 人。2008 年后，随着客流逐渐增加，BM71 增加了一辆拖车，扩编为 3M1T 的 4 辆编组，在保持功率不变的情况下增加定员 40%，达 244 人。

BM71 停靠在奥斯陆机场站

1997 年 9 月至 1998 年 1 月，全部 16 列 BM71 均由阿德兰兹位于挪威斯特罗门（Strømmen）的工厂完成生产并交付。为了考察摆式列车在挪威山区铁路的适应性，最后一列（71016）曾在下线时安装了车体倾摆设备，并在奥斯陆至卑尔根和特隆赫姆的线路上进行测试运行，为日后 BM73 列车的开发进行技术储备。目前，全部 16 列 BM71 均归属 Flytoget 车队，以 10 分钟一对的密度联通奥斯陆中央车站与加勒穆恩机场站，其中一多半的车次经奥斯陆城市隧道延伸至奥斯陆西部的卫星城镇斯塔贝克和德拉门。由于快速、准点和贯穿城市的服务，Flytoget 和挪威国铁 VY 运营的高速通勤列车共同承担了进出机场的大部分交通流量，加勒穆恩机场也以 70% 的比例成为全球公共交通分担率最高的大型机场。

BM71 驶出奥斯陆机场站

## 车辆设施

❶ BM71 标准车厢；
❷ BM71 车身品牌标识；
❸ BM71 大尺寸车门；
❹ BM71 动力转向架；
❺ BM71 门区大件行李处。

## 挪威路网通用型摆式列车

# BM73/ NSB Class 73

| 投入运用时间 | 1999 年 |
| --- | --- |
| 运营速度 | 210km/h |
| 列车编组 | 3M1T |
| 牵引功率 | 2646kW |
| 列车定员 | 207~250 人 |

BM73 也称为 NSB Class 73，是 BM71 型高速列车的姊妹车型，在扩大编组并增加车体倾摆功能后服务于首都奥斯陆向外辐射的既有干线铁路上，是挪威铁路城际服务的主力车型。

挪威天气寒冷，山岭纵横，地广人稀，主要建设于 19 世纪末 20 世纪初的干线铁路网坡度大、曲线多，竞争力逐渐下降。上世纪 90 年代初，挪威国铁研究后认为，如果在挪威主要铁路通道上新建高速铁路，基础设施投资将达 560 亿挪威克朗，有限的客流难以支撑庞大的支出。而 1990 年瑞典 X2 摆式列车投入运用后取得的良好经济效益和社会效益，让挪威铁路决定将通过摆式列车实现既有铁路提速作为铁路发展的主要方向。在 1995 年签订 BM71 合同后，1997 年 3 月和 1999 年 12 月，挪威国铁又先后与原阿德兰兹公司签订了 16 列城际列车和 6 列区域列车合同，用于除加勒穆恩机场线外其他挪威主要干线铁路，即 BM73。

BM73 的主要技术设备与 BM71 一致，以降低维护和运营成本。二者均基于瑞典 X2 高速列车改进而来，同样采用不锈钢车体和动力分散方式，甚至车头造型也完全相同。相比于初期采用 3M 全动车编组的 BM71，定位长途城际运输的 BM73 采用了 3M1T 的 4 辆编组，441kW 牵引电机、2646kW 整车功率和 210km/h 最高设计速度亦与 BM71 一致。为了在小半径曲线众多的既有铁路上实现提速，BM73 在 BM71 基础上增加了与 X2 类似的液压倾摆装置，优化了转向架结构，受电弓也有针对性改进以实现列车倾摆运行时的可靠受流。

新涂装 BM73 驶出奥斯陆中央车站

1999 年 10 月 22 日，首列 BM73 交付挪威国铁，并于几天后的 11 月 1 日开启商业运营。早期下线的 16 列 BM73（编号 73001~73016）定位长途城际运输，全车定员 207 人，设有具备观景功能的餐吧区、儿童娱乐区和家庭区，也被称为 BM73A 型。2001 年，6 组服务区域运输的 BM73B 型列车（编号 73041~73046）投入运用。与 BM73A 相比，BM73B 取消了餐吧区以增加载客量，全车定员增加至 250 人。早年间，BM73A 与 BM73B 分别采用蓝银和红银涂装，从外观便可轻松区分，近年来则全部统一为红银涂装，只能通过车号加以区别。

旧涂装 BM73B 执行国际列车停靠在瑞典哥德堡站

由于挪威既有铁路曲线众多且冬季多暴雪，BM73 在上线初期频繁出现各种故障，曾因安全隐患取消车体倾摆功能，甚至在条件最为恶劣的卑尔根线上因雪崩脱轨。因此，虽然奥斯陆至卑尔根是挪威铁路客运需求最高的线路，但 BM73A 在 2012 年后便不在卑尔根线上运用，只在奥斯陆去往特隆赫姆和斯塔万格的线路上提供服务。BM73B 则从投入运用之初，一直为奥斯陆和挪威东南部边境城市哈登间提供中短途区域城际运输服务，部分车次则延长至瑞典第二大城市哥德堡，成为斯堪的纳维亚半岛国际列车的组成部分。值得一提的是，2019 年 12 月起，挪威铁路全面展开私有化改革，英国运输公司 Go-Ahead 拿下奥斯陆去往斯塔万格方向铁路的全部运营权，因此 7 列此前配属挪威国铁的 BM73A 也转属新的私有铁路公司，继续在奥斯陆与斯塔万格间提供服务。

■ 旧涂装 BM73 运行在卑尔根铁路上

## 车辆设施

❶ BM73 普通车厢；
❷ BM73 餐车吧台；
❸ BM73 餐车休息区；
❹ BM73 车身技术信息；
❺ BM73 车头编号；
❻ BM73 外摆式车门；
❼ BM73 餐车景观区。

## 施塔德勒公司 FLIRT 技术平台 200km/h 通勤动车组

# BM74/75/ NSB Class 74/75

| 投入运用时间 | 2012 年 |
|---|---|
| 运营速度 | 200km/h |
| 列车编组 | 3M2T |
| 牵引功率 | 3000kW |
| 列车定员 | 240~295 人 |

BM74/75 也称 NSB Class 74/75，是瑞士施塔德勒公司（Stadler）依托 FLIRT 技术平台为挪威生产的 200km/h 短途区域动车组，是奥斯陆周边通勤铁路网的主力车型。

全长 67km 的加勒穆恩线（Gardermobanen）是加勒穆恩机场扩建工程的重要交通配套项目，也是挪威首条设计速度超过 200km/h 的高速铁路，其间全长 14.58km 的罗默里克隧道（Romerike Tunnel）是目前挪威乃至整个北欧地区最长的铁路隧道。全线除奥斯陆中央车站—加勒穆恩机场站间的 52km 外，还自机场站延长 15km 至 Eidsvoll 站，与去往挪威第三大城市特隆赫姆的多佛尔线（Dovre Line）相连。为了充分利用加勒穆恩线为沿途卫星城镇提供通勤服务，2008 年挪威国铁向瑞士施塔德勒公司订购了 50 列设计速度 200km/h 的 FLIRT 区域列车，其中包括 24 列定型为 BM74 的“中短途城际版”和 26 列定型为 BM75 的“快速通勤版”，二者在外观和技术上完全相同，只在座椅布局和运用范围上有所区别。

FLIRT 是以轻量化铝合金车体、铰接式转向架和低地板为主要技术特征的中短途区域动车组技术平台，采用基于 IGBT 元件的交流传动系统。

BM75 驶出奥斯陆中央车站

FLIRT 列车通常首尾车端部转向架为独立的动力转向架，中间车之间则为非动力铰接式转向架，以便实现全列低地板贯通。每个动力转向架均安装有 2 台 500kW 交流牵引电机，整车功率 2000kW，并根据设计速度目标值不同实现 2~6 辆灵活编组，通常最高速度不超过 160km/h。为实现 200km/h 的最高速度，在不做原则修改的情况下，5 辆编组的 BM74/75 采用 3M2T 的编组形式，将第三辆车的铰接式转向架改为一个动力、一个非动力两个独立转向架。在总计 3 个动力转向架的情况下，BM74/75 持续功率增加至 3000kW，小时制最大功率达 4500kW，可轻松实现 200km/h 最高速度运行。

由于挪威铁路限界较大，BM74/75 拥有 3200mm 的车身宽度。早年间 BM74 和 BM75 全部设置为 3+2 座椅布局的普通座椅，其中定位“中短途城际版”的 BM74 亦设置了部分 2+2 座椅布局的一等车（Komfort 车厢），二者定员分别为 264 人和 295 人。为了减少长途旅行中狭窄座椅带来的差评，2014 年后挪威国铁将所有 BM74 的座椅都调回了经典的 2+2 布局，定员也减少为 240 人。铰接式转向架和专门设计的车门区，可让 BM74/75 实现低站台无障碍进入。

2012 年 5 月，首批 BM74/75 正式投入运用。由于技术稳定，加之奥斯陆周边的既有线改造陆续开工并建成部分 160~200km/h 通勤铁路，挪威国铁多次增购列车，截至 2018 年 BM74/75 总订单数达 125 列，已投入运用的列车也超过 100 列。目前全部 BM74/75 均在以奥斯陆为中心的通勤铁路网上运行，未来还计划购入部分内电混合的 BM76 型 FLIRT 列车，用于特隆赫姆周边未完全电气化的铁路网上。

BM75 迎着朝阳驶出奥斯陆

去往奥斯陆机场方向的 BM74 停靠在中间通勤车站

## 车辆设施

❶ BM74 舒适车厢；
❷ BM75 普通车厢；
❸ BM75 车身技术标识；
❹ BM75 动力转向架；
❺ BM75 铰接式非动力转向架；
❻ BM75 外摆大尺寸车厢门；
❼ BM74 自动咖啡机；
❽ BM74 大件行李处。

## 芬兰版的 Pendolino

# SM3

| 投入运用时间 | 1995 年 |
| --- | --- |
| 运营速度 | 220km/h |
| 列车编组 | 4M2T |
| 牵引功率 | 4000kW |
| 列车定员 | 308 人 |

SM3 是芬兰国铁（VR）引进的 Pendolino 摆式动车组，最高运营速度 220km/h，1524mm 的宽轨轨距和耐风雪高寒是其最大特征。

重联 SM3 行驶在赫尔辛基市郊

20 世纪 90 年代初，芬兰国铁也决定通过摆式列车提升铁路旅行速度和竞争力。在比较了当时仅有的两款成熟摆式高速列车——意大利 Pendolino 和瑞典 X2 后，从运用经验和价格两个因素考虑，芬兰国铁于 1992 年 2 月宣布订购两列全新的 Pendolino 作为样车。这两列样车由菲亚特铁路（Fiat Ferroviaria，后并入阿尔斯通）提供主要设备，芬兰本土轨道交通制造商 Rautaruukki-Transtech（现并入捷克斯柯达集团）组装。1994 年，首列样车下线并开始试验运行。1995 年 11 月 27 日两列样车正式在首都赫尔辛基与西部海港城市图尔库之间投入商业运营。在下线初期，列车曾短暂命名为 Pendolino S220，最终定型为 SM3 型。

SM3 以意大利 ETR460 为原型，同时针对芬兰铁路的特殊需求进行了改进。由于芬兰铁路采用 1524mm 轨距，SM3 也改用对应的宽轨转向架。列车采用 4M2T 的 6 辆编组和基于 GTO 元件的交流传动系统，适用芬兰铁路交流 25kV 50Hz 网压。全车每辆动力车下都设有 2 台 500kW 交流牵引电机，分别通过万向轴驱动转向架，整车功率 4000kW。车辆电气和机械系统可适应 -40°C低温环境，确保列车在芬兰寒冷的冬季也可正常运行。通过采用与原型车相同的液压倾摆机构，SM3 可在运行时实现最大 8°的车体倾摆。2012 年后芬兰国铁与坦佩雷工业大学合作开发了数字液压技术，通过很多较小的智能控制开关实现液压倾摆设备连续可调，大大提升了倾摆设备的稳定性。

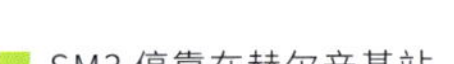

SM3 停靠在赫尔辛基站

虽然车体宽度达 3.2m（相比原型车增加了 0.4m），但为了保证乘坐舒适度，SM3 还是采用了欧洲常用的一等车 2+1、二等车 2+2 的座椅布局。全列包括 1 节一等车、4 节二等车和 1 节餐车，总定员 308 人。外观方面，SM3 也延续了 ETR460 的风格，采用了意大利著名跑车设计师乔治亚罗设计的单挡风玻璃极简风格流线头型。早期列车曾采用红白相间的涂装，2009 年后则与芬兰其他列车一同改为绿白相间，意为象征芬兰广袤的森林风光。

在两列样车成功运行 2 年后，1997 年芬兰国铁与菲亚特铁路签订了 8 列 SM3 的新订单，并于 2000~2002 年间陆续交付。2002 年，芬兰国铁再次向已收购菲亚特铁路的阿尔斯通公司订购了 8 列 SM3，并在 2006 年全部交付完毕，SM3 的车队总数也达到 18 列。后续 16 列 SM3 均在意大利工厂制造并通过水路运抵芬兰。在芬兰既有铁路上，SM3 通常只能以 160~200km/h 的最高速度运行，只有在 2006 年开通的 Kerava-Lahti 间约 75km 新建线路上可以达到 220km/h 的最高速度。目前，SM3 主要在赫尔辛基与西部海港城市图尔库和奥卢、于韦斯屈莱、约恩苏等北部城市间运行，是芬兰长距离高等级列车的主力车型之一。

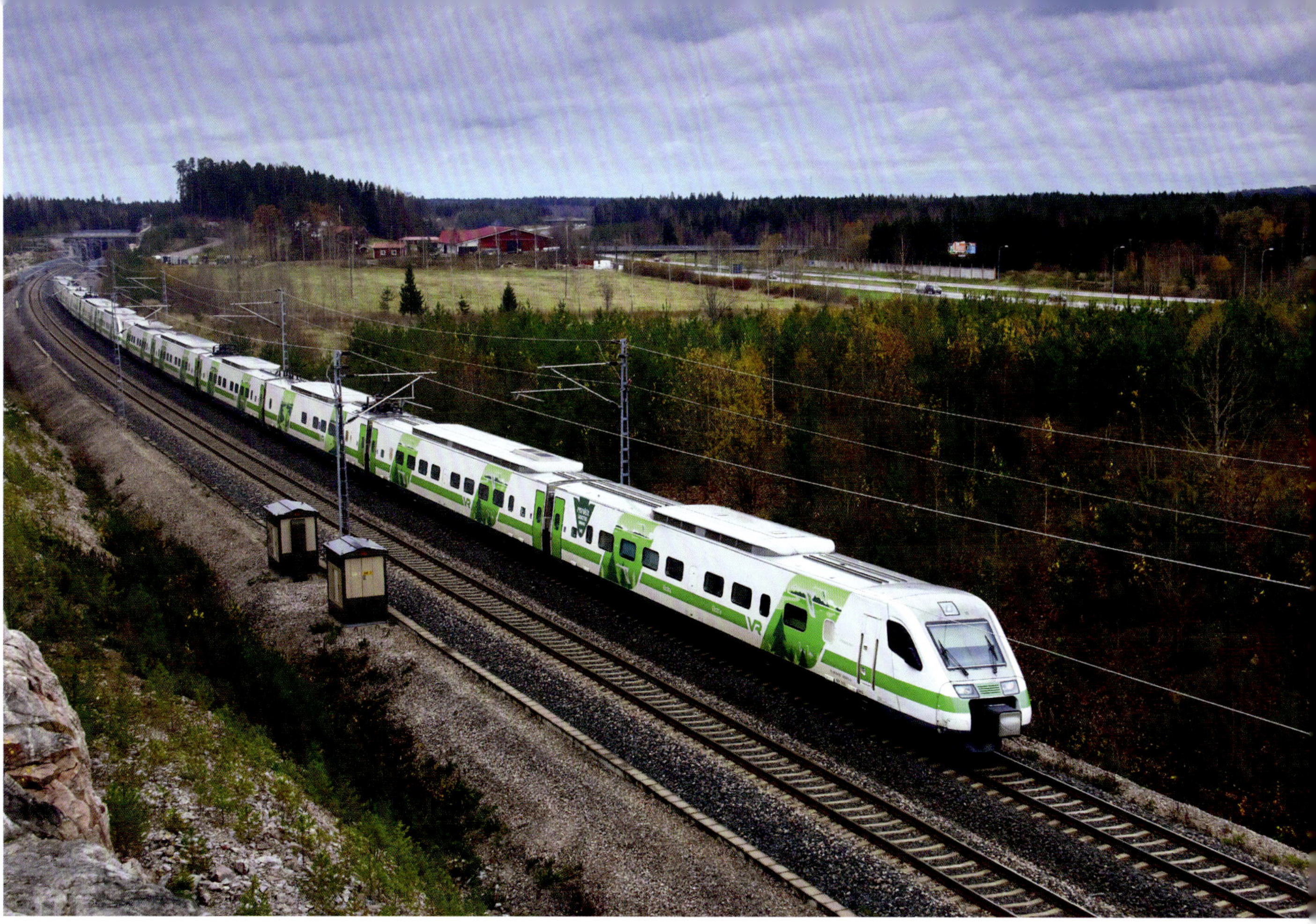

■ 重联 SM3 行驶在 Kerava-Lahti 高速铁路上

## 车辆设施

1

2

3

4

5

6

7

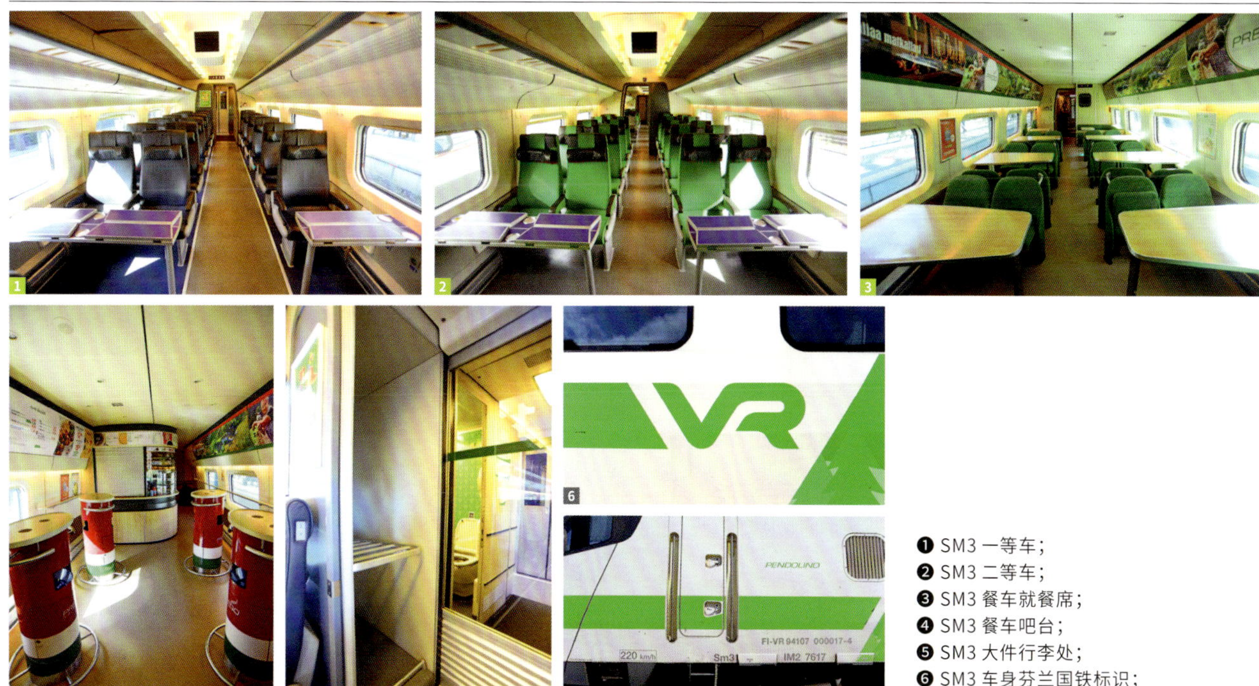

❶ SM3 一等车；
❷ SM3 二等车；
❸ SM3 餐车就餐席；
❹ SM3 餐车吧台；
❺ SM3 大件行李处；
❻ SM3 车身芬兰国铁标识；
❼ SM3 车身技术信息。

## 芬兰与俄罗斯间的宽轨 Pendolino 国际列车

# SM6/Allegro

| | |
|---|---|
| 投入运用时间 | 2010 年 |
| 运营速度 | 220km/h |
| 列车编组 | 4M3T |
| 牵引功率 | 5500kW |
| 列车定员 | 352 人 |

SM6 是在 SM3 基础上开发的新一代宽轨 Pendolino 高速列车，自 2010 年起以 Allegro 的商业品牌在芬兰首都赫尔辛基与俄罗斯第二大城市圣彼得堡间运行，是全球目前唯一的宽轨国际高速列车。

由于历史原因，芬兰铁路采用了 1524mm 的宽轨轨距，比俄罗斯 1520mm 轨距略宽，两国间的列车无需更换转向架便可直通运行。但传统列车不仅运行速度慢，还需在边境车站更换机车并进行边检作业，在航空距离仅有 300km 的赫尔辛基与圣彼得堡间旅行时间长达近 6 个小时。2006 年，最高设计速度 220km/h 的 Kerava-Lahti 铁路建成通车，大幅压缩了赫尔辛基去往芬兰东部地区的运行时间，也为提升赫尔辛基与圣彼得堡间的铁路竞争力创造了条件。2006 年底，由芬兰国铁和俄罗斯国铁各占 50% 股份的合资公司 Karelian Trains 在赫尔辛基成立，并于 2007 年在 SM3 基础上向阿尔斯通公司采购 4 列新一代 Pendolino 摆式动车组 SM6，用于开行赫尔辛基与圣彼得堡间的国际高速列车。

SM6 在外观上与 SM3 非常相似，依然延续了 ETR460 的经典造型，涂装则以俄罗斯和芬兰国旗色为创意，在银白基色上配以蓝红波浪形色带，格外显眼。在技术方面，采用新 Pendolino 平台的 SM6 有多项提升。列车采用新 Pendolino 通用的 7 辆编组，4M3T 动力配置相比 SM3 增加了一节动力车，整车功率也提升至 5500kW。列车牵引变流器元件由此前 SM3 的 GTO 升级为 IGBT，倾摆系统也在 SM3 菲亚特液压控制系统技术上升级为气动控制，提高了可靠性，最大 8°的车体倾摆能力和 20%~30% 的曲线提速能力则保持不变。全列 7 节车厢中，包含 1 节 2+1 座椅布局一等车、5 节 2+2 座椅布局二等车和一节餐车，全车定员相比 SM3 增加至 352 人。

SM6 驶入赫尔辛基站

SM6 驶入圣彼得堡芬兰站

为了同时适应俄罗斯与芬兰铁路的技术条件，SM6 在轨距、电气设备和车门等多方面都进行了针对性设计。SM6 于芬兰 1524mm 和俄罗斯 1520mm 轨距间居中选择 1522 mm，在两国铁路上都具备以 220km/h 最高速度运行的条件；电气设备则可同时适应芬兰交流 25kV 50Hz 和俄罗斯直流 3kV 两种制式，避免了此前在边境车站更换机车的技术作业；车门通过设置踏板，可同时适应芬兰铁路 550mm 低站台和俄罗斯铁路 1100mm 高站台乘降要求；列车安全设施和信号系统也均符合两国要求。同时，SM6 亦可适应 -40°C ~+40°C环境气温，能够抵御北欧与俄罗斯冬季恶劣的严寒气候。

2010 年 12 月 12 日，SM6 正式以 Allegro 的商业品牌在赫尔辛基与圣彼得堡间开启商业运营。在口岸车站依然需要约 30 分钟边检作业的情况下，Allegro 已将两座城市间的铁路旅行时间压缩至 3 小时 27 分，与此前普速列车近 6 小时的运行时间相比优势明显。目前，4 组 SM6 在赫尔辛基与圣彼得堡每日开行 4 对 Allegro 国际列车，获得了良好的市场反馈。

SM6 行驶在 Kerava-Lahti 高速铁路

## 车辆设施

❶ SM6 一等车；
❷ SM6 二等车；
❸ SM6 无障碍卫生间；
❹ SM6 餐车吧台；
❺ SM6 餐车就餐席；
❻ SM6 转向架；
❼ SM6 车身 ALLEGRO 品牌标识。

## 丹麦唯一 200km/h 内燃动车组

# IC4

| 投入运用时间 | 2007 年 |
|---|---|
| 运营速度 | 200km/h |
| 列车编组 | 4M |
| 牵引功率 | 2240kW |
| 列车定员 | 204 人 |

IC4 是丹麦国铁（DSB）运营的 200km/h 内燃动车组，由原意大利安萨尔多百瑞达（AnsaldoBreda，现改为日立铁路意大利）制造，曾计划成为丹麦铁路城际运输的主力车型，但始终因技术不稳定未能充分发挥作用，成为丹麦铁路发展史上最大的争议之一。

IC4 驶入奥登塞站

位于德国与瑞典之间的丹麦地处波罗的海咽喉位置，主要由首都哥本哈根所在的西兰岛、第三大城市欧登塞所在的菲英岛和与德国接壤的日德兰半岛三大部分组成。海峡的分割让丹麦铁路发展相对滞后，现代化改造直到上世纪 80 年代才全面开启。特别是 1997 年，连接西兰岛和菲英岛的大贝尔特跨海大桥铁路部分建成开通，加之菲英岛和日德兰半岛间 1935 年建成通车的小贝尔特跨海大桥，丹麦境内铁路终于连为一体。为适应大贝尔特大桥通车后客流快速增长的需要，并加快淘汰老旧客车，丹麦国铁于 2000 年订购了 83 列 200km/h 的 IC4 型内燃动车组，计划使其成为丹麦国内长途客运的主力。

虽然经大小贝尔特大桥、横跨丹麦的东西干线铁路和去往德国汉堡的国际线路已随大贝尔特大桥的通车完成电气化改造，但电气化设施主要用于跨境货运；衔接日德兰半岛上丹麦第二大城市奥胡斯和第四大城市奥尔堡的铁路则并未电气化。因此 IC4 被设计为 4 辆编组动力分散内燃动车组。列车每辆车厢皆为动力车，各设有 1 个包含 560kW 依维柯 8 缸柴油机、发电机、传动设备和冷却设备的“动力包”，整车功率 2240kW。通过采用铰接式转向架，IC4 的部分车厢为低地板设计，可以实现低站台无障碍出入。外观内饰方面，IC4 由丹麦国铁与意大利设计公司合作，融合了北欧极简风格和意大利跑车设计元素，在外观上强调流线型头形的别致曲线；内部设计则采用斯堪的纳维亚地区的传统天然材料，一等车和二等车均采用 2+2 座椅布局，只在空间上加以区分，加之部分可折叠侧式座椅，全车定员 204 人。

IC4 停靠在奥胡斯站

遗憾的是，采用诸多先进设计的 IC4 却在运用过程中频繁出现问题，原本 2003 年计划投入运用的列车直到 2007 年才第一次上线运行。由于技术问题，IC4 在投入运用初期无法重联运行，因此只能执行短途区域列车，无法承担大运量的长途城际任务。2008 年和 2011 年，因为排放等问题，IC4 曾两次被要求停运。虽然 2013 年全部 82 列（83 列合同中的 1 列因曾被厂方运至利比亚展示而被拒绝接收）IC4 均交付丹麦国铁，但厂方因交车推迟和车辆技术原因的赔款已接近合同额的一半。在解决了重联技术问题后，IC4 开始成为丹麦长途城际列车的主力车型，目前已是奥尔堡—奥胡斯—欧登塞—哥本哈根干线铁路城际运输的主力车型。IC4 出现的诸多问题让丹麦国内开始反思技术政策。2012 年，全长 60km，设计速度 250km/h 的哥本哈根—灵斯泰兹（Ringsted）高速铁路开工，2019 年 6 月 1 日开通，实现了丹麦高速铁路零的突破。全国 1300km 铁路电气化改造计划也于 2015 年开启。2016 年起丹麦国铁已开始淘汰 IC4，并计划在 2024 年淘汰完毕。未来，选择更加成熟的电力高速动车组将成为丹麦城际铁路网的主要方向。

IC4 行驶在奥胡斯市郊

## 车辆设施

❶ IC4 高低地板区楼梯；
❷ IC4 低地板区；
❸ IC4 无障碍卫生间；
❹ IC4 一等座区标识；
❺ IC4 二等车；
❻ IC4 转向架；
❼ IC4 制造商铭牌。

# 欧洲其他国家

除高铁建设大国外，多个欧洲国家近年来也通过既有线升级改造等方式实现铁路运行品质的提升。瑞士、奥地利、葡萄牙、波兰、俄罗斯等国或是通过自主研发、或是通过技术引进，都实现了列车运行速度 200km/h 及以上的突破。捷克和斯洛文尼亚也引进了 200km/h 级的高速列车。经过多年发展，欧洲高速列车发展已呈星星火燎原之势。

奥地利 Railjet 高速列车行驶在古堡脚下

## 瑞士国内主型 200km/h 摆式列车

# RABDe 500/ICN

| 投入运用时间 | 2000 年 |
| --- | --- |
| 运营速度 | 200km/h |
| 列车编组 | 4M3T |
| 牵引功率 | 5200kW |
| 列车定员 | 477 人 |

RABDe 500 是瑞士国铁（SBB-CFF-FFS）首款面向国内城际运输的摆式列车，也是瑞士继瑞意国际版高速列车 ETR470 后第二款 200km/h 动车组。相比于拗口的官方技术车型，由德语“城际摆式列车”（Intercity-Neigezug）缩写而来的“昵称”ICN 更多地被人熟知。

ICN 停靠在 Arth-Goldau 站

虽然地处阿尔卑斯山区，素有欧洲屋脊之称的瑞士却以发达铁路网成为世界铁路路网密度最高的国家。在所有人看来，大量线路蜿蜒在阿尔卑斯山区的瑞士铁路应该优先发展摆式列车。但 1985 年瑞士开启的“Rail 2000”却只计划通过基础设施提升，实现苏黎世、伯尔尼和洛桑等大城市间 1 小时通达。1992 年，瑞士铁路意识到新线建设的成本被大大低估，因此改变策略重新考虑引入摆式列车。此时，意大利 Pendolino 和瑞典 X2 都已投入正常运营，意大利与瑞士间也早早确定采用成立合资公司方式引进 ETR470 执行两国间的国际列车，但铁路工业技术雄厚的瑞士希望在借鉴成熟经验的基础上，独立研发一款全新的摆式列车。1996 年，瑞士国铁与阿德兰兹、菲亚特铁路和瑞士本土企业 SIG 正式开始联合开发 ICN 动力分散摆式列车。其中阿德兰兹位于瑞士的工厂负责车体和电气系统，当时已被菲亚特铁路收购的 SIG 则负责转向架和倾摆系统。

ICN 采用 4M3T 的 7 辆编组，其中头尾各两节车厢为动车，中间三节车厢为拖车。为了简化摆式转向架结构，ICN 借鉴了 Pendolino 系列动车组体悬式牵引电机和万向轴传动的经典技术，每个动力车各有两台 650kW 三相异步交流电机，整车功率 5200kW。通过在第一组转向架上安装的陀螺仪和加速度传感器，车载计算机可通过线路和运行数据，自动计算出不大于 8°的最佳倾摆角度，受电弓基座通过反向倾摆保证受电弓垂直受流。与传统 Pendolino 的液压式倾摆系统不同，ICN 采用机电倾摆系统，增强倾摆系统稳定性的同时可适应瑞士山区铁路大量连续的反向曲线。列车司机室和电气设备设计均基于瑞士铁路大量运用的 Re 460 机车，亦采用 GTO 元件的牵引变流器。列车全部 7 节车厢中，头尾各两节动力车为 2+2 座椅布局二等车，中间三节拖车则为 2+1 座椅布局、包厢布局一等车和餐车，全车定员 477 人，高峰时间经常两列重联运行。

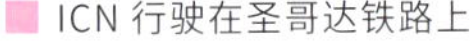

ICN 行驶在圣哥达铁路上

2000 年 5 月 8 日，ICN 正式开启商业运行。1999~2005 年，曾先后有两批 ICN 下线，共计 44 列。其中第二批次 ICN 生产时，阿德兰兹和菲亚特铁路已先后被庞巴迪和阿尔斯通收购。在近 20 年的运用中，ICN 表现出极强的稳定性和适应性，故障率远低于同时代执行国际列车的 ETR470。目前，ICN 主要执行圣加仑经苏黎世至日内瓦、巴塞尔至洛桑和巴塞尔（苏黎世）经圣哥达铁路至瑞士南部意大利语区卢加诺的线路。在圣哥达基底隧道通车后，部分 ICN 进行了针对性的防火改造，以适应超长隧道的安全要求。

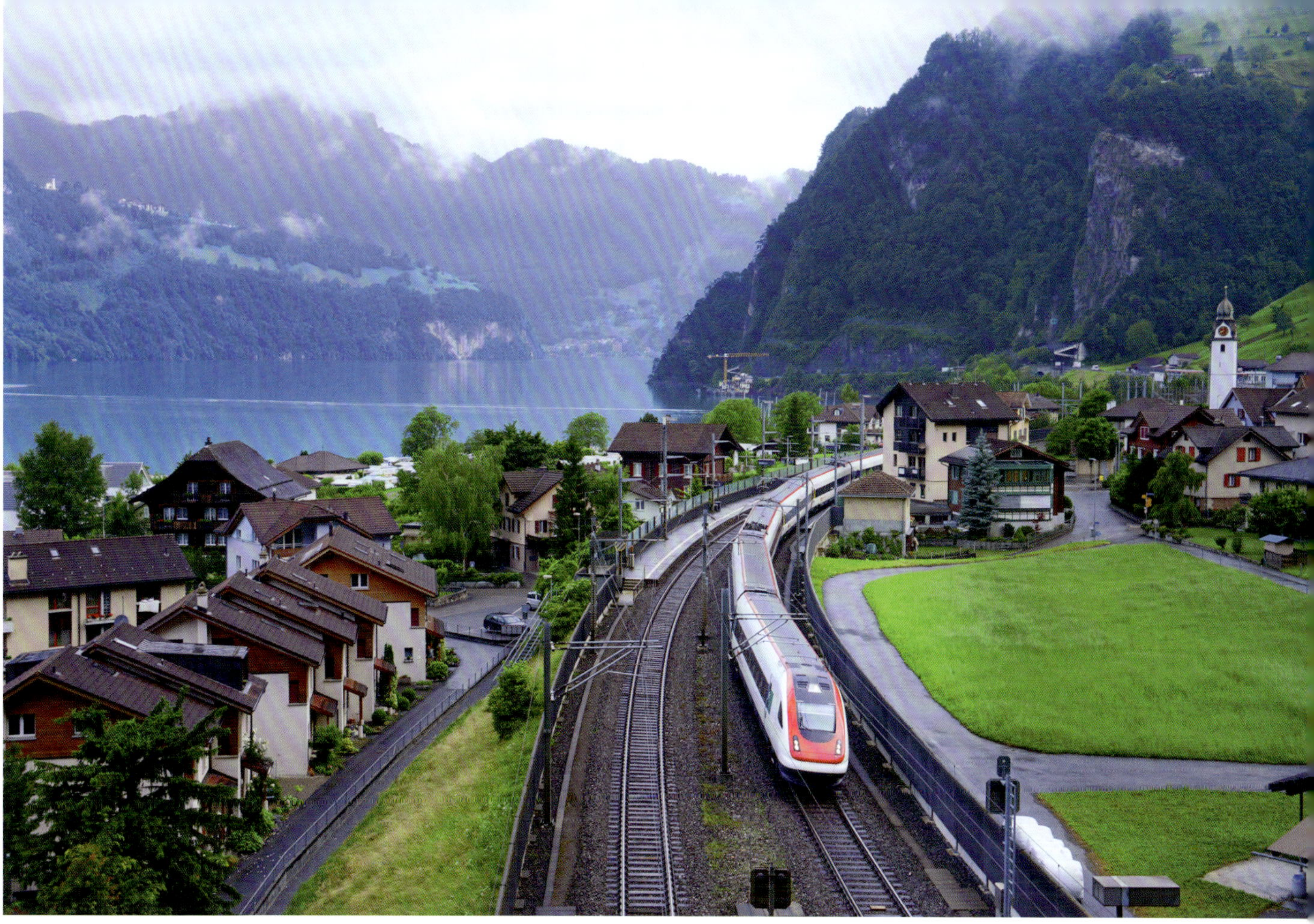

ICN 行驶在琉森湖畔

## 车辆设施

1

2

3

4

5

6

7

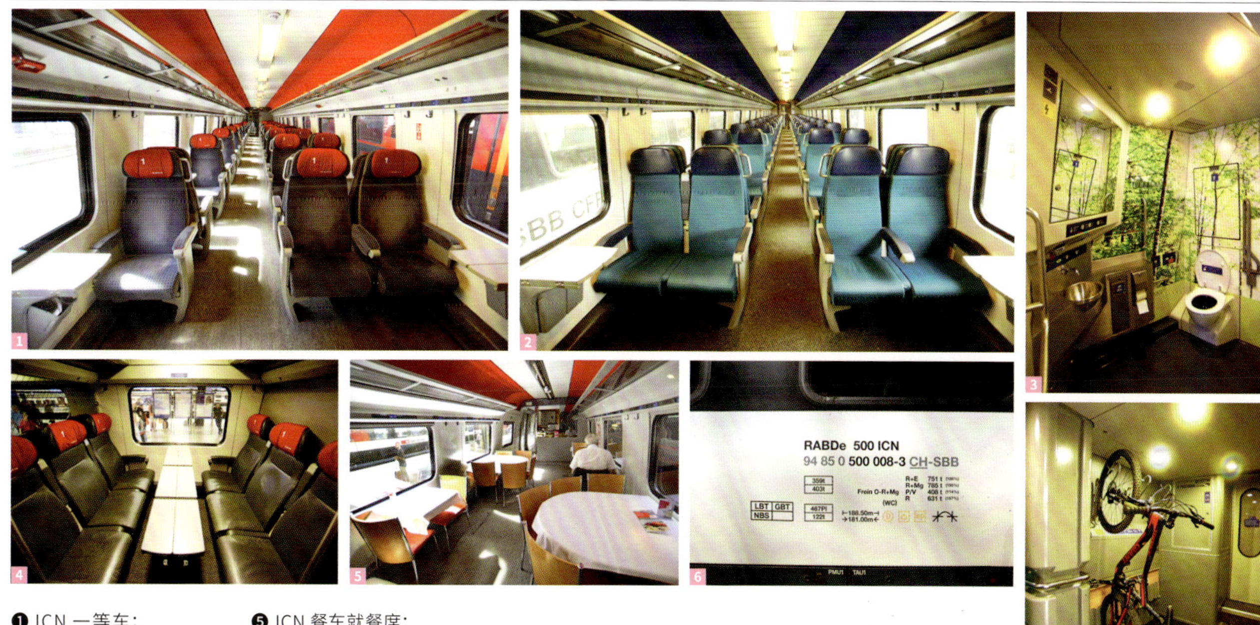

❶ ICN 一等车；
❷ ICN 二等车；
❸ ICN 无障碍卫生间；
❹ ICN 一等包厢；
❺ ICN 餐车就餐席；
❻ ICN 车身技术资料；
❼ ICN 自行车存放处。

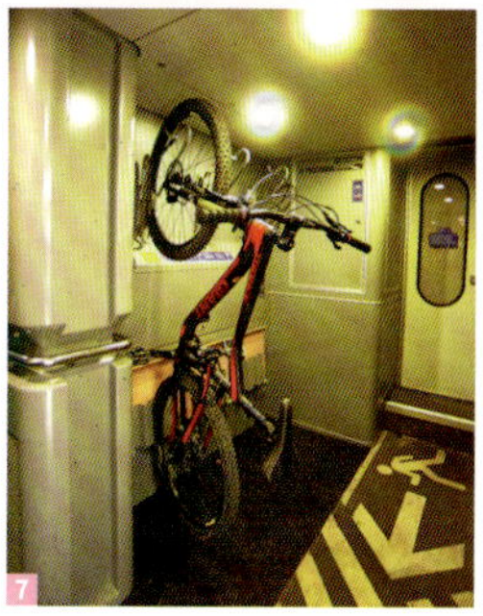

# 奥地利主型动力集中城际列车

# Railjet

| 投入运用时间 | 2008 年 |
| --- | --- |
| 运营速度 | 230km/h |
| 列车编组 | 1L7T |
| 牵引功率 | 6400kW |
| 列车定员 | 408~432 人 |

位于欧洲中部的奥地利地处要冲，素有欧洲的“心脏”和“十字路口”之称。由于人口集中于维也纳，加之阿尔卑斯山横亘东西，有限的客流不足以支撑高速客运专线，因此 20 世纪 90 年代，奥地利将铁路现代化改造的重点放在维也纳—萨尔茨堡等重点方向的线路升级和伯伦纳、塞默林等阿尔卑斯隘口基线隧道的建设上，以提升线路标准和过境货运能力。与此同时，1997 年，西门子公司以第二代“欧洲短跑手”技术平台，赢得了数百台奥地利国铁（ÖBB）新一代客货共用交流传动电力机车的订单。因适应电压而有所区分的三款全新电力机车分别为奥铁 1016、1116 和 1216 型，统称“金牛座”（Taurus），设计速度达 230km/h，最大功率 6400kW，实现了奥地利铁路牵引动力的全面升级。

重联 Railjet 驶入因斯布鲁克站

金牛座机车的成功，让奥地利国铁决定在其基础上开发全新的高速列车商业品牌 Railjet，而非选择同时代其他国家普遍采用的动力分散高速列车。Railjet 采用 1L7T 的动力集中方式，由 1 台金牛座机车和包含 1 辆控制车在内的 7 辆 西门子 Viaggio Comfort 不锈钢车厢组成，最高速度 230km/h。虽然基于传统机辆模式，但 Railjet 却采用了“固定编组”和“整体设计”概念。即使具备增减车厢的条件，日常运用也只采用固定编组运行，高峰时则采用两组重联的方式扩大运力。车厢间采用密接式车钩，控制车外端、机车车厢间则采用欧洲常用的链式车钩，具备与常规车辆连挂的条件，控制车与机车间、重联列车间依靠外置控制线实现远程控制。外观上，控制车采用与金牛座机车相同的流线型外形，加之统一风格的酒红色涂装，更使整列 Railjet 在视觉上融为一体。

Railjet 先后制造了 67 列。前 51 列可适应交流 15kV 16.7Hz 和交流 25kV 50Hz 两种接触网电压的 1116 型机车（编号 201~251），通过加装相应信号系统，还可驶入德国、瑞士和匈牙利。后期制造的 16 列 Railjet 则改用 1216 型机车，除适应此前两种交流电压外，亦可适应捷克、斯洛伐克铁路的直流 1.5kV 和意大利铁路的直流 3kV 电压。这 16 台 1216 型机车全部属于奥地利国铁，但其中 7 台被出租给捷克国铁，并改以捷克铁路的蓝白涂装，与捷克国铁购买的 7 组车底搭配，和 3 组传统涂装的奥铁 Railjet 共同执行奥地利与捷克间的国际列车。全部 Railjet 均设有商务、头等和经济三个级别坐席。奥地利国铁的 54 列车定员 408 人，捷克国铁的 7 列车在减少高等坐席比例后定员增加至 432 人。

捷克国铁 Railjet 驶出布尔诺站

2008 年 12 月，首批 Railjet 开始在慕尼黑—维也纳—布达佩斯间运行；2009 年，Railjet 开始在维也纳—因斯布鲁克—苏黎世一线运行；2011 年，Railjet 经由世界文化遗产塞默林铁路，开始运营维也纳—格拉茨 / 克拉根福方向的班次，并于 2017 年起延伸至意大利威尼斯；2014 年，维也纳—布拉格的 Railjet 服务开通。目前，Railjet 不仅是奥地利国内干线主型城际列车，也成为欧洲东部地区重要的国际列车品牌。

Railjet 行驶在世界文化遗产塞默林铁路上

## 车辆设施

❶ Railjet 头等车厢；
❷ Railjet 商务包厢；
❸ Railjet 经济车厢；
❹ Railjet 餐车就餐席；
❺ Railjet 车身品牌标识；
❻ Railjet 动力车转向架；
❼ Railjet 非动力车转向架；
❽ Railjet 自行车存放处。

# 葡萄牙版宽轨 Pendolino
# Alfa Pendular

| 投入运用时间 | 1999 年 |
| --- | --- |
| 运营速度 | 220km/h |
| 列车编组 | 4M3T |
| 牵引功率 | 4080kW |
| 列车定员 | 299 人 |

Alfa Pendular 也称葡萄牙国铁 4000 型（CP Series 4000），采用 1668mm 宽轨轨距。它不仅是 Pendolino 摆式列车大家庭的一员，也是葡萄牙境内唯一的高速列车。

里斯本和波尔图是葡萄牙最大的两座城市，连接两座城市的铁路也是葡萄牙最繁忙的铁路干线。1987 年，葡萄牙国铁使用法国产 2600 型机车和 Corail 车厢，在里斯本与波尔图间开行以 Alfa 为品牌，最高速度 160km/h 的全新城际列车，将葡萄牙城际列车的服务水准提升至欧洲平均水平。进入 90 年代，为了将列车运行速度提升至 200km/h 以上，葡萄牙决定引进 Pendolino 摆式列车技术，并将运营品牌升级为 Alfa Pendular。其中“Pendular”在葡萄牙语中即为“钟摆”之意，与意大利语 Pendolino 同源。这一全新运营品牌日后也成为车型的代称。

新涂装 Alfa Pendular 停靠在里斯本圣阿波罗尼亚站 (Lisboa-Santa Apolónia)

Alfa Pendular 由菲亚特铁路（后并入阿尔斯通）、阿德兰兹和西门子三家公司合作生产。其中菲亚特铁路提供主要设备和倾摆技术，西门子提供电气设备，阿德兰兹位于葡萄牙的工厂负责组装。技术方面，源自意大利 ETR480 的 Alfa Pendular 可适应葡萄牙铁路交流 25kV 50Hz 供电电压，通过陀螺仪和液压式倾摆设备实现最大 8°的倾摆。6 辆编组的列车采用 4M2T 的编组形式，每辆动力车下方各有两台 510kW 体悬式牵引电机，通过万向轴传动，整车功率 4080kW，最高运营速度 220km/h。外观上，Alfa Pendular 延续了著名设计师乔治亚罗设计的 ETR460 经典头型，早期的红白主色加以蓝色腰线的涂装也非常引人注目。

编组方面，Alfa Pendular 的 6 节车厢包括 2 节 2+1 座椅布局一等车（Conforto）和 4 节 2+2 座椅布局二等车（Turistica），同时设有一个小型吧台区，全车定员 299 人。2017 年起，Alfa Pendular 开始进行大修改造，除采用全新的内饰设计，优化车内 WIFI，增加电源插座外，外观涂装也改为银灰底色和绿色窗线，更加沉稳低调。

旧涂装 Alfa Pendular 驶入里斯本东站（Lisboa-Oriente）

1996 年 2 月，葡萄牙国铁向制造方下达了 Alfa Pendular 的采购订单，原计划在 1998 年里斯本世博会前开启全新服务。但首列 Alfa Pendular 直到 1999 年 7 月 1 日才正式在里斯本和波尔图间投入运行，延迟了超过一年。2001 年，10 列 Alfa Pendular（编号 4001~4010）全部交付完毕的同时，线路改造工程也全部完成，新的摆式列车最高运营速度得以从此前的 160km/h 提升至 220km/h，里斯本与波尔图间的列车运行时间也由此前的 3 小时 30 分压缩至约 2 小时 40 分。2004 年，部分 Alfa Pendular 服务的线路又分别向南北方向延伸至法鲁（Faro）和布拉加（Braga）。目前，每天共有 11 对 Alfa Pendular 运行在里斯本和波尔图间，是葡萄牙铁路最高水平的列车与品牌象征。

Alfa Pendular 行驶在里斯本至法鲁铁路上

## 车辆设施

❶ Alfa Pendular 改造前一等车；
❷ Alfa Pendular 改造后一等车；
❸ Alfa Pendular 改造后二等车；
❹ Alfa Pendular 改造后餐车吧台；
❺ Alfa Pendular 制造商标识；
❻ Alfa Pendular 转向架；
❼ Alfa Pendular 改造后无障碍卫生间。

# 波兰新一代 Pendolino 高速列车

# ED250

| 投入运用时间 | 2014 年 |
| --- | --- |
| 运营速度 | 250km/h |
| 列车编组 | 4M3T |
| 牵引功率 | 5664kW |
| 列车定员 | 402 人 |

ED250 是波兰国铁（PKP）于 2014 年起投入运用的新 Pendolino 平台高速列车，是波兰截至目前唯一能够实现 200km/h 运行的高速列车。

ED250 驶入克拉科夫中央车站

连接首都华沙与南部工业区西里西亚省的波兰中央铁路全长 224km，于 1971 年开工，1977 年通车。这条设计速度达 250km/h 的干线铁路严格意义上讲甚至是欧洲第一条通车的“高速铁路”。但冷战时期建设的中央铁路最初目的只是将西里西亚地区的煤炭外送至波罗的海港口，因此开通初期只运行货物列车。直到上世纪 80 年代后期，波兰中央铁路才增开快速旅客列车，列车速度也逐渐提升至 160km/h。冷战结束后，波兰铁路开启现代化进程。1994 年，ETR460 曾在波兰中央铁路上创造了 250.1km/h 的试验纪录，并借助其良好表现，在 1998 年赢得了波兰 14 列动车组的采购合同。然而，波兰国铁糟糕的财务状况迫使波兰政府出面将合同取消。直到 2011 年，波兰国铁才再次向已经并购菲亚特铁路的阿尔斯通公司订购了 20 列新 Pendolino 动车组，并命名为 ED250。姗姗来迟的高速列车终于让波兰进入高铁时代。

以 ETR610 为原型的 ED250 在主要技术方面均与 ETR610 相同，包括铝合金车体、2.83m 车宽和两段式头型等特点。列车由 4M3T 的 7 辆编组组成，全车 8 个 708 kW 体悬式交流异步牵引电机通过万向轴传动，整车功率相较 ETR610 的 5500kW 小幅增加至 5664kW，采用基于 IGBT 元件的交流牵引系统，可适应交流 25kV 50Hz、15kV 16.7Hz 和直流 3kV 三种电压，具备在波兰、德国和捷克三国运行的条件。相比原型车，ED250 最大的区别在于取消了车体倾摆设备，以降低成本。全列 7 节车厢由 1 节 2+1 座椅布局一等车、5 节 2+2 座椅布局二等车和一节带有就餐席和吧台的餐车组成，全车定员 402 人（含就餐席）。外观方面，ED250 采用了灰底蓝腰线的涂装方案，延续了波兰城际列车的传统风格。

ED250 停靠在华沙中央车站地下站台

2013 年 8 月，首列 ED250 抵达波兰。2013 年底，在中央铁路的运行试验中，ED250 多次打破波兰国铁的速度纪录。并于 11 月 24 日达到 293km/h，这不仅是迄今为止波兰国铁的速度纪录，也是 Pendolino 系列动车组的最高速度纪录。在中央铁路上继续进行了 ETCS-1 列控系统的测试后，2014 年 12 月 14 日，ED250 正式以 EIP（Express InterCity Premium）的全新车次投入运营。虽然设计速度可达 250km/h，但受制于中央铁路 3kV 直流供电条件和未能升级到 ETCS-2 级列控系统，ED250 的实际最高运行速度一直限制在 200km/h。目前，全部 ED250 均在克拉科夫 / 卡托维兹 / 弗罗茨瓦夫—华沙—格但斯克 / 格丁尼亚间运行。另有消息，波兰已计划升级中央铁路信号系统，将列车速度提升至 230km/h。ED250 也已经完成德国和捷克铁路的技术认证，未来将承担更多国际列车服务。

ED250 运行在克拉科夫枢纽中

## 车辆设施

❶ ED250 一等车；
❷ ED250 二等车；
❸ ED250 餐车；
❹ ED250 无障碍卫生间；
❺ ED250 一等车餐食；
❻ ED250 品牌标识；
❼ ED250 车身编号；
❽ ED250 包厢坐席。

## 俄罗斯大地的游隼

# Sapsan

| 投入运用时间 | 2009 年 |
|---|---|
| 运营速度 | 250km/h |
| 列车编组 | 4M6T |
| 牵引功率 | 8000kW |
| 列车定员 | 604 人 |

相距 650km 的莫斯科与圣彼得堡是俄罗斯最大的两座城市。为了压缩两座城市间的列车运行时间，早在上世纪 50 年代末，原苏联便着手既有铁路的提速改造。1973 年，设计时速 200km 的 ER200 型直流传动动力分散电动车组在今天位于拉脱维亚的里加车辆制造厂下线，并于 1984 年起正式在两座城市间载客试运行。ER200 共试制了 3 列，2009 年全部退役。

苏联解体后，虽然经济震荡，但俄罗斯政府依然积极推进高速铁路发展规划，并开展高速列车研制工作。1999 年，采用俄罗斯国产交流传动技术的“雄鹰号”ES250 动力分散动车组下线，设计速度 250km/h。但这款被寄予厚望的俄罗斯国产高速列车在试验中被发现很多明显设计缺陷，安全性、可靠性和可维护性都不甚理想。2002 年，俄罗斯铁路决定放弃 ES250，改为从西方公司引进技术并合作生产高速列车。2006 年 5 月，俄罗斯铁路与西门子公司签订采购协议，使用成熟的 Velaro 技术平台，生产 4 列直流 3kV 单电压制 EVS1 型、4 列兼容直流 3kV 交流和 25kV 50Hz 的双电压制 EVS2 型共计 8 列高速列车。西门子公司内部称它们为“Velaro RUS”，对外则将其执行列车的商业名称 Sapsan（游隼号）作为车型代称。

Sapsan 行驶在俄罗斯市郊

Sapsan 延续了 Velaro 技术平台铝合金车体、交流传动和动力分散的技术特征，头型及外观与 ICE3 非常相似。列车采用 4M6T 的 10 辆编组，整车功率 8000kW，最高设计速度 300km/h，最高运营速度 250km/h。当两列 Sapsan 重联运行时，总长 500m 的列车是世界上编组长度最长的高速列车。列车采用 1520mm 轨距，车身宽度也充分利用俄罗斯宽轨铁路限界，达 3265mm，是 Velaro 系列动车组中最宽的车型。Sapsan 可承受 -40°C环境温度，设备进风口也改至车顶，防止雪花进入电气设备。

虽然车身宽度增加，Sapsan 依然采用欧洲常用的 2+1 座椅布局一等车和 2+2 座椅布局二等车，司机室后方区域设最高等级的商务座区，全车定员 604 人。

2008 年 12 月，首列 Sapsan 运抵俄罗斯。2019 年 5 月 7 日，Sapsan 在运行试验中将俄罗斯铁路的速度纪录提升至 290km/h。2009 年 12 月 17 日，Sapsan 在莫斯科与圣彼得堡间正式开始商业运行，最高运行速度 250km/h。2010 年 7 月 30 日，Sapsan 也开始在莫斯科—弗拉基米尔—下诺夫哥罗德线路上投入使用，但受制于线路条件，最高速度仅为 160km/h。首批制造的 8 列车中 01~04 号车为双电压制 EVS2 型，可去往交流电气化的下诺夫哥罗德；05~08 号车为单电压制 EVS1 型，只运行在莫斯科与圣彼得堡间。舒适快速的 Sapsan 投入运用后快速赢得市场，成为俄罗斯铁路唯一盈利的旅客列车。2012 年，俄铁再次订购 8 列单电压制 EVS1 型，编号 09~16，用以增加莫斯科至圣彼得堡间的运输能力。目前，除一对圣彼得堡直通下诺夫哥罗德的 Sapsan 外，其他 Sapsan 全部集中执行 13 对莫斯科与圣彼得堡间的高速列车，最短运行时间为 3 小时 30 分。

Sapsan 驶入莫斯科列宁格勒站

Sapsan 驶出莫斯科

## 车辆设施

❶ Sapsan 司机室后方商务座区；
❷ Sapsan 一等车；
❸ Sapsan 二等车；
❹ Sapsan 餐车吧台；
❺ Sapsan 车身品牌标识；
❻ Sapsan 车门与边凳；
❼ Sapsan 大件行李区。

## 捷克版 Pendolino

# ČD Class 680

| 投入运用时间 | 2005 年 |
| --- | --- |
| 设计速度 | 230km/h |
| 列车编组 | 4M3T |
| 牵引功率 | 3920kW |
| 列车定员 | 331 人 |

ČD Class 680（简称 Class 680）是捷克国铁（ČD）运营的一款 Pendolino 摆式动车组，曾是捷克国铁配属 Railjet 前唯一具备 200km/h 以上技术条件的高速列车。

Pendolino 摆式动车组因其无需大规模改造既有线便可有效提升旅行速度的特点，在缺乏资金新建高速铁路的国家颇受欢迎。1989~1996 年，ETR401、ETR460 和 ETR470 曾三次到访捷克进行技术测试与演示运行，捷克国铁亦于 1995 年决定购买 10 列 Pendolino。列车由捷克本土轨道车辆制造商 ČKD 与菲亚特铁路、西门子共同制造，计划 1998 年投入使用。然而，曾经东欧地区的轨道车辆制造霸主 ČKD 因冷战后改制不利在 90 年代末破产，迫使新列车的制造计划先是推迟，继而由兼并了菲亚特铁路的阿尔斯通公司承接。直到 2003 年，首列命名为 Class 680 的新造列车才得以下线，制造数量也因价格提升而减少到 7 列。

ČD Class 680 停靠在布拉格中央站

以 ETR470 为原型的 Class 680 兼容直流 3kV 和交流 15kV 16.7Hz、25kV 50Hz 三种电压，具备在斯洛伐克、德国、奥地利和波兰等所有捷克周边国家运行的条件。列车采用 4M3T 的 7 辆编组，GTO 牵引变流器。每台动力车装有 2 台 490kW 体悬式牵引电机，万向轴传动，整车功率 3920kW，最高设计速度 230km/h。通过陀螺仪和液压倾摆系统，Class 680 可实现最大 8°的倾摆。全列 7 节车厢中，包括 1 节一等车、5 节二等车和 1 节二等餐吧合造车，全部坐席均为 2+1 座椅布局，全车定员 331 人。

捷克国铁购买 Class 680 的目的在于开行德国柏林经捷克布拉格、布尔诺至奥地利维也纳和斯洛伐克布拉迪斯拉发的国际列车。2003 年 3 月，首列 Class 680 交付并开始试验。虽然 2004 年 11 月创造了 237km/h 的捷克铁路速度纪录，但 Class 680 也被严重的技术问题困扰着。除大量软件故障外，列车在 25kV 50Hz 供电制式下出现的电磁干扰会严重影响信号系统稳定，捷克国铁又缺乏资金对信号系统加以改造，最终只能依靠增加补偿器并放宽标准才获得运营许可。2005 年 11 月，Class 680 终于开始在布拉格与北部城市德钦（Decin）间载客运行，并于 2005 年 12 月的运行图调整中，开始以 SC（SuperCity）的车次品牌在布拉格与捷克东部城市俄斯特拉发（Ostrava）间高密度运行。受制于技术和经济原因，Class 680 从未全程执行过柏林—布拉格—维也纳 / 布拉迪斯拉发的班次，只在 2006~2011 年间短暂执行过布拉格至维也纳和布拉迪斯拉发的国际列车，但都因客流和效益等问题最终恢复为传统列车。目前，全部 7 列 Class 680 都在直流供电的布拉格—俄斯特拉发间运行，部分车次向东延伸至斯洛伐克北部城市日利纳（Žilina）与科希策（Košice），或向西延伸至捷克西部城市比尔森（Plzeň）和海布（Cheb），受制于捷克国内铁路基础设施条件，实际最高运行速度 160km/h。

ČD Class 680 布拉格中央站穹顶下的 ČD Class 680

ČD Class 680 驶出布拉格市区

## 车辆设施

❶ ČD Class 680 一等车；
❷ ČD Class 680 二等车；
❸ ČD Class 680 卫生间；
❹ ČD Class 680 餐车吧台；
❺ ČD Class 680 车身编号；
❻ ČD Class 680 转向架。

## 斯洛文尼亚版 Pendolino

# SŽ Series 310/ICS

| 投入运用时间 | 2000 年 |
| --- | --- |
| 设计速度 | 200km/h |
| 列车编组 | 2M1T |
| 牵引功率 | 1960kW |
| 列车定员 | 164 人 |

SŽ Series 310（简称 Series 310）是斯洛文尼亚铁路（SŽ）运营的 Pendolino 摆式动车组，也是前南斯拉夫地区唯一具备 200km/h 以上技术条件的高速列车。

曾是南斯拉夫社会主义联邦加盟共和国之一的斯洛文尼亚地处中欧南部，毗邻阿尔卑斯山和巴尔干半岛，是前南加盟共和国中经济条件最好的地区。1991 年独立后，斯洛文尼亚经济快速融入西方，人均 GDP 在东欧经济转型国家中排名第一。作为前奥匈帝国和前南斯拉夫的一部分，斯洛文尼亚铁路不仅历史悠久、路网密度高，与周边国家连接也非常紧密。其中从斯奥边境的第二大城市马里博尔（Maribor），经首都卢布尔雅那到斯意边境小镇塞扎纳（Sežana）的铁路建于 19 世纪 4、50 年代，曾是奥匈帝国维也纳至的里雅斯特干线铁路的一部分。这段铁路直到今天也是中欧地区通往地中海的主通道，客货运输十分繁忙。1998 年，斯洛文尼亚铁路向邻国意大利订购了 3 列命名为 Series 310 的 Pendolino 摆式动车组，用于改善卢布尔雅那与马里博尔间的铁路服务品质。

Series 310 以意大利 ETR460 为原型，采用直流 3kV 单电压制。由于斯洛文尼亚铁路客流相对较低，

SŽ series 310 驶入马里博尔站

Series 310 采用了 2M1T 的 3 辆编组，与西班牙 S490 型列车同为编组最小的 Pendolino 系列动车组。列车头尾为动力车，安装有与原型车相同的 490kW 体悬式牵引电机、GTO 牵引变流器和万向轴传动系统，整车功率 1960kW，最高设计速度 200 km/h。Series 310 延续了 Pendolino 动车组的传统，通过陀螺仪和液压倾摆系统，可通过最大 8°的车体倾摆实现曲线提速。全列 3 节车厢中，头车为一等二等合造车，中间车为二等餐吧合造车，尾车为二等车，全车定员 164 人。外观方面，Series 310 延续了 ETR460 的经典造型，涂装则在纯白底色基础上配以湖蓝色腰线，与斯洛文尼亚铁路城际列车风格统一。

SŽ series 310 停靠在卢布尔雅那中央车站

2000 年 9 月 24 日，Series 310 开始在卢布尔雅那与马里博尔间以 ICS（InterCity Slovenija）的全新车次品牌投入运用。因基础设施条件有限，设计速度 200km/h 的 Series 310 在斯洛文尼亚铁路上实际最高运行速度被限制在 160km/h，但依然成为斯洛文尼亚铁路上唯一运行速度超过 120km/h 的列车。运营初期，3 组 Series 310 每日在卢布尔雅那与马里博尔间执行 8 对 ICS 班次，将两座城市间的铁路旅行时间由 2 小时 14 分压缩至 1 小时 45 分，夏季的周末，还有一对列车延伸至亚得里亚海港口城市科佩尔（Koper）。2003 年至 2008 年，Series 310 还曾执行 Casanova 号国际列车，在卢布尔雅那与意大利威尼斯间运行。近年来，进入车辆维护周期的 Series 310 不仅执行车次数量有所减少，旅行速度也有所降低。在 2019 年 12 月开始的运行图中，Series 310 每天只在卢布尔雅那与马里博尔间运行 3 个往返，其中 2 对车以 ICS 的品牌运行，另 1 对则为普通的 IC 车次，列车运行时间也增加至 2 小时。

SŽ series 310 行驶在萨瓦河谷

## 车辆设施

❶ SŽ series 310 二等车；
❷ SŽ series 310 轮椅区；
❸ SŽ series 310 无障碍卫生间；
❹ SŽ series 310 车身斯洛文尼亚铁路标识；
❺ SŽ series 310 车身 ICS 品牌标识；
❻ SŽ series 310 转向架。

# 美国

美国是世界上科技水平最高、经济最发达的国家，其历史上曾拥有超过 40 万 km 铁路，是当时世界上铁路最发达的国家。但“二战”后，在公路和航空运输快速发展的大背景下，美国不仅拆除了近一半的铁路网，对铁路科技发展和基础设施改造的投入也相当有限。近年来，虽然加利福尼亚、佛罗里达和德克萨斯等州都在规划建设高速铁路，但至今还未有新建高速铁路通车。

目前，美国仅有波士顿—纽约—华盛顿的东北走廊通过技术改造，可实现 240km/h 的商业运行。行驶其上的 Acela 也成为包括美国在内整个美洲大陆上唯一的高速列车。

行驶在美国东北走廊上的 Acela 高速列车

# 美国东北走廊高速列车

# Acela Express

| 投入运用时间 | 2000 年 |
|---|---|
| 运营速度 | 240km/h |
| 列车编组 | 2L6T |
| 牵引功率 | 9200kW |
| 列车定员 | 304 人 |

串联波士顿—纽约—华盛顿这一美国东海岸核心城市群的东北走廊铁路全长 735km，是美洲大陆最繁忙的客运铁路通道。早在上世纪初，东北走廊便逐步开始电气化改造。1969 年，在《高速地面运输法案》的支持下，纽约与华盛顿间以电力动车组的方式开行了 Metroliner 城际快车，最高运行速度曾达到 190km/h。1971 年 5 月，半国有性质的美国国家铁路客运公司 Amtrak 成立，接管了包括 Metroliner 在内大部分长途旅客列车。1985 年，电力机车牵引 Metroliner 车厢在东北走廊首次实现了 200km/h 的商业运行。此时，美国联邦铁路管理局也开始规划美国高速铁路，并于 1991 年批准了包括东北走廊在内的 5 条高速铁路通道规划。为了争夺市场，1992 年至 1993 年，瑞典 X2 和德国 ICE1 先后在东北走廊进行了测试和展示运行。1996 年，Amtrak 最终选定由庞巴迪与阿尔斯通联合体制造新一代高速动车组，以 Acela Express（也译为阿西乐特快）的商业品牌升级东北走廊的城际服务。

■ Acela 全速运行在美国东北走廊上

Acela 由英文“加速”(acceleration)及“卓越”(excellence)两词组合而来，最高设计速度 266km/h，最高运营速度 240km/h，是美国第一款真正意义的高速动车组。由于历史原因，东北走廊华盛顿—纽约、纽约—纽黑文和纽黑文—波士顿间分别采用交流 12kV 25Hz、12kV 60Hz 和 25kV 60Hz 三种供电制式，因此 Acela Express 也需要同时适应三种电压。列车为 2L6T 的动力集中动车组，动力车技术源自第三代 TGV，采用 GTO 为元件的牵引变流器，每台动力车各有 4 台 1150kW 交流异步牵引电机，整车功率 9200kW。基于美国严格的碰撞安全要求，动力车采用了坚固的钢结构，轴重达 23.25t，远超其他国家高速列车。

■ Acela 驶入终点波士顿站

Acela Expres 的 6 辆拖车为不锈钢材质，采用了类似庞巴迪用于 LRC 摆式列车的簧下倾摆机构，具备 6.5°的车体倾摆能力，可在曲线众多的东北走廊上提高运行速度。6 节车厢中包括 1 节 2+1 座椅布局头等车（First Class）、4 节 2+2 座椅布局商务车(Business Class)和 1 节餐吧车，全车定员 304 人。所有车厢均未设计登车踏板，因此只能停靠高站台。

1998 年 ~2001 年，全部 20 列 Acela Express（动力车编号 2000~2039）均由庞巴迪位于美国的工厂生产。2000 年 12 月 11 日，Acela Express 开始在东北走廊上投入运营，将纽约—华盛顿和纽约—波士顿间的列车运行时间分别压缩至 2 小时 45 分和 3 小时 30 分。运行时间的减少和旅行品质的提升让东北走廊列车的竞争力大幅提升。与 2000 年相比，纽约与华盛顿间铁路的市场占有率已从 37% 增加至 75%，纽约与波士顿间则由 20% 增加至目前的 54%。由于 Acela Express 的预期寿命为 20 年，Amtrak 已于 2016 年通过联邦贷款向阿尔斯通公司采购 28 列新一代 Avelia Liberty 高速列车。根据计划，新列车将于 2021 年起陆续投入使用，目前的 Acela Express 则将在 2022 年全部退役。

■ Acela 行驶在费城市区

## 车辆设施

❶ Acela 头等车；
❷ Acela 商务车；
❸ Acela 无障碍卫生间；
❹ Acela 餐吧车；
❺ Acela 只能适应高站台的车门；
❻ Acela 航空式行李架；
❼ Acela 车身标识；
❽ Acela 大件行李处。

摩洛哥 Al Boraq 高速列车行驶在非洲第一条高速铁路上

# 中东、北非、中亚

近年来，中东、北非和中亚的部分国家也通过新建高速新线或改建既有线等不同方式，将列车运行速度提升至 200km/h 及以上，实现了高速铁路零的突破。目前，土耳其、乌兹别克斯坦、摩洛哥和沙特阿拉伯四国已先后有 6 款高速列车投入运用，最高运行速度达 320km/h。

## 采用西班牙技术的土耳其首款高速列车

# HT65000

| 投入运用时间 | 2009 年 |
| --- | --- |
| 运营速度 | 250km/h |
| 列车编组 | 4M2T |
| 牵引功率 | 4800kW |
| 列车定员 | 409 人 |

HT65000 是由土耳其国家铁路（TCDD）运营、西班牙 CAF 公司生产的土耳其第一代高速列车，主要应用在伊斯坦布尔—安卡拉高速铁路（简称伊安高铁）上。

土耳其地处连接欧亚的十字路口，最大城市伊斯坦布尔是著名的历史文化名城，地处欧亚之交，扼守博斯普鲁斯海峡。首都安卡拉则位于小亚细亚半岛中部的安纳托利亚高原，距离伊斯坦布尔航空距离约 350km。虽然早在 19 世纪中叶，统治该地区的奥斯曼土耳其帝国便开始修建铁路，但土耳其铁路不仅路网相对稀疏，技术标准也比较低。截至 2008 年，土耳其共有 11000km 铁路，复线率和电气化率仅为 5% 和 21%。在 576km 的伊斯坦布尔—安卡拉既有铁路上，传统列车运行时间长达 7.5 小时，完全不具竞争力。为了彻底改变国内铁路落后的局面，土耳其规划了长达 10000km 的高速铁路网。2003 年，全长 530km 的伊安高铁率先动工。2005 年，土耳其国铁与 CAF 公司签订了 10 列 HT65000 型高速列车的制造合同，用于即将开通的伊安高铁。

HT65000 停放在埃斯基谢希尔站

作为土耳其历史上首款高速列车，以西班牙 S120 为原型的 HT65000 外观和主要技术与原型车基本相同。列车同样采用动力分散形式，IGBT 交流传动技术、体悬式牵引电机、万向轴传统和铝合金车体也一脉相承。相比于 4M 全动车的原型车，HT65000 的编组扩大为 4M2T，可重联运行。通过将牵引电机功率提升至 600kW，HT65000 整车功率 4800kW，可在增加两辆拖车的情况下实现 250km/h 的最高运行速度。此外，不同于原型车的可变轨距和双电压，HT65000 根据土耳其铁路实际情况改为 1435mm 固定轨距和交流 25kV 50Hz 单一供电制式。全列 6 节车厢中包括 1 节 2+1 座椅布局一等车、4 节 2+2 座椅布局二等车和 1 节餐吧车，全车定员 409 人。

土耳其国铁先后共购买了 12 列 HT65000（编号 65001~65012），首列车于 2007 年底运抵土耳其并开始运行试验。2009 年 3 月 13 日，伊安高铁安卡拉与埃斯基谢希尔（Eskişehir）段一期工程通车，HT65000 亦于同日以 YHT 的土耳其高铁全新品牌投入运营。2014 年，伊安高铁二期工程埃斯基谢希尔至伊斯坦布尔市郊彭迪克（Pendik）段线路开通。2019 年，Pendik 至伊斯坦布尔市区段线路开通，高速列车始发站延长至伊斯坦布尔亚洲区市中心的 Söğütlüçeşme 站，少量列车还经过马尔马拉铁路下穿博斯普鲁斯海峡，延长至伊斯坦布尔欧洲侧的 Halkalı 站始发终到。目前，全部 12 列 HT65000 都运行在伊斯坦布尔—安卡拉和伊斯坦布尔—科尼亚的线路上。由于伊安高铁还有部分地形复杂路段尚未完工，加之伊斯坦布尔和安卡拉枢纽中均有大段线路与既有线通勤列车并行或混行，高速列车全程运行时间还需约 4 小时 40 分。

HT65000 停靠在伊兹米特站

HT65000 行驶在伊斯坦布尔—安卡拉高铁上

## 车辆设施

❶ HT65000 一等车；
❷ HT65000 二等车；
❸ HT65000 一等车餐食；
❹ HT65000 卫生间；
❺ HT65000 餐车；
❻ HT65000 大件行李处；
❼ 土耳其高铁 YHT 品牌标识。

## 西门子 Velaro 技术平台生产的土耳其二代高速列车

# HT80000

| 投入运用时间 | 2015 年 |
|---|---|
| 运营速度 | 250km/h |
| 列车编组 | 4M4T |
| 牵引功率 | 8000kW |
| 列车定员 | 460~519 人 |

HT80000 是西门子公司以 Velaro 技术平台为土耳其高铁制造的 300km/h 级高速列车，也被土耳其视为未来高速铁路的主力车型。

位于小亚细亚半岛南部的科尼亚（Konya）是土耳其第七大城市，亦是重要的宗教圣地和交通枢纽。著名的巴格达铁路（伊斯坦布尔—巴格达）便经由此处。为了加强首都与小亚细亚半岛南部的联系，在伊安高铁开工不久后的 2006 年，安卡拉—科尼亚高速铁路亦开工建设。新建线路北起伊斯坦布尔—安卡拉高铁上的小城波拉特勒（Polatlı），南至既有科尼亚站，将安卡拉与科尼亚间的铁路里程由此前的 687km 缩短至 306km，其中新建线路 210km，2011 年通车。

HT80000 停靠在科尼亚站

为了应对新线开通和客流增长，2013 年，土耳其国铁与西门子公司签订了 7 列基于第二代 Velaro 技术平台的 HT80000 型高速动车组制造合同。同年 9 月，首列 HT80000 即运抵土耳其。这是一列西门子公司原本为德国国铁制造的 Velaro-D/ICE3-407 型高速列车，技术设备和 460 人的编组定员均与德国铁路运用的同款列车完全相同。专为土耳其高铁设计，西门子公司内部定型为 Velaro-TR 的 6 列全新 HT80000 也于 2016 年初起陆续下线。Velaro-TR 完全基于 Velaro-D 的成熟技术，采用相同的 4M4T 编组形式、相同尺寸的铝合金车体和相同的 8000kW 功率，头型样式也一模一样。两款列车最大的区别在于 Velaro-TR 将 Velaro-D 四种供电制式的适配能力简化为仅适应交流 25kV 50Hz 一种供电制式，最高设计速度也由原车型的 320km/h 调整为 300km/h。在编组与定员方面，Velaro-TR 亦针对土耳其实际客运需求进行了优化调整，全列 8 节车厢中包括 1 节 2+1 座椅布局一等车、6 节 2+2 座椅布局二等车和一节带有 36 个就餐席的餐吧车，加之 3 个 4 人商务包厢，全车定员增加至 519 人。外观涂装上，HT80000 并未采用土耳其国铁传统的红白蓝三色涂装，改以白色和松石绿为主色调。传说古代产自波斯的绿松石因经土耳其运抵欧洲，有着土耳其石之称，以此为创意设计的涂装方案也有了独具特色的文化内涵。

首列直接由 Velaro-D 改配土耳其的 HT80001

2015 年 5 月 23 日，首列 HT80000（编号 80001）开始在安卡拉—科尼亚间载客运行。2017 年 3 月 10 日，6 列专门为土耳其生产的 HT80000（编号 80101~80106）也开始了商业服务。全部 7 列 HT80000 目前均运行在安卡拉与科尼亚之间，虽然车辆和线路设计速度都达 300km/h，但受制于信号等因素，实际最高运行速度被限制在 250km/h。2018 年 1 月，西门子再次获得了土耳其国铁 10 列 HT80000（编号 80107~80116）的订单，并于 2019 年底开始交付。这些列车未来计划用于即将开通的安卡拉—锡瓦斯高速铁路和建设中的安卡拉—伊兹密尔高速铁路上。从目前的趋势看，HT80000 将是土耳其高速铁路未来的主力车型。

HT80000 抵达科尼亚站

## 车辆设施

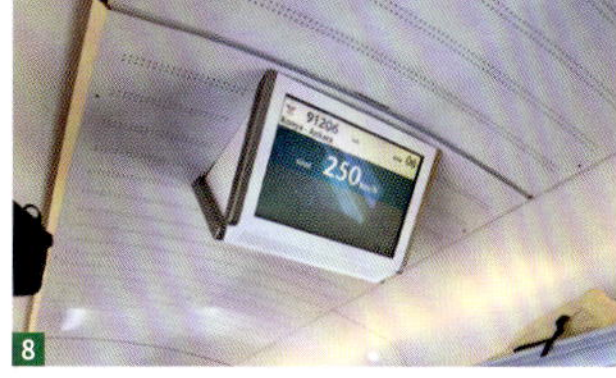

❶ HT80000 一等车；
❷ HT80000 商务包厢；
❸ HT80000 二等车；
❹ HT80000 餐车就餐席；
❺ HT80000 餐车吧台；
❻ HT80000 无障碍卫生间；
❼ HT80000 车身土耳其国铁标识和技术标识；
❽ HT80000 车内速度显示。

## 乌兹别克斯坦的 Talgo250

# Afrosiyob

| 投入运用时间 | 2011 年 |
| --- | --- |
| 运营速度 | 230km/h |
| 列车编组 | 2L9T; 2L11T |
| 牵引功率 | 4800kW |
| 列车定员 | 218~290 人 |

乌兹别克斯坦是前苏联在中亚地区的加盟共和国之一，也是目前中亚地区人口最多、旅游资源最丰富的国家。2009 年，乌兹别克斯坦与西班牙签订了高速列车采购协议，进口两列 Talgo250 高速列车用于首都塔什干至第二大城市撒马尔罕（Samarkand）铁路服务的升级。新的高速列车以撒马尔罕市郊古城遗址 Afrosiyob 作为商业品牌，成为乌兹别克斯坦悠久历史的全新名片。线路方面，塔什干－撒马尔罕既有铁路升级改造工程于 2011 年 3 月 11 日开工。通过基础设施更新强化、信号升级、线路封闭和平交道口立交化等改造工程，塔什干－撒马尔罕铁路部分路段具备了 200km/h 及以上的基础设施条件，也让乌兹别克斯坦成为独联体国家中继俄罗斯后第二个踏进高速铁路门槛的国家。

■ Afrosiyob 停靠布哈拉站

Afrosiyob 以西班牙本土运用的 Talgo250/ S130 为原型，同为动力集中型动车组。动力车延续了原型车的 IGBT 交流牵引系统和 600kW 牵引电机设计，全车总功率 4800kW 亦保持不变。相比之下，Afrosiyob 简化了原型车交直流双电压设计，仅适应交流 25kV 50Hz 的接触网电压，轨距在日常运用中也固定为 1520mm。车厢则延续 Talgo 典型的铰接式独立车轮走行部结构，通过自然摆的方式提升曲线通过速度。

Afrosiyob 根据批次不同分别采用了 2L9T 和 2L11T 两种不同的编组形式。其中 11 辆编组列车设有 2 节定员 11 人的贵宾车厢（VIP）、2 节定员 26 人的商务车厢（Business）、4 节定员 36 人的经济车厢（Economic）和 1 节餐车，全车定员 218 人。13 辆编组列车在增加 2 节标准车厢后，全车定员增加至 290 人。全部车厢皆为低地板结构，并配有登车踏板，以适应乌兹别克斯坦车站的低站台设计。

■ Afrosiyob 停靠卡尔希站

2011 年 7 月 22 日，首列 Afrosiyob 运抵乌兹别克斯坦，并于同年 10 月 8 日起开始载客运营。同为 11 辆编组的第二列车也于 2011 年底运抵乌兹别克斯坦。2013 年进一步提速后，距离 344km 的塔什干与撒马尔罕间，列车运行时间被压缩至 2 小时 8 分。虽然车辆设计速度为 250km/h，但受制于线路，Afrosiyob 实际最高运行速度为 230km/h。2015 年 9 月 5 日和 2016 年 9 月 15 日，Afrosiyob 由撒马尔罕分别延长至卡尔希（Karshi）和布哈拉（Bukhara），将两座城市与首都相连。2018 年 9 月 7 日，去往卡尔希的 Afrosiyob 再次延长至帖木儿的故乡沙赫里萨布兹（Shahrisabz）。2020 年 3 月 1 日，穿越西部沙漠，由布哈拉至古城希瓦（Khiva）的 Afrosiyob 开通运营后，高速列车已将乌兹别克斯坦境内所有核心旅游城市全部串联。车辆方面，2017 年，乌兹别克斯坦铁路增购了 2 列 13 辆编组的 Afrosiyob。2019 年，乌兹别克斯坦再次增购 2 组 13 辆编组的列车，并额外购买 4 节车厢，将首批 11 辆编组列车统一扩充为 13 辆。到 2021 年，乌兹别克斯坦将拥有 6 列统一 13 辆编组的 Afrosiyob，服务国家核心路网。

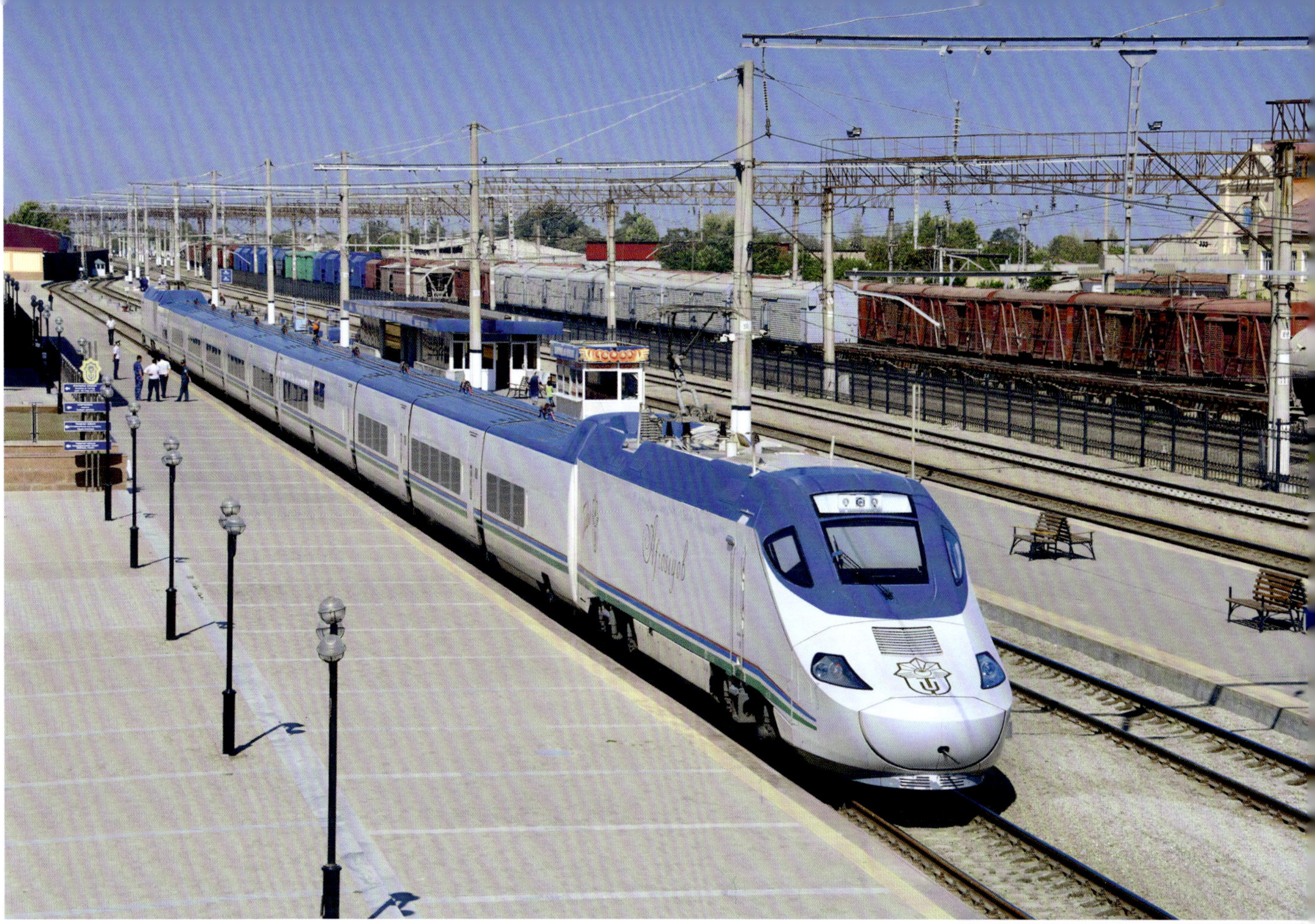


Afrosiyob 停靠撒马尔罕站

## 车辆设施

1

2

3

4

5

6

7

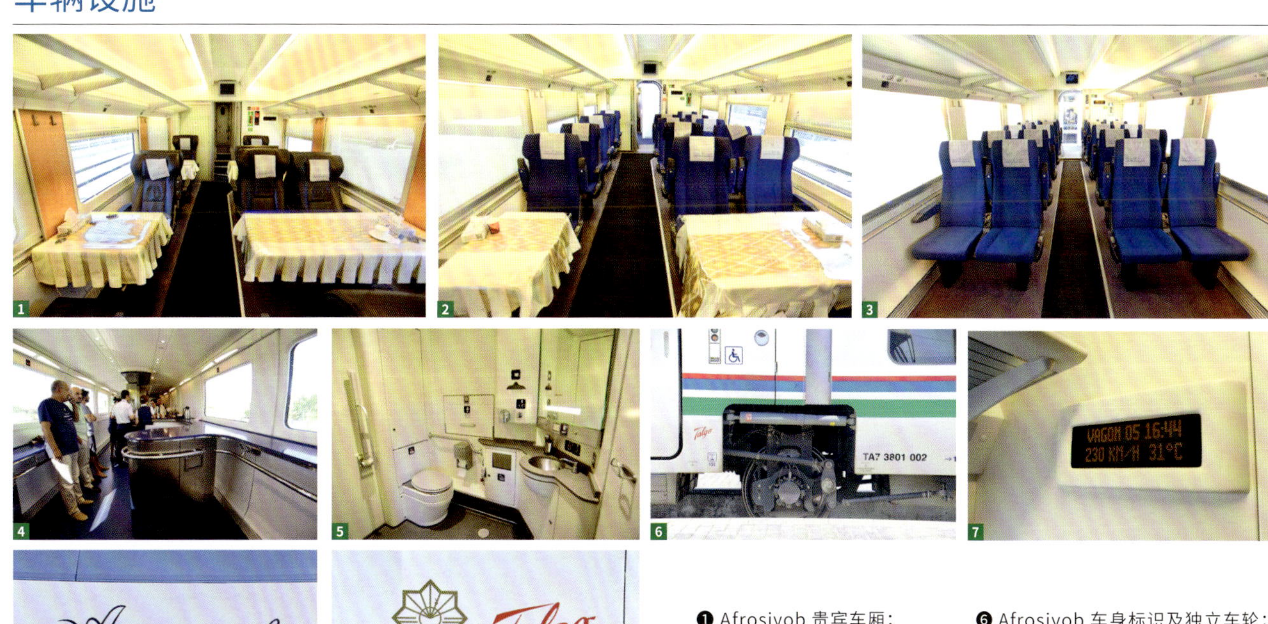

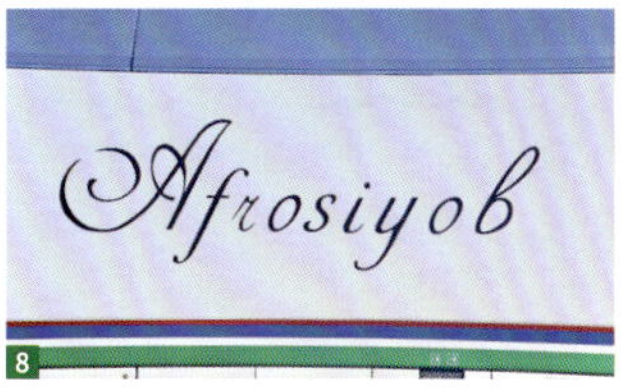

8

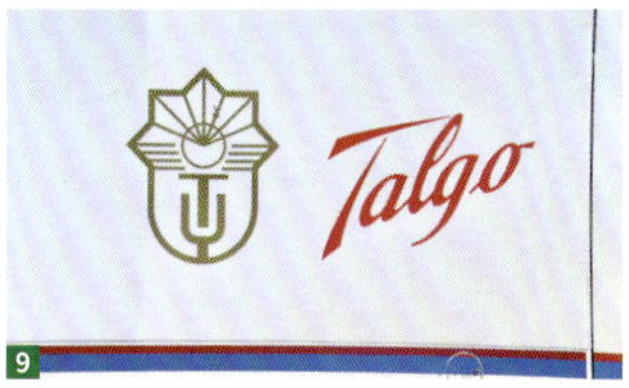

9

❶ Afrosiyob 贵宾车厢；
❷ Afrosiyob 商务车厢；
❸ Afrosiyob 经济车厢；
❹ Afrosiyob 餐车；
❺ Afrosiyob 无障碍卫生间；
❻ Afrosiyob 车身标识及独立车轮；
❼ Afrosiyob 车内信息显示器；
❽ Afrosiyob 车身标识；
❾ Afrosiyob 车身 Talgo 品牌标识。

## 采用 TGV 技术的非洲大陆唯一高速列车

# Al Boraq

| 投入运用时间 | 2018 年 |
| --- | --- |
| 运营速度 | 320km/h |
| 列车编组 | 2L8T |
| 牵引功率 | 9280kW |
| 列车定员 | 533 人 |

Al Boraq 是摩洛哥丹吉尔—肯尼特拉—卡萨布兰卡高速铁路的服务品牌。作为非洲大陆唯一的高速铁路系统，Al Boraq 高速列车以 320km/h 的最高运行速度，与法国 TGV 和日本东北新干线共享世界高速铁路商业运营速度亚军的殊荣。

摩洛哥位于非洲大陆的西北角，与西班牙隔直布罗陀海峡相望，拥有丰富的旅游资源。为了改善国内交通环境，摩洛哥早在 2003 年便开始高速铁路的可行性研究。2007 年，摩洛哥与法国签订备忘录，计划全面引进法国 TGV 高速铁路的成套技术，建设连接北部港口城市丹吉尔（Tangier）、首都拉巴特（Rabat）和经济中心卡萨布兰卡（Casablanca）间的高速铁路。一期工程首先建设丹吉尔至肯尼特拉（Kenitra）间的 186km 高速新线，同时对肯尼特拉—卡萨布兰卡间 137km 的既有铁路进行升级改造。新建线路采用交流 25kV 50Hz 供电和 ETCS-2 级列控系统，初期最高运营速度 320km/h；既有线则延续此前的直流 3kV 电压，列控系统则升级为 ETCS-1，最高速度 220km/h。2010 年 12 月，摩洛哥国铁（ONCF）与法国阿尔斯通签订合同，以 4 亿欧元的价格订购 14 列 TGV-Euroduplex 双层列车。2018 年 11 月 15 日，在摩洛哥国王穆罕默德六世和法国总统马克龙共同参加的开通仪式上，穆罕默德六世正式宣布摩洛哥高铁将以伊斯兰教中先知骑乘的带翼神兽 Al Boraq 命名，这也成为了摩洛哥高速列车的代称。

■ Al Boraq 停靠在摩洛哥高铁起点丹吉尔站

Al Boraq 完全沿用 TGV-Euroduplex 的成熟技术，采用 2L8T 的 10 辆编组形式。双层车厢、铰接式转向架、IGBT 交流传动系统、异步牵引电机和 9280kW 的牵引功率都与原型车完全一致。相比之下，Al Boraq 最大的调整在于将三电压制的原型车调整为可适应摩洛哥交流 25kV 50Hz 和直流 3kV 两种网压的双电压制。列车的空调系统则可适应 50°C的高温环境，并具备防沙功能，以适应摩洛哥恶劣的沙漠气候。8 节车厢包括 2 节 2+1 座椅布局一等车、5 节 2+2 座椅布局二等车和 1 节餐车，全车定员 533 人。

■ Al Boraq 与短途列车混行在改造后的肯尼特拉—卡萨布兰卡既有线上

摩洛哥高铁原本计划 2015 年底通车。2014 年，首列车在法国下线，并于 2015 年 6 月 19 日运抵摩洛哥。受制于落后的施工进度，2016 年 1 月起 Al Boraq 才开始在既有线上投入试运行，2017 年 2 月起在高速新线上展开测试运行。2018 年 5 月 4 日，Al Boraq 在试验中创造了 357km/h 的“非洲铁路第一速”。截至 2019 年底，共有 12 列 Al Boraq（编号 1201~1212）投入运用，每日在丹吉尔与卡萨布兰卡间运行 15 个往返，旅行时间也由此前的 4 小时 45 分压缩至 2 小时 10 分。据报道，在高速铁路开通的第一年中，丹吉尔—卡萨布兰卡交通走廊的铁路客运量增长了 35%，总计超过 300 万人次，实现了成本全覆盖。根据计划，肯尼特拉—卡萨布兰卡的二期工程将于 2020 年开工。到 2035 年，摩洛哥计划修建 1500km 的高速铁路网，将菲斯、马拉喀什和梅克内斯等历史名城衔接，成为地区性的高铁大国。

■ Al Boraq 行驶在丹吉尔—肯尼特拉高速铁路上

## 车辆设施

❶ Al Boraq 一等车；
❷ Al Boraq 二等车；
❸ Al Boraq 餐吧车；
❹ Al Boraq 车内速度显示；
❺ Al Boraq 车门与乘务员；
❻ Al Boraq 车身品牌标识；
❼ Al Boraq 车内楼梯；
❽ Al Boraq 铰接式转向架；
❾ Al Boraq 车身铭牌。

## 附录和附表①
# 名词解释

## A

**ASFA：**ASFA 是西班牙铁路既有线广泛使用的一种信号系统，该系统为定点监控模式，仅能在固定点位监控列车的运行速度，并不能根据各路段的实际情况实时做出反应。

**ATB：**ATB 是荷兰铁路既有线使用的信号系统，其特点是以轨道电路为基础实现地面与车辆的信息传输。

**ATC：**ATC 是列车自动控制系统（Automatic Train Control， ATC）的英语名称缩写，是列车保护系统的一种。ATC 可以实时、连续地监控列车行驶速度，以避免超速、冒进、追尾等情况发生。同时，ATC 系统综合制动距离等情况要素，计算出当前列车可运行的最高速度并显示在仪表板上，当列车行驶速度超过允许速度时，ATC 系统便会启动制动系统，强制其减慢速度，以确保行车安全。

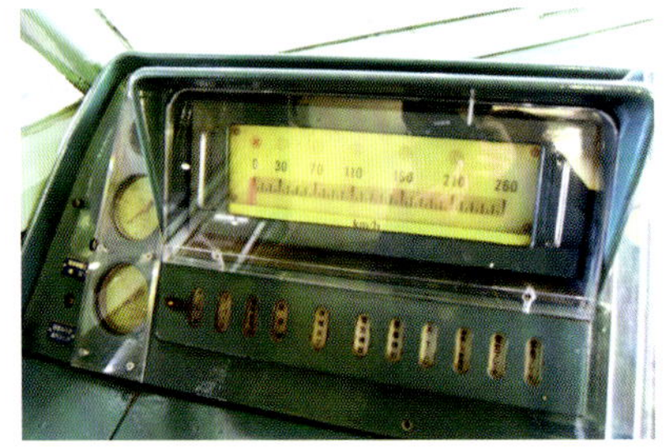

新干线 0 系初代 ATC 车载速度显示器

**ATO：**ATO 是自动列车运行系统（Automatic Train Operation，ATO）的英语名称缩写。ATO 可根据沿途根据信号系统的指示来自动操纵列车，完成加速减速等动作，并在到达停车站时自动停车。

## B

**摆式列车：**摆式列车是一种车体在通过曲线时可以向曲线内侧倾摆的列车。相较于普通列车，摆式列车通过弯道时可以通过车体倾摆，使车体重力的横向分量增大，进一步平衡离心力，从而在确保旅客乘坐舒适性的同时，使列车具有更快的行驶速度，节省旅行时间。

车体正在倾摆的 ICN 摆式列车

**编组：**编组是铁路术语，用作名词时指一列火车（动车组）中，各个车厢的搭配组合及连接顺序；用作量词时指一列火车（动车组）中的车厢数量；用作动词时指组合一列火车（动车组）的过程。

**标杆列车：**标杆列车在高速铁路的运行领域中，通常指一条高铁首末站或两个重点车站之间运行速度最快、停站最少、运行时间最短的列车班次。

**BOT：**BOT 是建设－运营－移交（Build-operate-transfer）模式的英语名称缩写，是近年来民营企业参与公共建设的一种流行模式。BOT 模式中，政府将所规划的工程项目交由民营企业投资兴建，并在经营一段时间后，再转移由政府经营。

**不锈钢车体：**不锈钢是构成高速列车车体基础材料的一种，其最显著的优点是强度高、耐腐蚀性好，缺点是车体在同等强度下相比铝合金自重更大。早年间不锈钢曾广泛用作高速列车车体制造，后逐渐被铝合金所替代。

## C

**CAF：**CAF 是西班牙的一家铁路设备制造商，也是世界知名的铁路车辆制造企业，其总部位于西班牙巴斯克自治区贝亚赛恩，产品涵盖城市轨道交通车辆、普速铁路车辆、高速动车组，同时亦开展铁路系统的设计、建设和维护业务。

CAF 企业标识

**城际铁路：**专门服务于相邻城市间或城市群，旅客列车设计速度 160~350km/h 的快速、便捷、高密度客运专线铁路。

**齿轮传动比：**齿轮传动比是指齿轮传动系统中，主动轮转速与传动轮转速的比值，通过调整齿轮传动比，可以将牵引电机输出转矩扩大，以满足通过轮对实现黏着牵引的要求。对于不同速度等级的列车，其车轴齿轮箱的传动比往往具有较大差异。

**重联母线**：动车组或机车重联运行时，连接各个车组或者机车之间的电路线缆，用以实现由一名司机同步操纵多台车组或机车运行。

**重联运行：**铁路术语，在高速铁路领域指两组或两组以上的动车组列车连接后运行。重联状态下，通常只需要一名司机，在列车行进方向的第一组列车中进行操纵，通过连接设备同步控制后方的其他列车。

重联运行

**磁浮列车：**磁浮列车是一种通过磁力（吸引力或排斥力）使列车悬浮在轨道上方，行进时不需接触轨道，通过电磁感应驱动行驶的列车。由于行进时不需接触地面，因此其阻力只有空气的阻力，理论上可以获得比轮轨列车更快的行驶速度。

上海磁浮列车

**CTCS：** CTCS 是中国列车控制系统（Chinese Train Control System，CTCS）的英语名称缩写。其主要功能是根据列车和所行驶线路的运行条件、实际运行状况等，通过列车车载设备和地面设备，对列车运行实施控制、监督和调整的系统，可有效保证行车安全，提高运输能力。目前 CTCS 共划分为 5 个级别，从低到高分别是 CTCS-0、CTCS-1、CTCS-2、CTCS-3 和 CTCS-4。各级均可通过技术设备实现向下兼容。目前中国高铁广泛使用的是 CTCS-2 和 CTCS-3 两个级别。

## D

**到发线：** 铁路术语，高速铁路领域中指用于动车组列车停靠站台时所用的线路。通常，到发线的长度决定了动车组的编组辆数和整车长度。

**低地板：** “低地板”车辆是通常指地板高度比常规车辆的地板高度低得多的车辆类型，常见于有轨电车等城市轨道交通，高速列车中较为少见。低地板的优点是乘客出入方便，可适应未经改造的低站台，方便乘客无障碍快速出入，缺点是走行部结构复杂，车下设备不易布置。

**低站台：** 低站台与高站台是两个相对概念。我国普速铁路有超限货物列车通过时站台高度为 300 mm；无超限货物列车通过时客运站台高度为 500 mm，均属于低站台。为方便旅客乘降，高速铁路车站的站台均为高度为 1250mm 的高站台，部分普速车站的站台也已经改造为高站台。

**电磁悬浮型（磁浮列车）：** 电磁悬浮型是磁浮列车的一种形式，其中又可细分为常导电磁吸力悬浮 EMS 和超导电动斥力悬浮 EDS 两大模式，前者通过对电磁铁电磁吸力的控制来实现悬浮，后者则是利用超导磁体与轨道导体间相对运动产生的斥力来实现悬浮。

**电空制动：** 电空制动是电控空气制动概念或系统的简称，是指在空气制动系统的基础上加装电气控制部件而形成的制动系统。其特点是制动作用的操纵控制为“电控”，但制动作用原动力还是压力空气。其优点是可以大大改善列车各个车厢在制动和缓解动作时的一致性，显著减轻列车纵向冲击，并缩短制动距离。

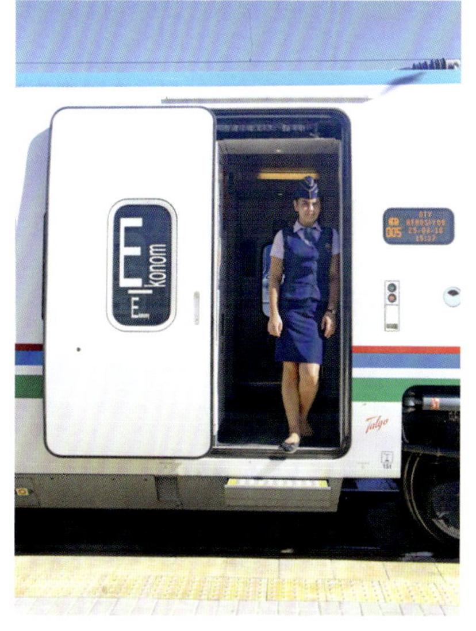


乌兹别克斯坦铁路采用低站台，需借助踏板才可登车

**动车组：** 动车组是由动车和拖车或全部由动车组成的自带动力、固定编组的旅客列车。动车组两端都带有司机室，可在线路上往复运行，通常分为动力集中和动力分散两种形式。

**动力单元：** 动力分散动车组常由若干个动力单元组成，每个动力单元是一个相对独立的牵引系统，是由动车和拖车构成的最小固定编组单元。在这些车辆上，装备了列车牵引运行所需的牵引变压器、牵引变流器和牵引电机等设备。

**动力分散：** 动力分散是指列车牵引运行所需的电气和机械设备分散地布置在多个车厢的列车动力结构形式，与动力集中相对。其中，有动力的车厢称为动车，一般为以英文字母“M”表示，没有动力的车厢称为拖车，一般为以英文字母“T”表示。例如，6M2T 表示这列共有 8 节车厢的动车组中，有 6 节动力车厢与 2 节无动力车厢，而 4M 则表示整列列车四节车厢都为动力车厢。

**动力集中：** 动力集中是相对于动力分散式的另一种列车动力结构形式。其主要特征是全列车牵引运行所需的电气和机械设备集中地布置在列车一端或两端的动力车上的模式。动力集中型动车组的动力车大多位于列车的首尾端，可由一台动力车牵引或推行整列车运行，也可由两台动力车首尾前后推拉的运行。

**动力转向架：** 动车组列车中装备了牵引电机等驱动装置的转向架，在每台动力转向架中，至少有一条轮对上装备了驱动装置，这样的轮对称为“动力轮对”。

**独立车轮走行部：** 独立车轮走行部是列车的一种走行部结构形式。该结构中，相邻两个车厢共用两个没有共同车轴连接的独立车轮，其优点是可以方便实现轨距变换，并能够降低车辆地板面高度。独立车轮消除了纵向蠕滑，采用这一结构的车辆不会产生蛇行运动，具有良好的高速运行稳定性。

西班牙 S730 的独立车轮走行部

## E

**ERTMS：** ERTMS 是欧洲铁路运输管理系统（European Rail Traffic Management System，ERTMS）的英语名称缩写，意指欧盟内现今使用的一套铁路信号管理和操作标准体系。ERTMS 主要是为了促进欧盟内

部铁路的兼容互通，保证跨国列车的运行安全，提升运输效率并增强欧洲铁路跨境运输的竞争力。

■ 安装有 ERTMS 的 Thalys PBA

**ETCS：** ETCS 是欧洲列车控制系统（European Train Control System，ETCS）的英语名称缩写。ETCS 是 ERTMS 的三项核心组成部分之一，旨在取代原有欧洲铁路多种互不兼容的铁路安全系统。ETCS 的推出，让以前需要安装多套列车控制系统的跨境高速列车可以大大简化设备，并有效提高了运行的安全。

## F

**番台：** 番台也称“番代”，指日本铁路对于同一型号的铁路车辆中，不同代际或技术特征子车型的细化区分。

**反向曲线：** 铁路线路中，两个相邻且转向相反的圆曲线以及其间的夹直线连接而成的平面线形。

**非动力转向架：** 动车组列车中，没有装设驱动装置的转向架，特征是所有轮对均为非动力轮对。

**风挡：** 风挡是安装于列车每节车厢两端，与相邻车厢连接，使相邻车厢形成一个完整通道的设备。风挡组成了旅客在车厢间自由走动的通道，并同时起到了车端连接、密封、隔热、隔声和安全保护的作用。

■ CR400AF 风挡

■ 京沪高速铁路是中国铁路的扛鼎之作

## G

**高速列车：** 目前国际上通常把设计和运营速度达到 200km/h 的动车组列车称为高速列车。虽然部分国家机车牵引客车模式的列车也可实现 200km/h 的最高运行速度，但通常不纳入高速列车车型统计范围。

**高速铁路：** 根据 UIC 定义，广义的高速铁路是涵盖基础设施、机车车辆、运营管理和商业开发等为一体的复杂系统。仅就基础设施而言，新建铁路运营速度在 250km/h 及以上，改建铁路运营速度在 200km/h 及以上即可称为高速铁路。中国将高速铁路定义为设计速度 250km/h（含预留）以上、列车初期运营速度每小时 200km/h 及以上的客运专线铁路。

**供电制式：** 供电制式指电气化铁路供电系统采用的不同类型，从形态上分有三轨供电、接触网供电等类型；从电力类型上分有直流电和交流电两种大类，细分的话还可根据电压、交流电频率分为多种类型。不同国家的电气化铁路会采用不同的供电制式，有时候甚至一个国家内都会采用不同的制式。

**GTO：** GTO 是门极可关断晶闸管（Gate Turn-Off thyristor，GTO）的英语名称缩写，是一种大功率半导体器件，可以作为 VVVF 牵引逆变器中的主要开关元件，用于控制动车组列车的交流牵引电机。

**固定重联：** 铁路术语，指两列或者两列以上动车组重联运行，且通常状态下不拆解运行。甚至有的情况下固定重联的两列动车组会取消连接部的头尾结构，组成完整的一列长编组动车组。

**轨距：** 轨距是指铁路轨道中两条钢轨头部内侧间，与轨道中心线相垂直的距离，我国规定在钢轨顶面下 16mm 测量。国际上以 1435mm 为标准轨距；比标准轨宽的轨距称为宽轨，比标准轨窄的称为窄轨。

## H

**簧下质量：** 通俗而言，簧下质量是指列车中，位于第一系减振部分以下所有相关部件的质量，包括车轴、车轮，以及其他相关部件如制动盘等。簧下质量越大，列车运行中车轮对轨道的冲击力也就越大。

**灰水：** 灰水是一个污水处理概念，指没有被粪便污染的废水。在高速列车上，即为洗漱间洗脸盆、地漏、电茶炉接水槽中回收的污水。常规情况下，灰水需要与便器排放的污物区分储存和处理。

# I

**IGBT：** IGBT 是绝缘栅双极晶体管（Insulated Gate Bipolar Transistor, IGBT）的英语名称缩写，是半导体元器件的一种，主要用于铁路机车及动车组交流电机的输出控制。优点是不仅驱动电流小，而且导通电阻也很低，在大功率设备中可以实现动作快速切换。

# J

**机车车辆限界：** 机车车辆限界是一个和线路中心垂直的极限横断面轮廓，机车车辆停放在水平直线上，且无侧向倾斜及偏移时，除电力机车升起的受电弓外，其他任何部分均应容纳在限界轮廓之内，不得超越。

**既有提速线：** 指通过改造后，设计时速可达到 200km 的既有铁路线路。

**既有铁路：** 既有铁路是指除高速铁路以外的干线铁路路线，亦称“既有线”或“普速线”。

**交流传动系统：** 交流传动系统的基本过程是动车组列车从接触网获得交流高压电，输送给车载牵引变压器进行降压，然后通过整流器变换成直流电，再由牵引变流器将直流电变换成调频调压的三相交流电（这个过程称为交—直—交变换），最后供给交流牵引电机。交流传动的优点是输电和牵引效率高、牵引制动特性好，易于再生制动等。

**交流同步牵引电机：** 交流同步牵引电机是交流电动机的一种。其特点是不论负载大小，电机转速与电磁转速同步，不会变化。

**交流异步牵引电机：** 交流异步牵引电机是交流电动机的一种。其特点是电机转速时刻跟随负载大小的变化而变化，且低于电磁转速。

**铰接式转向架：** 铰接式转向架也称“关节式转向架”，或音译为“雅各布转向架”（Jacobs Bogie），指相邻的车厢用同一个转向架连接起来的转向架形式。其优点是结构稳定、车厢间不易出现横向晃动，且同等条件下轮对的数量减少，可减低制造和维护成本。缺点是车组解编困难，维护保养等作业需整列进行，且受线路允许轴重的限制，车体长度较短。

铰接式转向架

**接触网：** 接触网是在电气化铁路线路中，沿钢轨上空架设的输电线，可为列车运行提供动力。

**晶闸管：** 硅晶体闸流管简称晶闸管，是一种对导通电流进行控制的半导体装置。其具有以小电流（电压）控制大电流（电压）的特点，常用于动车组列车的牵引控制中。

# K

**抗蛇行减振器：** 蛇行运动是采用传统轮对的列车运行时，轮对同时产生横移和摇头运动，轮对中心的运行轨迹类似于蛇弯曲前进时的形态。在蛇行运动无法收敛时，转向架和车体将发生剧烈振动，严重影响车辆的乘坐舒适性和运行安全性。因此，需要对蛇行运动进行控制。抗蛇行减振器装设在车体与转向架之间，在车辆发生蛇行运动时，能够产生阻尼力吸收蛇行运动产生的能量，使蛇行运动得到衰减。

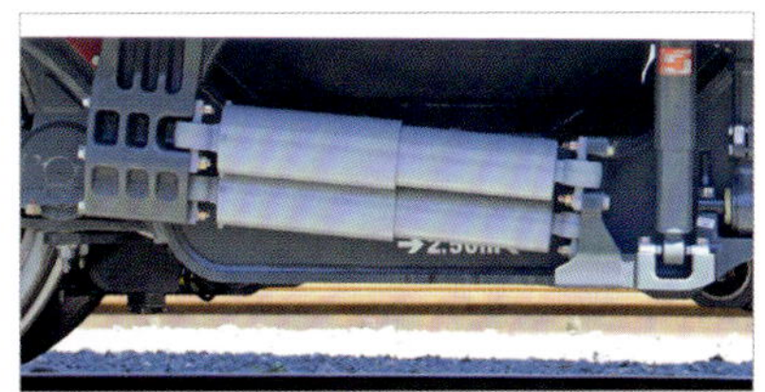

转向架抗蛇形减振器

**可变轨距列车：** 即可变换轨距的列车，原理是通过机械装置，车轮可以沿车轴进行移动，从而变换轨距，以在不同轨距的路线间实现列车的直通运行。

**客运专线：** 客运专线从技术上说，指专门用于客运的铁路线路，即根据线路的功能属性出现的名称。但由于历史原因，在中国曾一度用于指代新修建的、与既有铁路走向平行的新建高速线路。

**空心车轴：** 动车组列车使用的车轴多为空心轴，这是因为车轴传递力矩最有效部分是车轴外部，使用空心轴可以确保强度的前提下，降低簧下质量。此外，空心轴还可方便车轴探伤作业，以保证车辆运行安全。

**控制车：** 特指仅有一台动力车的动力集中型动车组中，位于除动力车外另一端的头车。其外形与动力车相似或相同，不带动力，但设置了司机室及相关设备，司机能够在控制车司机室操纵列车运行。

**KVB：** KVB 是阿尔斯通为法国既有铁路设计和建造的信号系统。

# L

**LGV：** LGV 是“高速线”一词 Ligne à Grande Vitesse 的法语缩写，即法国高速新线，特指法国铁路按高铁标准修建的新线。TGV 在法语文字上特指“高速列车”（Train à Grande Vitesse）。由于 TGV 的品牌更加响亮，有些时候也用 TGV XX 线代指 LGV XX 线（如 TGV 东南线、TGV 地中海线等）。

**联调联试：** 联调联试是高速铁路开通运营前的技术准备。由于高速铁路由多个系统组成，包括供变电、接触网、动车组、通信、信号、路基、桥梁、轨道、客运服务等子系统。联调联试就是采用高速综合检测列车和相关检测设备，在线路上以不同速度等级进行往返运行，对各系统状态和系统间匹配关系进行反复检测、调试、验证，使各子系统的功能和结构完整、合理，保证高速铁路整体系统功能达到最优。

链式车钩

**链式车钩：** 车钩是列车机车车辆和各节车厢连接用的机械装置，链式车钩是通过铁钩和铁环钩挂连接的一种车钩形式。其在欧洲既有线铁路中应用广泛，但技术相对落后。

**量产车：** 量产车是指某一型号动车组列车在研发定型后，投入批量生产的列车。其外饰涂装、旅客定员数等细节相对固定和统一。

**列控系统：** 列控系统又称列车运行控制系统，其主要功能是根据列车和所行驶线路的运行条件、实际运行状况等，通过列车车载设备和地面设备，对列车运行实施控制、监督和调整的系统，可有效保证行车安全，提高运输能力。

**LKJ2000：** LJK2000 是中国铁路既有线上常用的一种列车运行监控和列车超速防护设备。该设备的显示器能向司机显示前方线路状况、运行信号等信息，并在列车超速等危险情况时自动采取制动措施，保障铁路运输安全。

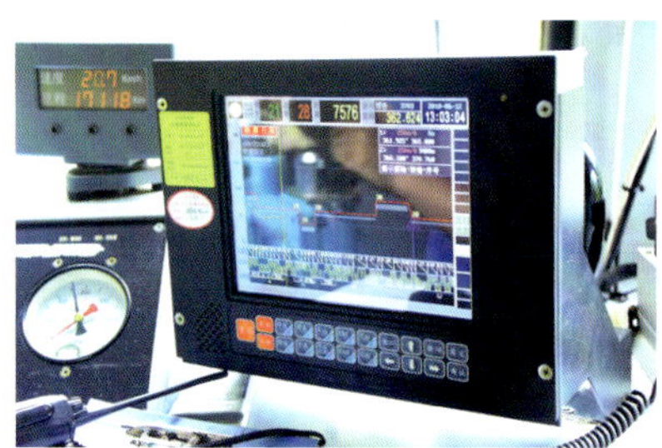
LKJ2000 运行监视器

**LRC 主动倾摆系统：** 庞巴迪公司开发的一项摆式列车技术，可在列车通过弯道时检测向心力的大小，然后使车体倾斜到合适的角度，以便提高在弯道路段的运行速度。其特点是可以与普通非摆式的车辆混合编组运行。

铝合金车体

**旅行速度：** 旅行速度是指列车在一定铁路区间里程范围内运行的平均速度，即两站之间的铁路全程公里数除以所耗总时间计算得出的结果。旅行速度的统计中包括列车在始发站和终到站间全部运行和站停时间，是反映列车在较长路程内的平均速度和效率的指标，区别于反映列车在运行中瞬时速度的纯技术指标。

**旅客乘降：** 铁路术语，指列车停站时旅客上下车的过程或者动作。

**铝合金车体：** 目前高速列车车体主要采用铝合金制造，其最显著的优点是重量轻，生产加工工艺简单，制成的车体气密性好。

**绿色车厢：** 绿色车厢是日本铁路领域的专有名词，指相比于普通车厢更舒适、设备更豪华的高级车厢，乘坐绿色车厢需收取额外附加的车费。

绿色车厢

**LZB：** LZB 是德国铁路既有线使用的信号系统，其特点是以轨道中央敷设的一根电缆来实现地面与车辆的信息传输。

LZB 信号系统的中央漏缆

## M

**密接式车钩：** 密接式车钩是车钩的一种，其特点是通过相关机构设计，彻底消除了车钩间隙，使列车的纵向冲动水平大大降低，提高了列车的纵向舒适性和安全性，是高速列车中常用的车钩形式。

CR400BF 密接式车钩

## N

**逆变器：** 逆变器是将直流电变换为交流电的电子器件，是交流牵引和交流传统系统的核心部件之一。

## P

**排障器：**排障器是位于列车头部下方的一种装置，用于排除线路上方的小型障碍物。

**盘形制动：**盘形制动是高速动车组列车最常用的机械制动方式之一。盘形制动装置主要由制动缸、制动盘、制动闸片和制动钳等部分组成。制动盘安装在车轴或车轮上，随同轮对旋转，制动钳横跨在制动盘的两侧，制动时通过制动缸控制闸片压紧制动盘，使闸片与制动盘摩擦而产生制动作用。盘形制动的优点是不仅制动效率高，而且可以大幅减轻车轮的机械磨耗。盘形制动中，根据制动盘安装的形式主要可分为两种类型，包括将制动盘安装在车轴上的轴盘式，以及将制动盘安装在车轮辐板两侧的轮盘式。

制动轴盘

**PPP：**PPP 模式即政府和社会资本合作模式，是公共建设的开发模式之一，通常是由政府部门与私营企业合作提供公共建设的建设与服务，在实现公共建设功能的同时，也为私营企业带来收益。这种模式由于私营企业分担了政府部门的初期投入，可以减少政府的负债，因而在世界各地广泛应用。

## Q

**气密性：**物体移动的快慢是与空气压力波的大小成正比，也就是说物体移动的速度越快，它所产生的空气压力波也就越大，高速列车行驶时会产生巨大的空气压力波，特别是列车进出隧道因为这种压力波会使空气产生压强差，引发乘客耳膜压迫感等不适。因此高速列车要尽可能地做到密闭，这种对于密闭性能的特殊技术要求，在空气动力学中被称作气密性。

**牵引电机：**机车或动车组列车上用于驱动动力轮对的电动机。

## S

**塞拉门：**塞拉门是一种平行于车厢壁平面，滑动开关的平拉式车门，其利用门内及门外气压差异和楔形门边设计得以紧密，具有密闭性好，隔音降噪等优点。塞拉门可分为外摆式和内藏式两种，其中外摆式塞拉门在打开的过程中先垂直于车厢壁向外移出一段距离，再平行移动滑开，摆置于车厢壁外侧；内藏式塞拉门则在垂直位置不做大的移动，打开后滑入车厢壁的空间中。

外摆车式塞拉门

**三轨供电：**三轨供电又称第三轨供电，是电气化铁路的供电形式之一。通过在列车行走的两条路轨以外再平行铺设一条导电轨，由运行的列车上安装集电装置接触导电轨并滑行来获取电力。三轨供电投资省，但安全性差、供电电压低、能耗磨耗大，除早期电气化铁路外在常规铁路应用很少，常用于地铁等城市轨道交通。

英国 Class 395 是目前世界上唯一兼容三轨供电的高速列车

**市域铁路：**位于中心城区与其他组团间、组团式城镇之间或大中城市具有同城化需求的城镇间，服务通勤、通学、通商等规律性客流，设计速度 100~160km/h，快速、高密度、公交化的客运专线铁路。

**受电弓：**受电弓是动车组列车用于从接触网取得电力的设备，通常安装于车顶，因从侧面看好像是张开的弓而名。

CR400AF 的单臂式受电弓

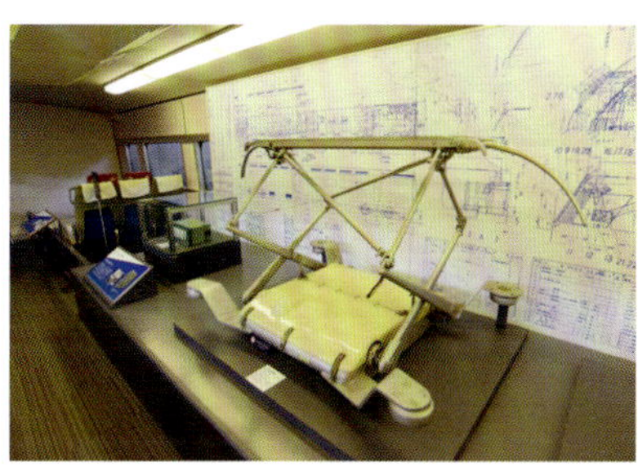

新干线 0 系的菱形受电弓

**SNCF：**SNCF 是法国国家铁路公司（Société nationale des chemins de fer français，SNCF）的法语名称缩写。SNCF 是法国最大的国营公司之一，也是欧盟区内仅次于德国铁路（DBAG）的第二大铁路公司。从 2020 年 1 月 1 日起，公司法律地位由国营公立工商业机构改组为股份有限公司。

SNCF 法国国家铁路公司标识

**隧道断面：**隧道断面指隧道的横截面。相同条件下，洞口部分的隧道断面面积越大，隧道微气压波造成的影响就越小。

**隧道微气压波：**当高速列车通过隧道时，对洞内的空气形成压缩，这种压缩以压缩波的形式在隧道内传播，当压缩波传播到隧道出口时，大部分能量以膨胀波的形式向隧道内反射回去，造成隧道内压力波动，影响乘车舒适度，同时也向外辐射出产生巨大声响的声波。这种冲出隧道口的压缩波就被称为微气压波。

## T

**踏面制动：**踏面制动是铁路机车车辆常用的制动方式之一，它依靠压缩空气或者大气压力的作用，通过制动气缸中的活塞推动闸瓦，使闸瓦紧压滚动的车轮踏面而产生摩擦制动力。踏面制动的效率较低，且对列车车轮和轨道的磨损较大，因此除早期型号外，高速动车组列车已较少应用。

**套跑：**指列车在完成一趟主要的运输班次后，在至下一趟主要运输班次发车前的间隙时间中，完成中短途或辅助的运输班次这样一种列车运行模式。

**TBL：**TBL 是阿尔斯通公司生产的一套以数据传输为基础的铁路信号系统，比利时铁路采用的最为广泛。其中 TBL、TBL 1+ 和 TBL 2 三种等级比照 ETCS-1，TBL 3 等级比照 ETCS-2。

**体悬式牵引电机：**体悬式牵引电机是动车组牵引电机安装模式的一种，其特点是将牵引电机安装在车体底架上，通过传动设备驱动车轮。其优点是可以降低转向架的簧下质量，降低轮轨作用力；缺点是传动设备较为复杂。

**统型 / 统型车 / 统型布局：**为解决动车组旅客界面及定员不同等带来问题，2013 年起中国铁路对不同型号动车组旅客界面统一设计，统一定员和座椅布局，方便列车临时更换等情况下旅客换车。虽然列车型号没有改变，但习惯将统一旅客界面的新批次列车称为“统型车”。

**头型：**头型是列车车头外形结构的简称。动车组头型须具备好的空气动力学性能，以降低空气阻力、气流升力、会车时的交会压力波、侧风带来的侧向力等不利影响，良好的可加工性和美学特征也是头型设计中需要综合考虑的因素。

**TVM：**TVM 是阿尔斯通为法国 TGV 高速铁路生产的信号系统，其特点是以轨道电路为基础实现地面与车辆的信息传输。

## U

**UIC：**UIC 是国际铁路联盟（Union Internationale des Chemins de Fer，UIC）的法语名称缩写。其重要工作之一就是制定铁路活动各个方面，包括机车车辆限界在内的诸多国际标准和规范。

UIC 国际铁路联盟标识

## W

**万向轴传动：**万向轴传动是指电动机不直接驱动车轴，而是通过一根可伸缩的万向轴将转矩传递给车轴齿轮箱，进而驱动轮对转动的传动方式。

**网运分离：**网运分离是铁路运营的一种模式，其核心是将铁路网基础设施的所有权与客货运输的经营权分开。该模式下，路网管理机构专职负责铁路的基础设施的建设和维护，运输企业则通过向路网管理方支付线路使用费的方式完成日常运营，二者相互独立，可开放市场并引入竞争。

**尾车升力：**动车组列车在高速运行时，气流会在车尾带来一个向上的抬升力，如果这个力过大会危害行车安全。因此良好的列车外形设计要引导气流在车尾产生向下的压力，保证列车在轨道上安全的贴地运行。

**微正压：**微正压是指车厢或设备舱室的气压比外界空间的气压微高的设计，以此避免车外沙尘等污物通过缝隙进入车厢或设备舱室。

## X

**线间距：**线间距是指两组铁路轨道中心线间的距离。复线铁路线间距越大，列车交会时相互空气作用力的影响越小，高速行车的安全性和稳定性越佳。

**信号系统：**高速铁路信号系统主要是指高速铁路列车运行控制系统，包括调度集中控制系统、列车控制系统等多个子系统，以及相应各种设备等。高速铁路信号系统是整个高速铁路系统中确保高铁列车安全、高效运行的重要组成部分，也是高铁领域的核心技术之一。

## Y

**液压减振器：**液压减振器作用时，液压油通过节流孔产生粘滞阻尼力，耗减能量，使部件间的振动得到衰减。高速动车组转向架上装用的轴箱减振器、二系横向减振器、二系垂向减振器、抗蛇行减振器和车间减振器均为液压减振器。

**液压倾摆机构：**摆式列车中用于使车体主动倾斜的装置，其原理是利用传感器检测向心力的大小，然后通过液压系统使车体主动倾斜，从而得以快速通过曲线区段。

**永磁电机：**永磁电机是指一种转子用永久磁铁代替绕线的电动机，其优点是电机体积小、重量轻，且相同条件下拥有更高的效率。

**原型车：**原型车是指在列车的研发设计中，用以借鉴或者模仿的原车型。亦指某个国家或地区在引进列车时，出口国自用的同型号或者作为出口改进基础型号的动车组车型。

# Z

**再生制动：** 再生制动是电力机车和动车组的制动方式之一，是一种利用电机可逆性，在制动时将牵引电机切换为发电机，将列车动能转化为电能并反馈给牵引供电系统而实现列车减速的制动方式。与机械制动相比，再生制动不产生物理磨耗，反馈电能还可再次利用，因此更加高效环保。

**斩波器：** 斩波器是一种转换电能的电路装置，能够将电压值固定的电能，转换为电压值可变的电能，是动车组直流牵引电机系统中的核心部件之一。

**折页门：** 折页门是一种相对传统的铁路车辆所用车门类型，门扇绕门轴打开后，与车厢壁平面呈一定角度，结构简单，造价低。但由于气密性较差且须人工操作，现代高速列车中已较少使用。

英国 IC125 车厢使用的折页门

**整车功率：** 全列车所有牵引电机的功率之和。

**直流牵引电机：** 依靠直流电驱动的牵引电机，其优点是在控速方面比较简单，只须控制电压大小即可控制转速，缺点是通常功率较小，且存在电刷等磨耗件而维修工作量较大。

**轴重：** 轴重也称轴负荷，是指车辆每条轮对施加给轨道的作用力。列车轴重越大，高速运行时列车对线路的冲击和损耗也越大。

**主动悬挂系统：** 悬挂系统是转向架中由弹性元件和减振元件来支承车辆簧上部分及其载荷的装置，主要用于缓和并衰减车辆在运动中的振动与冲击，并保证和改善车辆的运行品质。主动悬挂系统亦称为有源悬挂系统，依靠附加的能源提供能量，根据车辆在轨道上的运行状态实时地主动改变悬挂特性，使车辆在各种线路激扰作用下保持最优的动力学性能。

高速动车组转向架

**转向架：** 转向架是铁路车辆的核心部件之一。形象地说，转向架就是将两条或多条轮对，用专门的结构连接起来，形成的一个“小车”。转向架具有承载、导向和减振等作用。

**自然摆：** 摆式列车摆动车身的一种方式，其原理是依靠离心力和重力的作用，使车体绕摆心转动，而并不依靠其他外部能源来推动车体摆动，又称被动摆式。

**最高试验速度：** 最高试验速度是指列车在试验情况下的极值速度，为冲击最高速度，很多时候会使用改装甚至专门设计的列车，甚至建设专门的试验线路。

**最高运营速度：** 最高运营速度是指正常商业营运编组列车，在运用中允许达到的最高速度。列车在这一速度下运行，能够确保安全并具有良好的运行平稳性。

中国复兴号动车组以 350km/h 的最高速度成为世界商业运行速度最快的轮轨高速列车

附录和附表②

# 高速列车技术参数表

注①：供电制式 A：交流 25kV 50Hz；B：交流 25kV 60Hz；C：交流 20kV 50Hz；D：交流 15kV 16.7Hz；E：直流 1.5kV；F：直流 3kV；G：直流 750V； H：交流 12kV 25Hz；I：交流 12kV 60Hz；
注②：生产数量截至 2019 年 12 月 31 日。

## 中国高速动车组主要技术参数

| 车型 | 运营速度(km/h) | 编组形式 | 车体材质 | 整车功率(kW) | 核心元件 | 车体宽度(mm) | 列车总长(m) | 供电制式 | 定员(人) | 生产数量(列) | 投入运营时间 |
|---|---|---|---|---|---|---|---|---|---|---|---|
| CR400AF | 350 | 4M4T | 铝合金 | 9750 | IGBT | 3360 | 209 | A | 576 | 152 | 2017 年 |
| CR400AF-A | 350 | 8M8T | 铝合金 | 19500 | IGBT | 3360 | 414 | A | 1193 | 56 | 2018 年 |
| CR400AF-B | 350 | 8M9T | 铝合金 | 19500 | IGBT | 3360 | 439.8 | A | 1283 | 8 | 2019 年 |
| CR400BF | 350 | 4M4T | 铝合金 | 10140 | IGBT | 3360 | 209 | A | 576 | 143 | 2017 年 |
| CR400BF-A | 350 | 8M8T | 铝合金 | 20280 | IGBT | 3360 | 414.3 | A | 1193 | 55 | 2018 年 |
| CR400BF-B | 350 | 8M9T | 铝合金 | 20280 | IGBT | 3360 | 439.9 | A | 1283 | 14 | 2019 年 |
| CR400BF-C | 350 | 4M4T | 铝合金 | 10140 | IGBT | 3360 | 211.31 | A | 561~576 | 3 | 2019 年 |
| CR400BF-G | 350 | 4M4T | 铝合金 | 10140 | IGBT | 3360 | 209 | A | 576 | 30 | 2019 年 |
| CRH1A | 200~250 | 5M3T | 不锈钢 | 5300 | IGBT | 3328 | 213.5 | A | 611~668 | 128 | 2007 年 |
| CRH1A-A | 250 | 5M3T | 铝合金 | 5300 | IGBT | 3358 | 207.9 | A | 588~613 | 87 | 2016 年 |
| CRH1B | 250 | 10M6T | 不锈钢 | 10600 | IGBT | 3328 | 426.3 | A | 1299 | 20 | 2009 年 |
| CRH1B（1E 头型） | 250 | 10M6T | 不锈钢 | 10600 | IGBT | 3328 | 428.9 | A | 1299 | 5 | 2010 年 |
| CRH1E | 250 | 10M6T | 不锈钢 | 10600 | IGBT | 3328 | 428.9 | A | 618~642 | 15 | 2009 年 |
| 新 CRH1E | 250 | 10M6T | 铝合金 | 10600 | IGBT | 3358 | 413.1 | A | 642 | 5 | 2016 年 |
| CRH2A | 250 | 4M4T | 铝合金 | 4800 | IGBT | 3380 | 201.4 | A | 610 | 120 | 2007 年 |
| CRH2A 统型 | 250 | 4M4T | 铝合金 | 5152 | IGBT | 3380 | 201.4 | A | 613 | 371 | 2013 年 |
| CRH2B | 250 | 8M8T | 铝合金 | 9600 | IGBT | 3380 | 401.4 | A | 1230 | 27 | 2008 年 |
| CRH2C 一阶段 | 300 | 6M2T | 铝合金 | 7200 | IGBT | 3380 | 201.4 | A | 610 | 30 | 2008 年 |
| CRH2C 二阶段 | 300 | 6M2T | 铝合金 | 8760 | IGBT | 3380 | 201.4 | A | 610 | 30 | 2010 年 |
| CRH2E | 250 | 8M8T | 铝合金 | 9600 | IGBT | 3380 | 401.4 | A | 630 | 20 | 2008 年 |
| 新 CRH2E | 250 | 8M8T | 铝合金 | 10304 | IGBT | 3300 | 401.4 | A | 642 | 2 | 2016 年 |
| 纵列式 CRH2E | 250 | 8M8T | 铝合金 | 10304 | IGBT | 3300 | 412.8 | A | 880 | 3 | 2017 年 |
| CRH2G | 250 | 4M4T | 铝合金 | 4800 | IGBT | 3300 | 201.4 | A | 613 | 29 | 2015 年 |

| | | | | | | | | | | | |
|---|---|---|---|---|---|---|---|---|---|---|---|
| CRH3A | 250 | 4M4T | 铝合金 | 5500 | IGBT | 3300 | 209.75 | A | 613 | 61 | 2017 年 |
| CRH3C | 300 | 4M4T | 铝合金 | 8800 | IGBT | 3257 | 200.67 | A | 556 | 80 | 2008 年 |
| CRH5A | 250 | 5M3T | 铝合金 | 5500 | IGBT | 3200 | 211.5 | A | 586~622 | 140 | 2007 年 |
| CRH5G | 250 | 5M3T | 铝合金 | 5500 | IGBT | 3200 | 211.5 | A | 613 | 72 | 2014 年 |
| CRH5G 技术提升 | 250 | 5M3T | 铝合金 | 5500 | IGBT | 3300 | 211.5 | A | 613 | 12 | 2017 年 |
| CRH5E | 250 | 10M6T | 铝合金 | 11000 | IGBT | 3300 | 418.3 | A | 642 | 2 | 2019 年 |
| CRH6A | 200 | 4M4T | 铝合金 | 5520 | IGBT | 3300 | 201.4 | A | 477~613 | 72 | 2016 年 |
| CRH6A-A | 200 | 2M2T | 铝合金 | 2400 | IGBT | 3300 | 101.4 | A | 248 | 10 | 2018 年 |
| CRH380A | 300 | 6M2T | 铝合金 | 9600 | IGBT | 3380 | 203 | A | 480~556 | 319 | 2010 年 |
| CRH380AL | 300 | 14M2T | 铝合金 | 21560 | IGBT | 3380 | 403 | A | 1028~1061 | 113 | 2011 年 |
| CRH380BL | 300 | 8M8T | 铝合金 | 18400 | IGBT | 3257 | 399.27 | A | 1005~1015 | 149 | 2011 年 |
| CRH380BG | 300 | 4M4T | 铝合金 | 9200 | IGBT | 3257 | 200.67 | A | 551 | 66 | 2012 年 |
| CRH380BG 统型 | 300 | 4M4T | 铝合金 | 9200 | IGBT | 3257 | 202.95 | A | 556 | 91 | 2013 年 |
| CRH380B | 300 | 4M4T | 铝合金 | 9200 | IGBT | 3257 | 202.95 | A | 556 | 353 | 2013 年 |
| CRH380CL | 300 | 8M8T | 铝合金 | 19200 | IGBT | 3257 | 400.47 | A | 1015 | 25 | 2013 年 |
| CRH380D | 300 | 4M4T | 铝合金 | 10080 | IGBT | 3358 | 215.3 | A | 554~556 | 85 | 2015 年 |
| 动感号 CRH380A | 300 | 6M2T | 铝合金 | 9600 | IGBT | 3380 | 203 | A | 579 | 9 | 2018 年 |
| 台湾高铁 700T | 300 | 9M3T | 铝合金 | 10260 | IGBT | 3380 | 304.7 | B | 989 | 34 | 2007 年 |

## 日本新干线主要技术参数

注：表格中部分车型只列出最大或最常见编组技术数据。

| 车型 | 运营速度（km/h） | 编组形式 | 车体材质 | 整车功率（kW） | 核心元件 | 车体宽度（mm） | 列车总长（m） | 供电制式 | 定员（人） | 生产数量（列） | 投入运营时间 |
|---|---|---|---|---|---|---|---|---|---|---|---|
| 0 系 | 210~220 | 16M | 耐候钢 | 11840 | 二极管 | 3380 | 400.3 | B | 307~1401 | >200 | 1964 年 |
| 100 系 | 220~230 | 12M4T | 耐候钢 | 11040 | 晶闸管 | 3380 | 402.1 | B | 1321 | 66 | 1985 年 |
| 300 系 | 270 | 10M6T | 铝合金 | 12000 | GTO | 3380 | 402.1 | B | 1323 | 70 | 1992 年 |
| 500 系 | 300 | 16M | 铝合金 | 17600 | GTO | 3380 | 404 | B | 1324 | 9 | 1997 年 |
| 500 系 7000 番台 | 285 | 8M | 铝合金 | 8800 | GTO | 3380 | 204 | B | 608 | 8 | 2008 年 |
| 700 系 | 285 | 12M4T | 铝合金 | 13200 | IGBT | 3380 | 404.7 | B | 1323 | 75 | 1999 年 |
| 700 系 7000 番台 | 285 | 6M2T | 铝合金 | 6600 | IGBT | 3380 | 204.7 | B | 571 | 16 | 2000 年 |

| 车型 | 运营速度 (km/h) | 编组形式 | 车体材质 | 整车功率 (kW) | 核心元件 | 车体宽度 (mm) | 列车总长 (m) | 供电制式 | 定员 (人) | 生产数量 (列) | 投入运营时间 |
|---|---|---|---|---|---|---|---|---|---|---|---|
| 800 系 | 260 | 6M | 铝合金 | 6600 | IGBT | 3380 | 154.7 | B | 384~392 | 9 | 2004 年 |
| N700 系 | 300 | 14M2T | 铝合金 | 17080 | IGBT | 3360 | 404.7 | B | 1323 | 160 | 2007 年 |
| N700 系 7000 番台 | 300 | 8M | 铝合金 | 9760 | IGBT | 3360 | 204.7 | B | 546 | 30 | 2011 年 |
| 200 系 | 210~275 | 14M2T | 铝合金 | 12880 | 晶闸管 | 3380 | 400.3 | A | 577~1235 | >50 | 1982 年 |
| 400 系 | 240 | 6M1T | 耐候钢 | 5040 | 晶闸管 | 2947 | 148.2 | AC | 399 | 12 | 1992 年 |
| E1 系 | 240 | 6M6T | 耐候钢 | 9840 | GTO | 3380 | 302.1 | A | 1235 | 6 | 1994 年 |
| E2 系 | 260~275 | 6M2T | 铝合金 | 7200 | GTO | 3380 | 201.4 | AB | 630 | 28 | 1997 年 |
| E2 系 1000 番台 | 275 | 8M2T | 铝合金 | 9600 | IGBT | 3380 | 251.4 | A | 814 | 25 | 2002 年 |
| E3 系 | 275 | 4M2T | 铝合金 | 4800 | GTO/IGBT | 2950 | 128.1 | AC | 338 | 26 | 1997 年 |
| E3 系 1000 番台 | 275 | 5M2T | 铝合金 | 6000 | GTO | 2950 | 148.6 | AC | 402 | 5 | 1999 年 |
| E3 系 2000 番台 | 275 | 5M2T | 铝合金 | 6000 | IGBT | 2950 | 148.6 | AC | 394 | 12 | 2008 年 |
| E4 系 | 240 | 4M4T | 铝合金 | 6720 | IGBT | 3380 | 201.4 | A | 817 | 26 | 1997 年 |
| E5/H5 系 | 320 | 8M2T | 铝合金 | 9600 | IGBT | 3350 | 253 | A | 731 | 47 | 2011 年 |
| E6 系 | 320 | 5M2T | 铝合金 | 6000 | IGBT | 2945 | 148.65 | AC | 332 | 24 | 2013 年 |
| E7/W7 系 | 260 | 10M2T | 铝合金 | 12000 | IGBT | 3380 | 302 | AB | 924 | 36 | 2014 年 |

## 韩国 KTX 高速列车主要技术参数

| 车型 | 运营速度 (km/h) | 编组形式 | 车体材质 | 整车功率 (kW) | 核心元件 | 车体宽度 (mm) | 列车总长 (m) | 供电制式 | 定员 (人) | 生产数量 (列) | 投入运营时间 |
|---|---|---|---|---|---|---|---|---|---|---|---|
| KTX-1 | 305 | 2L18T | 耐候钢 | 13560 | GTO | 2904 | 388.1 | B | 935 | 46 | 2004 年 |
| KTX- 山川 | 300 | 2L8T | 铝合金 | 8800 | IGBT | 2970 | 238.6 | B | 363~410 | 39 | 2010 年 |
| SRT | 300 | 2L8T | 铝合金 | 8800 | IGBT | 2970 | 238.6 | B | 410 | 32 | 2016 年 |

## 法国 TGV 和 Eurostar 高速列车主要技术参数

| 车型 | 运营速度 (km/h) | 编组形式 | 车体材质 | 整车功率 (kW) | 核心元件 | 牵引电机 | 车体宽度 (mm) | 列车总长 (m) | 供电制式 | 定员 (人) | 生产数量 (列) | 投入运营时间 |
|---|---|---|---|---|---|---|---|---|---|---|---|---|
| TGV-PSE | 300 | 2L8T | 耐候钢 | 6450 | 晶闸管 | 直流 | 2814 | 200.1 | ADE | 368 | 110 | 1981 年 |

| 车型 | 运营速度（km/h） | 编组形式 | 车体材质 | 整车功率（kW） | 核心元件 | 牵引电机 | 车体宽度（mm） | 列车总长（m） | 供电制式 | 定员（人） | 生产数量（列） | 投入运营时间 |
|---|---|---|---|---|---|---|---|---|---|---|---|---|
| TGV-A | 320 | 2L10T | 耐候钢 | 8800 | GTO | 交流同步 | 2904 | 237.6 | AE | 485 | 105 | 1989 年 |
| TGV-R | 320 | 2L8T | 耐候钢 | 8800 | GTO | 交流同步 | 2904 | 200.2 | AEF | 361-377 | 80 | 1992 年 |
| TGV-D | 320 | 2L8T | 铝合金 | 8800 | GTO | 交流同步 | 2904 | 200.2 | AE | 510 | 89 | 1996 年 |
| TGV- Dasye | 320 | 2L8T | 铝合金 | 9280 | IGBT | 交流异步 | 2904 | 200.2 | AE | 510 | 50 | 2008 年 |
| TGV-POS | 320 | 2L8T | 耐候钢 | 9280 | IGBT | 交流异步 | 2904 | 200.2 | ADE | 361~377 | 19 | 2007 年 |
| TGV-Euroduplex | 320 | 2L8T | 铝合金 | 9280 | IGBT | 交流异步 | 2904 | 200.2 | ADE | 510~556 | 110 | 2011 年 |
| Thalys PBA | 300 | 2L8T | 耐候钢 | 8800 | GTO | 交流同步 | 2904 | 200.2 | AEF | 361~377 | 10 | 1996 年 |
| Thalys PBKA | 300 | 2L8T | 耐候钢 | 8800 | GTO | 交流同步 | 2904 | 200.2 | ADEF | 361~377 | 17 | 1997 年 |
| Eurostar E300 | 300 | 2L18T<br>2L14T | 耐候钢 | 12240 | GTO | 交流异步 | 2814 | 387 | AEFG | 750 | 38 | 1994 年 |
| Eurostar E320 | 320 | 8M8T | 铝合金 | 16000 | IGBT | 交流异步 | 2950 | 390.2 | AEF | 900 | 17 | 2015 年 |

## 德国 ICE 高速列车主要技术参数

| 车型 | 运营速度（km/h） | 编组形式 | 车体材质 | 整车功率（kW） | 核心元件 | 车体宽度（mm） | 列车总长（m） | 供电制式 | 定员（人） | 生产数量（列） | 投入运营时间 |
|---|---|---|---|---|---|---|---|---|---|---|---|
| ICE1 | 280 | 2L12T | 铝合金 | 9600 | GTO | 3020 | 358 | D | 703 | 60 | 1991 年 |
| ICE2 | 280 | 1L7T | 铝合金 | 4800 | GTO | 3020 | 205.4 | D | 368~391 | 44 | 1996 年 |
| ICE3-403 | 300 | 4M4T | 铝合金 | 3000 | GTO | 2950 | 200.8 | D | 441 | 50 | 2000 年 |
| ICE3-406 | 320 | 4M4T | 铝合金 | 3000 | GTO | 2950 | 200.8 | ADEF | 431 | 17 | 1999 年 |
| ICE3-407 | 320 | 4M4T | 铝合金 | 3000 | IGBT | 2924 | 200.7 | ADEF | 460 | 17 | 2013 年 |
| ICE4 | 250（12 编组）<br>230（7 编组） | 6M6T<br>3M4T | 不锈钢 | 9000（12 编组）<br>4950（7 编组） | IGBT | 2852 | 202<br>345.7 | D | 456~830 | >20 | 2013 年 |
| ICE-T | 230 | 4M3T<br>3M2T | 铝合金 | 4000（7 编组）<br>3000（5 编组） | GTO | 2850 | 184.4<br>132.6 | D | 250~369 | 71 | 1999 年 |
| ICE-TD | 200 | 4M0T | 铝合金 | 2240 | - | 2842 | 106.7 | 内燃 | 195 | 20 | 2001 年 |

## 意大利高速列车主要技术参数

| 车型 | 运营速度(km/h) | 编组形式 | 车体材质 | 整车功率(kW) | 核心元件 | 车体宽度(mm) | 列车总长(m) | 供电制式 | 定员(人) | 生产数量(列) | 投入运营时间 |
|---|---|---|---|---|---|---|---|---|---|---|---|
| ETR450 | 250 | 8M1T | 铝合金 | 5008 | 晶闸管 | 2750 | 233.9 | F | 390 | 15 | 1988 年 |
| ETR460 | 250 | 6M3T | 铝合金 | 5880 | GTO | 2800 | 236.6 | F | 480 | 10 | 1994 年 |
| ETR470 | 200 | 6M3T | 铝合金 | 5880 | GTO | 2800 | 236.6 | DF | 475 | 9 | 1997 年 |
| ETR480/485 | 250 | 6M3T | 铝合金 | 5880 | GTO | 2800 | 236.6 | AF | 489 | 15 | 1997 年 |
| ETR500 | 300 | 2L11T | 铝合金 | 8800 | GTO | 2860 | 327.6 | AF | 574 | 60 | 1992 年 |
| ETR600 | 250 | 4M3T | 铝合金 | 5500 | IGBT | 2830 | 187.4 | AF | 432 | 12 | 2008 年 |
| ETR610/RABe 503 | 250 | 4M3T | 铝合金 | 5500 | IGBT | 2830 | 187.4 | ADF | 422~430 | 26 | 2009 年 |
| Frecciarossa1000 | 300 | 4M4T | 铝合金 | 9800 | IGBT | 2924 | 202 | AEF | 457 | 50 | 2015 年 |
| AGV/ETR575 | 300 | 5M7T(转向架数量) | 铝合金 | 7600 | IGBT | 3000 | 201 | AF | 450 | 25 | 2012 年 |
| ETR675 | 250 | 4M3T | 铝合金 | 5500 | IGBT | 2830 | 187 | AF | 479 | 22 | 2017 年 |

## 西班牙高速列车主要技术参数

| 车型 | 运营速度(km/h) | 编组形式 | 轨距(mm) | 整车功率(kW) | 核心元件 | 车体宽度(mm) | 列车总长(m) | 供电制式 | 定员(人) | 生产数量(列) | 投入运营时间 |
|---|---|---|---|---|---|---|---|---|---|---|---|
| AVE S100 | 300 | 2L8T | 1435 | 8800 | GTO | 2904 | 200.15 | AEF | 329 | 24 | 1992 年 |
| AVE S102/S112 | 310 | 2L12T | 1435 | 8000 | IGBT | 2942 | 200 | A | 316/365 | 46 | 2005 年 |
| AVE S103 | 310 | 4M4T | 1435 | 8800 | GTO | 2950 | 200.32 | A | 404 | 26 | 2007 年 |
| Alaris S490 | 200 | 2M1T | 1668 | 2040 | GTO | 2920 | 79.4 | F | 160 | 10 | 1999 年 |
| Avant S104 | 250 | 4M | 1435 | 4400 | GTO | 2920 | 107.1 | A | 237 | 20 | 2004 年 |
| Avant S114 | 250 | 4M | 1435 | 4000 | IGBT | 2920 | 107.9 | A | 236 | 13 | 2009 年 |
| Alvia S120 | 250 | 4M | 1435/1668 | 4000 | IGBT | 2920 | 107 | AF | 237 | 28 | 2005 年 |
| Alvia S121 | 250 | 4M | 1435/1668 | 4000 | IGBT | 2920 | 107 | AF | 281 | 29 | 2008 年 |
| Alvia S130 | 250 | 2L11T | 1435/1668 | 4800 | IGBT | 2960 | 184.16 | AF | 299 | 30 | 2007 年 |
| Alvia S730 | 250 | 4L9T | 1435/1668 | 4800 | IGBT | 2960 | 185.65 | AF 内燃 | 265 | 15 | 2012 年 |

## 英国高速动车组主要技术参数

| 车型 | 运营速度（km/h） | 动力形式 | 编组形式 | 整车功率（kW） | 车体宽度（mm） | 列车总长（m） | 供电制式 | 定员（人） | 生产数量（列） | 投入运营时间 |
|---|---|---|---|---|---|---|---|---|---|---|
| IC125 | 200 | 内燃集中 | 2L4T-2L9T | 3360/4020 | 2740 | 220 | 内燃 | 315~553 | 98 | 1976 年 |
| IC225 | 200 | 电力集中 | 1L10T | 4830 | 2740 | 226 | A | 535 | 31 | 1989 年 |
| Class 390 | 200 | 电力分散 | 6M3T/7M4T | 5100/5950 | 2730 | 217 | A | 469~589 | 57 | 2002 年 |
| Class 180 | 200 | 内燃分散 | 5M | 2800 | 2730 | 116.5 | 内燃 | 268 | 14 | 2001 年 |
| Class 220 | 200 | 内燃分散 | 4M | 2240 | 2730 | 93.3 | 内燃 | 200 | 34 | 2001 年 |
| Class 221 | 200 | 内燃分散 | 4M/5M | 2240/2800 | 2730 | 116.2（5 辆） | 内燃 | 202~262 | 44 | 2002 年 |
| Class 222 | 200 | 内燃分散 | 4M/5M/7M | 2240/2800/3920 | 2730 | 161.8（7 辆） | 内燃 | 181~342 | 27 | 2004 年 |
| Class 395 | 225 | 电力分散 | 4M2T | 3360 | 2810 | 121.8 | AG | 352 | 29 | 2009 年 |
| Class 800 | 200 | 内电分散 | 3M2T/5M4T | 2712/4520 | 2700 | 130/234 | A | 302~651 | 80 | 2017 年 |
| Class 801 | 200 | 电力分散 | 3M2T/5M4T | 2712/4520 | 2700 | 130/234 | A | 302~611 | 42 | 2019 年 |
| Class 802 | 200 | 内电分散 | 3M2T/5M4T | 2712/4520 | 2700 | 130/234 | A | 326~651 | 60 | 2017 年 |

## 北欧地区高速列车主要技术参数

| 车型 | 运营速度（km/h） | 编组形式 | 车体材质 | 整车功率（kW） | 车体宽度（mm） | 列车总长（m） | 供电制式 | 定员（人） | 生产数量（列） | 投入运营时间 |
|---|---|---|---|---|---|---|---|---|---|---|
| X2 | 200 | 1M6T | 不锈钢 | 3260 | 3050 | 165 | AD | 309 | 44 | 1990 年 |
| X3 | 200 | 2M2T | 铝合金 | 2240 | 3063 | 93.4 | D | 190~228 | 7 | 1999 年 |
| Regina | 200 | 2M/2M1T/3M1T | 不锈钢 | 1590/2120/3180 | 3450 | 107(4 辆) | D | 141~304 | >90 | 2001 年 |
| X40 | 200 | 2M/3M | 碳素钢 | 1600/2400 | 2960 | 55.1/81.5 | D | 151~246 | 43 | 2005 年 |
| BM71 | 210 | 3M/3M1T | 不锈钢 | 2646 | 3048 | 82/108.5 | D | 168~244 | 16 | 1998 年 |
| BM73 | 210 | 3M1T | 不锈钢 | 2646 | 3048 | 108.5 | D | 207~250 | 22 | 1999 年 |
| BM74/75 | 200 | 3M2T | 铝合金 | 3000 | 3200 | 105.5 | D | 240~295 | 125 | 2012 年 |
| SM3 | 220 | 4M2T | 铝合金 | 4000 | 3200 | 158.9 | A | 308 | 18 | 1995 年 |
| SM6 | 220 | 4M3T | 铝合金 | 5500 | 3200 | 184.8 | AF | 352 | 4 | 2010 年 |
| IC4 | 200 | 4M | 铝合金 | 2240 | 3150 | 86.5 | 内燃 | 204 | 82+1 | 2007 年 |

## 世界其他地区高速列车主要技术参数

| 车型 | 运营速度(km/h) | 编组形式 | 轨距 | 整车功率(kW) | 车体宽度(mm) | 列车总长(m) | 供电制式 | 定员(人) | 生产数量(列) | 投入运营时间 | 国家 |
|---|---|---|---|---|---|---|---|---|---|---|---|
| RABDe500/ICN | 200 | 4M3T | 1435 | 5200 | 2830 | 188.8 | D | 477 | 44 | 2000 年 | 瑞士 |
| Railjet | 230 | 1L7T | 1435 | 6400 | 2825 | 204.8 | ADEF | 408~432 | 67 | 2008 年 | 奥地利 |
| Alfa Pendular | 220 | 4M3T | 1668 | 4080 | 2920 | 158.9 | A | 299 | 10 | 1999 年 | 葡萄牙 |
| ED250 | 250 | 4M3T | 1435 | 5664 | 2830 | 187.4 | ADF | 402 | 20 | 2014 年 | 波兰 |
| Sapsan | 250 | 4M6T | 1520 | 8000 | 3265 | 250.3 | AF | 604 | 16 | 2009 年 | 俄罗斯 |
| ČD Class680 | 230 | 4M3T | 1435 | 3920 | 2800 | 184.4 | ADF | 331 | 7 | 2005 年 | 捷克 |
| SŽ series310/ICS | 200 | 2M1T | 1435 | 1960 | 2800 | 81.2 | F | 164 | 3 | 2000 年 | 斯洛文尼亚 |
| Acela Express | 240 | 2L6T | 1435 | 9200 | 3175 | 203 | BHI | 304 | 20 | 2000 年 | 美国 |
| HT65000 | 250 | 4M2T | 1435 | 4800 | 2920 | 158.5 | A | 409 | 12 | 2009 年 | 土耳其 |
| HT80000 | 250 | 4M4T | 1435 | 8000 | 2924 | 200.7 | A | 460~519 | 17 | 2015 年 | 土耳其 |
| Afrosiyob | 230 | 2L9T/2L11T | 1520 | 4800 | 2960 | 184 | A | 218~290 | 4 | 2011 年 | 乌兹别克斯坦 |
| Al Boraq | 320 | 2L8T | 1435 | 9280 | 2904 | 200.2 | AF | 533 | 12 | 2018 年 | 摩洛哥 |

# 参考文献

**注：由于本书版面有限，所查询的论文资料甚多，在此仅列举主要资料，仅供参考。**


[1] 杨中平 . 新干线纵横谈——日本高速铁路技术（第二版）[M]. 北京 : 中国铁道出版社，2012.

[2] 杨中平 . 漫话高速列车（第二版）[M]. 北京 : 中国铁道出版社，2013.

[3] 钱立新 . 世界高速铁路技术 [M]. 北京 : 中国铁道出版社，2003.

[4] 张曙光 .CRH1 型动车组 [M]. 北京 : 中国铁道出版社，2008.

[5] 张曙光 .CRH2 型动车组 [M]. 北京 : 中国铁道出版社，2008.

[6] 张曙光 .CRH5 型动车组 [M]. 北京 : 中国铁道出版社，2008.

[7] 孙帮成 .CRH380BL 型动车组 [M]. 北京 : 中国铁道出版社，2014.

[8]《CRH380AL 型动车组》编委会 .CRH380AL 型动车组 [M]. 北京 : 中国铁道出版社，2014.

[9] 中国铁路总公司 . 快速发展的中国高速铁路 [M]. 北京 : 中国铁道出版社，2018.

[10] 罗一童 . 中国火车大图集 [M]. 北京 : 中国铁道出版社有限公司，2019.

[11] 苏昭旭 . 世界高速铁路百科（新修订第二版）[M]. 台北 : 人人出版，2016.

[12] 地球の歩き方 . 世界の高速列車 2[M]. 东京 : ダイヤモンド社，2012

[13] 結解喜幸 広部妥 佐藤信博 . 新幹線車両大全 [M]. 东京 : イカロス出版，2011.

[14] 新幹線 EX 編集部 . 新幹線車両大全（全面改訂版）[M]. イカロス出版，2018

[15] 原口隆行，井上広和 . 世界に誇るスーパートレイン :JR 新幹線·特急全車両大図鑑 [M]. 东京 : 世界文化社，2014.

[16]Thomas Estler.Fast Trains Worldwide[M].Schiffer Publishing, Ltd，2013.

[17]Murray Hughes.The second age of rail: A History of High-Speed Trains [M].The History Press，2015.

[18] 华光 . 动车组，新时代的亮点 [J]. 铁道知识，2007,(3):10-15.

[19] 北唐 . 时速 350 公里和谐号 CRH3 型动车组 [J]. 铁道知识，2008,(4):10-11.

[20] 窦新 . 和谐号 CRH2-300 动车组 [J]. 铁道知识，2008,(4):12-13.

[21] 李宁 . 和谐号 CRH380CL 型动车组 [J]. 铁道知识，2014,(1):32-37.

[22] 王学亮，窦新 . 和谐号 CRH6 型城际动车组 [J]. 铁道知识，2014,(4):28-33.

[23] 程建峰 .CRH2G 型高寒抗风沙动车组 [J]. 铁道知识，2016,(2) :30-37.

[24] 王开团，王志春 . CRH380D 型高速动车组 [J]. 铁道知识 ,2016,(3) :28-35.

[25] 胡亚东 . 坚持自主创新道路 积极推进中国标准动车组研制 [J]. 中国铁路，2014,(8) :1-5.

[26] 刘长青 . 京张高铁智能动车组关键技术研究与应用 [J]. 中国铁路，2019,(9) :9-13.

[27] 中国铁路总公司 . 动车组型号车组号、车种车辆号和席位号编制规则 :TG/CL297-0217.

# 后　记

我总觉得自己的人生，与高速铁路和高速列车有着不解之缘。

作为一个 80 后，我们这代人的青春记忆中，或多或少都有着一部名为《铁胆火车侠》的日本动画片。希望号、博士号、阳光队长、希望之光号，这些动画片中熟悉的角色成为很多孩子们对高铁与火车的最早启蒙。那时的我，也向往有朝一日能去日本亲眼看看动画片中的“老朋友”，体验一下风驰电掣的新干线高速列车。

2001 年 5 月，即将面临高考的我意外得知，北京农展馆即将举办国际铁路装备展。当时正值中国高速铁路事业的起步阶段，日本、德国、法国、瑞典，高速铁路行业的“世界列强”在展会现场一字排开，各个阵仗庞大，极力推销本国的技术和列车，力图在庞大的中国市场抢占先机。在那个互联网刚刚兴起，信息尚极为闭塞的时代，年轻的我还不了解那么多背景，只是通过展会现场琳琅满目的模型和精彩的视频图片，从感性上知道了“外面世界”的精彩与现代。其中，一本日本企业联合体展台赠送的新干线全彩宣传画册更是为我打开了一个新的世界——除了动力分散、交流传动这些新锐的铁道科技知识和 300km/h 这一当时世界高速列车最高运营速度外，画册中精彩的摄影作品也让我第一次感受到高速列车与众不同的艺术魅力。一次意外的展会之行，坚定了我报考铁路院校的决心；高速列车的先进科技与艺术魅力，也冥冥中影响了我人生的道路。

2001 年 9 月，我收拾行囊，远赴成都，开启了四年西南交通大学的求学生活。在这座中国铁路行业的殿堂级学府，图书馆丰富的藏书和国内外铁道期刊让我大开眼界。课程之余，我也开始拎起卡片相机，模仿着日本的铁道画册和杂志，尝试拍摄铁道与火车的精彩瞬间。当时的我，内心中无比期盼国外画册中充满科技感与艺术魅力的高速列车也能驰骋在中国大地。但这一期盼，当时看来似乎又那么遥远。其实一介学子的我并不知道，一场史无前例的大变革正在悄悄降临。

2004 年，在“引进先进技术、联合设计生产、打造中国品牌”的方针下，中国铁路装备现代化的进程全面开启。这一决定在当时非议极大，但对于期待中国铁路早日实现现代化的我来说却大喜过望。大学毕业后，立志成为铁路技术专家的我却阴差阳错，来到《铁道知识》杂志社成为了一名编辑，干起了铁路文化和科普的工作。虽然未能投身铁路科研与技术一线，但杂志社的工作不仅让我有机会拿起相机记录更多的铁路风景与变迁，更让我能够站在整个行业的高度观察中国铁路的发展。就有如 2007 年 4 月 18 日，中国铁路第六次大提速当日，现场记录第一列动车组驶入北京站的瞬间，令我至今记忆犹新。

2008 年 6 月，我人生中第一次走出国门，远赴欧洲，感受此前只能在书本中见到的欧洲铁路，探访 ICE、TGV 这些“熟悉的陌生人”。彼时，虽然中国铁路既有线动车组的最高运行速度已达 250km/h，但当我第一次感受 300km/h 的欧洲高速铁路时，依然感叹于速度缩短的时空距离。但历史的进程就是如此有趣，7 月归国，恰逢京津城际铁路开通前的试运行阶段，因工作需要，我在试验列车中一次次感受着 350km/h 疾驰的快感。回想一年前，中国铁路刚刚突破 200km/h 的速度大关；几周前，我才首次体验 300km/h 的轮轨高铁。转眼，中国却已拥有世界最高运行速度的高速列车，一跃而至世界之巅！在那个“疯狂”的年代，我记录了每一款新下线的动车组车型，跑遍了每一条新开通的高速铁路，用镜头和文字，挥洒着一个中国铁路人在高铁发展大背景下的骄傲与自豪。

2011 年，极速发展的中国铁路踩下了刹车。在刚刚兴起的微博上，我用自己的知识、见闻和摄影作品，极力抗争着各种对于中国铁路特别是中国高铁的口诛笔伐。但虽尽己所能，却杯水车薪，直至木然。失落之余，我开始踏访那些即将消失的老铁路，寄情于拍摄风光照片般的铁道风景。即便当时再行欧陆，也更愿在阿尔卑斯的千年冻顶或地中海的蔚蓝海岸寻找蜿蜒其间的铁道秀色，而少了之前对于速度和科技的向往。当时的我曾经想，一辈子做一个铁路摄影师，少些纷扰，踏踏实实拍遍全中国、全世界的铁道风景，也是一件幸事。2013 年，当我即将携新婚妻子赴欧洲度蜜月前，好友罗一童找到我并专门嘱托，让我在拍摄风景之余，务必拍摄一些高速列车的车厢内饰、技术细节和车身装饰。问起缘故，他说有朝一日，我们也许可以做一本介绍全世界高速列车的书呢！这些看似不起眼的资料图片到时候就能派上大用场了。全世界的高速列车？当时的我觉得这个说法太过“乌托邦”，一笑之后却也答应了下来，虽未太放心上，但还是在旅行中顺手记录了若干资料。

2014 年初，好友吕彪将在香港书店中购得的几本台湾 NGO 交通科学技术博物馆馆长苏昭旭先生所著的铁路科普书籍赠送于我。彼时，苏昭旭先生已走访数十个国家，著有十余本铁路科普图书。在书中，他反复提及以“建立台湾地区轨道交通工具书体系”为己任，用自己的知识与见闻传播铁道文化。苏先生的宏图大志，让我感动之余有了很多反思：海峡对岸的同仁有着立志传播铁路知识和文化的责任感，难道同样科班出身、从事了近 10 年铁路科普工作的我，未来只想成为一个闲云野鹤般的摄影师吗？我是否有可能，也能为中国的铁路文化留下些许沉淀，做些自己的贡献？同年，我第一次踏足日本，来到了高速铁路诞生的地方。在名古屋磁浮·铁道馆，站立于 0 系、100 系、300 系这些熟悉的“老朋友”面前，儿时《铁胆火车侠》的记忆，求学时一遍遍翻看日本宣传画册的场景都瞬间涌上心头。在微博上，我对馆中这些人类高速铁路发展历史功臣们的热情介绍，并未引来之前担心的狭隘民族主义的攻击，反而获得了大量网友的共鸣与称赞。而看着博物馆中琳琅满目的铁路书籍，深深的羡慕感涌上心头。以上种种，让我突然意识到，在这个高速铁路蓬勃发展的时代，在这个世界铁路大变迁的时代，我有能力也有义务，用我的努力，向更多的公众展示中国乃至世界铁路的魅力与价值，为铁路文化领域留下一些力所能及的积淀。

从日本回国后，在好友罗一童的支持下，我首先把之前踏访老铁路的见闻记录汇总成册，出版了自己的第一本书——《中国铁道风景线》，走出了自己实现目标的第一步。此时，中国高铁也早已走出阴霾，开始重新得到社会的认同与支持。2015 年，中国标准动车组下线。我曾想以此为契机，撰写一本《CRH 高速动车组图鉴》。但愈发繁忙的工作让这一计划一拖再拖，虽搜集和拍摄了部分资料，甚至粗排了样张，但只缓慢推进未见突破。2017 年后，中国高铁发展日新月异，但国内网络舆论却开始出现问题，类似“高铁是中国新四大发明”这样的“低级红”与“中国高铁只会剽窃没有自主技术”这样的“高级黑”充斥其中，误导了大量了普通公众。我尽自己所能通过微博等社交媒体解释澄清之余，也每每在心中发问：中国的高速铁路和高速列车技术，在世界范围到底处于什么样的地位？世界高速铁路的过去、现在和未来，到底是个什么样子？作为世界高速铁路里程、高速列车数量双双排名第一的中国，能给世界带来什么样的启示，又能从外面的世界得到什么样的启发？思前想后，我居然发现，可以把目光放得更远，在已有资料的基础上，做一本《世界高速列车图鉴》，用更为宏大的视角，去审视高速列车乃至整个高速铁路行业的发展，去寻找属于中国高铁的世界坐标。

我的头脑风暴得到了身边众人的极大支持。2017 年起，我开始了更加有针对性的资料收集。这一年，我先后到访中国台湾地区、美国、土耳其、西班牙、意大利、法国、英国、瑞典、挪威、芬兰、波兰等多个国家和地区，将高速列车作为考察重点。2018 年到 2019 年，我在将乌兹别克斯坦、摩洛哥和韩国资料收录完毕的同时，又三访欧洲，两渡东瀛，更新了大量资料，补充了最新信息。至 2019 年底，终于完成了除沙特阿拉伯外，全球所有拥有高速铁路国家和地区的实地考察。遗憾的是，由于新冠疫情，虽早已办好签证，但直到今日沙特阿拉伯高铁的考察依然未能成行，这也成为这本《世界高速列车图鉴》最大的遗憾。

除现场考察和资料拍摄外，《世界高速列车图鉴》一书的正文也于 2018 年初提笔推进。虽然受制于版面，每款高速列车在书中只有 1000 余字的空间，但仍需要查阅数万字的资料，写出数千字的初稿后再逐步精炼才能成稿。在本书之前，国内尚无一本系统介绍中国各型高速列车的书籍文献，大量误传、讹传充斥网络空间。本着最精细的治学精神，我唯有对比大量官方出版物、科技文献甚至内部文件资料，以尽可能保证书稿中的数据资料准确详实。国内部分的撰写已然如此不易，国外部分则更加艰难。日、法、德等铁路发达国家，尚可通过国内外公开出版物或制造厂商、运营机构的官网查询到准确信息，北欧、东欧和土耳其、乌兹别克斯坦等生僻地区的资料就更难寻觅，甚至不同语言资料中的核心数据都有所不同，唯有通过不同信源的对比核实以一一求真辩伪。回想起来，真是异常艰辛。新冠疫情虽留下了无法成行沙特的遗憾，但也让我难得的安心居家完成所有资料的比对与文稿撰写。这令人唏嘘的“因祸得福”，更让我有责任力求书中的每一个细节都禁得起推敲。十年积累、数十趟的跨国行程、十余万张资料图片的精挑细选和数十万字的呕心沥血，只希望这本《世界高速列车图鉴》，能够真正为中国铁路文化富有意义的积累和积淀。

《世界高速列车图鉴》的出版，离不开我家人、朋友和同仁们的鼎力支持。在此，首先要感谢我的太太，她伴我游历考察了全球 50 余个国家和地区，即使蜜月旅行中也在我拍摄资料时默默守候。好友罗一童不仅为本书的撰写思路提供了创意支持，更完成了全书的排版设计、地图绘制和周边文创设计。好友吕彪作为特约编辑在精细清校全书文稿的同时，统筹安排了图书的宣发和推广。西南交通大学的安琪博士对全书技术内容进行了全面审校，西南交通大学远程与继续教育学院（铁路机车司机培训考试中心）的时念中老师提供了大量详实细致的文献资料。铁道知识杂志社的宋洁社长自 2018 年初起便支持我在杂志中连载书中内容，对我系统整理书中内容提供了大量帮助。在国内取材过程中，中国国家铁路集团公司宣传部罗传宝处长，张兆程先生和中国铁道科学研究院集团有限公司的杨锐先生都给予了我极大的支持。北京动车段、上海动车段、广州动车段、武汉动车段、西安动车段、成都动车段、哈尔滨动车段和乌鲁木齐动车所等动车组运用维护单位，为书中资料的取材工作提供了热情的帮助。中国中车股份有限公司及其所辖中车四方股份公司、中车长客股份公司、中车唐山公司和 BST 公司，都为图片取材和资料核实方面提供了大量帮助。在中国城市公共交通协会磁浮交通分会秘书长闫晓言女士的安排下，上海磁浮交通发展有限公司董事长万建军先生亲自修订了书中“上海磁浮列车”的相应章节。香港铁路有限公司（港铁）行政总裁金泽培博士特批我前往广深港高铁石岗车厂考察，周江云经理、沈冠雄工程师、林敏嘉女士提供和勘校了有关资料。网友“贵广十标段”为书中《中国高速铁路》一文提供了大量技术资料和地图信息，孟庆宇先生、江正先生和邓涵先生也分别为书中日本、法国和英国部分提供大量资料内容，在此一并感谢。最后，由衷感谢中国铁道出版社许士杰先生和他的团队为本书顺利出版所付出的巨大努力。

再次对所有为本书撰写和出版提供帮助的单位、领导和工作人员表示最诚挚的谢意。

**罗春晓**

**2020 年 4 月 2 日凌晨**

**于北京**